Kommentar
zur
Grundbuchordnung
vom 5. August 1935

unter besonderer Berücksichtigung der in Preußen und Bayern weitergeltenden landesrechtlichen Bestimmungen

Begründet von

Georg Meikel

4. neubearbeitete Auflage

von

Dr. Wilhelm Imhof
Regierungsrat I. Kl. in München.

3. Lieferung. Preis: RM. 6.—

1937
München, Berlin und Leipzig.
J. Schweitzer Verlag (Arthur Sellier).

156; Güthe-Triebel[6] A. 6; vgl. OLG. Jena in ZBlFG. 8, 146). **Auskunfteien** wird ein Recht auf Einsicht insoweit zuzugestehen sein, als auch ihre Auftraggeber ein solches Recht haben; ein eigenes Recht, im allgem. Interesse ihres Geschäftsbetriebs die GBücher einzusehen, steht ihnen nicht zu (Henle-Schmitt § 11 A. 3; Hesse-Saage-Fischer A. II; vgl. Kupfer in SeuffBl. 77, 261).

Ein an sich gegebenes berechtigtes Interesse kann durch besondere Umstände ausgeschlossen werden, z. B. wenn es durch schikanöse Belästigung des GBA. mißbraucht wird (Hesse-Saage-Fischer a. a. O.). Es können auch überwiegende Interessen anderer Art, insbes. solche öffentl. Natur das an sich gegebene Recht auf GBucheinsicht beschränken (Hesse-Saage-Fischer a. a. O.; vgl. unten A. 7).

2. Erforderlich ist weiter, daß das Interesse an der Einsicht des GBuchs **dargelegt** wird. 6
Darlegen heißt hier die das Vorliegen des berechtigten Interesses begründenden Tatsachen in solcher Art vorbringen, daß der GBuchrichter einen überzeugenden Anhalt für ihre Richtigkeit gewinnt (OLG. 1, 180; BayObLG. 17, 226; 28, 309; vgl. OLG. 25, 368). Demgemäß genügt einerseits grundsätzlich nicht die bloße **Behauptung** des Interesses; sie kann aber in Ausnahmefällen mit Rücksicht auf die Person des Antragstellers ausreichen. Anderseits wird auch nicht die **Glaubhaftmachung** der das berechtigte Interesse begründenden Tatsachen (z. B. durch Versicherung an Eides Statt) oder deren **Beweis** gefordert, sondern das Interesse muß durch Angabe dieser Tatsachen begründet werden u. es darf kein Grund zu dem Verdacht bestehen, daß die gemachten Angaben der Wahrheit nicht entsprechen (OLG. 1, 180; Henle-Schmitt § 11 A. 4; Achilles-St. § 11 A. 1a). In der Regel brauchen die Tatsachen nicht urkundlich belegt zu werden (BayObLG. 10, 71, 86; 17, 226). Darüber, ob ein berechtigtes Interesse dargelegt ist, entscheidet der zuständige GBuchbeamte nach **freiem Ermessen**. Findet er Grund zu einem Bedenken, so ist er berechtigt, die Beibringung noch weiterer Behelfe zu verlangen; in diesem Falle kann auch Glaubhaftmachung gefordert werden. Es genügt z. B. das bloße Behaupten des Bestehens einer Forderung gegen den Grundstückseigtr. regelmäßig nicht; zum Beleg dieser Forderung kann die Vorlage eines Kontoauszugs verlangt werden (BayObLG. 28, 309). Bringt der Antragsteller die Zustimmung des Eigtr. zur GBucheinsicht bei, so ist eine weitere Darlegung seines Interesses nicht erforderlich.

Der **Darlegung** des berechtigten Interesses **bedarf es nicht**, wenn Beauftragte inländischer Behörden, Notare u. Rechtsanwälte, die im nachgewiesenen Auftrag eines Notars handeln, das GBuch einsehen wollen (§ 43 GBVerf.). Das gleiche gilt für den Reichsbauernführer, die Landes- u. Kreisbauernführer u. deren Beauftragte (§ 53 EHVfO.). Näheres s. u. A. 18ff.

Bauschutzvereine u. die von ihnen beauftragten Personen dürfen das GBuch einsehen, ohne ein berechtigtes Interesse darlegen zu müssen, wenn der RWirtschaftsMin. bescheinigt, daß ein berechtigtes Interesse des Vereins an der GBucheinsicht allgemein anzuerkennen ist (AV. v. 29. Juni 1937, DJ. 1029).

II. Das Recht auf Grundbucheinsicht.

1. Soweit dem Antragsteller ein berechtigtes Interesse an der GBucheinsicht zusteht 7
u. er dieses genügend dargelegt hat, hat er ein **Recht** auf die Einsicht. Diese kann im Wege der Beschwerde erzwungen werden; Näheres s. u. A. 45.

Die in § 1 des RGes. ü. d. Einsicht in gerichtl. öffentl. Bücher u. Register v. 30. Sept. 1936 (RGBl. I 853) ausgesprochene Ermächtigung gibt dem RJustizMin. die Möglichkeit, durch Verwaltungsanordnung die Einsichtnahme in die GBücher u. die Grundakten allgemein oder im Einzelfall zu versagen oder zu beschränken, wenn dies aus Gründen der öffentl. Ordnung geboten ist. Das Recht auf die GBucheinsicht kann hiedurch ausgeschlossen oder eingeschränkt werden. Soweit dies geschieht, können auch GBuchabschriften u. Abschriften aus den Grundakten nicht verlangt werden (§ 2 a. a. O.). Gegen eine derartige Verwaltungsanordnung ist, wenn sie von einer vom RJustizMin. ermächtigten unteren Stelle ausgesprochen wird, nicht die GBuchbeschwerde, sondern nur die Dienstaufsichtsbeschwerde gegeben.

2. Der Umfang des Rechtes auf GBucheinsicht.

8 **a)** Das Interesse ist nicht nur für die Frage, ob die Einsicht des GBuchs zu gestatten ist, sondern auch für die Frage, inwieweit die Einsicht gewährt werden darf, entscheidend; denn jenes Interesse verlangt nicht die Offenhaltung des ganzen GBuchs u. auch nicht immer die Offenlegung des in Frage kommenden GBuchblatts in seinem ganzen Umfange. Der Umfang des Interesses ist daher zugleich der Maßstab für den Umfang des Rechtes auf Einsicht. Aus diesem Grunde muß der Antrag auf Gestattung der Einsicht ein oder mehrere Grundstücke bestimmt bezeichnen, auf die er sich bezieht (LG. München I in SeuffBl. 70, 550). Das GBA. kann aber nicht verlangen, daß in dem (schriftl. oder mündl.) Antrag auf Gestattung der GBucheinsicht die Grundstücke, auf die sich der Antrag bezieht, nach dem GBuch oder unter Bezugnahme auf dieses (vgl. § 28 Satz 1 GBO.) bezeichnet werden; ein Antrag eines Gl. auf Erteilung von Abschriften sämtlicher GBuchblätter, die für seinen Schuldner bestehen, ist daher ausreichend (Henle-Schmitt § 11 A. 7).

Bei Behörden, Notaren usw., die ihr berechtigtes Interesse an der GBucheinsicht nicht nachzuweisen brauchen (s. u. A. 18ff.), ist ihr Verlangen für den Umfang der Offenlegung des GBuchs maßgebend.

9 **b)** Soweit die GBucheinsicht zulässig ist, kann eine einfache oder begl. Abschrift des GBuchblattes oder eines Teils desselben u. der in Frage kommenden Urkunden verlangt werden. Näheres hierüber s. u. A. 28ff. Der zur Einsicht Berechtigte kann auch bei der Einsicht sich Aufzeichnungen machen (KGJ. 44, 88), von den GBucheintragungen u. den Urkunden, die er einsehen darf, selbst Abschriften nehmen oder solche durch eine eigene Schreibkraft fertigen lassen (KG. in JW. 1933, 1262 = DNotZ. 1933, 371). Dies wird aber nur insoweit zuzulassen sein, als dadurch der Dienstbetrieb des GBA. nicht gestört wird.

10 **c)** Das Recht auf Einsicht des GBuchs kann persönlich oder durch einen **Bevollmächtigten** ausgeübt werden. Letzteres ergibt sich aus allgem. Grundsätzen. Eine besondere Form für die Vollmacht ist nicht vorgeschrieben; sie kann daher auch privatschriftlich erteilt werden. In Ausnahmefällen kann auch, insbes. mit Rücksicht auf die Persönlichkeit des Bevollmächtigten, dessen bloße Behauptung, daß er bevollmächtigt sei, genügen (Güthe-Triebel[6] A. 8). Eine auf den Inhaber ausgestellte Vollmacht ist regelmäßig ausreichend (OLG. 18, 196). Bestehen Zweifel an der Echtheit der Vollmacht, so gibt § 13 Satz 3 FGG. die Möglichkeit, die öffentl. Beglaubigung der Vollmacht zu verlangen (vgl. OLG. 3, 302). Die Gestattung der GBucheinsicht durch einen Bevollmächtigten kann aus einem in dessen Person liegenden Grunde (z. B. persönl. Unzuverlässigkeit) abgelehnt werden (OLG. 3, 302; KG. in JW. 1936, 2342 = HRR. 1936 Nr. 1125); dies gilt insbes. dann, wenn im Einzelfall begründeter Verdacht besteht, daß der Vertreter nicht das berechtigte Interesse des Vollmachtgebers, sondern das eigene unberechtigte Interesse oder das Interesse Dritter wahrnehmen werde; gewisse Personen, z. B. Winkelkonsulenten, allgemein von der GBucheinsicht für andere auszuschließen, ist das GBA. aber nicht berechtigt (vgl. KGJ. 7, 97; Güthe-Triebel[6] A. 8).

11 **III. Gegenstand der Einsicht** des GBuchs sind:

a) das Grundbuch selbst, u. zwar im weiteren Sinne; freilich wird sich in der Regel das Interesse u. damit auch das Recht auf Einsicht auf eines oder mehrere GBuchblätter beschränken. Es können auch nur eine oder einzelne Abteilungen eines GBuchblattes oder nur einzelne Eintr. in Frage kommen, z. B. wenn ein berechtigtes Interesse nur daran besteht festzustellen, ob ein dingl. Recht noch eingetragen ist oder welches der Inhalt eines solchen ist (vgl. oben A. 3; abweichend Hesse-Saage-Fischer A. IV, die eine Beschränkung auf einzelne Teile des GBuchblattes für nicht gerechtfertigt erklären).

b) Urkunden, auf die im GBuch zur Ergänzung einer Eintr. Bezug genommen ist (§§ 874, 885 Abs. 2, 1115 Abs. 1, 2 BGB.; § 49 GBO.; vgl. § 10 A. 4). Eine Bestimmung, daß auch der sonstige Inhalt der **Grundakten** der Einsicht unterliegt, enthält die GBO. selbst nicht. Auf Gr. des Vorbehalts in § 124 GBO. ist jedoch in § 46 Abs. 1 GBVerf. bestimmt, daß unter den Voraussetzungen des § 12 Abs. 1 nicht nur die dort bezeichneten Urkunden, sondern die gesamten Grundakten zur Einsicht offen zu legen sind. Auf das Handblatt bezieht sich § 46 GBVerf. nicht. Doch ist dies ohne praktische Bedeutung, da dieses mit dem GBuch wörtlich übereinstimmt. Es kann also zusammen mit den Grundakten unbedenklich zur Einsicht vorgelegt werden. Der Einsichtnehmende darf sich aber, wenn er sicher gehen will, auf die Einsicht des Handblattes an Stelle des GBuchs nicht beschränken (vgl. § 1 A. 119). Ein etwa daraus entstehender Schaden trifft ihn allein; er kann aus einer etwaigen Unrichtigkeit oder Unvollständigkeit des Handblattes keine Schadensersatzansprüche gegen den Fiskus herleiten (Hesse-Saage-Fischer § 46 GBVerf. A. I 2). 12

§ 46 GBVerf. gilt auch, wenn sich die Grundakten bei anderen Akten (z. B. als Beiakten zu Prozeßakten) oder beim Beschwerdegericht befinden (Krech-Seibert A. 2; Hesse-Saage-Fischer § 46 GBVerf. A. I 4; **a. M.** Henke-Mönch A. 6 A a; vgl. auch Greiser in DRZ. 1933, 178).

Sonstige Akten, Verzeichnisse u. Bücher des GBA., z. B. die Sammelakten mit den Schriften über Grundstücke, für die ein GBuchblatt nicht angelegt ist, oder das Eigentümerverzeichnis, unterliegen der Einsicht nicht.

c) noch nicht erledigte Eintragungsanträge. Die Offenlegung dieser Urkunden ist im Hinblick auf § 17 von Bedeutung. Das Gesetz spricht nur von EintrAnträgen. Ein Recht auf Einsicht der Urkunden, auf die der EintrAntrag sich gründet oder die über das der EintrBew. zugrunde liegende Rechtsgeschäft errichtet sind, ist nicht anerkannt. Doch fragt es sich, ob nicht gleichwohl ein Recht auf Einsichtnahme der mit den EintrAnträgen vorgelegten Eintr.-Bewilligungen usw. anzuerkennen ist. Nachdem die Einsicht des GBuchs den Zweck hat, dem Einsichtnehmenden nicht nur von dem Bestehen eines Rechtes u. dem Rang, den es hat oder erhält, sondern auch von dem Inhalt der beteiligten Rechte Kenntnis zu geben, dürfte die Frage zu bejahen sein. 13

IV. Zuständig zur Gestattung der Einsicht des GBuchs u. der Grundakten ist der Urkundsbeamte der Geschäftsstelle (§ 4 Abs. 1 Buchst. b AusfVO. z. GBO.). Er entscheidet hierüber selbständig kraft eigenen Rechts. Eine Zuständigkeit des GBuchrichters ist nicht gegeben (§ 1 A. 19ff.); wegen Abänderung der Entscheidung des Urkundsbeamten durch den Richter s. u. A. 45ff. Der Urkundsbeamte bestimmt auch nach Maßgabe des dargelegten berechtigten Interesses den Umfang der Offenlegung (oben A. 8). Liegen die Grundakten dem Prozeß- oder dem Beschwerdegericht vor, so ist dieses zur Gestattung der Einsicht u. Erteilung von Abschriften befugt (vgl. oben A. 12 Abs. 2). 14

Wegen der Beschwerde s. u. A. 45ff.

V. Ort u. Zeit der Grundbucheinsicht.

a) Die Einsicht des GBuchs u. der Grundakten hat in den Diensträumen des GBA. während dessen Dienststunden zu geschehen (vgl. § 1 A. 70). Eine etwaige Beschränkung des Verkehrs auf gewisse Geschäftsstunden gilt für die GBucheinsicht nicht (§ 2 Abs. 2 d AV. v. 25. Febr. 1936, DJ. 350). Das GBuch, die Grundakten u. die lose bei den Grundakten befindl. Urkunden dürfen nur in Anwesenheit eines Beamten des GBA. eingesehen werden (§§ 12 Abs. 5, 16 a. a. O.). 15

b) Eine Versendung des GBuchs zum Zwecke der Einsichtnahme ist ausgeschlossen; das GBuch darf von der Amtsstelle nicht entfernt werden (§ 13 AV. v. 25. Febr. 1936, DJ. 350). Eine Ausnahme muß aber dann gelten, wenn das GBuch in einem Strafverfahren als Sachbestandsstück in Betracht kommt, wenn z. B. an ihm eine Fälschung begangen worden ist; 16

hier muß das GBuch auf Ersuchen des zur Anordnung der Beschlagnahme zuständigen Richters ausgeliefert werden. Das GBA. wird in einem solchen Fall die Weisung des Landgerichtspräsidenten einholen. Zweckmäßig wird auch in einem solchen Fall das GBuch nicht verschickt, sondern im Interesse der Sicherheit des Buches u. seiner rascheren Rückkunft von einem Beamten des GBA. an die Gerichtsstelle gebracht u. wieder zurückgeschafft.

Wegen der Versendung der Grundakten vgl. § 17 AV. v. 25. Febr. 1936 (DJ. 350) u. oben § 1 A. 114. Die Versendung von Grundakten darf nur an Behörden erfolgen; über die Anträge auf Versendung entscheidet der Urkundsbeamte der Geschäftsstelle (§ 4 Abs. 1 Buchst. d AusfVO. z. GBO.).

17 **VI. Gebühren.** Die GBucheinsicht ist gebührenfrei (§ 68 KostenO.). Auch für die Einsicht der Grundakten werden keine Gebühren erhoben (Hesse-Saage-Fischer § 46 GBVerf. A. IV).

18 **VII. Die Grundbucheinsicht durch öffentliche Behörden, Notare u. Rechtsanwälte.** Auf Gr. des Vorbehalts in Abs. 3 des § 12 ist in § 43 GBVerf. das Recht der inländischen öffentl. Behörden, der Notare u. der Rechtsanwälte auf Einsicht in das GBuch geregelt. Für sie ist die GBucheinsicht dadurch erleichtert, daß sie das Vorhandensein eines berechtigten Interesses nicht darzulegen brauchen. Für die Rechtsanwälte gilt dies jedoch nur unter gewissen Voraussetzungen.

1. Öffentliche Behörden.

19 a) § 43 Abs. 1 GBVerf. bezieht sich nur auf inländische öffentl. Behörden. Außerdeutsche Behörden haben daher keinen Anspruch auf GBucheinsicht. Dagegen sind alle deutschen Behörden einander gleichgestellt; es braucht sich also nicht um eine Behörde des Landes zu handeln, dem das GBA., dessen GBuch eingesehen werden soll, angehört.

Unter einer öffentl. Behörde ist ein in den allgem. Behördenorganismus eingefügtes Organ der Staatsverwaltung zu verstehen, das berufen ist, unter öffentl. Autorität nach eigenem Ermessen für unmittelbare u. mittelbare Zwecke des Staates, die aber nicht notwendig obrigkeitlicher Natur sein müssen, tätig zu werden; gleichgültig ist, ob das Organ unmittelbar vom Staate oder ob es von einer dem Staate untergeordneten öffentl. Körperschaft zunächst für deren Angelegenheiten bestellt ist, soferne nur diese Angelegenheiten zugleich in den Bereich der Staatszwecke fallen (KGJ. 40, 217; 53, 203; JFG. 4, 256, 263; RG. in JW. 1925, 361). Es kommen also nicht nur Reichs- u. Landesbehörden, sondern auch Gemeinde- u. andere Kommunalbehörden, auch Kirchenbehörden in Betracht. Den öffentl. Behörden gleichzustellen sind die Organe u. Dienststellen der NSDAP. u. ihrer Gliederungen (vgl. RGes. v. 1. Dez. 1933, RGBl. I 1016).

Ob die Behörde bei der GBucheinsicht das öffentl. Interesse oder ein fiskalisches Interesse verfolgt, ist unerheblich (Güthe-Triebel[6] A. 10; Predari § 11 A. 7; Turnau-F. § 11 A. B 3).

20 b) Voraussetzung für die Gewährung der GBucheinsicht ist auch bei öffentl. Behörden das Vorhandensein eines berechtigten Interesses. Ob es besteht, ist jedoch hier vom GBA. nicht nachzuprüfen; der Beauftragte der Behörde braucht das Interesse nicht darzulegen. Denn es wird vermutet, daß eine Person, die als Beauftragter einer Behörde auftritt, amtl. Interessen vertritt. Hieran ist das GBA. aber nicht in allen Fällen gebunden. Ist ihm bekannt, daß das berechtigte Interesse fehlt, daß z. B. der Beauftragte unter Mißbrauch seiner amtl. Stellung private Zwecke verfolgt, so ist die Einsicht zu verweigern (Hesse-Saage-Fischer § 43 GBVerf. A. II 1; Güthe-Triebel[6] A. 12). Im übr. aber trifft die Verantwortung für die Entscheidung, ob ein berechtigtes Interesse vorliegt, die Behörde selbst.

Der Vertreter der öffentl. Behörde braucht seinen Auftrag nicht nachzuweisen. Es genügt, daß er sich als Beauftragter einer Behörde ausweist. Das Vorliegen des Auftrags wird vermutet (Hesse-Saage-Fischer a. a. O. A. II 2a). Der Umfang der GBucheinsicht bestimmt sich daher nach dem Verlangen des Beauftragten. Im Beschwerdefalle unterliegt die Feststellung des Umfangs des Rechts zur GBucheinsicht nicht der Entscheidung der Beschwerdegerichte nach §§ 71ff. GBO., sondern der der einsehenden Stelle vorgesetzten Dienstbehörde (KGJ. 23, 213).

c) Das Recht zur Einsicht erstreckt sich nicht nur auf das GBuch, sondern auch auf die gesamten Grundakten (§ 46 Abs. 2 GBVerf.). 21

d) Wegen der Erteilung von begl. Abschriften aus dem GBuch u. den Grundakten s. u. A. 28ff.; wegen der Beschwerde s. u. A. 45ff. 22

e) Die Befugnis der mit der Dienstaufsicht über die Beamten des GBA. betrauten Behörden u. Beamten (vgl. § 1 A. 52, 53) zur Einsicht des GBuchs u. der Grundakten wird durch § 12 u. die entspr. Vorschriften der GBVerf. nicht berührt. 23

Wegen der GBucheinsicht durch die Messungsämter in Bayern vgl. § 105 Abs. 1 MA.DA.

2. Dem **Reichsbauernführer, den Landesbauern- u. den Kreisbauernführern** u. ihren Beauftragten ist die Einsicht des GBuchs u. der Grundakten in Wahrnehmung der Aufgaben, die ihnen durch das REbhG. u. dessen Durchführungsvorschriften übertragen sind, ohne Darlegung eines berechtigten Interesses gestattet (§ 53 Abs. 1, 2 EHVfO.). Das oben A. 19 bis 22 Gesagte gilt hier entsprechend. 24

3. Die **Notare** (u. zwar alle deutschen Notare) sind durch § 43 Abs. 2 GBVerf. den öffentl. Behörden in bezug auf das Recht zur GBucheinsicht vollständig gleichgestellt. Das oben A. 19 bis 22 Gesagte gilt also entsprechend. Auch der Notar muß ein berechtigtes Interesse an der Einsicht haben. Dieses ist stets dann anzunehmen, wenn er die Einsicht zum Zwecke einer notariellen Beurkundung verlangt. Daß der Auftraggeber des Notars zur GBucheinsicht berechtigt ist, ist nicht erforderlich. Läßt sich der Notar durch einen Bevollmächtigten vertreten, der nicht Rechtsanwalt ist, so hat er grundsätzlich seine Vollmacht nachzuweisen; Näheres s. o. A. 10. 25

4. **Rechtsanwälte** sind von der Darlegung des öffentl. Interesses entspr. der Regelung für öffentl. Behörden nur befreit, wenn sie das GBuch im nachgewiesenen Auftrag eines Notars einsehen wollen (§ 43 Abs. 2 GBVerf.). Der Nachweis des Auftrags bedarf keiner bestimmten Form. Es genügt also regelmäßig die Versicherung des Rechtsanwalts, daß er von einem Notar beauftragt sei (Güthe-Triebel[6] A. 14). In der Person des Notars, der den Rechtsanwalt beauftragt hat, müssen die Voraussetzungen für das Recht auf GBucheinsicht (s. o. A. 25) gegeben sein. 26

In allen sonstigen Fällen gelten auch für Rechtsanwälte in bezug auf die GBucheinsicht die allgem. Vorschriften (oben A. 2ff.). Soweit sie für einen Auftraggeber handeln, muß dieser ein berechtigtes Interesse an der Offenlegung des GBuchs haben. Von der Beibringung einer schriftl. Vollmacht durch den Rechtsanwalt wird regelmäßig abgesehen werden können, wenn er erklärt, von seinem Auftraggeber mit der GBucheinsicht beauftragt zu sein (vgl. BayObLG. 10, 86; Güthe-Triebel[6] A. 14; vgl. auch oben A. 3).

VIII. Die Gestattung der Grundbucheinsicht im Verwaltungswege. 27

Unabhängig von der in § 12 GBO. u. in den §§ 43ff. GBVerf. geregelten Offenlegung des GBuchs, die einen mit der GBuchbeschwerde erzwingbaren Anspruch auf Einsicht u. Erteilung von Abschriften gewährt (vgl. unten A. 45), besteht die Möglichkeit der Gestattung der GBucheinsicht durch die Reichsjustizverwaltung im Verwaltungswege. Die Befugnis hiezu ergibt sich aus dem allgem. Verwaltungsrecht der Reichsjustizverwaltung (Hesse-Saage-Fischer § 12 A. IX; Vorbem. VI vor § 43 GBVerf.). Die Gestattung der Einsicht auf diesem Wege kommt namentlich in Betracht zur Förderung der wissenschaftl. Forschung oder zu ähnlichen der Allgemeinheit dienenden Zwecken.

Auf die im Verwaltungswege zu gewährende GBucheinsicht besteht kein Rechtsanspruch; gegen ihre Versagung ist daher nur die Dienstaufsichtsbeschwerde gegeben.

Die Erlaubnis kann jederzeit widerrufen, auch von Bedingungen u. Einschränkungen abhängig gemacht werden (Hesse-Saage-Fischer a. a. O.).

Einzelheiten regelt § 35 der AV. v. 25. Febr. 1936 (DJ. 350). Hienach sind Anträge von Privatpersonen, ihnen im Verwaltungswege die Einsicht in einzelne bestimmt bezeichnete GBücher oder Grundakten oder bestimmte Gruppen von solchen zu gestatten, dem Landgerichtspräsidenten zur Entschließung vorzulegen. Dem Antrag kann unter dem Vorbehalt jederzeitigen Widerrufs stattgegeben werden, wenn dargelegt wird, daß dadurch unterstützungswürdige Zwecke, insbes. Studien geschichtlicher oder volkswirtschaftlicher Art gefördert, die Belange der Grundstückseigtr. oder der sonst Beteiligten nicht beeinträchtigt werden, u. wenn sichergestellt ist, daß die entnommenen Nachrichten nicht mißbraucht werden. Auch darf der Geschäftsgang des GBA. nicht ungebührlich belastet werden.

C. Die Erteilung von Abschriften.

I. Abschriften des Grundbuchs.

28 1. Soweit die Einsicht des GBuchs nach Abs. 1 des § 12 gestattet ist, kann der zur Einsicht Berechtigte eine Abschrift fordern; die Abschrift ist auf Verlangen zu beglaubigen (Abs. 2). Die Erteilung einer Abschrift kann neben oder statt der Einsicht verlangt werden; der Berechtigte hat die freie Wahl zwischen dem Recht auf Einsicht u. dem Recht auf Erteilung einer Abschrift. Das GBA. ist nicht berechtigt, dem Antragsteller eine andere Art der Ausübung des Rechts auf Offenlegung des GBuchs als die beantragte vorzuschreiben. Es wird jedoch, wenn eine Auskunft verlangt wird, deren Erteilung nicht statthaft ist (s. u. A. 37ff.), eine Abschrift erteilt werden dürfen (Güthe-Triebel[6] A. 27).

Eine Abschrift kann nur gefordert werden, soweit ein Recht auf Einsicht besteht; der Umfang der Abschrift wird also durch den Umfang des berechtigten Interesses des Antragstellers bestimmt (vgl. oben A. 8).

Auch öffentl. Behörden, Notare u. Rechtsanwälte können, soweit sie zur Einsicht des GBuchs befugt sind (oben A. 18ff.), eine Abschrift des GBuchs verlangen (§ 43 Abs. 1 GBVerf.). Ebenso können der Reichsbauernführer, die Landesbauern- u. Kreisbauernführer u. deren Beauftragte, soweit ihnen die Einsicht des GBuchs gestattet ist, eine Abschrift fordern, die auf Verlangen zu beglaubigen ist (§ 53 Abs. 3 EHVfO.). Soweit Bauschutzvereine u. die von ihnen beauftragten Personen bei Vorlage einer entspr. Bescheinigung des RWirtschaftsMin. das GBuch ohne Darlegung eines berechtigten Interesses einsehen dürfen (s. o. A. 6 a. E.), können sie auch GBuchabschriften verlangen.

29 2. **Zuständigkeit.** Über die Erteilung von Abschriften aus dem GBuch entscheidet der Urkundsbeamte der Geschäftsstelle selbständig kraft eigener Zuständigkeit (§ 4 Abs. 1 Buchst. a AusfVO. z. GBO.). Wegen der Beglaubigung s. u. A. 31.

Wegen der Rechtsmittel gegen die Entscheidung des Urkundsbeamten s. u. A. 45.

3. Es ist zu unterscheiden zwischen einfachen Abschriften u. beglaubigten Abschriften.

30 a) **Die einfache Abschrift.** Wird nicht ausdrücklich eine begl. Abschrift verlangt, so ist eine einfache Abschrift zu erteilen. Für die Form ihrer Erteilung ist § 44 Abs. 3 GBVerf. maßgebend. Hienach ist auf der Abschrift der Tag anzugeben, an dem sie gefertigt ist. Der Vermerk ist jedoch nicht zu unterzeichnen. Auch ein Siegel oder Stempel des Amtsgerichts wird nicht anzubringen sein.

Einfache GBuchabschriften können nachträglich beglaubigt werden. Auch die nachträgl. Ergänzung oder Bestätigung einer früher gefertigten einfachen Abschrift ist zulässig (§ 44 Abs. 2 GBVerf.). Bei der Ergänzung werden die seit der Fertigung der Abschrift oder seit der letzten Ergänzung auf dem GBuchblatt neu eingetragenen Vermerke nachgetragen. Bei der Bestätigung wird auf die frühere Abschrift der Vermerk gesetzt, daß seit Erteilung der Abschrift oder seit ihrer letzten Ergänzung weitere Eintr. auf dem GBuchblatt nicht vorgenommen worden sind. Auch in dem Bestätigungs- oder Ergänzungsvermerk ist der Tag anzugeben, an dem die Bestätigung oder Ergänzung vorgenommen wird; der Vermerk ist nicht zu unterschreiben.

Von gelöschten Eintragungen wird, wenn nicht ihre Aufnahme (oder die Aufnahme einzelner von ihnen) im vollen Wortlaut beantragt ist, lediglich die laufende Nummer der Eintr. mit dem Vermerk „Gelöscht" in die Abschrift aufgenommen (§ 44 Abs. 4 GBVerf.). Im übr. muß die Abschrift den Inhalt des GBuchblattes vollständig u. wörtlich wiedergeben.

b) Die beglaubigte Abschrift. 31

α) Der Antrag auf Erteilung einer begl. Abschrift oder nachträgl. Beglaubigung einer einfachen Abschrift kann jederzeit gestellt werden (§ 12 Abs. 2 Halbs. 2 GBO.; § 44 Abs. 1 GBVerf.; § 53 Abs. 3 Halbs. 2 EHVfO.). Für die Abschrift selbst gelten die Vorschriften über die einfache Abschrift, insbes. über die Weglassung der gelöschten Eintr. (s. o. A. 30 a. E.).

β) Zuständig zur Beglaubigung ist der Urkundsbeamte der Geschäftsstelle (§ 4 Abs. 2 Buchst. a AusfVO. z. GBO.).

γ) Die Form der Beglaubigung richtet sich nach Landesrecht (Hesse-Saage-Fischer § 44 GBVerf. A. I 2). Jedoch bestimmt § 4 Abs. 3 AusfVO. z. GBO., daß der Beglaubigungsvermerk außer von dem Urkundsbeamten der Geschäftsstelle noch von einem zweiten Beamten der Geschäftsstelle oder einem vom Behördenvorstand ermächtigten Justizangestellten zu unterzeichnen ist. Wegen der Form der Beglaubigung in Preußen s. Art. 57 preuß. FGG. In Bayern ist hiefür § 549 DA. maßgebend.

δ) Zulässig ist gem. § 45 Abs. 1 GBVerf. die Erteilung einer begl. Abschrift eines Teiles des GBuchblattes (Teilabschrift, auszugsweise Abschrift). Dagegen darf eine einfache Abschrift eines Teiles des GBuchblattes nicht erteilt werden. Im Falle der Erteilung einer begl. Teilabschrift sind in die Abschrift die Eintr. aufzunehmen, welche den Gegenstand betreffen, auf den sich die Abschrift beziehen soll (§ 45 Abs. 2 Satz 1 GBVerf.), z. B. die Eintr. des Bestandsverzeichnisses oder einer einzelnen Abteilung oder die Eintr., die ein bestimmtes Recht betreffen. Diese Eintr. müssen vollständig u. ungekürzt abgeschrieben werden. Den Umfang des zu beglaubigenden Teiles bestimmt der Urkundsbeamte der Geschäftsstelle (s. o. A. 29).

In dem Beglaubigungsvermerk ist der Gegenstand anzugeben, auf den sich die Abschrift bezieht (z. B. „das in Abt. II unter lfd. Nr. 3 für N. N. eingetragene Vorkaufsrecht"), u. zu bezeugen, daß weitere ihn betreffende Eintr. im GBuch nicht enthalten sind (§ 45 Abs. 2 Satz 2 GBVerf.). Den näheren Inhalt des Beglaubigungsvermerks bestimmt der Urkundsbeamte der Geschäftsstelle. Im übr. gelten für die Form der Beglaubigung die allgem. Vorschriften (s. o. γ).

Nicht zulässig ist die Erteilung eines abgekürzten Auszugs aus dem Inhalt des GBuchs (§ 45 Abs. 3 Satz 2 GBVerf.); Näheres s. u. A. 42.

ε) Die Bestätigung oder Ergänzung früher erteilter begl. Abschriften ist zulässig (§ 44 Abs. 2 GBVerf.). Dies gilt auch für Teilabschriften. Näheres s. o. A. 30. Form u. Inhalt des Ergänzungs- oder Bestätigungsvermerks richten sich nach den für die Beglaubigung der Abschrift selbst maßgebenden Vorschriften (s. o. γ).

4. Gebühren. 32

α) Für einfache GBuchabschriften sind nur die Schreibgebühr nach § 138 KostenO. (25 Reichspfennig für eine Seite) zu entrichten u. sonstige bare Auslagen (§ 139 a. a. O.) zu ersetzen.

β) Für beglaubigte GBuchabschriften wird neben den Schreibgebühren (§ 138 KostenO.) u. dem Auslagenersatz (§ 139 a. a. O.) eine Gebühr von 2 bis 20 Reichsmark erhoben (§ 67 Satz 1 KostenO.). Innerhalb dieses Rahmens ist die im Einzelfalle zu entrichtende Gebühr unter Berücksichtigung aller Umstände des Falles festzusetzen. Für eine Teilabschrift wird eine niedrigere Gebühr anzusetzen sein als für eine Abschrift des ganzen Blattes.

Die Gebühr wird so oft erhoben, als begl. Abschriften erteilt werden, u. zwar auch dann, wenn die Abschriften den gleichen Inhalt haben u. von demselben Antragsteller gleichzeitig beantragt werden. Dagegen kann eine begl. Abschrift auch von mehreren GBuchblättern erteilt werden, die über Grundstücke desselben Eigtr. geführt werden. Werden in diesem Falle die verschiedenen Blattabschriften durch einen Vermerk einheitlich beglaubigt, so ist die Gebühr des § 67 KostenO. nur einmal anzusetzen (Jonas-Melsheimer-H.-St. KostenO. § 67 A. I).

Gebührenfrei ist die Erteilung von begl. Abschriften an das VollstreckungsG. gem. § 19 Abs. 2 ZVG. (§ 67 Satz 2 KostenG.).

II. Abschriften aus den Grundakten.

33 **1.** In der gleichen Weise, wie Abschriften aus dem GBuch insoweit gefordert werden können, als ein Recht auf Einsicht des GBuchs besteht, kann auch jeder, der zur Einsicht der Grundakten befugt ist, insoweit eine Abschrift derselben verlangen; die Abschrift muß auf Verlangen beglaubigt werden (§ 12 Abs. 1 Satz 2 mit Abs. 2 GBO.; § 46 Abs. 3 GBVerf.; § 53 Abs. 2 mit Abs. 3 EHBfO.). Auch hier bestimmt der Umfang des Rechts auf Einsicht, mithin der Umfang des dargelegten Interesses den Umfang der Urkunden, aus denen Abschriften zu erteilen sind. Vgl. hierüber oben A. 8.

34 **2.** Über die Erteilung von Abschriften aus den Grundakten entscheidet der Urkundsbeamte der Geschäftsstelle (§ 4 Abs. 1 Buchst. a AusfVO.).

35 **3.** Auch aus den Grundakten können einfache oder beglaubigte Abschriften erteilt werden. Wg. der einfachen Abschriften gilt das oben A. 30 Gesagte entsprechend. Auch die Erteilung einer auszugsweisen Abschrift einer Urkunde ist zulässig.

Bezüglich der **Beglaubigung** ist zu unterscheiden zwischen den Teilen der Grundakten, die unter § 12 Abs. 1 Satz 2 GBO. fallen, u. den übrigen Grundakten, deren Offenlegung auf § 46 GBVerf. beruht (vgl. oben A. 12).

α) Für die Erteilung von Abschriften der Urkunden, auf die im GBuch zur Ergänzung einer Eintr. Bezug genommen ist, u. der noch nicht erledigten EintrAnträge u. mithin auch für deren Beglaubigung gelten die Vorschriften über die (Erteilung u.) Beglaubigung von Abschriften aus dem GBuch. Es ist daher auf die Anm. 28ff. oben zu verweisen.

β) Bei der Beglaubigung der Abschriften von Urkunden, die nicht unter *α* fallen (also z. B. einer nicht in Bezug genommenen EintrBew. oder einer Urkunde über das einer EintrBew. zugrunde liegende Rechtsgeschäft) richten sich die Zuständigkeit u. die Form der Beglaubigung nach Landesrecht. § 4 Abs. 3 AusfVO. z. GBO. ist nicht anwendbar (Hesse-Saage-Fischer § 46 GBVerf. A. I 1; II 3).

Zuständig zur Beglaubigung ist in diesen Fällen in Preußen der GBuchrichter u. daneben der Urkundsbeamte der Geschäftsstelle (Art. 35 preuß. FGG.). In Bayern ist die Beglaubigung an sich Sache des GBuchrichters, kann aber gem. § 1 Nr. III Ziff. 3 der Vereinfachungsbek. v. 21. Dez. 1929 (JMBl. n. F. III 341) vom Vorstand des Amtsgerichts auf Gr. Ermächtigung durch den Oberlandesgerichtspräsidenten dem Urkundsbeamten der Geschäftsstelle als Rechtspfleger zur selbständigen Erledigung übertragen werden.

Die Form der Beglaubigung richtet sich in Preußen nach Art. 57 preuß. FGG.; bei der Beglaubigung eines Auszugs aus einer Urkunde ist gem. Abs. 3 a. a. O. Art. 47 Satz 1, 2 a. a. O. zu beachten. In Bayern sind die §§ 547ff. bayer. DA. maßgebend.

36 **4. Gebühren.**

α) Für die Erteilung einfacher Abschriften aus den Grundakten werden nur die Schreibgebühren nach § 138 KostenO. (25 Reichspfennig für 1 Seite) erhoben; außerdem sind die entstehenden Barauslagen zu ersetzen (§ 139 KostenO.).

β) Für die Beglaubigung von Abschriften aus den Grundakten fällt neben den Schreibgebühren u. dem Auslagenersatz eine Gebühr von 20 Reichspfennig für jede angefangene Seite an; ist die Urkunde nicht in deutscher Sprache abgefaßt, so erhöht sich die Gebühr auf 30 Reichspfennig (§ 49 KostenO.). Die Beglaubigungsgebühr entfällt, wenn eine begl. Abschrift einer vom GBA. erlassenen Entscheidung oder einer von ihm aufgenommenen oder in Urschrift in seiner dauernden Verwahrung befindl. Urkunde erteilt wird (§ 124 KostenO.); unter letztere Urkunden fallen nicht notarielle Urkunden, die von einem Beteiligten anläßlich eines Geschäftes beim GBA. eingereicht worden sind (Jonas-Melsheimer-H.-St. § 124 A. II 1b).

γ) Wegen der gebührenfreien Erteilung von GBuchabschriften zur Verwendung im landwirtschaftl. Entschuldungsverfahren s. Vorbem. 240 vor § 13.

D. Die Erteilung von Auskünften.

1. Unter einer **Auskunft** aus dem GBuch oder den Grundakten ist eine nur sinngemäße, **37**
nicht wortgetreue Mitteilung über den Inhalt eines Teiles des GBuchs oder der Grundakten zu verstehen. Unter den Begriff der Auskunft fällt auch ein sog. Negativzeugnis, d. h. die Mitteilung, daß eine Eintr. nicht vorhanden ist oder eine Tatsache sich aus dem GBuch u. den Grundakten nicht ergibt (Güthe-Triebel[6] A. 22).

2. a) Verpflichtet zur Erteilung von Auskünften aus dem GBuch oder den Grundakten **38**
ist das GBA. nur in den Fällen, in denen eine solche Pflicht in einer besonderen gesetzl. Vorschrift niedergelegt ist (§ 45 Abs. 3 Satz 1 GBVerf.). Im übr. besteht keine Pflicht zur Auskunftserteilung, u. zwar auch nicht gegenüber einem zur GBucheinsicht Berechtigten (vgl. RG. in JW. 1914, 151). Der eine Auskunft verweigernde Beamte kann zu deren Erteilung auch vom Beschwerdegericht nicht angehalten werden (KGJ. 21, 273; 23, 213; vgl. unten A. 47).

§ 45 Abs. 3 Satz 1 GBVerf. spricht nur von der Auskunftserteilung „den Beteiligten gegenüber". Gegenüber anderen Gerichten oder Behörden besteht eine Verpflichtung zur Auskunftserteilung auf Gr. der Verpflichtung zur Rechts- oder Amtshilfe (vgl. KGJ. 23, 213 u. oben § 1 A. 82ff.). Gegenüber Notaren wird eine Pflicht zur Auskunftserteilung zu verneinen sein (vgl. KGJ. 21, 273).

b) Die Fälle, in denen eine Auskunftserteilung gesetzlich vorgeschrieben ist, **39**
sind folgende:

α) Nach § 17 Abs. 2 ZVG. muß die Eintr. des Vollstreckungsschuldners oder seines Erblassers als Eigtr. des zu versteigernden Grundstücks dem VollstreckungsG. durch ein Zeugnis des GBA. nachgewiesen werden. Das GBA. ist zur Ausstellung dieses Zeugnisses verpflichtet. Es kann statt dessen auch eine begl. Teilabschrift des Bestandsverzeichnisses u. der ersten Abt. des GBuchblattes erteilen.

β) Nach § 19 Abs. 2 ZVG. ist das GBA. verpflichtet, dem VollstreckungsG. die Zustellungsbevollmächtigten zu bezeichnen u. Nachricht darüber zu geben, was ihm über Wohnort u. Wohnung der eingetragenen Beteiligten u. deren Vertreter bekannt ist.

γ) Hieher zu rechnen ist auch die Erteilung einer begl. Abschrift eines Teils des GBuchblattes nach § 45 Abs. 1, 2 GBVerf., wenn sich die Abschrift auf einen bestimmten Gegenstand bezieht (s. o. A. 31 unter *δ*). Denn gem. § 45 Abs. 2 Satz 2 GBVerf. muß in dem Beglaubigungsvermerk bezeugt werden, daß weitere den Gegenstand der begl. Abschrift betreffende Eintr. im GBuch nicht enthalten sind. Auch in der Zurückweisung des Antrags auf Erteilung einer auf einen bestimmten Gegenstand beschränkten Teilabschrift liegt eine Auskunftserteilung, wenn damit zum Ausdruck gebracht wird, daß Eintr., die sich auf diesen Gegenstand beziehen, nicht vorhanden sind (KGJ. 23, 217; Güthe-Triebel[6] A. 24).

3. Berechtigt zur Erteilung einer Auskunft ist das GBA. grundsätzlich ohne Einschränkung **40**
(Güthe-Triebel[6] A. 23). Wenn auch grundsätzlich GBucheinsicht u. GBuchabschrift die Mittel für die Beteiligten sind, um sich Aufschluß über den Inhalt des GBuchs zu verschaffen, so ist es doch in vielen Fällen, insbes. gegenüber rechtsunkundigen Volksgenossen eine Ehrenpflicht

der Beamten des GBA., die erbetenen Auskünfte zu erteilen (vgl. KGJ. 21, 273; Hesse-Saage-Fischer A. VIII; Ricks in DNotV. 1928, 230). Da aber den Reichsfiskus die Haftung für die Richtigkeit u. Vollständigkeit der Auskunft trifft (RG. in SeuffBl. 67, 140 = JW. 1902, 214; RG. in JW. 1914, 151), u. zwar auch dann, wenn zu deren Erteilung eine Amtspflicht nicht bestand (RG. 68, 282; 93, 60; RG. in JW. 1934, 2398), wird das GBA. bei der Erteilung von Auskünften, insbes. soweit die Sach- u. Rechtslage nicht klar ist, vorsichtig verfahren u. eine Auskunft, die wegen ihrer Schwierigkeit zu einer Regreßforderung gegen das Reich führen könnte, überhaupt ablehnen.

4. Die Form der Auskunft.

41 a) Die Auskunft kann schriftlich oder mündlich erteilt werden. Auf fernmündl. oder telegraphischem Wege ist eine Auskunft nur in besonders dringenden Fällen zu erteilen u. nur dann, wenn der Sachverhalt einfach u. deshalb ein Mißverständnis nicht zu befürchten ist. Auf jeden Fall wird zweckmäßig bei der Erteilung einer solchen Auskunft ausdrücklich darauf aufmerksam gemacht, daß der GBuchbeamte für einen etwaigen Übermittlungsfehler keine Verantwortung übernimmt.

Schriftl. Auskünfte gegenüber Behörden sind mit Dienstsiegel oder Stempel zu versehen. In den Fällen der §§ 17 Abs. 2, 19 Abs. 2 ZVG. ist ein gerichtl. Zeugnis auszustellen, dessen Form sich nach den landesrechtl. Vorschriften über die freiw. Gerichtsbarkeit richtet (Hesse-Saage-Fischer § 45 GBVerf. A. II 3). Für Preußen vgl. Art. 18, 54 preuß. FGG., für Bayern § 25 bayer. DA.

42 b) Verboten ist in § 45 Abs. 3 Satz 2 GBVerf. ausdrücklich die Erteilung einer Auskunft in Form eines abgekürzten Auszugs aus dem Inhalt des GBuchs (sog. Grundbuchaufschlusses). Darunter ist eine Mitteilung zu verstehen, die den Inhalt des GBuchs nicht wörtlich wiedergibt, sondern zusammengefaßt in abgekürzter Form, z. B. nur Bezeichnung u. Betrag der einzelnen Belastungen. Derartige Auszüge sind für unzulässig erklärt, weil bei ihrer Erteilung leicht Versehen vorkommen, die zu Schadensersatzforderungen gegen das Reich führen können (Hesse-Saage-Fischer § 45 GBVerf. A. II 1). Die Grenze zwischen der Erteilung eines abgekürzten Auszugs u. einer sonstigen schriftl. Auskunft wird oft schwer zu ziehen sein. Wo bisher (wie in Bayern) die Erteilung von derartigen GBuchaufschlüssen, insbes. gegenüber auswärtigen Notaren üblich war, werden die GBuchämter auch weiterhin nicht engherzig verfahren dürfen u. schriftl. Auskünfte in einer den bisherigen Aufschlüssen sich annähernden Form erteilen können, zumal die sonst nicht vermeidbare Häufung der Anträge auf Erteilung von GBuchabschriften zu einer erheblichen Mehrbelastung der GBuchämter führen müßte.

43 **5. Zuständig** für die Auskunftserteilung in den gesetzlich vorgeschriebenen Fällen ist der Urkundsbeamte der Geschäftsstelle (§ 4 Abs. 1 Buchst. c AusfVO. z. GBO.). In allen übrigen Fällen kann eine Auskunft je nach Lage des Falles von jedem GBuchbeamten erteilt werden.

Wegen der Beschwerde s. u. A. 47.

44 **6. Gebühren.** Für die Erteilung einer schriftl. Auskunft werden nur in besonderen Fällen Schreibgebühren nach § 138 Abs. 1 Ziff. 1 KostenO. zu erheben sein. Dagegen sind die entstehenden baren Auslagen (Postgebühren) zu ersetzen (§ 139 a. a. O.).

E. Beschwerde.

45 a) Wenn der Urkundsbeamte der Geschäftsstelle einen Antrag auf Gestattung der Einsicht oder auf Erteilung von Abschriften ablehnt, so hat der Antragsteller, wenn er sich mit der Entscheidung des Urkundsbeamten nicht zufrieden geben will u. dieser dem Verlangen auf Abänderung der Entscheidung nicht entspricht, zunächst den GBuchrichter anzurufen. Die Beschwerde nach §§ 71ff. GBO. findet erst gegen dessen Entscheidung statt (§ 4 Abs. 4b

AusfVO. z. GBO.). Die Entscheidung des Urkundsbeamten ist mit diesen Erinnerungen auch anfechtbar, wenn sie nur mündlich ergangen ist. Das gleiche gilt bez. der Entscheidung des GBuchrichters.

Neben der GBuchbeschwerde ist die Dienstaufsichtsbeschwerde nicht gegeben. Eine Ausnahme gilt bei Gestattung der Einsicht im Verwaltungswege (oben A. 27); gegen deren Versagung ist nur die Dienstaufsichtsbeschwerde möglich. Beschwerde nach §§ 71 ff. GBO. ist nicht nur zulässig, wenn die aus § 12 unmittelbar sich ergebende Offenlegungspflicht vom GBA. verletzt wird, sondern auch in den Fällen, in denen das Verlangen auf Einsicht oder Erteilung von Abschriften auf §§ 43 ff. GBVerf. oder § 53 EHVfO. beruht, insbes. also, wenn die Einsichtsbefugnis einer öffentl. Behörde, eines Notars usw. in Frage steht.

Das Rechtsmittel der weiteren Beschwerde, das nur auf eine Gesetzesverletzung gestützt werden kann, ist ausgeschlossen, wenn die Ablehnung aus dem tatsächl. Grunde der mangelnden Darlegung eines berechtigten Interesses erfolgt ist, u. nur dann zulässig, wenn ein Rechtsirrtum zur Versagung der Einsicht oder der Abschrift geführt hat (BayObLG. in OLG. 10, 30; Güthe-Triebel[6] A. 28).

Beschwerdeberechtigt ist nur der Antragsteller. Der Grundstückseigtr. kann nicht wegen Verweigerung der Einsicht einem Dritten gegenüber Beschwerde einlegen (RJA. 14, 239).

b) Gegen die Gestattung der GBucheinsicht oder die Erteilung von Abschriften sind Anrufung des GBuchrichters u. Beschwerde nach §§ 71 ff. nur solange zulässig, als die Einsicht noch nicht erfolgt oder die Abschrift noch nicht erteilt ist (Güthe-Triebel[6] A. 28; Henke-Mönch A. 6, E; Predari § 11 A. 4; **a. M.** OLG. 29, 392; 31, 295, wonach die Sachbeschwerde überhaupt nicht gegeben ist). Ist die Einsicht bereits zu Unrecht gestattet worden, so ist nur die Dienstaufsichtsbeschwerde möglich (Güthe-Triebel a. a. O.; Predari § 11 A. 4). 46

c) Gegen die Erteilung oder Verweigerung einer Auskunft ist nicht die Beschwerde nach §§ 71 ff., sondern lediglich die Dienstaufsichtsbeschwerde zulässig (OLG. 4, 325; Hesse-Saage-Fischer § 45 GBVerf. A. II 4; Henle-Schmitt § 11 A. 7). Nur in den Fällen, in denen eine Auskunft gesetzlich vorgeschrieben ist (s. o. A. 39), kann sie mittels der Sachbeschwerde erzwungen werden. 47

Zweiter Abschnitt.

Eintragungen in das Grundbuch.

Vorbemerkungen.

Inhaltsübersicht.

Abmeierung 102.
Anerbengerichtliche Genehmigung 165 ff.
Aufwertung 174 ff.
Auslagen 214.
Beschwerde in Kostensachen 227.
Devisenbewirtschaftung 108, 115.
Ehefrau 124.
Einstweilige Verfügung 99.
Eintragung 2 ff.
  Begriff 2.
  Gebühren 212 ff.
  Voraussetzungen 8.
Eintragungsfähigkeit 9 ff.
Enteignung 97.
Entschuldungsbetriebe 132 ff.
Entschuldungsverfahren 126 ff.
Erbhofeigenschaft 139 ff.
Erinnerung in Kostensachen 227.
Ersatzhypothek 186 ff.
Gebühren 212 ff.
Gebührenfreiheit 231 ff.
Geschäftsunfähigkeit 123.
Geschäftswert 216.
Grunderwerbsteuer 266.
Güterstand 124.
Heimstätteneigenschaft 91 ff.
Hypothek (eintragungsfähige Bestimmungen):
  Forderung 38 ff., 47, 48.
  Gläubiger 42.
  Kündigung 44.
Kapitalverkehrsteuer 267.
Konkurs 73 ff., 100.

Kosten 212 ff.
Rechtsmittel 227.
Vorauszahlung 226.
Kostenschuldner 222 ff.
Landwirtschaftl. Entschuldungsverfahren 126 ff.
Landwirtschaftl. Vermittlungsverfahren 125.
Nacherbfolge 80 ff.
Nachlaßverwaltung 78.
Nebengeschäfte 215.
Pfändung 105.
Rechtshängigkeit 98.
Steuern 254 ff.
Testamentsvollstrecker 79.
Treuhänderische Verwaltung 103, 104.
Überflüssige Eintragungen 56 ff., 64.
Unzulässige Eintragungen 14 ff., 59 ff.
bei der beschränkten persönlichen Dienstbarkeit 27 ff.;
beim Eigentum 22;
beim Erbbaurecht 23;
bei der Gesamthypothek 50 ff.;
bei der Grunddienstbarkeit 24 ff.;
bei der Grundschuld 52;
bei der Höchstbetragshypothek 47 ff.;
bei der Hypothek 38 ff.;
bei der Löschungsvormerkung 54;
beim Nießbrauch 35;
bei der Reallast 31 ff.;
bei der Rentenschuld 53;
beim Vorkaufsrecht 34.
Urkundensteuer 254 ff.
Erhebung zu den Gerichtskosten 264 ff.
Steuerfreiheit 260 ff.
Verfügungsbeschränkungen 65 ff.
absolute 68, 110 ff.;
rechtsgeschäftliche 117 ff.;
relative 69, 73 ff.
Vergleichsverfahren 76 ff., 101.
Vermögensbeschlagnahme 106 ff., 114.
Versicherungsunternehmungen (Verfügungsbeschränkungen) 89 ff.
Vollstreckungsschutz
im Entschuldungsverfahren 131;
für Erbhöfe 164.
Zusatzhypothek 185.
Zwangsversteigerung 77.
Zwangsverwaltung 77.

A. Die Eintragungen im allgemeinen.

1 **1.** Der zweite Abschnitt behandelt die Eintragungen in das GBuch, u. zwar die §§ 13 bis 43 die formellen Voraussetzungen der Eintragungen, die §§ 44 bis 52 den Inhalt der Eintragungen, § 53 die Berichtigung unrichtiger oder unzulässiger Eintragungen, § 54 die Zulässigkeit der Eintr. öffentlicher Lasten in das GBuch u. § 55 die Bekanntmachung der erfolgten Eintr. an die Beteiligten.

Unter „Eintragung" im allgem. Sprachgebrauch kann sowohl die Tätigkeit des Eintragens (Einschreibens) in das GBuch als auch der Zustand des Eingeschriebenseins, das Eingeschriebene (der Eintrag) verstanden werden. Auch das BGB. u. die GBO. gebrauchen das Wort „Eintragung" sowohl in dem einen wie in dem anderen Sinne, die GBO. in der zweiten Bedeutung z. B. in § 53 Abs. 1 Satz 2 im Gegensatz zu Satz 1. Im übr. aber ist unter Eintr. i. S. des zweiten Abschnitts die Tätigkeit des Eintragens zu verstehen. Denn der Abschnitt trifft Bestimmungen darüber, unter welchen Voraussetzungen u. in welcher Weise sich die behördl. Tätigkeit des Einschreibens in das GBuch vollzieht (Hesse-Saage-Fischer Vorbem. I vor § 13).

Vorausgesetzt wird in den Vorschriften des zweiten Abschnitts, daß das GBuch als angelegt anzusehen ist. Auf Eintragungen, die im Anlegungsverfahren erfolgen, finden die Vorschriften des zweiten Abschnittes im allgem. keine Anwendung (Denkschr.; Güthe-Triebel[6] Vorbem. 7 vor § 13); hierfür gelten die besonderen Vorschriften des Landesrechts (vgl. § 1 A. 66; § 3 A. 188).

2. Begriff u. Arten der Eintragungen.

2 **a)** Man unterscheidet Eintragungen im weiteren u. Eintragungen im engeren Sinn.

α) Unter Eintragungen im weiteren Sinne versteht man alle Einschreibungen in das GBuch ohne Rücksicht auf ihre Veranlassung, ihren Inhalt oder ihren Zweck.

β) Eintragung im engeren Sinne ist jede in das GBuch aufgenommene Angabe über die Rechtsverhältnisse eines Grundstücks. Im Gegensatz hierzu stehen diejenigen Eintragungen, welche auf die Rechtsverhältnisse des Grundstückes keine Beziehung haben, also rein tatsächliche Angaben enthalten, wie die Angabe der Eigenschaft eines Grundstücks als Haus, Acker, Wiese usw. (Güthe-Triebel[6] Vorbem. 9 vor § 13) oder die Berichtigung einer falschen Bezeichnung des Berechtigten, etwa durch Eintr. seines richtigen Vornamens oder des Namens einer Ehefrau, während bisher ihr Mädchenname eingetragen war (OLG. 7, 197; 8, 309; JFG. 8, 241; Güthe-Triebel[6] Vorbem. 10 vor § 13; vgl. § 3 A. 152), oder die Richtig- oder Klarstellung einer ungenauen Fassung des EintrVermerks (OLG. 6, 437; 16, 183; 30, 413; KGJ. 47, 201; 49, 229).

b) Die Eintragungen im engeren Sinne zerfallen in endgültige u. in vorläufige Eintragungen. 3

α) Die **endgültigen Eintragungen** bezwecken entweder eine Rechtsänderung, die nach materiellem Recht die Eintr. in das GBuch voraussetzt (sei es die Begründung, Änderung oder Aufhebung eines Rechts), herbeizuführen (rechtsbegründende oder rechtsändernde Eintragungen; vgl. z. B. §§ 873, 875, 877, 879 Abs. 3, 880 Abs. 2, 881 Abs. 3 BGB.), oder sie sollen den Inhalt des GBuchs mit der wirklichen Rechtslage in Einklang bringen, also einen bereits vorhandenen Rechtszustand im GBuch verlautbaren (rechtsbezeugende oder rechtsbeurkundende Eintragungen, Grundbuchberichtigungen). Auch die Löschungen gehören zu den Eintragungen.

Eine Sonderstellung nehmen die hinweisenden Vermerke ein, die (wie z. B. der Erbhofvermerk) nicht zum eigentlichen Inhalt des GBuchs gehören u. nur aus Zweckmäßigkeitsgründen in ihm Aufnahme finden.

β) Die **vorläufigen Eintragungen** zerfallen in die Vormerkungen u. die Widersprüche. Auch die meisten Verfügungsbeschränkungen (z. B. der Konkursvermerk, der Zwangsversteigerungs- u. -verwaltungsvermerk, der Nacherbenvermerk) gehören zu ihnen.

3. Die materielle Bedeutung der Eintragung. 4

a) Soweit die Eintr. nach materiellem Recht eine der Voraussetzungen der Rechtsänderung ist (s. o. A. 3 unter *α*), tritt sie gleichberechtigt neben das weitere Erfordernis der Einigung oder der einseitigen materiellrechtl. Erklärung; die Eintr. ist nicht eine bloße Vollzugsform der Einigung oder der einseitigen Erklärung. Die Rechtsänderung vollendet sich also erst, sobald zu der dingl. Erklärung der Beteiligten die obrigkeitl. Tätigkeit des Eintragens in das GBuch hinzukommt, vorausgesetzt, daß beide die gleiche Rechtsänderung zum Inhalt haben (RG. 106, 113; 108, 148; KGJ. 51, 187; Staud.-Kober § 873 A. 76, 85; RGRK. § 873 A. 10). Für die Rechtsänderung wesentlich ist aber nur die Tätigkeit des Eintragens, nicht der Eintrag als fortdauernder Zustand (vgl. oben A. 1). Ist eine Rechtsänderung einmal durch die Einschreibung in das GBuch vollendet, so bleibt sie bestehen, auch wenn die Eintr. später zu Unrecht aus dem GBuch entfernt wird; das GBuch ist dann unrichtig (Güthe-Triebel[6] Vorbem. 4, 6 vor § 13). Ist anderseits ein im GBuch eingetragenes Recht erloschen, so kann die noch nicht gelöschte Eintr. nicht zur Begründung eines neuen dingl. Rechts verwendet werden, sondern es bedarf dazu neben der Einigung auch einer neuen Eintr.

b) Ist ein tatsächlich nicht bestehendes Recht fälschlich im GBuch eingetragen (Buchrecht, Scheinrecht), so hat die Eintr. (d. h. der Eintrag als Zustand) die materielle Bedeutung, daß sich durch seine Vermittlung beim Hinzukommen gutgläubigen Erwerbs das Buchrecht in ein wirkliches Recht umgestaltet (§§ 892, 893 BGB.). 5

c) Der Eintr. kommt keine formale Rechtskraft u. keine konstitutive Wirkung zu. Die Eintr. für sich allein kann daher niemals ein dingl. Recht begründen, ändern oder aufheben; es müssen entweder die materiellrechtl. Rechtsänderungserklärungen (Einigung, Aufhebungserklärung) oder gutgläubiger Erwerb oder (bei zu Unrecht gelöschten Rechten) die Verjährung (§ 901 BGB.) hinzukommen, um die Rechtsänderung zu vollenden. 6

Eine Ausnahme hievon besteht hinsichtlich der Rangfolge im GBuch. Diese hat insofern konstitutive Wirkung, als der Rang eines Rechtes am Grundstück sich, wenn kein Rangvermerk im GBuch eingetragen ist, nach der räuml. Reihenfolge der Eintr. richtet ohne

Rücksicht darauf, ob diese mit den materiellrechtl. Erklärungen der Beteiligten übereinstimmt oder nicht (RG. 57, 280; 73, 173; 113, 407; BayObLG. 16, 126; vgl. auch § 17 A. 14).

7 **4.** Auch eine Eintr. im GBuch ist der Feststellung ihrer wahren Bedeutung durch **Auslegung** (§ 133 BGB.) zugänglich (RG. 136, 80, 232; vgl. auch RG. 121, 43 u. RG. in JW. 1926, 2547). Inhalt u. Umfang eines im GBuch eingetragenen Rechtes sind aber ohne Rücksicht darauf, was die ursprüngl. Vertragsteile gemeint haben, nur aus dem GBuch selbst, d. h. dem Wortlaut der Eintr. u. dem sich daraus ergebenden Sinn, u. den in der Eintr. in Bezug genommenen Urkunden (EintrBew. usw.) so auszulegen, wie es jeder Dritte daraus entnehmen kann (RG. 131, 167). Es darf zur Auslegung des Inhalts einer Eintr. nichts herangezogen werden, was außerhalb der Eintr. liegt u. nicht allgemein bekannt sein kann (RG. 136, 232; RG. in DNotV. 1932, 722; OLG. Königsberg in JW. 1935, 144; weitergehend Staud.-Kober § 873 A. 80, der bei der Auslegung alle Urkunden berücksichtigen läßt, die sich bei den Grundakten befinden u. auf die in der Eintr. oder in der EintrBew. hingewiesen ist). Auch solche Umstände sind zu berücksichtigen, die sich aus den besonderen für jedermann offensichtl. Verhältnissen eines Einzelfalles ergeben (RG. in HRR. 1933 Nr. 1642). Im übr. ist der Inhalt eines dingl. Rechtes so auszulegen, wie der Begründungsakt nach dem Wortlaut von jedem dinglich Berechtigten u. Verpflichteten verstanden werden muß (RG. in JW. 1933, 605 = HRR. 1933 Nr. 1645). Schuldrechtliche Vereinbarungen über die Begründung des dingl. Rechts dürfen zur Auslegung der Eintr. dann herangezogen werden, wenn sie durch eine in dem EintrVermerk angezogene EintrBew. gedeckt sind. Der in ihnen enthaltene Vertragswille der Beteiligten kann aber bei der Feststellung des Inhalts des dingl. Rechts nur insoweit Beachtung finden, als er einen für jedermann erkennbaren Ausdruck in der in Bezug genommenen Urkunde gefunden hat. Dagegen ist bei der Auslegung dingl. Verträge die Erforschung des Parteiwillens durch Umstände, die außerhalb der Urkunde liegen u. nicht für jedermann erkennbar sind, insbes. durch Heranziehung der sog. Entstehungsgeschichte in Gestalt der vor u. bei Vertragsabschluß gepflogenen Verhandlungen der Beteiligten nicht zulässig (RG. in BayZ. 1933, 339).

GBucheintragungen unterliegen ebenso wie Entscheidungen der Gerichte der Prüfung u. Auslegung durch das Revisionsgericht (RG. 136, 234). Das gleiche gilt für vertragl. Vereinbarungen, auf die in einer Eintr. Bezug genommen ist (RG. 142, 158).

8 B. Die allgemeinen Voraussetzungen einer Eintragung.

Die Vornahme einer Eintr. setzt, abgesehen von den allgem. Erfordernissen der Rechtswirksamkeit der zur Eintr. erforderl. Erklärungen, Verträge u. Anträge insbes. voraus:

a) daß der Gegenstand der beabsichtigten Eintr. sich zur Eintr. in das GBuch eignet **(Eintragungsfähigkeit)**; im einzelnen s. u. A. 9 ff. Überflüssige Eintragungen sind zu vermeiden; hierüber s. u. A. 56 ff.;

b) daß ein **Eintragungsantrag** vorliegt, sofern nicht ausnahmsweise die Vornahme einer Eintr. ohne Antrag zulässig ist (§ 13);

c) daß derjenige, dessen Recht von der Eintr. betroffen wird, **als Berechtigter eingetragen** ist u. die beantragte Eintr. **bewilligt,** sofern nicht ausnahmsweise die Eintr. ohne die Bewilligung des Berechtigten u. ohne dessen vorgängige Eintr. zulässig ist (§§ 19, 39, 40), ferner daß etwa erforderliche **Zustimmungserklärungen** Dritter u. erforderliche **Genehmigungen** von Behörden (VormundschaftsG., AnerbenG., Staatsaufsichtsbehörde usw.) vorliegen u. daß bei Briefrechten der **Brief** u. bei Inhaber- u. Orderhypotheken die Urkunden vorgelegt werden (§§ 41, 42, 43);

d) daß die Erklärungen u. sonstigen Nachweise in der vorgeschriebenen **Form** beigebracht werden (§ 29);

e) daß die Entrichtung, Hinterlegung oder Stundung der **Gebühren** u. **Steuern** nachgewiesen ist. Hierüber s. des näheren unten A. 212 ff.

C. Die Eintragungsfähigkeit. 9

Nur solche Angaben dürfen in das GBuch eingetragen werden, die sich nach den Vorschriften des materiellen oder formellen GBuchrechtes zur Eintr. eignen. Weder das BGB. noch die GBO. (abgesehen von § 54) enthalten ausdrückl. Vorschriften über diese Eignung, d. i. die Eintragungsfähigkeit. Eine Eintr. muß, um zulässig zu sein, durch eine Rechtsnorm entweder vorgeschrieben oder zugelassen sein; letzteres kann ausdrücklich oder stillschweigend geschehen, stillschweigend insbes. dadurch, daß das materielle Recht an die Eintr. gewisse Rechtsfolgen knüpft (vgl. RG. 54, 235; 55, 273; KGJ. 47, 179). Was über diesen Kreis der gesetzlich vorgeschriebenen oder zugelassenen Einschreibungen hinausgeht, gehört nicht in das GBuch. Der Zweck einer übersichtl. Führung des GBuchs verlangt, daß dieses von überflüssigen Eintr. freigehalten wird.

Es sind also nicht etwa alle Eintr. statthaft, die gesetzlich nicht verboten sind. Insbes. können die Beteiligten, da auf dem Gebiet des Sachenrechts keine Vertragsfreiheit besteht (RG. 48, 63) u. es deshalb andere als die vom Gesetz zugelassenen dingl. Rechte nicht gibt, nicht jedes Recht durch eine Eintragungsbewilligung dinglich machen (OLG. 2, 153; 5, 191; JFG. 3, 316; Güthe-Triebel[6] Vorbem. 19 vor § 13; Henle-Schmitt § 18 A. 2 I; s. auch unten A. 17).

I. Zur Eintragung in das GBuch sind, abgesehen von den zur Bezeichnung der Grundstücke dienenden tatsächl. Angaben, insbes. **geeignet:** 10

α) der Erwerb oder die Begründung, ferner die Übertragung, die Belastung oder die Aufhebung eines dinglichen Rechtes an einem Grundstück oder eines Rechtes an einem solchen Rechte (§§ 873, 875 BGB.); die Änderung des Inhalts oder des Ranges solcher Rechte (§§ 877, 881 BGB.);

β) die Verfügungsbeschränkungen, die den Eigtr. oder einen Berechtigten in der Verfügung über ein im GBuch eingetragenes Recht zugunsten einer bestimmten Person beschränken (§ 892 Abs. 1 Satz 2 BGB.);

γ) die zur Sicherung des Ranges eintragungsfähiger Rechte u. zum Schutze gegen die Wirkungen des öffentl. Glaubens des GBuchs dienenden Vormerkungen u. Widersprüche (§§ 883, 899, 1139, 1179 BGB.; §§ 18, 23, 24, 53, 76 GBO.; § 15 Abs. 2 AusfVO.; § 38 GBVerf.).

a) Als eintragungsfähige **Rechte** an Grundstücken kommen in Betracht das Eigentum[1]), das Erbbaurecht, die Dienstbarkeiten (Grunddienstbarkeiten, Nießbrauch, beschr. persönl. Dienstbarkeiten), das Vorkaufsrecht, die Reallasten, die Hypotheken, Grund- u. Rentenschulden. 11

Neben diesen Rechten sind als **Rechte an Grundstücksrechten** der Eintr. fähig der Nießbrauch u. das Pfandrecht, mit denen ein im GBuch eingetragenes Recht belastet ist. Pfandrecht u. Nießbrauch an einem Grundstücksrecht können aber nur insoweit begründet werden, als das zu belastende Recht übertragbar ist (§§ 1069 Abs. 2, 1274 Abs. 2 BGB.). Soweit jedoch ausnahmsweise ein Nießbrauch oder eine beschränkte persönl. Dienstbarkeit gem. § 1 des Ges. v. 13. Dez. 1935 (RGBl. I 1468) unter gewissen Voraussetzungen übertragbar ist, ist weder eine Pfändung noch eine Verpfändung noch die Belastung mit einem Nießbrauch zulässig (§ 2 a. a. O.). Eintragungsfähig ist (als Veräußerungsverbot) die Pfändung oder Verpfändung des Rechts auf Ausübung eines Rechtes, das nicht übertragbar ist, dessen Ausübung aber einem Dritten überlassen werden kann, z. B. des Nießbrauchs oder einer

---

[1]) Wegen des „Eigentums" an Quellen vgl. BayObLG. 12, 356; RG. 72, 282; 90, 280; Staud.-Kober § 905 A. 18.

beschr. persönl. Dienstbarkeit (RG. 74, 85; 88, 99; 101, 5; Predari § 23 A. 1; Staud.-Kober § 1059 A. 7; **a. M.** KGJ. 48, 212; RGRK. § 1059 A. 1; Güthe-Triebel[6] Vorbem. 20 vor § 13; vgl. auch JFG. 14, 342).

Eintragungsfähig sind ferner das Bergwerkseigentum, die Fischereirechte, die Gerechtigkeiten, Berechtigungen u. Nutzungsrechte, für die nach Landesrecht die sich auf Grundstücke beziehenden Vorschriften gelten (vgl. § 3 A. 12 ff.), u. die sonstigen vom Landesrecht auf den ihm noch vorbehaltenen Gebieten als eintragungsbedürftig oder eintragungsfähig bezeichneten Rechte, z. B. das Wiederkaufsrecht bei Rentengütern nach Art. 29 § 1 preuß. AG. z. BGB. (vgl. wg. dieser Rechte die Anm. zu § 117), schließlich alle nach Art. 184 EG. z. BGB. mit dem aus den bisherigen Gesetzen sich ergebenden Inhalt u. Rang aufrecht erhaltenen Rechte an Grundstücken u. an grundstücksgleichen Rechten. Wegen der Eintragungsfähigkeit der nach dem Erlöschen eines Erbbaurechts durch Zeitablauf dem Erbbauberechtigten zustehenden Entschädigungsforderung für das Bauwerk (§§ 27, 28 ErbbRVO.) s. Fußn. 1 S. 223.

Durch Reichsrecht sind außerhalb des BGB. noch weitere dingl. Rechte geschaffen worden, die jedoch nur zum Teil eintragungsfähig sind. Es kommen in Betracht: die gesetzl. Wiederkaufsrechte nach §§ 20, 21, 34 RSiedlG.[1]) u. §§ 19 ff. des Ges. ü. d. Enteignungsrecht von Gemeinden bei Aufhebung oder Ermäßigung von Rayonbeschränkungen v. 27. April 1920 (RGBl. 697), die der Eintr. bedürfen; das gesetzl. Vorkaufsrecht nach §§ 4 ff., 14 RSiedlG., das der Eintr. nicht bedarf, aber eingetragen werden kann; das gesetzl. Vorkaufsrecht der Entschuldungsstelle zugunsten der Siedlungsgesellschaft nach § 94 Abs. 1 SchRegG. v. 1. Juni 1933 (RGBl. I 331), für welches das gleiche gilt; das Vorkaufsrecht des Heimstättenausgebers u. der Heimfallanspruch nach §§ 11, 12 RHeimstG., die nicht eingetragen werden können; die Heimstätteneigenschaft (§§ 4 ff., 18 RHeimstG.), die als Belastung einzutragen ist. Nicht in das GBuch eingetragen werden auch die gesetzl. Vorkaufsrechte nach Art. 1 ff. bayer. GüterzertrG. v. 13. Aug. 1910 (GVBl. 627) u. nach Art. 52 bayer. ÖdlandG. v. 6. März 1923 (GVBl. 89).

12 b) **Verfügungsbeschränkungen** sind eintragungsfähig, wenn sie die Beschränkung des Eigtr. oder eines Berechtigten in der Verfügung über ein Recht an einem Grundstück zum Gegenstand haben u. entweder auf einer gesetzl. Bestimmung beruhen, die nur den Schutz bestimmter Personen bezweckt (z. B. §§ 6, 113 KO., §§ 1984, 2211 BGB.) oder von einem Gericht oder einer anderen Behörde innerhalb ihrer Zuständigkeit angeordnet sind (z. B. §§ 106, 113 KO.). Im einzelnen s. u. A. 65 ff.

13 c) Über die Eintragungsfähigkeit der **Vormerkungen u. Widersprüche** s. die Erläuterungen zu §§ 18, 25, 53.

II. Unzulässige Eintragungen.

14 1. Unzulässig ist eine Eintr., wenn das einzutragende Recht nicht zu den vom BGB. oder den Landesgesetzen anerkannten dinglichen Rechten gehört, so die Eintr. eines dingl. Zurückbehaltungsrechts (RG. 66, 24; 68, 278) oder eines dingl. Wiederkaufsrechts (BayObLG. 25, 390)[2]); die Eintr. der vom Eigtr. einem Dritten eingeräumten ausschließl., vererbl. u. veräußerl. Befugnis, das Grundstück zwecks Gewinnung von nicht verleihbaren Mineralien zu benutzen (OLG. 2, 120; 14, 88); die Eintr. von Reallasten, soweit die Landesgesetze deren Begründung untersagen oder einschränken (Art. 113 EG. z. BGB.; § 91 preuß. Ges. v. 2. März 1850, GS. 77; Art. 85 ff. bayer. AG. z. BGB. i. d. Fass. d. Ges. v. 23. Juli 1921, GVBl. 379, u. d. Ges. v. 11. April 1923, GVBl. 147; VO. v. 17. April 1923, GVBl.

---

[1]) Das Wiederkaufsrecht nach § 20 RSiedlG. ist privatrechtl. Natur, nimmt also an der Rangfolge der GBucheintragungen teil (JFG. 8, 324; OLG. Breslau in JW. 1931, 1047; bestr.).

[2]) Das persönl. Wiederkaufsrecht (§§ 497 ff. BGB.) kann aber durch Auflassungsvormerkung gesichert werden (RG. 104, 13; 125, 247; BayObLG. 25, 392).

147; vgl. unten A. 32, 33 sowie BayObLG. 4, 315); die Eintr. des dem Gläubiger des Bestellers eines Nießbrauchs an einem Vermögen oder den Nachlaßgläubigern zustehenden Befriedigungsrechtes (§§ 1086, 1089 BGB.; RG. 70, 344), sowie des Befriedigungsrechts gem. § 1003 BGB. (RGRK. § 1003 A. 1); die Eintr. eines Vorbehalts des Veräußerers auf einen auf dem veräußerten Grundstück etwa gefundenen Schatz (OLG. 6, 265); die Eintr. des Verbots, ein Grundstück zu teilen (KG. in SeuffBl. 76, 401).

Unzulässig sind auch Eintragungen, die sich auf Rechtsverhältnisse an beweglichen Sachen beziehen, z. B. ein Eigentumsvorbehalt an Zubehörstücken (BayObLG. 6, 157).

2. Gewisse dingliche Rechte sind durch besondere gesetzl. Vorschrift **von der Eintragung ausgeschlossen.** 15

α) Hierher gehört das kraft Gesetzes entstehende Recht auf die Rente für einen Überbau oder einen Notweg u. die durch Urteil festgesetzte Höhe der Rente. Dagegen werden der Verzicht auf die Rente u. die vertragsmäßige Feststellung der Höhe der Rente eingetragen (§§ 914, 917 BGB.).

Die Eintr. sowohl der vertragl. Feststellung als auch des Verzichts erfolgt auf dem Blatt des mit der Rente belasteten, also überbauenden (benützenden) Grundstücks (JFG. 4, 387 = OLG. 45, 208; Staud.-Kober § 914 A. 3, 4; RGRK. § 914 A. 4, 5; vgl. RG. 55, 384; **a. M.** Güthe-Triebel[5] S. 1714; Turnau-F. § 914 A. 5, wonach der Verzicht beim rentenberechtigten Grundstück einzutragen ist u. zwar in der Spalte 1 bis 3 der zweiten Abt.); wegen des Vermerks auf dem Blatte des renteberechtigten Grundstücks s. § 8 A. 5. Zum Verzicht auf die Rente u. zur Festsetzung einer niedrigeren als der gesetzl. Rente ist die Zustimmung der am überbauten (benützten) Grundstück dinglich Berechtigten erforderlich (§ 876 Satz 2 BGB.; §§ 19, 29 GBO.).

Auch die gesetzl. Duldungspflicht gem. §§ 912, 917 Abs. 1 BGB. darf nicht eingetragen werden; wohl aber kann eine über die gesetzliche hinausgehende durch Vereinbarung übernommene Duldungspflicht als Grunddienstbarkeit eingetragen werden (JFG. 3, 329); auch ist die vertragl. Aufhebung oder Minderung der gesetzl. Duldungspflicht als Grunddienstbarkeit am überbauenden (benützenden) Grundstück zugunsten des überbauten (benützten) eintragungsfähig (OLG. 45, 209; RGRK. § 912 A. 10).

β) Weiter sind nicht eintragungsfähig die aus den gesetzl. Vorschriften über das Nachbarrecht sich ergebenden Befugnisse u. Beschränkungen (§§ 906—924 BGB.; Art. 62 ff. bayer. AG. z. BGB.). Die Beseitigung einer aus dem Nachbarrecht sich ergebenden Beschränkung kann jedoch Gegenstand einer einzutragenden Dienstbarkeit sein (RG. 64, 366; OLG. 4, 307).

γ) Von der Eintr. in das GBuch ausgeschlossen ist die Sicherungshyp. zugunsten der Rentenbank-Kreditanstalt nach § 93 SchRegG. v. 1. Juni 1933, RGBl. I 331 (Harmening-Pätzold, SchRegG.[2] § 93 A. 2).

δ) Auch das Vorkaufsrecht des Heimstättenausgebers u. der Heimfallanspruch (§§ 11, 12 RHeimstG.) sind nicht eintragungsfähig, wohl aber die Heimstätteneigenschaft als Belastung; Näheres s. § 4 A. 28 ff. Über die Unzulässigkeit der Eintr. des ehel. u. des elterl. Nutznießungsrechts s. u. A. 37.

3. Da das GBuch nur zur Verlautbarung privatrechtlicher Rechtsverhältnisse bestimmt 16
ist, sind nicht eintragungsfähig **die dem öffentlichen Recht angehörenden Rechte u. Lasten** (vgl. BayObLG. 12, 194). Insbes. die auf einem Grundstück ruhenden öffentl. Lasten als solche sind nach der ausdrückl. Vorschrift in § 54 GBO. von der Eintr. ausgeschlossen, es sei denn, daß ihre Eintr. gesetzlich besonders zugelassen oder angeordnet ist. Im einzelnen s. d. Anm. zu § 54.

Rechte können in das GBuch nur eingetragen werden, wenn außer Zweifel steht, daß sie privatrechtl. Natur sind u. nicht dem öffentl. Recht angehören. Dies gilt insbes. von den Gemeindenutzungsrechten öffentlichrechtl. Charakters; über den Unterschied zwischen ihnen u. den privatrechtl. Nutzungsrechten vgl. § 9 A. 4. Öffentlichrechtl. Gemeindenutzungsrechte können auch nicht als Zubehör des berechtigten Grundstücks eingetragen werden (BayObLG. 12, 194; vgl. auch ebendort 146).

17 4. Nicht eintragungsfähig sind insbes. alle **persönlichen Rechte** u. schuldrechtl. Ansprüche (RG. 57, 333; BayObLG. 30, 416; Staud.-Kober § 873 A. 23), es sei denn, daß die Voraussetzungen für die Eintr. einer Vormerkung vorliegen (RG. 60, 317). Von der Eintr. ausgeschlossen sind vor allem Miete u. Pacht (RG. 54, 233; OLG. 4, 481)[1]); von der Miete zu unterscheiden ist das eintragungsfähige dingl. Wohnungsrecht nach § 1093 BGB. (RG. 24, 233). Auch eine Verfügungsbeschränkung zugunsten des Mieters oder Pächters kann nicht eingetragen werden (OLG. 17, 31). Zu den nicht eintragungsfähigen persönl. Rechten gehört ferner das Wiederkaufsrecht nach §§ 497 ff. BGB.; dagegen können die Wiederkaufsrechte nach §§ 20, 21 RSiedlG. u. das Wiederkaufsrecht bei Rentengütern nach Art. 29 § 1 preuß. AG. z. BGB. eingetragen werden. Das Wiederkaufsrecht nach BGB. kann aber durch Auflassungsvormerkung gesichert werden (RG. 104, 13; 125, 247); wegen des schuldrechtl. Vorkaufsrechtes s. u. A. 34. Rein persönlich u. daher nicht eintragungsfähig ist das Ankaufsrecht, d. h. das Recht von dem Eigtr. eines Grundstücks den Abschluß eines Kaufvertrags über dieses zu verlangen (OLG. 10, 120; BayObLG. 28, 651; JFG. 3, 315, 318); wg. des Ankaufsrechtes bei Heimstätten in Preußen s. o. § 4 A. 33[2]). Nicht eintragungsfähig sind als solche die Versorgungsansprüche der Miterben nach §§ 30, 31 RErbhG.; sie können aber als beschr. persönl. Dienstbarkeit, als Reallast oder als Sicherungshyp. (in beiden letzteren Fällen nur mit anerbengerichtl. Gen.; § 37 RErbhG.; s. u. A. 139 ff., insbes. 152) in das GBuch Aufnahme finden (Vogels[4] § 30 A. 16). Nicht eintragungsfähig sind auch der Berichtigungsanspruch nach § 894 BGB., dessen Abtretung oder Pfändung (OLG. 31, 138; RGRK. § 894 A. 2; Staud.-Kober § 894 A. 31; Güthe-Triebel[6] § 14 A. 29), die Abtretung des Auseinandersetzungsguthabens eines Miterben (BayObLG. 30, 129), das Recht auf Verwaltung einer Hyp. (OLG. 8, 132), der Verzicht auf künftigen Schadensersatz (OLG. 3, 96, 291; 4, 68; BayObLG. im Recht 1903 Nr. 2267; KGJ. 49, 195), der Verzicht auf ein gesetzl. Vorkaufsrecht, das Recht auf Ersatz von Verwendungen (§§ 994 ff. BGB.; RG. 71, 430), sowie Bierbezugsverpflichtungen (RJA. 3, 148). Verpflichtet sich der Käufer, das Grundstück nur in einer gewissen Entfernung von der Straße zu bebauen u. den unbebauten Teil dem Verkäufer zur Verbreiterung der Straße gegen Rückerstattung des Kaufpreises zurückzuübertragen, so ist die Eintr. nur möglich, wenn damit nicht bloß die Begründung einer persönl. Verpflichtung, sondern einer Grunddienstbarkeit oder eines dingl. Vorkaufsrechts gewollt ist (OLG. 2, 489; 7, 32). Dagegen ist die Verpflichtung, auf einem gekauften Grundstück ein Wohnhaus zu erbauen, das Grundstück zu entwässern, ein anderes Grundstück zu pachten usw., stets eine rein persönliche (vgl. RG. 57, 333; 60, 317; KG. in SeuffA. 56, 177).

Ein persönl. Recht kann aber durch Eintr. einer Vormerkung insoweit in das GBuch Aufnahme finden, als es auf die Einräumung, Änderung oder Aufhebung eines dingl. Rechtes (auch z. B. auf Verschaffung einer bestimmten Rangstelle) gerichtet ist (§ 883 BGB.; OLG. 26, 183); im einzelnen s. d. Anm. zu § 25.

---

[1]) Nicht eintragungsfähig sind auch die Miet- u. Pachtrechte, die nach bisherigem preuß. Recht durch Besitzübergabe dinglich geworden sind (OLG. 17, 30; vgl. Art. 9 preuß. AV. v. 16. Nov. 1899, GS. 562).

[2]) Von der Eintr. ausgeschlossen sind auch die auf Gr. der 3. SteuerNotVO. v. 14. Febr. 1924 (RGBl. I 74), der preuß. SteuerNotVO. v. 1. April 1924 (GS. 191) u. der Richtlinien v. 10. April 1924 (Volkswohlfahrt 154) vereinbarten Ankaufs- u. Wiederkaufsrechte (JFG. 3, 318). Über die Rechtsnatur des in Bayern als Nebenbestimmung bei Baudarlehenshypotheken aus öffentlichen Mitteln vereinbarten Ankaufsrechtes vgl. BayNotV. 1928, 41.

5. Nicht eintragungsfähig sind **Angaben tatsächlicher Art**, soweit deren Aufnahme in das GBuch nicht ausdrücklich angeordnet ist, wie z. B. hinsichtlich der Wirtschaftsart, Lage u. Größe des Grundstücks (§ 6 Abs. 3 GBVerf.; vgl. § 3 A. 79 ff.). Von der Eintr. ausgeschlossen ist insbes. der Besitz (RG. 61, 378). Auch sog. historische Vermerke, z. B. der Vermerk, daß ein Recht durch Zahlung einer einmaligen Summe abgelöst ist, sind unzulässig (Güthe-Triebel[6] Vorbem. 19 vor § 13). 18

6. Nicht eingetragen werden können auch alle Angaben, die die **Geschäfts- u. Handlungsfähigkeit** des eingetragenen Berechtigten betreffen, wie Minderjährigkeit, Entmündigung usw.; vgl. § 3 A. 147. Wg. der Eintr. des Familienstandes s. § 3 A. 146. 19

Der **eheliche Güterstand** darf in das GBuch nur eingetragen werden, wenn ein Grundstück oder Recht zum Gesamtgut einer Gütergemeinschaft gehört (§§ 1438, 1483, 1519, 1549 BGB.). Nicht eintragungsfähig sind also insbes. die Vorbehalts- oder Sondergutseigenschaft, das Verwaltungs- u. Nutznießungsrecht des Ehemannes u. dessen Ausschließung, die Beschränkung der im gesetzl. Güterstand lebenden Ehefrau in der Verfügung über eingebrachtes Gut. Im einzelnen s. u. A. 37 sowie die Anm. zu § 33.

Nicht eintragungsfähig sind auch das elterliche Verwaltungs- u. Nutznießungsrecht am Kindesvermögen u. dessen Ausschließung sowie der Verzicht auf dieses Recht (KGJ. 49, 211).

7. Unzulässig ist eine Eintr., die rechtlich unmöglich ist, z. B. die Eintr. einer Dienstbarkeit oder eines Nießbrauchs für den Eigtr. (vgl. jedoch unten A. 24 u. A. 31), die Eintr. einer Bruchteilsdienstbarkeit; ebenso die Eintr. einer Hyp. an dem Anteil, der einem Miterben bei der Auseinandersetzung zufallen wird; hier fehlt es an einem zu belastenden Objekt (ZBlFG. 3, 834; vgl. auch OLG. 7, 454; Kober in SeuffBl. 70, 263). Unzulässig ist die Eintr. von Rechten, die dem Berechtigten wahlweise zustehen sollen, z. B. ein Wohnungsrecht oder Nießbrauch „nach Wahl des Berechtigten" (KG. im Recht 1931 Nr. 590). Hieher gehören auch die Vormerkung des Anspruchs auf Eintr., Änderung oder Aufhebung einer Vormerkung oder eines Widerspruchs u. die Vormerkung einer Verfügungsbeschränkung; zu beachten ist jedoch, daß im Falle des § 18 Abs. 2 solche Vormerkungen eingetragen werden können (vgl. § 18 A. 50). 20

8. Unzulässig ist eine Eintr. auch dann, wenn ein an sich eintragungsfähiges dingliches Recht mit einem **Inhalt** eingetragen werden soll, der **gegen das Gesetz verstößt**, also vom Gesetz weder geboten noch erlaubt ist (OLG. 1, 424; 2, 120; JFG. 3, 400). 21

Hieher gehört z. B. der Fall, daß ein Recht ohne Angabe des Berechtigten eingetragen werden soll oder ein Berechtigter angegeben ist, dessen Eintr. unzulässig ist, z. B. eine Behörde. Näheres s. § 3 A. 141, 152. Unzulässig ist auch die Eintr. eines Vertreters statt des Vertretenen (RG. 79, 75).

Von der Aufnahme in das GBuch sind weiter solche Eintr. ausgeschlossen, denen ein gegen ein Verbotsgesetz oder die guten Sitten verstoßendes u. daher nichtiges Rechtsgeschäft (§§ 134, 138 BGB.) zugrunde liegt, z. B. ein Wuchergeschäft. Vgl. Vorbem. 34 vor § 18.

Bei den einzelnen dingl. Rechten sind insbes. folgende Eintragungen **unzulässig:**

a) beim **Eigentum:** 22

Die Eintr. eines bedingten Eigentums (§ 925 Abs. 2 BGB.), die Eintr. von Stockwerkseigentum oder Kellereigentum; Näheres hierüber s. bei § 20.

b) beim **Erbbaurecht:** 23

Unzulässig sind die Eintr. der Unvererblichkeit u. Unveräußerlichkeit des Erbbaurechts (§ 1 Abs. 1 ErbbRVO.; § 1012 BGB.; BayObLG. 14, 254), die Eintr. eines Erbbaurechts an einem ideellen Bruchteil des Grundstücks (Staud.-Kober ErbbRVO. § 1 A. 13), die Beschränkung des Erbbaurechts auf einen Teil des Gebäudes, insbes. ein Stockwerk (§ 1 Abs. 3

ErbbRVO.; § 1014 BGB.); zulässig ist aber die Beschränkung auf einen Teil eines Bauwerks, das kein Gebäude ist (vgl. § 8 A. 5). Über den zulässigen Inhalt des neurechtl. Erbbaurechts s. §§ 2, 5, 27, 32 ErbbRVO. Unzulässig ist die Eintr., daß das Erbbaurecht dinglich für eine nach § 2 Ziff. 5 ErbbRVO. vereinbarte Vertragsstrafe haften soll (hiefür müßte eine Hyp. bestellt werden). Unzulässig ist der vertragsmäßige Ausschluß der Entschädigung im Falle des § 27 Abs. 2 ErbbRVO. (Staud.-Kober § 27 A. 13). Unzulässig ist die Eintr. einer Vorm. zur Sicherung des Heimfallanspruchs nach § 32 ErbbRVO. (Planck ErbbRVO. § 2 A. 3; bestr.). Dagegen kann für den Grundstückseigtr. ein dingl. Vorkaufsrecht an dem Erbbaurecht eingetragen werden (Staud.-Kober ErbbRVO. § 2 A. 20). Wg. Bedingung u. Befristung beim neurechtl. Erbbaurecht s. § 8 A. 7. Beim altrechtl. Erbbaurecht ist auch eine auflösende Bedingung zulässig; eine solche kann auch jetzt noch nachträglich beigefügt werden (Planck § 1016 A. 3). Die nach § 11 Abs. 1 ErbbRVO. erforderl. Einigung (§ 873 BGB.) muß sich auf den gesamten gesetzl. u. vertragsmäßigen Inhalt des Erbbaurechts erstrecken. Ungenügend ist es, wenn die Beteiligten lediglich den Wortlaut des Gesetzes wiederholen (BayObLG. 20, 139). Über die Prüfungspflicht des GBuchrichters s. § 8 A. 4.

Wegen des Erbbauzinses s. § 8 A. 42.

24 c) bei der **Grunddienstbarkeit:**

a) Unzulässig ist die Eintr. einer Dienstbarkeit als Grunddienstbarkeit, wenn es an einem herrschenden Grundstück fehlt (ZBlFG. 4, 36). Zulässig ist dagegen nach der jetzigen Rechtspr. des RG. (RG. 142, 231 = JFG. 11, 5; vgl. hiezu auch Boesebeck in JW. 1934, 282) die bisher von RG. u. KG. abgelehnte sog. Eigentümergrunddienstbarkeit, d. h. eine Grunddienstbarkeit, bei der dienendes u. herrschendes Grundstück demselben Eigtr. gehören. Es kann also der jeweilige Eigtr. zweier Grundstücke an dem einen von ihnen zugunsten des anderen eine Grunddienstbarkeit bestellen; an die Stelle der Einigung tritt die einseitige (dem GBA. gegenüber abzugebende) Erklärung des Eigtr. (RG. a. a. O.). Dagegen kann der Eigtr. zweier Grundstücke nicht auf dem einen Grundstück zugunsten des jeweiligen Eigtr. des anderen eine Vormerkung auf Bestellung einer Grunddienstbarkeit für den Fall des Verkaufs eintragen lassen (KGJ. 40, 126; vgl. auch KG. in HRR. 1932 Nr. 1659 u. Breme in DNotV. 1913, 278). Wg. des Miteigentums am herrschenden oder dienenden Grundstück vgl. § 1009 Abs. 2 BGB.

Eine Grunddienstbarkeit kann weder zugunsten eines ideellen Bruchteils noch an einem solchen eingetragen werden (RGRK. § 1018 A. 2). Deshalb sind Grunddienstbarkeiten, die bei einer Bruchteilsversteigerung auf den nicht mitversteigerten Bruchteilen bestehen bleiben, inhaltlich unzulässig i. S. des § 53 Abs. 1 Satz 2 u. unterliegen der Amtslöschung (KG. in JW. 1933, 626). Wg. der Grunddienstbarkeit an einem realen Grundstücksteil u. der Beschränkung der tatsächl. Ausübung auf einen solchen s. o. § 7 A. 4, 5. Zugunsten eines unselbständigen Grundstücksteils kann eine Grunddienstbarkeit nicht bestellt werden (KGJ. 53, 171). Eine Grunddienstbarkeit kann auch zugunsten einer Mehrheit von herrschenden Grundstücken bestellt werden. Auch zugunsten des jeweiligen Eigtr. eines Bergwerks ist eine Grunddienstbarkeit zulässig (RG. 130, 352).

Als Beschränkung der Grunddienstbarkeit ist eintragungsfähig die Bestimmung, daß die Befugnis des Berechtigten, Beeinträchtigungen seines Rechtes gem. §§ 1027, 1004 BGB. entgegenzutreten, einzelnen Personen gegenüber ausgeschlossen sein soll, er z. B. verpflichtet ist, die Bestellung von Mitbenutzungsrechten zugunsten Dritter zu gestatten (KG. in HRR. 1934 Nr. 169).

Eine bedingte Grunddienstbarkeit ist nicht unzulässig, z. B. derart, daß sie erlöschen soll, sobald das herrschende Grundstück in das Eigentum einer anderen Person als das eines Abkömmlings des derzeitigen Eigtr. übergeht (BayObLG. 13, 143). Auch eine Befristung der Grunddienstbarkeit ist möglich.

β) Die Grunddienstbarkeit hat einen **unzulässigen Inhalt:** 25

$\alpha\alpha$) wenn sie lediglich die Verpflichtung zu einem positiven Tun zum Gegenstand hat (RG. 58, 264; BayObLG. 3, 129; OLG. 1, 426; 18, 147), z. B. das Grundstück zu bebauen (OLG. 34, 192). Das positive Tun kann aber als Nebenleistung einen Teil des Inhalts der Grunddienstbarkeit bilden, darf also nur nicht ihren wesentl. Gegenstand darstellen. In dieser Weise ist zulässig die Verpflichtung zur Unterhaltung eines Begräbnisplatzes oder die Verpflichtung zur dauernden Erhaltung eines Waldstreifens als Windschutz u. zur Aufforstung (RJA. 11, 33) oder die Verpflichtung zur Duldung u. Unterhaltung eines Zaunes (BayObLG. 13, 727). Vgl. auch RG. 60, 87; JFG. 6, 282.

$\beta\beta$) wenn sie für die Benutzung des herrschenden Grundstücks keinen Vorteil (OLG. 6, 119; 10, 117) oder wenn sie nur einen rein persönlichen Vorteil bietet (BayObLG. 7, 535; RJA. 12, 69), wie die Verpflichtung, kein Konkurrenzgeschäft zu betreiben (OLG. 6, 119; 10, 117)[1]) oder die Verpflichtung, auf dem Grundstück nur ein bestimmtes Bier auszuschenken (RG. 63, 333; RJA. 3, 148; BayObLG. 6, 407; vgl. auch BayObLG. 11, 1; OLG. 15, 371; KGJ. 52, 173) oder die Verpflichtung, die Jagd nicht auszuüben (OLG. 15, 572).

$\gamma\gamma$) wenn der Vorteil nicht privatrechtlicher Natur ist (RG. 61, 338; RJA. 10, 72); deshalb kann das Recht des Anliegers eines öffentl. Wegs auf dessen Benutzung durch eine Grunddienstbarkeit nur gesichert werden, wenn das Recht durch einen besonderen Vertrag einen privatrechtl. Inhalt erhält (RG. 70, 77); aus dem gleichen Grunde können baupolizeiliche Beschränkungen nicht den Inhalt einer Dienstbarkeit bilden (RG. im Recht 1907 Nr. 2743; 1908 Nr. 759; vgl. auch BayObLG. 30, 414).

$\delta\delta$) Auch Verpflichtungen, die sich aus dem Nachbarrecht ergeben, können nicht Gegenstand einer Dienstbarkeit sein, es sei denn, daß ihr Inhalt über den Umfang der gesetzlich bestehenden Verpflichtungen hinausgeht (OLG. 6, 263; 18, 146; JFG. 3, 329; RGRK. § 1018 A. 8; vgl. auch oben A. 15 unter β). Überhaupt dürfen schon kraft Gesetzes bestehende Verpflichtungen nicht zum Inhalt einer Grunddienstbarkeit gemacht werden (RG. 119, 213).

$\varepsilon\varepsilon$) Inhalt einer Grunddienstbarkeit kann weiter nicht sein ein Verzicht auf ein Recht, das dem jeweiligen Eigtr. des Grundstücks zusteht, z. B. der Verzicht auf Vergütung des Bergschadens, auf Ersatz der durch den Bahnbetrieb verursachten Schäden, auf sonstige Schadensersatzansprüche, auf Abmarkung, auf das gesetzl. Vorkaufsrecht (OLG. 4, 68; 6, 263; KGJ. 25, 145; RJA. 15, 232; **a. M.** BayObLG. 10, 439; nun auch RG. 130, 350 bz. des Bergschadenverzichts; vgl. JW. 1931, 530; Staud.-Kober § 1018 A. 32). Unzulässig ist auch die Eintr., daß der Berechtigte das dienende Grundstück in bestimmter Weise „ohne Verpflichtung zur Entschädigung" benutzen dürfe (KG. in HRR. 1934 Nr. 262).

$\zeta\zeta$) Holznutzungsrechte, d. h. Rechte auf wiederkehrende Entnahme oder auf wiederkehrende Lieferung von Nutzholz oder Brennholz aus einem Waldgrundstück dürfen weder neu bestellt noch erweitert werden (§§ 8, 9 der VO. z. Förderung der Nutzholzgewinnung v. 30. Juli 1937, RGBl. I 876).

γ) Die vertragsmäßige Regelung der Verpflichtung zur Unterhaltung einer zur Aus- 26
übung der Dienstbarkeit dienenden baulichen Anlage (§ 1021 BGB.) kann als Teil der die Grunddienstbarkeit betreffenden Eintr. in das GBuch aufgenommen werden; es genügt aber auch die Bezugnahme auf die EintrBew. (BayObLG. 4, 313). Hat der Eigtr. des herr-

[1]) Das gewerbliche Wettbewerbsverbot dient regelmäßig nur dem persönl. Bedürfnis des Berechtigten; für ein Grundstück kann es nur dann von Vorteil (u. deshalb Inhalt einer Grunddienstbarkeit) sein, wenn das Grundstück für das Gewerbe, zu dessen Gunsten der Wettbewerb verboten sein soll, eingerichtet ist u. diese Einrichtung die Gewähr der Dauer des derzeit darauf betriebenen geschäftl. Unternehmens in sich schließt; es muß also die objektive Grundlage in der Beschaffenheit des herrschenden Grundstücks gegeben sein. Wo dies nicht der Fall ist, kann das Wettbewerbsverbot nur Gegenstand einer beschr. persönl. Dienstbarkeit sein (BayObLG. 26, 236; RJA. 16, 348; KGJ. 52, 173; RGRK. § 1019 A. 4; Staud.-Kober § 1019 A. 2, 4; Planck § 1019 A. 2b; vgl. auch OLG. München in DNotZ. BayB. 1935, 274 u. 1936, 12).

schenden Grundstücks die Anlage ganz oder teilweise zu unterhalten (vgl. §§ 1021 Abs. 1 Satz 2, 1022 Satz 1 BGB.), so ist diese Bestimmung nur auf dem Blatt des **belasteten** Grundstücks einzutragen, da sie zum Inhalt der Dienstbarkeit gehört; eine Eintr. auf dem Blatt des herrschenden Grundstücks als Belastung desselben (hiefür käme nur Spalte 3 der zweiten Abt. in Betracht) findet nicht statt (RGRK. § 1021 A. 1 u. a.; **a. M.** KGJ. 51, 242; Güthe-Triebel[5] S. 1713; Hesse-Saage-Fischer Vorbem. IV 1 vor § 13; Planck § 1021 A. 4; nun auch Staud.-Kober § 1021 A. 4; vgl. Clarus in BayZ. 1908, 173, 476; Predari ebenda 385). Die Unterhaltungspflicht nach § 1021 BGB. kann auch in der Verpflichtung zur Tragung oder Erstattung der Unterhaltungskosten bestehen (vgl. RG. 79, 375; JFG. 6, 286).

Die Grunddienstbarkeit darf die wirtschaftl. Freiheit des Verpflichteten nicht zu sehr einschränken; ob dies der Fall ist, ist vom Standpunkt des dienenden Grundstücks aus zu prüfen (RG. 53, 154; KGJ. 47, 186; 52, 177).

Es genügt, wenn die Bezeichnung des Inhalts der Grunddienstbarkeit so bestimmt ist, daß der Richter im Streitfalle nach verständigem Ermessen in der Lage ist, die Grenze zu ziehen (RG. 117, 327; vgl. auch JFG. 10, 310; KG. im Recht 1929 Nr. 2377).

27 d) bei der **beschränkten persönlichen Dienstbarkeit:**

α) Unzulässig ist die Eintr. einer beschr. persönl. Dienstbarkeit für eine bestimmte Person u. deren Rechtsnachfolger oder Erben (RG. 119, 211; BayObLG. 11, 573). Unzulässig ist die Eintr. der Übertragbarkeit der Dienstbarkeit (§ 1092 BGB.), es sei denn, daß die Voraussetzungen des Ges. ü. d. Veräußerung von Nießbrauchsrechten u. beschr. pers. Dienstbarkeiten v. 13. Dez. 1935 (RGBl. I 1468) zutreffen. Es kann aber eingetragen werden, daß die **Überlassung der Ausübung** gestattet sein soll. Die Vereinbarung bedarf sogar, um dingl. Wirkung zu haben, der Eintr. (Güthe-Triebel[6] Vorbem. 28 vor § 13; Staud.-Kober § 1092 A. 1c); es genügt jedoch Bezugnahme auf die EintrBew. (KG. in JFG. 15, 30). Die Überlassung selbst kann in das GBuch nicht eingetragen werden.

Die beschr. persönl. Dienstbarkeit kann bedingt oder befristet sein (RG. 59, 289; OLG. 10, 117; 14, 88). Es kann auch eingetragen werden, daß sie gekündigt werden kann (OLG. 43, 225).

Die beschr. pers. Dienstbarkeit kann für **mehrere** als Gemeinschafter zur gesamten Hand oder als Gesamtberechtigte gem. § 428 BGB. bestellt werden (KG. in DNotZ. 1936, 396). Eine Gemeinschaft mehrerer Berechtigter nach Bruchteilen kommt nur in Betracht, wenn das Recht aus der Dienstbarkeit teilbar ist, z. B. wenn es ein bestimmtes Maß von Nutzungen zum Gegenstand hat, nicht aber, wenn die Dienstbarkeit den Eigtr. des belasteten Grundstücks zu einem Unterlassen verpflichtet. Es kann auch eine Dienstbarkeit für zwei Personen, z. B. Ehegatten in der Weise bestellt werden, daß sie zunächst beiden u. nach dem Tode der einen Person dem Überlebenden zusteht (Staud.-Kober § 1090 A. 7). Zulässig ist auch die Bestellung für mehrere Personen nacheinander dergestalt, daß das Recht von vornherein für den einen Berechtigten auflösend bedingt durch den Tod oder ein anderes Ereignis oder unter Setzung einer Endfrist, u. für den anderen Berechtigten aufschiebend bedingt durch den Tod oder das sonstige das Recht des ersten Berechtigten zum Erlöschen bringende Ereignis oder den Endigungszeitpunkt zur Entstehung kommt (RG. 76, 90; RG. in JR. 1925 Nr. 880; KGJ. 49, 210; KG. in JW. 1932, 2445 = HRR. 1933 Nr. 15). Die Gesamtbelastung mehrerer Grundstücke mit einer beschr. pers. Dienstbarkeit ist zulässig, außer ihre Ausübung beschränkt sich ihrer Natur nach auf ein Grundstück (KGJ. 44, 358).

28 *β*) Die Dienstbarkeit muß dem Berechtigten einen **Vorteil** bieten. Sie kann zugunsten einer Gemeinde bestellt werden, wenn der Vorteil der Allgemeinheit oder einzelnen Gemeindemitgliedern zugute kommt (RG. 61, 342; JFG. 4, 378; vgl. auch JFG. 3, 333 u. KG. in HRR. 1929 Nr. 387). Sie kann auch zugunsten einer sonstigen juristischen Person bestellt werden, wenn nur das durch die Dienstbarkeit zu befriedigende Bedürfnis konkret begrenzt u. von Dauer ist (Staud.-Kober § 1090 A. 3). Der Vorteil braucht nach der neueren Rechtspr.

des RG. (RG. 111, 384; 117, 323) nicht wirtschaftlicher u. privatrechtl. Natur zu sein. Auch ideale u. gemeinnützige Interessen volks- u. staatswirtschaftl. Art können die Grundlage der Dienstbarkeit bilden; es genügt, wenn das Gesamtverhältnis, in dem die verfolgten Zwecke (z. B. Annehmlichkeiten für die Öffentlichkeit, Erhaltung eines bestimmten landschaftl. Charakters) liegen, privatrechtlich gestaltet ist. Hienach ist zulässig eine Dienstbarkeit des Inhalts, daß ein Gebäude nur von bestimmten Personengruppen bewohnt werden darf, daß ein Grundstück nur zum Betrieb eines Hotels oder eines Sanatoriums benützt werden darf (ebenso KGJ. 45, 220; KG. in HRR. 1929 Nr. 1997; RGRK. § 1090 A. 6; **a. M.** OLG. 10, 118; JFG. 4, 378) oder daß belästigende oder lärmende Gewerbe nicht betrieben u. Vergnügungs- u. Schankwirtschaften nicht unterhalten werden dürfen (BayObLG. in BayZ. 1928, 79; Staud.-Kober § 1090 A. 5). Rein öffentlichrechtl. Verpflichtungen können aber nicht Gegenstand einer beschr. persönl. Dienstbarkeit sein, z. B. baupolizeiliche Beschränkungen (RG. 61, 338). Doch kann zur Sicherung von Baubeschränkungen, bei denen über den Rahmen der baupolizeilichen Vorschriften hinausgehende Gesichtspunkte Berücksichtigung finden, zugunsten einer Gemeinde eine Dienstbarkeit eingetragen werden (OLG. München in DNotZ.-BayB. 1936, 206; vgl. RG. 111, 393).

Das Jagdrecht ist untrennbar mit dem Eigentum am Grund u. Boden verbunden u. kann als selbständiges dingl. Recht nicht begründet werden (§ 3 RJagdG. v. 3. Juli 1934, RGBl. I 549); es kann daher nicht den Inhalt einer Dienstbarkeit bilden (wg. des bish. preuß. Rechts vgl. JFG. 2, 332). Holznutzungsrechte (s. o. A. 25 unter ζζ) dürfen weder neu bestellt noch erweitert werden (§ 9 VO. z. Förderung der Nutzholzgewinnung v. 30. Juli 1937, RGBl. I 876). Gegenstand einer Dienstbarkeit kann auch die Ausbeutung von Bodenbestandteilen (Mineralien) sein (RG. 59, 289; KGJ. 33, 233; BayObLG. 13, 732; OLG. 43, 8; vgl. auch RG. in JW. 1922, 26). Ein zeitlich begrenztes Recht zum Kohlenabbau kann nur als beschr. pers. Dienstbarkeit begründet werden (OLG. 10, 413). Eine Beschränkung des Eigentums durch eine Dienstbarkeit in dem Umfang, daß alle sich als Benutzung darstellenden Handlungen mit Ausnahme einer einzigen nicht vorgenommen werden dürfen, ist grundsätzlich nicht unzulässig (JFG. 4, 378). Die Verpflichtung, schädliche Einwirkungen des Bergbaues über die vom Gesetz gezogenen Grenzen hinaus zu dulden, kann nicht nur als Grunddienstbarkeit, sondern auch als beschr. pers. Dienstbarkeit eingetragen werden (RG. 119, 211; 130, 350; RG. in JW. 1937, 2305).

γ) Durch eine Dienstbarkeit können nicht rein schuldrechtliche Rechtsverhältnisse 29
verdinglicht werden; so kann z. B. die Verpflichtung des Verkäufers eines Holzbestandes, das Holz zu fällen, aufzubereiten u. abzufahren, nicht als Dienstbarkeit eingetragen werden (RG. 60, 317). Durch die beschr. persönl. Dienstbarkeit können aber der Miete und Pacht ähnliche Gebrauchs- u. Nutzungsrechte begründet werden. Unzulässig ist nur die Eintr., wenn ohne Vereinbarung einer Dienstbarkeit nur ein schuldrechtl. Miet- oder Pachtverhältnis dinglich gesichert werden soll (RG. 54, 233; KGJ. 53, 160).

Die Dienstbarkeit darf endlich nicht nur eine einmalige Handlung zum Gegenstand haben (OLG. 9, 307). Über den zulässigen Inhalt einer der Straßensicherung dienenden beschr. persönl. Dienstbarkeit s. BayObLG. 20, 436. Wg. einer Dienstbarkeit an einzelnen Bestandteilen einer Bahneinheit vgl. KGJ. 33, 220.

Unzulässig ist die Umwandlung einer beschr. persönl. Dienstbarkeit in eine Grunddienstbarkeit; es ist nur Aufhebung u. Neubestellung möglich (JFG. 1, 414).

δ) Unzulässig ist die Eintr. eines **Wohnungsrechts**[1]) (§ 1093 BGB.) auf einem Acker- 30
grundstück (BayObLG. in BayZ. 1909, 436; vgl. hiezu BayNotZ. 1914, 139) oder mit dem Inhalte, daß die Räume zu anderen als Wohnzwecken, z. B. als Geschäfts- oder Arbeits-

[1]) Das Wohnungsrecht kann auch als Nießbrauch oder als Reallast bestellt werden (Staud.-Kober § 1093 A. 2; vgl. BayObLG. 9, 162; RG. in GruchotsBeitr. 46, 131 u. in JW. 1901, 293).

räume, benutzt werden dürfen; nicht unzulässig ist aber die Bestimmung, daß die in der Hauptsache zum Wohnen zu benützenden Räume auch anderen Zwecken dienstbar gemacht werden dürfen (KGJ. 53, 158). Es kann auch vereinbart werden, daß die Unterhaltung einer auf dem belasteten Grundstück befindl. Anlage (Wasserzu- u. -abflußanlage) dem Eigtr. obliegt (JFG. 1, 409).

Ein einheitl. Wohnungsrecht für mehrere ist unzulässig; doch können mehrere Wohnungsrechte nebeneinander an demselben Raume bestellt werden (BayObLG. 9, 162). Zulässig ist auch die Eintr. beider Ehegatten als Berechtigter für dasselbe Wohnungsrecht mit der Maßgabe, daß jeder der Ehegatten bei Lebzeiten des anderen durch dessen Mitbenützungsrecht beschränkt ist, sowie die Eintr. eines Wohnungsrechts für Ehegatten derart, daß es zuerst dem Manne zusteht und nach dessen Tod der Frau, für diese also aufschiebend bedingt ist (RG. in JR. 1925 Nr. 880; vgl. oben A. 27). Wegen der Bestellung eines Wohnungsrechts für eine Aktiengesellschaft vgl. KGJ. 53, 157.

31 e) bei der **Reallast:**

α) Unzulässig ist die Eintr. der dingl. Unterwerfungsklausel nach § 800 ZPO. (BayObLG. 11, 577); die Eintr. einer Reallast, die nicht in Leistungen, sondern Unterlassungen besteht (RGRK. § 1005 A. 7) oder die nur einmalige Leistungen zum Gegenstande hat, wie die Verpflichtung zum Ausbau einer Straße, zur Herstellung der Kanalisation u. Wasserleitung, zur Aufführung eines Gebäudes (RG. 57, 331; OLG. 2, 489; 7, 32; KGJ. 26, 118; JFG. 1, 439), oder die Leistungen öffentl.-rechtl. Natur zum Gegenstand hat, wie z. B. Kirchentrachten, die vom Pfarrverband abhängig sind (BayObLG. 8, 87), oder die Verpflichtung zur Zuchtstierhaltung (BayObLG. 6, 685). Unzulässig ist die Reallast auch dann, wenn die Leistung nicht an den Berechtigten zu erbringen ist, wie bei der Verpflichtung zur Gebäudeversicherung, zur Unterhaltung u. Reinigung einer Straße (OLG. 7, 32; 8, 126). Die Reallast kann aber zeitlich beschränkt sein (OLG. 2, 495). Die einzelnen Leistungen brauchen nach Reichsrecht (s. jedoch Art. 85 Abs. 1 bayer. AG. z. BGB. u. unten A. 33) nicht regelmäßig wiederzukehren; sie brauchen auch nicht stets gleich groß zu sein (KGJ. 22, 305; 51, 268). Die Leistungen können auch von einer Gegenleistung abhängig sein. Hat die Reallast Geldleistungen zum Gegenstand, so können diese auch wertbeständig bestimmt sein, insbes. auf Goldmark lauten (KG. in DNotV. 1929, 388; Ricks in JW. 1924, 1953; Waldmann in BayNotV. 1930, 6). Auch die Goldwertklausel ist eintragungsfähig (JFG. 1, 429). Wg. der Leibgedingsreallasten vgl. § 49 A. 2. Gegenstand der Reallast kann auch das Recht auf die (regelmäßig) wiederkehrende Leistung von fest bestimmten Mengen elektrischer Arbeit sein (vgl. Art. 85 Abs. 1 bayer. AG. z. BGB.).

Der Alleineigentümer kann einen Bruchteil eines Grundstücks nicht mit einer Reallast belasten (§ 1106 BGB.); erwirbt ein Bruchteilseigentümer einen weiteren Bruchteil u. wird er hiedurch Alleineigentümer, so kann er nicht gleichzeitig mit dem Erwerb auf dem erworbenen Bruchteil eine Reallast bestellen (BayObLG. 30, 342). Zugunsten des jeweiligen Eigtr. eines Grundstücksteils kann eine Reallast erst bestellt werden, wenn der Teil durch Abschreibung zu einem selbständigen Grundstück gemacht ist (KGJ. 53, 170).

Die Begründung einer sog. Eigentümerreallast ist zulässig, soweit sie subjektiv-dinglich ist (Staud.-Kober § 1105 A. 3); es kann also der Eigtr. zweier Grundstücke das eine davon von vornherein mit einer Reallast zugunsten des anderen belasten.

Unzulässig ist die teilweise Übertragung einer übertragbare u. nicht übertragbare Leistungen umfassenden Reallast, wenn sie als untrennbares Ganzes anzusehen ist (vgl. § 1111 BGB.; Planck § 1111 A. 1b; RJA. 9, 69; OLG. 34, 193).

Reallasten, die die wiederkehrende Lieferung von Nutzholz oder Brennholz zum Gegenstand haben (Holzbezugsrechte), dürfen weder neu bestellt noch erweitert werden (§§ 8, 9 der VO. zur Förderung der Nutzholzgewinnung v. 30. Juli 1937, RGBl. I 876).

β) In Preußen dürfen beständige, d. h. zeitlich nicht begrenzte Reallasten mit Ausnahme fester Geldrenten nicht mehr bestellt werden (§ 91 Ges. v. 2. März 1850, GS. 77; vgl. JFG. 4, 315). Über den Begriff der beständigen Reallast vgl. KGJ. 38, 269; 47, 223; 51, 269; JFG. 1, 432. Eine ohne zeitliche Begrenzung bestellte Reallast ist auch dann eine beständige, wenn ihre Ablösbarkeit vereinbart ist (RG. 45, 191; KGJ. 38, 269). Als feste Geldrente ist eine der Höhe nach gleichbleibende Geldleistung anzusehen (RG. 45, 191; KGJ. 51, 266), ferner auch eine wiederkehrende Geldleistung, deren einzelne Beträge sich nach dem jeweiligen Preise einer als wertbeständig geltenden Ware, insbes. Getreide, bestimmen (JFG. 1, 432). 32

γ) In Bayern können bis auf weiteres Reallasten ohne die Beschränkungen nach Art. 85 Abs. 1 bayer. AG. z. BGB. bestellt werden (§ 1 Satz 1 VO. v. 17. April 1923, GVBl. 147); es gilt also jetzt die allgem. Regelung des § 1105 BGB. Auch braucht bis auf weiteres bei Reallasten keine Ablösungssumme bestimmt u. in das GBuch eingetragen zu werden (§ 1 Satz 2 a. a. O.; vgl. Art. 85 Abs. 2, 4 AG. z. BGB. i. d. Fass. des Ges. v. 23. Juli 1921, GVBl. 379, u. des Ges. v. 11. April 1923, GVBl. 147; BayZ. 1921, 247)[1]. Bei Reallasten, die das Recht auf Leistung elektrischer Arbeit zum Inhalt haben, ist die Festsetzung einer Ablösungssumme überhaupt nicht vorgeschrieben. Die Reallast muß aber auch jetzt gem. § 1105 BGB. „wiederkehrende Leistungen aus dem Grundstück" zum Gegenstand haben (Henle-Schn.-Manglkammer Art. 85 A. 5; vgl. auch ebendort Vorbem. 2 vor Art. 85). 33

f) beim Vorkaufsrecht[2]: 34

Unzulässig ist die Eintr. eines von vorneherein festbestimmten Kaufpreises (RG. 104, 122; BayObLG. 11, 573; 25, 95; OLG. 4, 69; 6, 263; 10, 119; KGJ. 43, 233); doch wird durch eine solche Bestimmung regelmäßig nicht die ganze Eintr. inhaltlich unzulässig (JFG. 1, 284). Dagegen kann ein schuldrechtl. Vorkaufsrecht (§ 504 BGB.), bei dem die vorherige Festlegung des Kaufpreises zulässig ist, mit dieser Bestimmung durch eine Auflassungsvormerkung gesichert werden (RG. 104, 122; OLG. 42, 274; **a. M.** OLG. 10, 119). Ein unzulässiges dingl. Vorkaufsrecht mit festbestimmtem Preis kann u. U. in ein durch Vormerkung zu sicherndes schuldrechtl. Vorkaufsrecht umgedeutet werden (§ 140 BGB.); dies ist aber nicht angängig, wenn ein bestimmter Gl. für das schuldrechtl. Verhältnis nicht in Frage kommt, z. B. bei Bestellung des Rechts zugunsten des jeweiligen Eigtr. eines anderen Grundstücks (BayObLG. 25, 95; vgl. auch RG. 104, 122).

Für mehrere Personen kann ein Vorkaufsrecht nur in der Weise bestellt werden, daß es von sämtlichen Berechtigten gemeinschaftlich im ganzen ausgeübt wird; es besteht also eine Art Gesamthandgemeinschaft, nicht eine Bruchteilsgemeinschaft (§ 1098 Abs. 1 Satz 1 mit § 513 BGB.; JFG. 6, 292; Güthe-Triebel[5] S. 1893).

Unzulässig ist die Eintr. eines zweiten Vorkaufsrechts gleichen Inhalts für denselben Berechtigten im Range nach einem bereits eingetragenen Vorkaufsrecht (KGJ. 51, 273).

Der Verzicht auf das Vorkaufsrecht kann nicht eingetragen werden (OLG. 5, 423).

Unzulässig ist eine Erweiterung des Inhalts des Vorkaufsrechts über die §§ 504—514 BGB. hinaus, da § 1098 BGB. zwingende Vorschrift ist (RG. 72, 388; KGJ. 51, 275; Staud.-Kober § 1098 A. 1); Einschränkungen sind jedoch zulässig. Unzulässig ist die Eintr. der Übertragbarkeit oder Vererblichkeit bei einem subjektiv-dingl. Vorkaufsrecht, zulässig aber beim subjektiv-persönl. Vorkaufsrecht (OLG. 10, 122; Güthe-Triebel[6] Vorbem. 29 vor § 13).

Die Umwandlung eines subjektiv-persönl. in ein subjektiv-dingl. Vorkaufsrecht u.

---

[1]) Das Ablösungsrecht kann auch dem Reallastberechtigten in dinglicher Weise eingeräumt werden; zur Wirksamkeit ist die Eintr. im GBuch erforderlich (Schmitt in BayNotZ. 1915, 260).

[2]) Der auf Bestellung eines (dingl.) Vorkaufsrechtes gerichtete schuldrechtl. Vertrag bedarf der Form des § 313 BGB. (RG. 110, 328; 125, 261). Der Mangel der Form wird durch die Eintr. geheilt.

umgekehrt ist unzulässig (Güthe-Triebel[5] S. 2097); es ist nur Löschung u. Neubestellung möglich.

35 g) beim **Nießbrauch:**

α) Ein Nießbrauchsrecht, das mit den charakteristischen Merkmalen der Antichrese ausgestattet ist, kann nicht eingetragen werden (RG. 48, 61; OLG. 6, 266; KGJ. 34, 262); dagegen kann ein Nießbrauch zwecks allmählicher Tilgung einer Hyp. oder einer persönl. Schuld des Eigtr. mit dem Vermerk eingetragen werden, daß er mit der vollständigen Befriedigung des Gl. erlischt (RG. 67, 378; 106, 109; OLG. 15, 367; 26, 89; Güthe-Triebel[5] S. 1755; Staud.-Kober § 1030 A. 15; RGRK. § 1030 A. 6). Zulässig ist der (meist auf Verfügung von Todes wegen beruhende) sog. Dispositionsnießbrauch (Verfügungsnießbrauch), bei dem dem Nießbraucher auch das Recht der Verfügung (Veräußerung u. Belastung) zusteht (RG. in WarnRspr. 1908 Nr. 168; BayObLG. 29, 284; RGRK. Vorbem. 2 vor § 1030). Unzulässig ist die Eintr. eines Nießbrauchs an einzelnen Nutzungen (OLG. 6, 121), zulässig dagegen die Bestellung eines Nießbrauchs an einem ideellen Bruchteil des Grundstücks, auch durch den Alleineigentümer (BayObLG. 30, 342; OLG. 40, 52; vgl. auch KGJ. 49, 191). Ferner kann auch ein Bruchteilsnießbrauch, d. h. ein Nießbrauchsteil am ganzen Grundstück begründet werden (JFG. 13, 447).

Der Nießbrauch kann auch bedingt oder befristet sein. Er erlischt aber auch in diesem Falle mit dem Tode des Nießbrauchers (§ 1061 BGB.). Ein zeitlich begrenzter Nießbrauch kann über seine ursprüngl. Geltungsdauer hinaus verlängert werden (KG. in JFG. 13, 75, 78 unter Aufgabe von KGJ. 50, 188). Der für eine Aktiengesellschaft bestellte Nießbrauch erlischt mit deren Verschmelzung mit einer anderen AG. (KGJ. 51, 262). Auf die offHG. u. die Kommanditges. ist § 1061 Satz 2 BGB. entspr. anzuwenden (Staud.-Kober § 1061 A. 3; Güthe-Triebel[5] S. 2003; Planck § 1061 A. 3); der Nießbrauch besteht im Falle der Durchführung einer Liquidation bis zu deren Beendigung (Staud.-Kober u. Güthe-Triebel a. a. O.; **a. M.** Planck a. a. O.) u. besteht auch während der Dauer eines Konkursverfahrens (Staud.-Kober a. a. O.).

Ausgeschlossen ist beim gesetzl. Güterstand die Bestellung eines Nießbrauchs für die Ehefrau an einem Grundstück des Mannes ohne gleichzeitige Ausschließung des ehemännl. Nutznießungsrechts durch Ehevertrag (vgl. OLG. Dresden im Recht 1910 Nr. 521).

36 *β*) Der Nießbrauch kann für mehrere gemeinschaftlich nach Bruchteilen (§§ 741 ff. BGB.) bestellt werden (KGJ. 49, 191; RGRK. § 1030 A. 3; Staud.-Kober § 1066 A. 7), ebenso für mehrere als Gesamtberechtigte nach § 428 BGB. (JFG. 10, 312). Ein Nießbrauch für Ehegatten je zur Hälfte mit der Maßgabe, daß nach dem Tode des Erstversterbenden der ganze Nießbrauch auf den Überlebenden übergehen soll, ist zulässig (KG. in DRZ. 1929 Nr. 730 = Recht 1929 Nr. 1831; Staud.-Kober § 1061 A. 2). Ist ein Nießbrauch für eine Bruchteilsgemeinschaft begründet worden u. stirbt einer der Mitberechtigten, so kann von neuem ein Nießbrauchsbruchteil in Höhe des weggefallenen bestellt werden (KGJ. 49, 191). Auch für mehrere Personen zur gesamten Hand, insbes. für in Gütergemeinschaft lebende Ehegatten kann ein Nießbrauch bestellt werden (Güthe-Triebel[5] S. 1895; Staud.-Kober § 1066 A. 7; bestr.). Neben einem bestehenden Nießbrauch kann noch ein weiterer Nießbrauch u. zwar auch zu gleichem Range eingetragen werden (OLG. 18, 156; 43, 7 Anm. 1a; Staud.-Kober § 1060 A. 1; RGRK. § 1060 A. 1).

Die Abtretung des Nießbrauchs ist unzulässig (§ 1059 Satz 1 BGB.). Ausnahmen gestattet neuerdings das Ges. ü. d. Veräußerung von Nießbrauchsrechten u. beschr. persönl. Dienstbarkeiten v. 13. Dez. 1935 (RGBl. I 1468). Eine Pfändung oder Verpfändung des Nießbrauchs ist in keinem Falle zulässig (vgl. § 2 a. a. O.; KGJ. 48, 212).

Die Überlassung der Ausübung des Nießbrauchs ist nicht eintragungsfähig (KGJ. 48, 212; JFG. 1, 413; Staud.-Kober § 1059 A. 5 u. die herrsch. Meinung); eine trotzdem erfolgte Eintr. steht nicht unter dem Schutz des öffentl. Glaubens des GBuchs (OLG. 18, 152).

Nicht eingetragen werden kann auch die Entziehung der Ausübung des Nießbrauchs u. die Einsetzung eines Verwalters gem. § 1054 BGB. (RGRK. § 1052 A. 2; Güthe-Triebel[5] S. 2001). Dagegen können die Pfändung u. die Verpfändung des Rechts auf Ausübung mit Rücksicht auf das damit verbundene Verfügungsverbot eingetragen werden (vgl. § 892 Abs. 1 Satz 2 BGB.; Eccius in GruchotsBeitr. 50, 503).

Unzulässig ist die Eintr. eines Nießbrauchs an einem land- oder forstwirtschaftl. Grundstück ohne die nach § 2 der Grundstücksverkehrsbek. v. 26. Jan. 1937 (RGBl. I 35) erforderl. Genehmigung.

37 γ) Das Nutznießungsrecht des Ehemannes u. der Eltern (§§ 1363, 1649, 1689 BGB.) kann in das GBuch nicht eingetragen werden, auch nicht der Verzicht darauf u. dessen Ausschließung (OLG. 5, 190; KGJ. 49, 207; 51, 294; Henle-Schmitt § 18 A. 2 I 1k). Unzulässig ist deshalb auch der Vermerk bei einer Hyp. der Ehefrau, daß das Zinsrecht dem Manne zusteht (KGJ. 40, 147).

38 **h) bei der Hypothek im allgemeinen:**

α) Unzulässig ist die Eintr. einer Hyp. ohne Vorhandensein einer **Forderung** (KGJ. 40, 258), die Eintr. einer Hyp. für eine Forderung aus einem nichtigen Vertrag (KG. in HRR. 1930 Nr. 236) u. für eine nicht realisierbare Forderung (wenn z. B. vereinbart ist, daß die Kündigung beiderseits ausgeschlossen ist u. die Hyp. nach dem Tode des Gl. dem Eigtr. zufällt: OLG. 2, 9). Wg. der Eintr. einer Verkehrshyp. (im Gegensatz zur Höchstbetragshyp.) für Ansprüche von unbestimmtem Betrage s. u. vor A. 39. Wird eine Forderung geteilt u. werden für die Teile selbständige Hypotheken bestellt, so müssen die Teile nach Betrag, Schuldgrund, Gl. u. Schuldner bestimmt sein (RG. 113, 223; OLG. 44, 174; JFG. 3, 434). Zulässig ist eine Hyp. für eine künftige oder eine bedingte Forderung (§ 1113 Abs. 2 BGB.; RG. 51, 43)[1]), außer es steht fest, daß die künftige Forderung überhaupt nicht entstehen kann (OLG. 43, 12); vgl. auch RG. 60, 243 u. RG. in LZ. 1927, 1540. Auch die Hyp. selbst kann betagt oder aufschiebend oder auflösend bedingt sein; letzterenfalls entsteht mit dem Eintritt der Bedingung keine Eigtrhyp. (RG. 68, 143; 70, 245; JFG. 9, 255; Staud.-Kober § 1113 A. 14; Güthe-Triebel[6] Vorbem. 31 vor § 13). Kraft Gesetzes aufschiebend bedingt ist die Hyp. für Strafzinsen u. andere im Falle vorzeitiger Fälligkeit oder Rückzahlung zu entrichtende Nebenleistungen (RG. 136, 74; JFG. 9, 270; vgl. § 3 A. 172). Eine bedingte Hyp. kann mit Zustimmung der gleich- u. nachstehenden Berechtigten in eine unbedingte Hyp. umgewandelt werden; unter den gleichen Voraussetzungen kann die Geltungsdauer einer befristeten Hyp. verlängert werden (JFG. 13, 75).

Ein Anspruch, der keine Forderung ist, kann nicht durch Hyp. gesichert werden, z. B. der Erbanspruch bei Lebzeiten des Erblassers (OLG. 14, 97; KGJ. 40, 258), ebensowenig ein dem öffentl. Recht angehörender Anspruch, außer es ist die Eintr. einer solchen Hyp. ausdrücklich zugelassen, wie z. B. für Reichssteuerforderungen (§§ 372 ff. RAbgO.), ferner gem. Art. 123 bayer. AG. z. BGB. für staatl. Abgaben u. Verfahrenskosten (s. die Anm. zu § 38); vgl. auch die Erläuterungen zu § 54. Eine nicht auf Geld gerichtete Forderung kann nicht durch eine Hyp. gesichert werden (Güthe-Triebel[6] Vorbem. 31 vor § 13). Die Forderung muß eine Kapitalforderung sein, sie kann nicht z. B. nur aus laufenden Zinsen bestehen (OLG. 8, 200; KGJ. 50, 155). Die Höhe der Forderung muß bei der gewöhnl. Hyp. festbestimmt sein, es genügt hier nicht die Angabe eines Höchstbetrags oder der Merkmale, nach denen der Betrag zu berechnen ist (vgl. RG. 104, 355; anders bei Nebenleistungen, s. § 3 A. 172). Doch kann eine Verkehrshyp. oder eine gewöhnl. Sicherungshyp. nach Art einer Höchstbetragshyp. zur Sicherung einer ihrer Höhe nach unbestimmten u. wechselnden Forderung aus einem Kontokorrentverhältnis bestellt werden (RG. 60, 244; RG. in WarnRspr. 1917 Nr. 19 u. in HRR. 1934 Nr. 808; Staud.-Kober § 1113 A. 12; § 1184 A. 1).

---

[1]) Der öffentl. Glaube des GBuchs bezieht sich hier nur auf die Tatsache der Bedingtheit, nicht auch auf den Eintritt oder Ausfall der Bedingung (RG. 144, 26).]

39 β) Unzulässig ist die Eintr. zweier selbständiger Hypotheken für dieselbe Forderung auf dem nämlichen Grundstück (RG. 70, 246; 131, 17; BayObLG. 28, 328; RJA. 15, 164; Staud.-Kober § 1113 A. 21; Planck § 1113 A. 4k; RGRK. § 1113 A. 5 u. a.); dagegen können zur Sicherung der nämlichen Forderung eine Hyp. u. eine Grundschuld oder mehrere Grundschulden eingetragen werden (RG. 132, 136; KG. in DNotV. 1930, 363 = HRR. 1930 Nr. 707). Zulässig ist auch die Bestellung von Einzelhypotheken für bestimmte Forderungsteile, so daß jede Hyp. nur für einen Teil der Forderung haftet (RG. 113, 233; 118, 162; BayObLG. 28, 328; KGJ. 51, 288). Unzulässig ist die Belastung mehrerer Grundstücke mit Einzelhypotheken (jedoch nicht mit mehreren Grundschulden oder mit einer Hyp. u. einer Grundschuld) für dieselbe Forderung (RG. 70, 245; OLG. 26, 163); s. jedoch unten A. 48 wg. der Höchstbetragshyp. Auch soweit eine Forderung durch die (im GBuch nicht einzutragende) gesetzl. Sicherungshyp. zugunsten der Rentenbank-Kreditanstalt nach § 93 SchRegG. v. 1. Juni 1933 (RGBl. I 331) gesichert ist, darf für diese Forderung weder auf dem Betriebsgrundstück noch an anderen Grundstücken eine Hyp. eingetragen werden (vgl. v. Rozycki-v. Hoewel in DNotZ. 1935, 173; Harmening-Pätzold SchRegG.² § 93 A. 7). Dies schließt aber nicht aus, daß eine Mehrheit von Einzelhypotheken zur Sicherung einer gegen mehrere Gesamtschuldner gerichteten Forderung derart bestellt wird, daß jede Hyp. jeweils nur der Sicherung der gegen den einzelnen Gesamtschuldner gerichteten Forderung dient (RG. in BayZ. 1931, 262; Staud.-Kober § 1113 A. 21). Möglich ist weiter die Eintr. einer aufschiebend bedingten Sicherungshyp. für den Fall, daß eine auf einem anderen Grundstück für dieselbe Forderung eingetragene Verkehrshyp. einen Ausfall erleidet, d. h. nicht volle Befriedigung erlangt (Ausfallsicherungshypothek) (RG. 70, 245; 122, 327)[1]). Wg. der Frage der Zulässigkeit der Eintr. einer Zwangshyp., wenn für die vollstreckb. Forderung bereits eine Hyp. besteht, s. § 19 A. 39. Unzulässig ist die Eintr. einer ungeteilten Hyp. für verschiedene Forderungen verschiedener Gl., ohne daß diese Gesamtgl. sind oder in einer Bruchteils- oder Gesamthandgemeinschaft stehen (OLG. 45, 238). Zulässig ist dagegen eine ungeteilte Hyp. für verschiedene Forderungen gegen denselben Schuldner wie auch gegen verschiedene Schuldner; letzteres auch dann, wenn diese nicht in einer Verpflichtungsgemeinschaft stehen (RG. 126, 272 gegen 118, 354; Staud.-Kober § 1113 A. 21). Näheres s. u. A. 47.

40 γ) Unzulässig ist die Eintr. einer Hyp. an einem ideellen Bruchteil, wenn das Grundstück im Alleineigentum steht (§ 1114 BGB.); dies gilt auch für die Zwangshyp. (§ 864 Abs. 2 ZPO.). Zulässig ist aber die Eintr. einer Zwangshyp. an einem Bruchteil des Alleineigtr., wenn der Erwerb dieses Bruchteils wirksam angefochten ist (§ 7 AnfG.; BayObLG. 24, 214; KG. in HRR. 1930 Nr. 67; Stein-Jonas § 864 A. II 2); das gleiche gilt für den Fall des § 419 Abs. 2 BGB. (OLG. Jena in JW. 1935, 3647). Erwirbt der Miteigtr. zu seinem bisherigen Bruchteil einen weiteren, so kann er nur seinen ganzen nunmehrigen Anteil u., wenn er das Alleineigentum erwirbt, nur das ganze Grundstück belasten, nicht auch einen der bisherigen Bruchteile (BayObLG. 3, 272; OLG. 10, 416; 20, 407). Unzulässig ist auch eine Kaufpreisresthyp. an dem hinzuerworbenen Bruchteil (KGJ. 30, 219; RGRK. § 1114 A. 1). Dies gilt auch dann, wenn der nunmehrige Alleineigtr. über einen der Bruchteile nicht frei verfügen kann, z. B. weil er in bezug auf diesen nur Vorerbe ist oder weil der Bruchteil der Testamentsvollstreckung unterliegt (BayObLG. 18, 161; OLG. Jena in HRR. 1936 Nr. 724). Eine Ausnahme besteht nur hinsichtl. der nach §§ 128, 130 ZVG. auf dem zugeschlagenen Bruchteil einzutragenden Sicherungshypotheken (RG. 94, 154; OLG. 25, 257; Staud.-Kober § 1114 A. 16). Soweit hienach die Eintr. einer Hyp. unzulässig ist, ist auch die Eintr. einer HypVormerkung sowie einer Vormerkung nach § 1179 BGB. ausge-

---

[1]) Die Bedingtheit der Ausfallhyp. muß aus dem GBuch ersichtlich sein. — Eine Gesamthyp. liegt nicht vor, da die Ausfallhyp. erst dann entsteht, wenn die Verkehrshyp. endgültig erloschen ist.

schlossen (BayObLG. 18, 161). Zulässig ist aber die Ausdehnung einer an einem Bruchteil bestehenden Hyp. auf das ganze jetzt im Alleineigentum stehende Grundstück durch Neubelastung der übrigen Bruchteile (OLG. 18, 160; abw. RG. 68, 79, wonach dies nur zulässig ist, wenn gleich- oder nachstehende Berechtigte nicht vorhanden sind oder wenn diese der Erstreckung, nötigenfalls unter Rangänderung zustimmen; ebenso Staud.-Kober § 1114 A. 12 unter δ; wie hier Henle-Schmitt § 56 A. 7; RGRK. § 1114 A. 5; Güthe-Triebel[6] § 7 A. 6; Henle im Recht 1909, 419).

Unzulässig ist die Eintr. einer Hyp. oder einer HypVormerkung auf dem Anteile eines Gesamthänders, z. B. eines Miterben, eines Gesellschafters usw. (RG. 88, 21; BayObLG. 3, 604; 15, 371; RJA. 3, 43; 4, 61; OLG. 30, 18). Die unzulässige Eintr. einer Hyp. an dem Anteile eines in Gütergem. lebenden Ehegatten wird durch spätere Eintr. derselben Hyp. auf dem Anteil des anderen Ehegatten nicht wirksam (OLG. 16, 341).

δ) Eine Erweiterung des Kapitalumfanges der Hyp. (Hypothekerhöhung) ist **41**
im Gegensatz zur Erweiterung hinsichtl. der Zinsen u. Nebenleistungen (§ 1119 BGB.) ausgeschlossen, auch wenn nach- oder gleichstehende Berechtigte nicht vorhanden sind oder der Erhöhung der Hyp. zustimmen (RG. 135, 142; 143, 424; KGJ. 40, 282; JFG. 3, 349; 6, 318; 7, 346; KG. in DNotV. 1931, 171)[1]). Es ist nur die Begründung einer unter einer neuen Nummer einzutragenden selbständigen Zusatzhyp. zulässig.

Diese aus dem Bestimmtheitsgrundsatz abgeleitete Regel ist durch eine Reihe von Ausnahmen durchbrochen, die teils gesetzlich angeordnet, teils von der Rechtsprechung deshalb zugelassen worden sind, weil die Erweiterung des Haftungsumfanges der Hyp. in diesen Fällen weder die Übersichtlichkeit u. Klarheit des GBuchs gefährdet noch die Belange der gleich- u. nachstehenden Berechtigten beeinträchtigt. In Betracht kommen folgende Fälle:

aa) Zulässig ist bei der wertbeständigen Hypothek die nachträgl. Eintr. der Schwankungsklausel, u. zwar auch ohne Zustimmung der gleich- u. nachstehenden Berechtigten (RG. 135, 142), ferner die nachträgl. Eintr. der Reichsmarkklausel, wenn keine nachstehenden Berechtigten vorhanden sind oder diese der Eintr. zustimmen (RG. 143, 424). Ebenso kann eine wertbeständige Hyp. nachträglich durch eine solche mit einem anderen Wertmesser oder durch eine Reichsmarkhyp. ersetzt werden u. umgekehrt; die Zustimmung der gleich- u. nachstehenden Berechtigten ist erforderlich (KG. in JW. 1934, 2932). Schließlich hindert der Grundsatz, daß der Haftungsumfang der Hyp. nicht erweitert werden darf, auch nicht die Eintr. der Änderung des Stichtages für die Berechnung des Goldmarkbetrags bei einer Feingoldhyp. (KG. in HRR. 1932 Nr. 1153 u. in JW. 1932, 349). Näheres über diese Fälle s. i. d. Anm. zu § 28.

bb) Nach § 7 der VO. ü. d. Zinserleichterung für den landwirtschaftl. Realkredit v. 27. Sept. 1932 (RGBl. I 480) erhöht sich der Kapitalbetrag einer zinsgesenkten HypForderung um den Betrag, um den die Zinsen nach den Vorschriften dieser VO. herabgesetzt sind. Soweit HypGl. eine Grundkreditanstalt ist, ist auf deren Antrag in der Höhe der Zusatzforderung, die unverzinslich u. mit der Hauptforderung fällig ist, eine Zusatzhyp. mit dem Range der Stammhyp. in das GBuch einzutragen (§ 9 Abs. 1 Satz 1 a. a. O.); die Eintr. erfolgt bei der Stammhyp. in der Veränderungsspalte, nicht als selbständige Eintr. in der Hauptspalte (KG. in JFG. 14, 378). Der Bewilligung des Eigtr. u. der gleich- u. nachstehenden Berechtigten bedarf es nicht; eine nach § 8 der VO. etwa erforderliche Erklärung ist durch eine Bescheinigung der Aufsichtsbehörde der Grundkreditanstalt nachzuweisen (§ 9 Abs. 1 Satz 2 a. a. O.). Im landwirtschaftl. Entschuldungsverfahren ist die Zusatzhyp. auf Ersuchen des Entschuldungsamtes auch für andere Gl. als Grundkreditanstalten in das GBuch einzutragen (KG. a. a. O.).

---

[1]) Ist unzulässigerweise eine solche Erweiterung eingetragen worden, so wird das GBuch nur beim Vorhandensein von nachstehenden Rechten u. nur in Ansehung der Rangstellung derselben unrichtig (JFG. 6, 318).

cc) Im landwirtschaftl. Entschuldungsverfahren werden die rückständigen Zinsen einer HypForderung unter Hinzurechnung zu dem bisherigen Kapitalbetrag in eine zusätzliche unkündbare Tilgungshyp. umgewandelt, die nach Maßgabe der Hauptforderung verzinslich ist u. den Rang einnimmt, den sie bisher als bloße Nebenforderung hatte (§§ 13, 14 SchRegG.; Art. 13, 14 der 6. DurchfVO. hiezu v. 7. Juli 1934, RGBl. I 609). Die Zustimmung der gleich- u. nachstehenden Berechtigten wird durch den bestätigten Entschuldungsplan ersetzt (§ 51 SchRegG.). Die Kapitalerweiterung ist nicht als neue Hyp., sondern bei dem Hauptrecht in der Veränderungsspalte einzutragen (vgl. § 3 A. 126) u. teilt dessen Rang, ohne daß es eines besonderen Vermerks bedarf. Ebenso gelten die Verzinsungs- u. Rückzahlungsbedingungen des Hauptrechtes ohne weiteres auch für den Zusatzbetrag (JFG. 13, 106).

dd) Soweit einer Realkreditanstalt die Kosten der Zinsermäßigung nach dem Ges. ü. d. Durchführung einer Zinsermäßigung bei Kreditanstalten v. 24. Jan. 1935, RGBl. I 45 (Konvertierungskosten) nicht bis 30. Sept. 1935 durch Barzahlung ersetzt wurden u. die Kreditanstalt dem Schuldner eine entspr. Erklärung zugehen ließ, erhöhte sich eine von der Zinssenkung betroffene Hyp. oder Grundschuld mit Wirkung vom 1. Okt. 1935 um 1¾% des Darlehens (Grundschuldbetrags) unter den für dieses geltenden Bedingungen. Die Erhöhung bedarf nicht der Zustimmung der nachstehenden Gläubiger. Sie ist in das GBuch einzutragen; die Eintr. erfolgt auf Antrag der Kreditanstalt oder des Eigtr.; der Antrag bedarf nicht der Form des § 29 GBO. (Art. 5 Abs. 3 der 2. DurchfVO. z. Ges. ü. d. Zinsermäßigung bei Kreditanstalten v. 26. März 1935, RGBl. I 470; vgl. auch Abs. 4 a. a. O.). Die Eintr. erfolgt bei dem Hauptrecht in der Veränderungsspalte (s. § 3 A. 126); wegen des Wortlauts der Eintr. s. Ziff. VI des Gutachtens des KG. v. 30. Nov. 1935 in DJ. 1936, 101 = JW. 1936, 825. S. dort auch Ziff. I wg. der verfahrensrechtl. Voraussetzungen der Erhöhung des Darlehens, Ziff. IV wegen ihrer Eintr. bei Tilgungshypotheken u. Ziff. V wg. der Unterwerfung unter die sofort. Zwangsvollstr.

ee) Endlich ist auch die Zusammenfassung mehrerer eingetragener Hyp. (oder Grundschulden) zu einer Einheitshypothek hieher zu rechnen. S. hierüber § 3 A. 181.

42 ε) Als **Gläubiger** kann nicht eine andere Person als der Inhaber der gesicherten Forderung eingetragen werden (OLG. 18, 189; KGJ. 35, 282; JFG. 9, 301; **a. M.** OLG. Karlsruhe in JFG. 7, 376; v. Rozycki-v. Hoewel S. 404; vgl. auch KG. in HRR. 1930 Nr. 219). Bei einem echten Vertrag zugunsten eines Dritten kommt nur dieser als einzutragender Berechtigter in Betracht; bei den sog. unechten Verträgen zugunsten Dritter kann nur für den Versprechensempfänger, nicht auch für den Dritten eine Hyp. bestellt werden (Staud.-Kober § 1113 A. 26; vgl. auch Beneke in DRZ. 1929, 147). Für den Eigtr. selbst kann keine Hyp. eingetragen werden, auch nicht eine solche, die zur Sicherung für eine ihm gegen einen Dritten zustehende Forderung dienen soll (JFG. 7, 376). Unzulässig ist auch die Eintr. einer Hyp. für den Inhaber des HypBriefes. Für den Teilhaber einer Gemeinschaft zur gesamten Hand kann eine Hyp. an einem der Gesamthandgemeinschaft gehörigen Grundstück eingetragen werden (OLG. 8, 119). Der jeweilige Eigtr. eines anderen Grundstücks kann nicht HypGl. sein (RJA. 4, 257; KG. in DNotV. 1932, 110 = HRR. 1931 Nr. 1862; Staud.-Kober § 1113 A. 25 unter e; abw. jedoch in § 1115 A. 3; RGRK. § 1113 A. 3). Unzulässig ist die Eintr. einer Hyp. mit dem Zusatz, daß sie beim Tode des Gl. auf einen anderen übergehen soll (OLG. 36, 117; KG. in HRR. 1930 Nr. 782). Unzulässig sind auch sonstige Gläubigereintragungen, durch die unklare Rechtsverhältnisse geschaffen werden; vgl. jedoch auch RG. 76, 90; 79, 15: die Person des Gl. muß sich aus der Eintr. mit Sicherheit, wenn auch nur im Wege der Auslegung erkennen lassen. Vgl. auch § 3 A. 141 ff.

Unzulässig ist die Eintr. eines Gl., der weder eine natürliche noch eine juristische Person ist, z. B. die Eintr. einer Hyp. für einen nicht rechtsfähigen Verein (RG. 127, 309). Ferner muß als Gl. stets der Inhaber der gesicherten Forderung eingetragen werden; unzulässig ist die Eintr. desjenigen, der nur den Gl. vertritt oder seine Rechte wahrnimmt. Vgl. im einzelnen § 3 A. 141.

Unzulässig ist die Eintr. einer sog. Alternativhypothek, d. h. einer Hyp., die entweder dem einen oder dem anderen Gl. zustehen soll (RG. im Recht 1911 Nr. 3092; RGRK. § 1113 A. 3; **a. M.** KG. in HRR. 1930 Nr. 782). Wg. der Konjunktiv- oder Sukzessivberechtigung aus einer Hyp. s. die Anm. zu § 47.

Wg. der Eintr. einer Hyp. auf den Namen eines Treuhänders s. § 3 A. 144 unter bb; wg. der Inhaber- u. Orderhyp., sowie der Vergleichssicherungshyp. s. § 3 A. 177, 177a.

An dem Grundstück eines im gesetzl. Güterstand lebenden Ehemannes kann für die Frau eine verzinsl. Hyp. ohne weiteres eingetragen werden; das gleiche gilt für die Eintr. einer verzinsl. Hyp., die der Vater seinem Kinde an seinem Grundstück bestellt (so jetzt KG. in KGJ. 52, 180 — zustimmend Güthe-Triebel[6] Vorbem. 31 vor § 13 — unter Aufgabe der früheren Anschauung in OLG. 5, 292; 24, 2; KGJ. 45, 257, wonach die Eintragbarkeit einer verzinsl. Hyp. — im Gegensatz zu einer verzinsl. Grundschuld: OLG. 20, 424 — von der vorherigen besonderen Aufhebung des ehemännl. u. väterl. Nutzungsrechtes, ersterenfalls durch Ehevertrag, abhängig zu machen war). Auch kann eine verzinsl. Briefhyp. an einem Grundstück des Mannes auf Gr. einer Abtretung nach § 1154 BGB. ohne weiteres auf die Frau umgeschrieben werden (OLG. 31, 340).

Über die Bezeichnung des Gläubigers im GBuch vgl. § 3 A. 141 ff.

Ein Nießbrauch an der Hypothek kann für den HypGl. nicht eingetragen werden (KGJ. 51, 231).

ζ) Über unzulässige Eintragungen bez. des **Zinssatzes u. anderer Nebenleistungen** s. **43**
§ 3 A. 171, 172.

η) Unzulässig ist die Eintr. einer unzulässigen Beschränkung des **Kündigungsrechtes** des **44**
Eigtr. (OLG. 4, 315; vgl. § 247 BGB., der nun wieder in Kraft ist, s. Ges. v. 3. März 1923, RGBl. I 163; § 8 des Ersten Teils Kap. III der 4. NotVO. v. 8. Dez. 1931, RGBl. I 699, 703), während das Kündigungsrecht des Gl. für beliebig lange Zeit ausgeschlossen werden kann (Güthe-Triebel[6] Vorbem. 33 vor § 13). Das gesetzl. Kündigungsrecht nach § 247 Abs. 1 Satz 1 BGB. ist weder eintragungsbedürftig noch eintragungsfähig (KG. in HRR. 1933 Nr. 1486 = DNotV. 1932, 772; vgl. auch KG. in HRR. 1932 Nr. 1827). In Preußen ist auch Art. 32 § 1 preuß. AG. z. BGB. (vgl. Art. 117 Abs. 2 EG. z. BGB.) zu beachten; hienach kann das Kündigungsrecht des Eigtr. nur soweit ausgeschlossen werden, daß er nach 20 Jahren unter Einhaltung einer sechsmonatigen Frist kündigen kann; vgl. hiezu OLG. 4, 315; KG. in HRR. 1933 Nr. 206. Das bayer. Landesrecht hat von dem Vorbehalt des Art. 117 Abs. 2 EG. z. BGB. keinen Gebrauch gemacht.

Die Eintr. der erfolgten Kündigung ist ausgeschlossen (Staud.-Kober § 1141 A. 3 unter f α; RGRK. § 1141 A. 1), ebenso die Eintr. einer Bevollmächtigung zur Kündigung oder zu deren Empfangnahme (OLG. 18, 172).

Nicht eintragungsfähig ist der Verzicht auf die Rechte aus einer künftigen Gesetzgebung, durch welche die Höhe der Zinsen herabgesetzt wird (KG. in DNotV. 1933, 187).

Eintragungsfähig ist das Recht des Schuldners, die Forderung durch Hingabe von Pfandbriefen oder sonstigen Schuldverschreibungen zu tilgen (JFG. 1, 456) u. umgekehrt (trotz § 14 Abs. 2 Satz 2 HypBankG. u. § 10 des Ersten Teils Kap. III der 4. NotVO. v. 8. Dez. 1931, RGBl. I 699) der Ausschluß der gesetzl. Befugnis des Schuldners zur Zahlung in Pfandbriefen (sog. Barzahlungsklausel) (KG. in JFG. 11, 199); die Vereinbarung, daß alle Leistungen in bar zu erfolgen haben, ist regelmäßig nur als Ausschluß dieser Befugnis, nicht auch als unzulässiges Hinterlegungs- u. Aufrechnungsverbot (s. nächsten Absatz) zu betrachten (KG. a. a. O.). Zur nachträgl. Eintr. der Barzahlungsklausel bei einer Pfandbriefhyp. ist die Zustimmung der im Range gleich- und nachstehenden Berechtigten erforderlich;

die Barzahlungsklausel kann auch keinen anderen Rang als die Hyp. selbst erhalten (JFG. 11, 207). Besteht für die Zahlung das Wahlrecht, ob sie in Geld oder Pfandbriefen erfolgt, so kann, gleichgültig ob das Wahlrecht dem Schuldner oder dem Gl. zusteht, stets eine gewöhnl. Hyp. eingetragen werden (JFG. 1, 456, 469; 9, 235; Güthe-Triebel[6] Vorbem. 33 vor § 13; abw. RGRK. § 1115 A. 4); dagegen kann die Verpflichtung zur Rückzahlung in Pfandbriefen ohne Wahlrecht nur durch Höchstbetragshyp. gesichert werden (RG. 38, 231; JFG. 2, 366; vgl. auch RG. 132, 9).

Unzulässig ist die Eintr. der Klausel, daß das Recht des Eigtr. zur Hinterlegung oder Aufrechnung (§ 1142 Abs. 2 BGB.) ausgeschlossen sein soll, u. zwar auch dann, wenn der Grundstückseigtr. zugleich persönl. Schuldner ist (KG. in JR. 1927 Nr. 1807, im Recht 1929 Nr. 772 u. in JFG. 11, 201; OLG. München in FJG. 13, 275; RGRK. § 1142 A. 4; Staud.-Kober § 1142 A. 2, c; Planck § 1142 A. 1; **a. M.** Wiesinger in DNotZ. BayB. 1935, 263). Im übr. s. wg. der Barzahlungsklausel den vorhergehenden Absatz.

Unzulässig ist bei einer Buchhyp. die Eintr. der Klausel, es solle dem Gl. jederzeit freistehen, die Aufhebung des Ausschlusses der Brieferteilung allein zu beantragen (OLG. 2, 33); wohl aber kann eingetragen werden der Verzicht auf das Widerspruchsrecht aus § 1160 Abs. 1 u. 2 BGB. bei Nichtvorlegung des Briefs (RG. 57, 342; RJA. 12, 150; RGRK. § 1160 A. 5; bestr.), ebenso der Verzicht auf das Recht auf Benachrichtigung gem. § 1166 BGB. (Güthe-Triebel[6] Vorbem. 48 vor § 13; **a. M.** RGRK. § 1166 A. 4). Unzulässig ist die Eintr. sonstiger Benachrichtigungsverpflichtungen als Inhalt der Hyp. (Staud.-Kober § 1166 A. 4).

Die Eintr. der Klausel, daß der jeweilige Eigtr. verpflichtet ist, die Versicherung der Gebäude fortgesetzt durch Einsendung des Versicherungsscheines nachzuweisen u. dem Gl. den Zutritt zur Besichtigung des Grundstücks zu gewähren, ist nicht zulässig (KG. in DJZ. 1905, 964).

45 ϑ) Die Vereinbarung zwischen Gl. u. Eigtr., das Grundstück nicht zu veräußern oder nicht weiter zu belasten, ist nichtig (§ 1136 BGB.); die gleiche Vereinbarung zwischen dem Eigtr. u. dem Veräußerer (mag ihm auch eine Kaufpreishyp. bestellt werden) oder einem Dritten, der nicht HypGl. ist, ist zwar zulässig, aber nicht eintragungsfähig (RG. 55, 79; 73, 16; Güthe-Triebel[6] Vorbem. 39 vor § 13)[1]). Eintragungsfähig ist die Vereinbarung, daß im Falle der Weiterbelastung oder Veräußerung des Grundstücks die Hyp. sofort fällig wird oder gekündigt werden kann (RGRK. § 1136 A. 2).

Unzulässig ist die Eintr. der Klausel, bei Fälligkeit habe der Gl. gegen Empfang des Forderungsbetrags die Forderung an einen vom Eigtr. zu benennenden Dritten abzutreten (OLG. 1, 424); dagegen ist die Ausschließung der Übertragbarkeit eintragungsfähig (§§ 399, 413 BGB.; KGJ. 40, 232).

Unzulässig ist die Eintr. der Abrede, daß der Gl. die Zwangsvollstreckung nicht oder nicht vor Ablauf einer bestimmten Frist betreiben dürfe (§ 1147 BGB.; RG. in Gruchots-Beitr. 58, 974; JFG. 7, 388; RGRK. § 1147 A. 4) oder daß er die Zwangsvollstr. nicht selbst betreiben, sondern seine Befriedigung nur bei einer von einem Dritten betriebenen Zwangsvollstr. suchen dürfe (mit schuldrechtl. Wirkung kann diese Vereinbarung aber getroffen werden: RGRK. § 1147 A. 4; **a. M.** Staud.-Kober § 1147 A. 23; Planck § 1147 A. 3, die auch die EintrFähigkeit bejahen) oder daß er die Zwangsversteigerung nur betreiben dürfe, wenn er selbst bis zu einer bestimmten Höhe mitbiete (KG. in JW. 1931, 3282 = DNotV. 1931, 285) oder daß der Gl. zum Zwecke der Befriedigung die Übertragung des Eigentums an dem Grundstück verlangen könne; letztere Vereinbarung kann aber durch Vormerkung gesichert

---

[1]) Zulässig war aber die Eintr. solcher Verfügungsbeschränkungen nach bayer. Hypothekenrecht; sie sind auch unter der Herrschaft des BGB. wirksam geblieben (Art. 168 EG.z.BGB.; BayObLG. 13, 146).

werden (RGRK. § 1149 A. 2). Das gleiche gilt für die Vereinbarung, daß der Verkäufer bei nicht pünktlicher Bezahlung des Kaufpreises das Grundstück zurückverlangen könne. Ein gegen § 1149 BGB. verstoßender Verfallvertrag liegt auch nicht vor, wenn dem HypGl. das Recht eingeräumt ist, das Grundstück ohne Rücksicht auf Erfüllung oder Nichterfüllung der Hypothekenschuld am Fälligkeitstage käuflich zu erwerben (RG. 92, 101; 130, 227; RJA. 3, 194; Staud.-Kober § 1149 A. 2 u. a.). § 1149 BGB. steht auch der Eintr. einer Vorm. für einen Auflassungsanspruch des HypGl. nicht entgegen, der durch das Sinken des Kurses der Reichsmark unter eine bestimmte Grenze aufschiebend bedingt ist (KG. in DNotV. 1933, 245 = HRR. 1933 Nr. 198).

Eintragungsfähig ist die Klausel, daß der Gl. im Falle der Nichtzahlung der Forderung seine Befriedigung zunächst aus dem Grundstück suchen müsse, da es sich um eine Tilgungsbestimmung handelt (OLG. 14, 94; Staud.-Kober § 1113 A. 1 unter δ; **a. M.** Güthe-Triebel[6] Vorbem. 33 a. E. vor § 13; RGRK. § 1113 A. 7); unzulässig ist dagegen die Vereinbarung, daß der Gl. sich nur an das belastete Grundstück halten darf (unentsch. RG. 128, 241).

Unzulässig ist die Eintr. einer Zahlungsverpflichtung des Eigtr. (KGJ. 41, 232).

Eintragungsfähig sind die dem Eigtr. gem. §§ 1137, 1157 BGB. zustehenden Einreden (OLG. 18, 101; KGJ. 53, 219), ferner die dem dingl. Rechtsverhältnis angehörenden Einreden (Nichtigkeit der Hyp. usw.) u. die Einreden aus einem auf die Hyp. bezüglichen Änderungs-, Stundungs- oder Aufhebungsvertrag (RG. 74, 213). Die Eintr. kann entweder in Verbindung mit der Eintr. der Hyp. oder als Widerspruch erfolgen (Güthe-Triebel[6] Vorbem. 40 vor § 13).

ι) Nicht eintragungsfähig sind alle Vereinbarungen, die das Entstehen der **Eigentümerhypothek** (§§ 1163ff. BGB.) verhindern oder eine EigtrHyp. in den Fällen, in denen die Hyp. kraft Gesetzes erlischt, herbeiführen sollen (BayObLG. 9, 506; KGJ. 20, 207; RGRK. § 1177 A. 3; Güthe-Triebel[6] Vorbem. 48 vor § 13; vgl. RG. 104, 72; 142, 159; 143, 70), z. B. die Verpflichtung des Eigtr. zur Löschung einer Hyp. ohne die Bedingung der Entstehung der EigtrHyp. (OLG. 10, 425). Auch der Verzicht auf die Einrede aus § 1169 BGB. ist nicht eintragungsfähig, wohl aber die Einrede selbst. Unzulässig sind alle Eintragungen von Verfügungen über künftig vielleicht entstehende EigtrHypotheken (RG. 61, 374; 84, 80; 120, 110; 145, 343) oder über eine durch die Entstehung der Forderung auflösend bedingte vorläufige EigtrGrundschuld (RG. 75, 245), ebenso auch die Eintr. der Pfändung einer „angeblichen" EigtrHyp. (JFG. 1, 498). 46

Unzulässig ist die Eintr. einer Erklärung des HypGl., zugunsten einer künftigen, beliebig hohen Schuld des Eigtr. jetzt schon im Range auszuweichen (BayObLG. 8, 337), die Eintr. einer auf Zinsrückstände bezüglichen Rangänderung (RG. 88, 160), die Eintr. einer Rangänderung der künftigen EigtrHyp. (RG. 84, 80; RJA. 8, 70). Vgl. auch die Anm. zu § 45.

i) bei der **Höchstbetragshypothek**[1]): 47

α) Unzulässig ist die Eintr. einer Höchstbetragshyp. für verschiedene Forderungen, die je einem anderen Gläubiger zustehen (RG. in JW. 1916, 740), auch wenn die Hyp. für die Forderung des zweiten Gl. erst haften soll, wenn u. soweit der Höchstbetrag die Forderung des ersten Gl. übersteigt (OLG. 45, 238; Güthe-Triebel[6] Vorbem. 23 vor § 13; Kretzschmar Sachenr. § 1180 A. 5; **a. M.** Staud.-Kober § 1190 A. 8; vgl. auch RG. 75, 245).

Zulässig ist die Eintr. einer Höchstbetragshyp. für mehrere Forderungen gegen verschiedene Schuldner, auch wenn diese nicht in einer Verpflichtungsgemeinschaft stehen (z. B. der derzeitige Inhaber eines Handelsgeschäfts u. dessen spätere Inhaber oder sonstige Rechtsnachfolger), gleichgültig, ob nur die Forderungen aus einem bestimmten Rechtsverhältnis (Kreditverhältnis) oder alle Forderungen u. Ansprüche des Gl., gleichviel auf welchem Rechts-

[1]) Zur Frage der Abtretung u. Forderungsauswechselung bei der nichtvalutierten Höchstbetragshyp. vgl. Hieber in BayNotV. 1931, 187; Bourier a. a. O. 285. S. auch Kriener in BayZ. 1934, 204.

grunde sie beruhen, gesichert werden sollen (RG. 126, 272; BayObLG. 13, 565; Staud.-Kober § 1113 A. 21; anders die frühere Rspr. des RG., insbes. RG. 75, 245; 118, 354, die eine Verpflichtungsgemeinschaft der mehreren Schuldner verlangte; vgl. auch Cammerer in Bay. NotV. 1924, 222; 1930, 74). Auch die nachträgl. Ausdehnung der Höchstbetragshyp. auf das Kreditverhältnis eines weiteren Schuldners ist zulässig (Staud.-Kober § 1190 A. 10).

Unzulässig ist die Eintr. einer Höchstbetragshyp. für eine festbestimmte Forderung (RG. in GruchotsBeitr. 52, 1096; OLG. 29, 373); ist die Forderung in der EintrBew. nach Grund u. Betrag als feststehend angegeben, so ist die Eintr. einer Höchstbetragshyp. auch dann abzulehnen, wenn die Beteiligten die Absicht haben, die Forderung für den GBuchverkehr als nicht feststehend hinzustellen (JFG. 7, 365).[1]).

Dem Erfordernis der Unbestimmtheit der durch die Höchstbetragshyp. zu sichernden Forderung ist genügt, wenn lediglich die mitzusichernden Nebenforderungen (Zinsen u. Kosten) unbestimmt sind; ist dies der Fall, so steht die Bestimmtheit der Hauptforderung der Eintr. einer Höchstbetragshyp. nicht entgegen (KG. in HRR. 1933 Nr. 202 u. Nr. 1759).

Unzulässig ist die Eintr. einer Höchstbetragshyp. zur Sicherung einer selbstschuldnerischen Bürgschaft für eine nach Grund u. Betrag bestimmt feststehende Forderung (KG. in JFG. 11, 258; **a. M.** Staud.-Kober § 1190 A. 2; Kaeferlein in JW. 1934, 1794).

Unzulässig ist die Eintr. der Verzinslichkeit oder eines Zinssatzes bei der Höchstbetragshyp. (RG. 90, 152; OLG. 13, 231), auch die Eintr. von Verzugszinsen oder gesetzl. Zinsen (OLG. 15, 386) oder von Kosten u. sonstigen Nebenleistungen (Güthe-Triebel[6] Vorbem. 54 vor § 13). Durch die Miteintragung von Zinsen wird aber nicht die ganze Eintr. nichtig; nur der unzulässige Zusatz ist gem. § 53 zu löschen (OLG. 13, 231; vgl. auch unten A. 63).

48 β) Unzulässig ist die Eintr. mehrerer selbständiger Höchstbetragshypotheken für dieselben Forderungen, auch wenn die Eintr. auf verschiedenen Grundstücken erfolgen soll (OLG. 35, 334); zulässig sind aber mehrere Höchstbetragshypotheken für denselben Forderungskreis[2]), wenn erkennbar gemacht ist, welchen bestimmten Teil der Forderungen jede einzelne Hyp. sichern soll, insbes. wenn die zweite (oder weitere) Hyp. nur zur Sicherung derjenigen Forderungsbeträge desselben Forderungskreises bestimmt sein soll, die den bereits eingetragenen Höchstbetrag übersteigen, durch die erste Hyp. also nicht gedeckt sind; die Teile müssen aber stets ausreichend bestimmt gegeneinander abgegrenzt sein (RG. 118, 162; BayObLG. 28, 328; 30, 262; BayObLG. in BayNotV. 1930, 188; OLG. 43, 14 = JFG. 1, 490; JFG. 4, 422; Güthe-Triebel[6] Vorbem. 54 vor § 13; Staud.-Kober § 1190 A. 9; vgl. Kretzschmar in BayZ. 1918, 33; Ricks in JW. 1922, 215). Dabei kann dem Gl. ein gewisses Verfügungsrecht darüber eingeräumt werden, für welche der einzelnen Forderungen er die Haftung des einzelnen Grundstücks in Anspruch nehmen will. Es können also mehrere selbständige Höchstbetragshypotheken (nicht aber gewöhnl. Sicherungs- oder Verkehrshypotheken) für denselben Forderungskreis auf mehreren Grundstücken bestellt werden, ohne daß von vornherein festgelegt wird, daß der Gl. sich aus der einen Hyp. nur wegen desjenigen Betrags seiner Forderung befriedigen könne, der den Höchstbetrag der anderen Hyp. übersteigt; der Gl. kann hienach seinerzeit frei bestimmen, für welchen Teil die eine u. für welchen die andere Hyp. haften soll (RG. 131, 16). Die Bestellung einer zweiten Höchstbetragshyp. für die Ansprüche, die nicht schon durch eine Höchstbetragshyp. mit geringerem Betrag gedeckt sind, sichert den Gl. nur wegen des Mehrbetrags seiner Gesamtforderung, nicht auch zugleich bedingt wegen des Ausfalles, den er bei der älteren Höchstbetragshyp. erleidet (RG. 134,

[1]) Es kommt nur auf die EintrBew. an; ist in dieser die Forderung ihrer Höhe nach als unbestimmt bezeichnet, so steht der Umstand, daß bereits eine bestimmte Forderung begründet ist, der Eintr. einer Höchstbetragshyp. nicht entgegen (JFG. 7, 365; vgl. auch KGJ. 34, 320).

[2]) Wird ein ganzer Forderungskreis durch eine Höchstbetragshyp. gesichert, so fallen im Zweifel alle dem Kreis angehörenden Forderungen, also auch die bei Bestellung der Hyp. schon entstandenen, unter die Hyp.; eine Einschränkung bedarf der Hervorhebung (RG. 136, 81).

221; vgl. auch Höfler in BayNotV. 1932, 263). Es wäre unzulässig, die zweite Höchstbetragshyp. (auch oder allein) zur Sicherung des bei der ersten etwa eintretenden Ausfalles zu bestellen, da dann zwei verschiedene Hyp. für dieselben Forderungen haften würden (vgl. RG. a. a. O.; Staud.-Kober § 1190 A. 9). S. jedoch wg. der Ausfallsicherungshyp. auch oben A. 39. Nicht unzulässig ist die Bestellung einer Höchstbetragshyp. zur Sicherung eines Forderungskreises, der durch eine für den Gl. bestellte Grundschuld bereits gesichert ist (RG. 132, 136).

Höchstbetragshypotheken, die den angeführten Grundsätzen widersprechen, sind deshalb nicht unbedingt inhaltlich zulässig (vgl. RG. 118, 162; JFG. 1, 490 = OLG. 43, 16). Unter Umständen kann im Wege der Auslegung (vgl. oben A. 7) eine bestehende Unstimmigkeit beseitigt u. die Eintr. als eine solche mit zulässigem Inhalt aufrechterhalten werden (vgl. RG. 139, 130).

γ) Unzulässig ist die Eintr. der dingl. Unterwerfungsklausel (§ 800 ZPO.) bei der 49
Höchstbetragshyp. (BayObLG. 2, 576; RJA. 2, 202; OLG. 9, 320). Sie kann jedoch insoweit eingetragen werden, als sich der Eigtr. nur hinsichtl. einzelner festbestimmter, unter die Hyp. fallender Beträge der Zwangsvollstr. unterworfen hat (OLG. 17, 336; KG. in DNotV. 1926, 260 = Recht 1926 Nr. 664). Eine Vormerkung zur Sicherung des Anspruchs auf Unterwerfung unter die sofort. Zwangsvollstr. kann nur eingetragen werden, wenn gleichzeitig eine Vorm. auf Umwandlung der Höchstbetragshyp. in eine festbestimmte Hyp. eingetragen wird (Güthe-Triebel[6] Vorbem. 54 vor § 13).

Die Eintr. der Umwandlung einer Höchstbetragshyp. in eine gewöhnl. Sicherungshyp. setzt nicht die vorherige Feststellung der Forderung voraus (RG. 60, 245; Staud.-Kober § 1190 A. 18; Planck § 1190 A. 6; bestr.; anders auch 3. Aufl.). Bei der Umwandlung kann auch eine andere als die bisher gesicherte Forderung der Hyp. zugrunde gelegt werden (KGJ. 31, 337). Vgl. im übr. § 3 A. 184.

Eine Forderungsauswechslung i. S. des § 1180 BGB. liegt bei der Höchstbetragshyp. nicht nur vor, wenn ein neuer Forderungskreis an die Stelle des bisher gesicherten tritt, sondern auch, wenn ein neuer Kreis von Forderungen zu dem in ihm aufgehenden, bereits bisher gesicherten Forderungskreis hinzutreten soll (KGJ. 49, 224; Staud.-Kober § 1180 A. 3; vgl. auch KG. in HRR. 1929 Nr. 909). Im übr. s. oben § 3 A. 183.

k) bei der Gesamthypothek: 50

Unzulässig ist die Eintr. einer solchen mit der Maßgabe, daß der Gl. seine Befriedigung aus dem einen Grundstück nur insoweit suchen dürfe, als sie aus dem anderen Grundstück nicht zu erlangen ist (RJA. 9, 137); die Eintr. verschiedener Zahlungs- u. Kündigungsbestimmungen für die einzelnen Grundstücke, auch wenn sie im Wege nachträgl. Änderung erfolgt (RJA. 11, 127; Predari § 49 A. 1; RGRK. § 1132 A. 2; Güthe-Triebel[6] Vorbem. 38 vor § 13; **a. M.** Staud.-Kober § 1132 A. 17); die Eintr. der Abtretung der Gesamthyp. nur hinsichtl. eines Grundstücks (OLG. 12, 289); die Eintr. einer verschiedenen Belastung der Hyp. an den einzelnen Grundstücken, z. B. Pfändung oder Verpfändung nur hinsichtl. eines Grundstücks (RG. 63, 74; RJA. 8, 136; JFG. 3, 360); die Eintr. einer eine Gesamthyp. betreffenden Verfügungsbeschränkung nur bei einem Grundstück (JFG. 6, 325); die Eintr. der Umwandlung einer Gesamthöchstbetragshyp. an nur einem Grundstück in eine Darlehenshyp. (JFG. 4, 412)[1]. Dagegen kann der Zinsfuß nur für ein Grundstück erhöht oder ermäßigt werden; der

[1]) Liegen die mehreren gesamthaftenden Grundstücke in den Bezirken verschiedener GBuchämter u. wird eine beantragte Eintr., die eine Änderung des Inhalts oder des Gl. betrifft, also auf einem Grundstück allein nicht eingetragen werden darf (im Gegensatz zur Löschung u. zur Änderung des Umfangs oder des Ranges), von dem zuerst damit befaßten GBA. vollzogen, von dem anderen aber abgelehnt, so macht dieses dem ersten GBA. gem. § 30 Abs. 1 Satz 2 AV. v. 25. Febr. 1936 (DJ. 350) von der zurückweisenden Verfügung Mitteilung; letzteres hat dann in entspr. Anwendung des § 53 Abs. 1 Satz 1 einen Amtswiderspruch einzutragen (Güthe-Triebel[6] § 48 A. 30; Predari § 49 A. 11; Hesse-Saage-Fischer § 48 A. III 3). Zulässig ist aber auch, daß die beteiligten GBuchrichter sich vorher verständigen.

Zustimmung des Eigtr. des anderen Grundstücks bedarf es nicht (RJA. 12, 267; OLG. 2, 86; Güthe-Triebel[6] § 48 A. 28). Auch der Kapitalbetrag kann bei den einzelnen Grundstücken (auch von Anfang an) in verschiedener Höhe eingetragen werden; die Gesamtbelastung besteht dann nur in Höhe des geringeren Betrages (OLG. 25, 212; 26, 163; KGJ. 46, 229). Die mehrfache Belastung einer Gesamthyp. (mit mehreren Pfandrechten) erfordert Gleichheit des Rangverhältnisses der Pfandrechte hinsichtl. aller Grundstücke (KGJ. 39, 248).

Unzulässig ist die Zusammenfassung einer Hyp. mit einer Grund- oder Rentenschuld zu einer Gesamtbelastung oder einer Grundschuld mit einer Rentenschuld. Dies ist auch ausgeschlossen zwischen einer Brief- u. einer Buchhyp. (RG. 77, 175) u. zwischen einer Verkehrs- u. einer Sicherungshyp. (RG. 70, 245; OLG. 10, 100; RGRK. § 1132 A. 3). Unzulässig ist weiter die Verbindung einer wertbeständigen mit einer Reichsmarkhyp. zu einer Gesamthyp. (Güthe-Triebel[5] S. 1958), ebenso die Verbindung zweier wertbeständiger Hypotheken mit verschiedenem Wertmesser (s. § 28 A. 12ff.). Auch eine gewöhnl. Sicherungshyp. kann nicht mit einer Höchstbetragshyp. zu einer Gesamthyp. zusammengefaßt werden (Güthe-Triebel[6] Vorbem. 38 vor § 13). Über die Zulässigkeit der Eintr. einer Zwangshyp., wenn bereits für dieselbe Forderung eine rechtsgeschäftl. Hyp. besteht, s. § 19 A. 39.

Zulässig ist die Umwandlung zweier auf je einem besonderen Grundstück lastender Arresthypotheken von je x RM. in eine dieselben beiden Grundstücke erfassende Gesamtdarlehenshyp. von x RM. (KG. in HRR. 1933 Nr. 201).

Im übr. vgl. auch oben A. 38ff.

51 l) Über unzulässige Eintragungen bei der **Zwangs- u. Arresthypothek** s. § 19 A. 31ff., 42ff.; vgl. auch § 3 A. 179, 180. Unzulässig ist die Vormerkung einer Zwangs- oder Arresthyp. (RJA. 2, 93) oder einer Sicherungshyp. zugunsten der Staatskasse gem. Art. 123 bayer. AG. z. BGB. (BayObLG. 21, 274).

52 m) bei der **Grundschuld**: Unzulässig ist die Eintr. der persönl. Forderung, deren Sicherung die wirtschaftl. Veranlassung u. den Rechtsgrund der Grundschuldbestellung bildet (vgl. RG. 80, 350; s. auch Bourier in BayNotV. 1930, 236)[1]). Ein dingl. Zusammenhang zwischen der Grundschuld u. der gesicherten persönl. Forderung darf auch sonst nicht zum Inhalt der Grundschuldeintr. gemacht werden. Deshalb ist nicht eintragungsfähig die Bestimmung, daß aus dem Grundstück diejenigen Beträge nicht zu zahlen seien, die aus dem zugrunde liegenden persönl. Schuldverhältnis nicht geschuldet werden, daß also dem Eigtr. eine Einrede gegen die Grundschuld insoweit zustehen solle, als sie nicht valutiert sei (KG. in JW. 1932, 1759 = DNotV. 1932, 190; **a. M.** Staud.-Kober § 1191 A. 8), oder die Bestimmung, daß Zahlungen, die der Schuldner dem Gl. leistet, auf die Grundschuld nicht anzurechnen sind u. keinen Übergang der Grundschuld auf den Eigtr. bewirken sollen (KG. in JW. 1933, 64 = DNotV. 1932, 191; Staud.-Kober § 1191 A. 6).

Zulässig ist die Eintr. der dingl. Unterwerfungsklausel (§ 800 ZPO.) auch bei der Eigtr.-Grundschuld nach § 1196 BGB. (KG. in DNotV. 1929, 34), ebenso die Eintr. von Zinsen (KGJ. 37, 293; vgl. auch Fußn. 1 S. 127), u. der Löschungsvormerkung (§ 1179 BGB.) bei ihr (Staud.-Kober § 1179 A. 1; Lehmann in BayZ. 1931, 285; **a. M.** BayObLG. 16, 28; 34, 343). Unzulässig ist die Umwandlung einer EigtrGrundschuld in eine EigtrHyp. (RJA. 3, 212; KGJ. 39, 243; 40, 258), auch dann, wenn die Hyp. zur Sicherung einer dem Eigtr. gegen einen anderen zustehenden Forderung dienen soll (JFG. 7, 356; **a. M.** Staud.-Kober § 1198 A. 1 unter a α). Die EigtrHyp. kann aber in eine EigtrGrundschuld umgewandelt werden

1) Zur Frage der Sicherung von Forderungen durch Grundschulden s. RG. 95, 245; 142, 139; 143, 113; 148, 202; 150, 371; RG. in WarnRspr. 1934 Nr. 93; Kowalski, Die Grundschuld im modernen GBuchverkehr, Berlin u. Leipzig 1932; Weisbecker, Die Grundschuld in ihren Beziehungen zur persönl. Forderung, München 1922; Kowalski in JW. 1934, 1837; Hieber in BayNotV. 1928, 144; Waldmann a. a. O. 1929, 349; Lindemann in JW. 1931, 2613; Staud.-Kober § 1191 A. 6 bis 8. — Zur Sicherung derselben Forderung können mehrere Grundschulden eingetragen werden (RG. 132, 136).

(Staud.-Kober § 1198 A. 1 unter a β; Güthe-Triebel[6] Vorbem. 57 vor § 13; RGRK. § 1198 A. 1). Zulässig ist die Umwandlung einer EigtrGrundschuld in eine Fremdhyp. unter gleichzeitiger Abtretung (OLG. 10, 125). Im übr. vgl. zu diesen Fragen § 3 A. 184.

Unzulässig ist die Eintr. des Verzichts (§ 1168 BGB.) auf eine EigtrGrundschuld, da ein Verzicht begrifflich nur möglich ist, wenn Eigtr. u. Gl. verschiedene Personen sind (JFG. 4, 433).

Im übr. vgl. auch die obigen Bemerkungen über unzulässige Eintr. bei der Hypothek.

n) bei der **Rentenschuld**: Unzulässig ist die Eintr. eines amortisierbaren Darlehens als Rentenschuld (OLG. 1, 101; vgl. OLG. 2, 495); die Eintr. einer Rentenschuld für den jeweiligen Eigtr. eines anderen Grundstücks (OLG. 9, 312); die Eintr. einer nachträgl. Erhöhung der Ablösungssumme (RJA. 11, 51); die Eintr. einer Ablösungssumme, die sich in ihrer Höhe nach der Zeit der Ablösung richtet (Güthe-Triebel[5] S. 2034; Planck § 1199 A. 3 c; **a. M.** RGRK. § 1199 A. 2; Turnau-F. § 1199 A. 4). Zulässig ist die Eintr. der Beschränkung der Rente auf Zeit (JFG. 1, 500; OLG. 45, 239; bestr.). 53

o) Über unzulässige Eintragungen bei der **Vormerkung** u. beim **Widerspruch** s. die Anm. zu § 25. 54

Die **Löschungsvormerkung** nach § 1179 BGB. kann sowohl zugunsten eines nach- oder gleichstehenden Berechtigten als auch zugunsten eines Dritten, sowie auch zugunsten des Gl. des von ihr betroffenen Rechts selbst eingetragen werden (RG. 52, 5; 63, 152; BayObLG. 3, 329; ZBlFG. 15, 735). Sie kann auch zugunsten des jeweiligen Gl. eines Rechts eingetragen werden (RG. 63, 152; 128, 246; KG. in HRR. 1933 Nr. 200; Planck § 1179 A. 2 e; Staud.-Kober § 1179 A. 4 unter ε; RGRK. § 1179 A. 3). Die Verpflichtung zur Löschung kann auf einen bestimmten Fall beschränkt werden, z. B. auf den Fall, daß der nachstehende Gl. bei der Zwangsversteigerung ausfällt (RG. im Recht 1907 Nr. 893), oder sich nur auf eine neben der Hauptsache geschuldete unter die Hyp. fallende Nebenleistung beziehen (KGJ. 49, 220). Sie kann anderseits auch den Fall der Nichtvalutierung der Hyp. (§ 1163 Abs. 1 Satz 1 BGB.) umfassen (RG. 52, 9; 93, 114). Auch wenn eine Hyp. bereits ganz oder teilweise endgültig auf den Eigtr. übergegangen, aber im GBuch noch nicht umgeschrieben ist, kann eine Löschungsvorm. noch eingetragen werden (JFG. 11, 250; Güthe-Triebel[6] Vorbem. 49 Abs. 2 vor § 13; **a. M.** RGRK. § 1179 A. 2; Planck § 1179 A. 2 c). Auch in diesem Fall genügt zur Eintr. die Bew. des Eigtr.; er braucht den Übergang der Hyp. auf sich nicht nachzuweisen (JFG. a. a. O.). Die Verpflichtung, die Hyp. in einem anderen Falle als dem der Vereinigung mit dem Eigentum, z. B. wenn sie einem Dritten zufällt, löschen zu lassen, kann nicht zum Inhalt einer Löschungsvorm. nach § 1179 BGB. gemacht werden (vgl. OLG. 10, 425).

Auch bei der EigtrGrundschuld (§ 1196 BGB.) ist die Vorm. nach § 1179 BGB. zulässig; s. o. A. 52 Abs. 2. Die Löschungsvorm. kann nur eingetragen werden, wenn die Hyp., deren Löschung sichergestellt werden soll, bereits eingetragen ist (OLG. 3, 387). Unzulässig ist die Eintr. einer Vorm. zur Sicherung des Anspruchs auf Löschung einer HypVormerkung oder eines anderen Rechts als einer Hyp., Grund- oder Rentenschuld (OLG. 6, 123). Die Löschungsvorm. bleibt wirksam, wenn die Hyp., auf die sie sich bezieht, in eine Grundschuld gleicher Höhe umgewandelt wird; eines Vermerks hierüber im GBuch bedarf es nicht (BayObLG. 31, 95).

p) Über unzulässige Eintragungen beim **Pfandrecht** s. § 19 A. 53 ff.; über die Unzulässigkeit der Eintr. der Pfändung des Berichtigungsanspruchs s. o. A. 17 sowie die Erläuterungen zu § 22. 55

III. Überflüssige Eintragungen.

a) α) Im Interesse der Übersichtlichkeit des GBuchs sind nicht nur unzulässige, sondern auch solche Eintr. zu vermeiden, die lediglich etwas zum Ausdruck bringen, was ohnehin kraft Gesetzes Rechtens ist, u. daher **unnötig** sind (vgl. RG. 119, 211; 130, 350; JFG. 3, 399; 4, 443). Hieher gehören Angaben über Inhalt u. Umfang von dingl. Rechten, die sich ohne 56 weiteres aus dem Gesetz selbst ergeben, z. B. die Eintr. von gesetzlichen Zinsen, von Verzugszinsen, der Kosten der Kündigung u. der Rechtsverfolgung, da für diese das Grundstück kraft Gesetzes (§ 1118 BGB.) haftet (OLG. 1, 201; 2, 47). Im Gegensatz hierzu bedürfen die übrigen Kosten als Nebenleistungen i. S. des § 1115 Abs. 1 BGB. der Eintr., so die Kosten der Hypothekbestellung u. -eintragung, der Erteilung einer vollstreckb. Ausfertigung der Schuldurkunde, der Kosten der persönlichen Klage usw. (RG. 90, 171; OLG. 18, 163; RJA. 1, 81). Wegen der Eintr. der Kosten bei der Zwangshyp. s. § 19 A. 33.

Unzulässig ist aus dem gleichen Grunde bei einer Darlehenshyp. die Eintr., daß das Darlehen tatsächlich gegeben worden ist (OLG. 5, 388); ferner die Eintr. des Verzichts des Gl. auf Zinsrückstände usw. gem. § 1178 Abs. 2 BGB., ebenso die Eintr. der Abtretung von Zinsrückständen oder des Rangrücktritts von solchen (RG. 88, 169; RJA. 12, 245), weiter die Eintr. des gesetzl. Kündigungsrechtes nach § 247 Abs. 1 Satz 1 BGB. oder die Eintr. des Rechts des Gl., gem. § 1133 BGB. die sofortige Befriedigung aus dem Grundstück zu suchen. Das gleiche gilt für die Eintr. der Verpflichtung des Gl. zur Erteilung der Löschungsbew. nach Erlöschen der HypForderung (KGJ. 29, 244), für die Eintr., daß die in den §§ 1120—1130 BGB. aufgeführten Gegenstände unter die hypothekarische Haftung fallen oder daß Erzeugnisse u. Zubehörstücke von der Haftung frei werden, wenn sie vor der Beschlagnahme veräußert u. vom Grundstück entfernt werden (§ 1121 BGB.). Nicht eintragungsfähig ist auch die Ausschließung des Rechts eines Erben, die Auseinandersetzung zu verlangen (§§ 2042 Abs. 2, 749 Abs. 2, 751 BGB.), weil sie ohne Eintr. dinglich wirkt (KG. in JW. 1935, 3121 = HRR. 1935 Nr. 1319). Unzulässig ist eine Eintr., die lediglich eine gesetzlich bestehende Duldungspflicht wiederholt (RG. 130, 354).

Regelmäßig ist auch die Eintr. des gesetzlichen Rangverhältnisses unzulässig (OLG. 9, 318); wegen der Fälle der §§ 1151, 1176 BGB., in denen die Eintr. des Rangverhältnisses im Interesse der Übersichtlichkeit des GBuchs notwendig werden kann, s. RG. 132, 106; KGJ. 25, 303 u. die Anm. zu § 45. Wegen der gesetzl. Verzinsungs- u. Rückzahlungsbestimmungen bei Aufwertungsrechten s. u. A. 182.

57 *β*) Als überflüssige Eintr. ist auch die Wiederholung des klaren Inhalts einer bisherigen Eintr. zu erachten (OLG. 9, 230). Dagegen sind sog. Klarstellungsvermerke nicht unzulässig, z. B. (außer den oben erwähnten Rangvermerken in den Fällen der §§ 1151, 1176 BGB.) im Falle der teilweisen Löschung einer Tilgungshyp. der Vermerk, ob Tilgungsraten u. sonstige prozentuell bestimmte Nebenleistungen künftig von dem ursprüngl. Kapitalbetrag oder nur von dem Restkapital zu berechnen sind (KG. in HRR. 1935 Nr. 790), oder der Vermerk bei einer Hauszinssteuerablösungshyp., daß sie allen anderen Rechten im Range vorgeht (JFG. 11, 342). Weiter kann ein Vermerk über die Wirksamkeit eines eingetragenen Rechtes gegenüber einer Verfügungsbeschränkung zulässig u. zweckmäßig sein (KG. in HRR. 1934 Nr. 199; JFG. 13, 113). Es darf also der Grundsatz, daß das GBuch von überflüssigen Eintr. frei zu halten ist, nicht überspannt werden. Kurze Vermerke, die der Beseitigung etwaiger Zweifel dienen u. keine Unübersichtlichkeit oder Überfüllung des GBuchs zur Folge haben, sind nicht unzulässig u. in manchen Fällen sogar angebracht, mögen sie an sich auch überflüssig sein, weil ihr Inhalt auf Gr. eingehender Prüfung der Rechtslage aus dem Gesetz selbst entnommen werden kann (RG. 132, 112; KGJ. 47, 201; JFG. 6, 324).

Nicht unter die überflüssigen Eintr. fallen selbstverständlich auch solche Vermerke, die lediglich der Klarstellung einer an sich richtigen, aber unklar gefaßten Eintr. dienen; Näheres s. i. d. Anm. zu § 22.

58 **b)** Zu den überflüssigen Eintr. gehören auch die **unerheblichen Vermerke,** d. h. solche, die einen sachenrechtlich unerheblichen Inhalt haben u. daher das dingl. Recht als solches nicht berühren (vgl. JFG. 3, 400), wie Eintr., die eine Vertretungsbefugnis betreffen (z. B. die Eintr. der Organe einer juristischen Person u. ihrer Vertretungsmacht) oder die Eintr. der Bestellung eines Zustellungsbevollmächtigten für den HypGl. (OLG. 2, 196) oder die Auf-

nahme einer Beschränkung der Verfügungsmacht des Testamentsvollstr. in den Testamentsvollstreckervermerk (OLG. 1, 116). Auch ein Treuhandverhältnis ist im GBuch nicht zu vermerken, da es als rechtsgeschäftl. Verfügungsbeschränkung rein schuldrechtl. Natur u. für die gbuchrechtl. Verhältnisse bedeutungslos ist (vgl. § 3 A. 144). Dagegen ist die Bestellung eines Treuhänders nach § 1189 Abs. 1 Satz 2 BGB., der eine sachenrechtl. Verfügungsmacht besitzt, eintragungsfähig u. eintragungsbedürftig (s. hierüber § 3 A. 177). Das gleiche gilt für den Sachwalter bei der Eintr. einer Hyp. zur Sicherung der Vergleichserfüllung nach § 93 VerglO. (§ 3 A. 177 a).

Hieher gehört auch die Eintr. des Verzichts auf eine EigtrGrundschuld, da ein solcher Verzicht begrifflich nicht möglich u. sachenrechtlich wirkungslos ist (s. § 1168 BGB.; JFG. 4, 433).

IV. Die Wirkung der unzulässigen u. überflüssigen Eintragungen.

1. Ist eine Eintr. ihrem Inhalte nach **unzulässig,** liegt also ihre Fehlerhaftigkeit nicht in den EintrGrundlagen, sondern in der Eintr. selbst, so ist sie rechtlich bedeutungslos und erzeugt keine Rechtswirkungen; sie ist daher von Amts wegen zu löschen (§ 53 Abs. 1 Satz 2). Hieher gehört insbes. die Eintr. von Tatsachen, von nicht dingl. Rechten u. von dingl. Rechten, die von der Eintr. ausgeschlossen sind (Güthe-Triebel[6] Vorbem. 85 vor § 13). Im einzelnen s. d. Erl. zu § 53 u. oben A. 14ff. 59

2. Bei den Eintr., die deshalb unzulässig sind, weil sie nicht mit dem gesetzlich gebotenen oder erlaubten Inhalt eingetragen sind, kommt es darauf an, ob ein wesentl. Erfordernis fehlt oder verletzt ist, ferner ob die Fehlerhaftigkeit der Eintr. nur in der Hinzufügung eines unzulässigen Zusatzes besteht. 60

a) Fehlt ein wesentliches Erfordernis der Eintr., das der ganzen Gattung des in Frage stehenden dingl. Rechtes eigentümlich ist, z. B. die Angabe des Berechtigten oder die Angabe des Geldbetrages bei einer Hyp., oder widerspricht die Eintr. einer zwingenden gesetzl. Bestimmung, wie z. B. die Eintr. eines bedingten Eigentums oder einer Zwangs- oder Arresthyp. für eine Forderung von nicht über 300 RM., so ist die ganze Eintr. unwirksam; es gilt für sie das oben A. 59 Gesagte. 61

b) Fehlt nur ein Erfordernis, das nicht für das einzutragende Recht im allgem., sondern nur für das gerade in Frage stehende Recht erforderlich ist, z. B. der Vermerk über die Ausschließung der Brieferteilung oder die Bezeichnung als Sicherungshyp. oder die Angabe des Zinssatzes bei einer verzinsl. Hyp., so bewirkt dies nur eine teilweise Unwirksamkeit; es haftet z. B. das Grundstück nicht auch für die Zinsen, im übr. ist aber die Hyp. wirksam (RG. 113, 223; Planck § 1115 A. 1 c). 62

Ist der Einigung entsprechend eine Sicherungshypothek zur Eintr. bewilligt worden, im GBuch diese Bezeichnung aber versehentlich weggeblieben, so wird die Hyp. in der Hand eines gutgläubigen Erwerbers vollgültige Verkehrshyp. u. zwar Briefhyp. Dagegen bleibt sie im Verhältnis zum ersten Gl. u. zu jedem schlechtgläubigen Erwerber Sicherungshyp. Eigtr. u. Gl. haben jedoch einen Berichtigungsanspruch (Güthe-Triebel[6] Vorbem. 87 vor § 13; Staud.-Kober § 1184 A. 9; **a. M.** insbes. RGRK. § 1184 A. 4 u. Planck § 1184 A. 3 b, die Nichtigkeit der Eintr. annehmen). Ist die Eintr. einer Verkehrshyp. bewilligt, aber versehentlich eine Sicherungshyp. eingetragen worden, so besteht das Hypothekenrecht als Sicherungshyp. (RG. 123, 169).

Ist der Einigung entsprechend eine Buchhypothek bestellt, im GBuch aber versehentlich nur „Hypothek" eingetragen, so ist zu unterscheiden, ob auch versehentlich ein Brief erteilt wurde. Ist dies der Fall, so erwirbt ein gutgläubiger Dritter die Hyp. als Briefhyp., wenn ihm der Brief übergeben wird. Ist kein Brief erteilt, so bleibt die Hyp. Buchhyp.; sie kann jedoch nicht übertragen werden, solange nicht ein Brief erteilt oder das GBuch richtig gestellt ist. Dem ersten Gl. gegenüber ist auch hier der wahre Sachverhalt maßgebend. Er u. der Eigtr. haben einen Berichtigungsanspruch (Planck § 1116 A. 1 c; RGRK. § 1116 A. 4; Güthe-Triebel a. a. O.; vgl. auch Staud.-Kober § 1116 A. 9 unter b). Ist eine Briefhyp. bestellt, aber eine Buchhyp. eingetragen, so gilt die Hyp., insbes. im Verhältnis zwischen Eigtr. u. erstem Gl., als Briefhyp. In der Hand eines gutgläubigen Erwerbers wird sie jedoch Buchhyp. (Planck a. a. O.; Güthe-Triebel a. a. O.).

63 c) Ist der an sich zulässigen Eintr. nur ein **unzulässiger Zusatz** beigefügt, z. B. die Eintr. der dingl. Unterwerfungsklausel bei einer Höchstbetragshyp. oder die Eintr. von laufenden Zinsen bei einer Arresthyp. oder die Eintr. einer beschr. persönl. Dienstbarkeit für den Berechtigten u. dessen Rechtsnachfolger (vgl. RG. 119, 211), so hängt die Entscheidung darüber, ob volle oder nur teilweise Unwirksamkeit vorliegt, davon ab, ob nach dem vermutl. Willen der Beteiligten die Eintr. auch beim Wegfall des Zusatzes wirksam bleiben soll oder nicht (§ 139 BGB.; RG. 119, 214; Güthe-Triebel[6] Vorbem. 88 vor § 13; vgl. auch unten Vorbem. 37 vor § 18). Ist letzteres der Fall, so ist die ganze Eintr. unwirksam u. das GBuch unrichtig; dies gilt übrigens auch dann, wenn die EintrBew. einen unzulässigen Zusatz enthielt, dieser aber nicht mit eingetragen wurde u. die Eintr. in dieser Form dem Willen der Beteiligten nicht entspricht. Geht der Wille der Parteien dahin, daß das Recht auch ohne den unzulässigen Zusatz entstehen soll, so ist die Eintr. wirksam; nur der unzulässige Zusatz als solcher ist in jedem Falle unwirksam u. gem. § 53 Abs. 1 Satz 2 zu löschen (vgl. auch KGJ. 31, 336).

Vgl. auch oben A. 7 über die Auslegung von Eintragungen.

64 **3. Überflüssige Eintragungen** bewirken in keinem Falle die inhaltl. Unzulässigkeit der ganzen Eintr. (KGJ. 35, 323; JFG. 4, 398; KG. in JW. 1929, 1666; Güthe-Triebel[6] Vorbem. 60, 89 vor § 13). Soweit die überflüssige Eintr. nur in einem Zusatz besteht, der etwas sachenrechtlich Unerhebliches wiedergibt, z. B. die Eintr. der Vertreter einer juristischen Person oder ihrer Vertretungsbefugnis oder die Eintr. eines Zustellungsbevollmächtigten oder die Angabe eines Treuhandverhältnisses, ist dieser Zusatz (nicht aber die ganze Eintr.) inhaltlich unzulässig u. daher gem. § 53 von Amts wegen zu löschen (Güthe-Triebel a. a. O.); anders z. B., wenn die gesetzl. Zinsen oder das gesetzl. Rangverhältnis eingetragen sind; diese Eintr. sind zwar unnötig, aber sachenrechtlich nicht unerheblich u. daher nicht inhaltlich unzulässig (KGJ. 35, 325; 53, 152).

D. Die Verfügungsbeschränkungen.

I. Allgemeines.

65 1. Unter Verfügungsbeschränkungen versteht man für u. gegen jeden Dritten wirkende Beschränkungen des Berechtigten in der Verfügungsfreiheit über sein Recht. Die Verfügungsbeschr. umfaßt regelmäßig ein Veräußerungs- u. ein Belastungsverbot, kann aber auch nur in einer dieser beiden Beschränkungen bestehen; Näheres s. u. A. 66. Im Gegensatz zu der dinglich wirkenden Verfügungsbeschr. steht die schuldrechtl. Verpflichtung, über ein Recht nicht zu verfügen (§ 137 Satz 2 BGB.; vgl. OLG. 11, 327; s. auch unten A. 117ff.). Keine Verfügungsbeschr., sondern eine die Entziehung des Eigentums bewirkende hoheitl. Maßnahme ist die Verfallerklärung nach dem Ges. ü. d. Widerruf von Einbürgerungen u. die Aberkennung der deutschen Staatsangehörigkeit — AusbürgerungsGes. — v. 14. Juli 1933 (RGBl. I 480); die Eintr., daß das Eigentum am Grundstück dem Deutschen Reich verfallen ist, hat daher in der ersten Abt. zu erfolgen (JFG. 15, 331; vgl. auch KG. in JW. 1937, 2531).

Es sind zu unterscheiden:

α) absolute Verfügungsbeschränkungen, d. s. solche, die im öffentl. Interesse oder aus Gründen des Gemeinwohls u. nicht zum Schutze bestimmter Personen verhängt sind u. daher gegen jedermann wirken, ohne Rücksicht darauf, ob er von der Verfügungsbeschr. Kenntnis hat oder nicht;

β) relative Verfügungsbeschränkungen, d. s. solche, die nur den Schutz bestimmter Personen bezwecken. Sie beruhen entweder unmittelbar auf dem Gesetz oder werden von einem

Gericht oder einer anderen Behörde jeweils angeordnet. Eine gegen eine solche Verfügungsbeschr. verstoßende Verfügung ist nur den Personen gegenüber unwirksam, zu deren Schutz die Verfügungsbeschr. erlassen ist (§ 135 Abs. 1 BGB.). Einem Dritten gegenüber wirkt eine relative Verfügungsbeschr. nur dann, wenn sie entweder aus dem GBuch ersichtlich oder ihm bekannt ist (§ 892 Abs. 1 Satz 2 BGB.).

2. Durch die Verfügungsbeschr. wird dem Berechtigten die Befugnis zur Verfügung über 66 ein Grundstück, ein Recht an einem Grundstück oder ein Recht an einem solchen Grundstücksrecht ganz oder teilweise entzogen. Unter einer **Verfügung** ist ein Rechtsgeschäft zu verstehen, dessen Rechtswirkung auf einen Gegenstand (Sache oder Recht) unmittelbar gerichtet ist u. die Rechtslage dieses Gegenstandes unmittelbar ändert. Den Gegensatz zur Verfügung bildet die Verpflichtung zur Vornahme einer Rechtsänderung. Die Verfügung führt also die gewollte Rechtsänderung unmittelbar herbei dadurch, daß sie den Gegenstand selbst ergreift, an dem die Rechtsänderung eintreten soll (vgl. BayObLG. 3, 143; Staud.-Riezler I Bem. 63 vor §§ 104ff.; Staud.-Kober III Einleitung Bem. 24 u. das dort angeführte Schrifttum). Die hier in Betracht kommenden Verfügungen sind entweder eine Veräußerung oder eine Belastung.

α) Unter Veräußerung ist das Aufgeben eines Rechts (auch des Eigentums) zum Zwecke der Übertragung auf einen anderen zu verstehen (Staud.-Riezler a. a. O. Bem. 74). Der Verzicht auf das Eigentum an einem Grundstück (§ 928 BGB.) ist zwar eine Verfügung, aber keine Veräußerung.

β) Belastung ist nicht nur die Neubegründung eines dingl. Rechts, sondern auch die Erweiterung des Umfangs einer bestehenden Belastung, z. B. eine Zinserhöhung. Auch die Ausübung eines Rangvorbehalts (§ 881 BGB.) hat als Belastung zu gelten. Die Erklärung des Eigtr., daß ein Grundstück einem anderen als Bestandteil zugeschrieben werden soll (§ 890 Abs. 2 BGB.), ist — im Gegensatz zu der Vereinigungserklärung (§ 890 Abs. 1 BGB.) — eine der Belastung gleichkommende Verfügung, da sich gem. § 1131 Satz 1 BGB. die Hyp. usw. am Hauptgrundstück auf das zugeschriebene Grundstück erstrecken (vgl. § 6 A. 5, 12; § 5 A. 16).

Keine Belastung des Grundstücks stellen die Übertragung, Pfändung u. Verpfändung von EigtrGrundschulden u. -hypotheken dar. Ebensowenig fallen unter den Begriff der Verfügung über ein Grundstück die Zustimmung des Eigtr. zur Rangänderung (RJA. 2, 99), die nachträgl. Unterwerfung unter die sofort. Zwangsvollstr. nach § 800 ZPO. (BayObLG. 14, 499; KG. in DNotV. 1932, 39, 43), die Änderung der Zahlungs- u. Kündigungsbestimmungen eines eingetragenen Rechtes, die Umwandlung einer Hyp. in eine Grund- oder Rentenschuld u. umgekehrt sowie die Umwandlung einer Hypothekenart in eine andere, die Forderungsauswechslung (§ 1180 BGB.), die nachträgl. Briefbildung (OLG. 18, 264). Wg. des Erbhofrechtes s. jedoch unten A. 150, 151.

Keine Verfügung über ein Grundstück sind schließlich die Erbauseinandersetzung bez. eines Nachlasses, zu dem ein Grundstück gehört (OLG. 9, 451; vgl. auch RG. 75, 298), u. die Übertragung eines Anteils an einem solchen Nachlaß.

Unter die Belastung eines Grundstücksrechts fällt die Bestellung eines Nießbrauchs oder eines Pfandrechts sowie die Pfändung.

3. Verfügungsbeschränkungen bedürfen regelmäßig zu ihrer Entstehung 67 nicht der Eintragung (RG. 89, 158; 135, 384; JFG. 5, 298); über die Ausnahme des § 77 RVersorgungsG. s. u. A. 111. Ihre Eintr. als GBuchberichtigung ist aber regelmäßig deshalb erforderlich, weil durch die Eintr. der gute Glaube eines dritten Erwerbers an ihr Nichtbestehen ausgeschlossen wird (§ 892 Abs. 1 Satz 2 BGB.). Soweit allerdings eine Verfügungsbeschr. ohne Rücksicht auf die Kenntnis gegen jeden Dritten wirkt (absolute Verfügungsbeschränkung), entfällt dieser Grund für ihre Eintr.; diese ist, weil überflüssig, auch unzulässig (BayObLG. 21, 299; Staud.-Riezler § 135 A. 10; Güthe-Triebel[6] Vorbem. 63

vor § 13); über eine Ausnahme s. u. A. 111, 112. Eintragungsfähig sind sonach nur solche Verfügungsbeschränkungen, die entweder auf einer gesetzl. Bestimmung beruhen, die nur den Schutz bestimmter Personen bezweckt, oder die von einem Gericht oder von einer anderen Behörde innerhalb ihrer Zuständigkeit angeordnet sind (relative Verfügungsbeschränkungen).

68 **4. Die Wirkung der Verfügungsbeschränkungen.**

a) Eine gegen eine absolute Verfügungsbeschr. verstoßende Verfügung ist nichtig (§ 134 BGB.). Eintr. auf Gr. solcher Verfügungen sind daher stets unzulässig u. vom GBA. abzulehnen. Die absolute Verfügungsbeschr. bewirkt die Sperre des GBuchs (RG. 105, 77; BayObLG. 21, 300; JFG. 4, 370; 9, 179; Staud.-Kober § 878 A. 3 a. E.; Güthe-Triebel[6] Vorbem. 70 vor § 13). Die Sperre gilt auch für die Eintr. von Vormerkungen.

Absolute Verfügungsbeschr. werden, damit sie nicht übersehen werden, zweckmäßig im Handblatt oder auf dem Deckel der Grundakten formlos (durch Bleistiftvermerk oder in ähnlicher Weise) ersichtlich gemacht (vgl. AV. v. 21. April 1936, DJ. 634, bez. der devisenrechtl. Verfügungsbeschr.).

69 **b)** Die Wirkung der relativen Verfügungsbeschränkungen auf den GBuchverkehr ist bestritten. Nach der überwiegenden Meinung (insbes. RG. 105, 76; BayObLG. 25, 444; KGJ. 52, 130; RGRK. § 878 A. 2; Planck Vorbem. VII 2 b vor § 873; Staud.-Kober § 892 A. 84; Hesse-Saage-Fischer § 19 A. III 1 a ε) führen sie keine Sperre des GBuchs herbei, gleichviel ob sie im GBuch eingetragen sind oder nicht; Verfügungen des in der Verfügung Beschränkten (mit Ausnahme von Löschungen, s. u.) wären sonach in allen Fällen im GBuch zu vollziehen. Man wird aber, um die durch die relativen Verfügungsbeschränkungen geschützten Personen gegen die Wirkungen des öffentl. Glaubens des GBuchs (vgl. § 135 Abs. 2 BGB.), die den Zweck der Verfügungsbeschr. vereiteln würden, zu sichern, der (jetzt auch vom KG. vertretenen) strengeren Ansicht den Vorzug geben müssen, wonach weitere Verfügungen des in der Verfügung Beschränkten nur eingetragen werden dürfen, wenn die Verfügungsbeschr. eingetragen ist; solange dies nicht geschehen ist, bewirkt die relative Verfügungsbeschr. eine Sperre des GBuchs, vorausgesetzt, daß der GBuchrichter von der Verfügungsbeschr. amtliche Kenntnis erlangt hat (ebenso insbes. OLG. 5, 294; 19, 156; KGJ. 44, 174; KG. in HRR. 1934 Nr. 1095; Güthe-Triebel[6] Vorbem. 70 vor § 13; Henke-Mönch § 22 A. 7 C a; Schöller in DJZ. 1902, 165; Kretzschmar in ZBlFG. 2, 815). Löschungen jedoch dürfen auch dann nicht eingetragen werden, wenn die Verfügungsbeschr. eingetragen ist, da durch die Löschung auch die Wirkung der Eintr. der Verfügungsbeschr. beseitigt würde (RG. 65, 219; 102, 332; RJA. 4, 69; JFG. 4, 420 u. die herrsch. Meinung). Ohne Rücksicht darauf, ob die Verfügungsbeschr. eingetragen ist oder nicht, sind Verfügungen (auch Löschungen) des in der Verfügung Beschränkten stets dann zu vollziehen, wenn die Zustimmung desjenigen, zu dessen Schutz die Verfügungsbeschr. besteht, nachgewiesen wird (Güthe-Triebel[6] Vorbem. 73 vor § 13); s. jedoch die folgende Anm. Bei Vornahme einer Eintr., die gegen eine eingetragene relative Verfügungsbeschr. verstößt, hat das GBA. weder das Recht noch die Pflicht, zu prüfen, ob die der Eintr. zugrundliegende Verfügung gegen Treu u. Glauben verstößt oder arglistig erfolgt (KG. in HRR. 1934 Nr. 1095).

Zulässig ist es, im GBuch zu vermerken, daß ein vom Eigtr. bestelltes Recht am Grundstück gegenüber einer eingetragenen Verfügungsbeschr. voll wirksam ist (Wirksamkeitsvermerk). Ein solcher Vermerk hat regelmäßig die Bedeutung einer teilweisen Löschung der Verfügungsbeschr. Ein Antrag auf Eintr. des Vorranges eines dingl. Rechts vor einer eingetragenen Verfügungsbeschr. ist als Antrag auf Eintr. eines solchen Wirksamkeitsvermerkes aufzufassen (RJA. 14, 67; KG. in HRR. 1934 Nr. 199 = JW. 1933, 2708; JFG. 13, 111).

70 **c)** Eine eigene Stellung nehmen diejenigen Verfügungsbeschränkungen ein, bei denen gleichzeitig die Verwaltung des von der Verfügungsbeschr. betroffenen Gegenstandes einem

eigenen Organ übertragen ist (Konkurs, Nachlaßverwaltung, Testamentsvollstreckung; auch die gerichtl. Verwaltung der Vorerbschaft gem. §§ 2128 Abs. 2, 1052 BGB. u. die Treuhänderschaft nach §§ 77 ff. SchVfO. u. nach §§ 12 ff. der DurchfVO. z. VO. zur Sicherung der Landbewirtschaftung v. 22. April 1937, RGBl. I 535, gehören hierher). In diesen Fällen sind EintrAnträge, die sich auf Verfügungen des in der Verfügung Beschränkten beziehen, auch dann zurückzuweisen, wenn die Verfügungsbeschr. eingetragen ist. Eintr. sind hier nur möglich auf Gr. einer EintrBew. derjenigen Personen, denen das Verfügungsrecht zusteht (Konkursverwalter, Nachlaßverwalter, Testamentsvollstrecker). Dies gilt auch dann, wenn die Zustimmung des durch die Verfügungsbeschr. Geschützten nachgewiesen wird; eine solche Zustimmung ist hier unerheblich. Im übr. s. u. A. 73, 74, 78, 79, 88, 103, 104.

d) Derjenige, dessen Schutz die Verfügungsbeschr. bezweckt, kann nicht die Löschung einer 71 ihm gegenüber unwirksamen (§ 135 BGB.) Eintr. vom GBA. verlangen (OLG. 5, 143). Er hat lediglich persönl. Ansprüche; ein dingl. Berichtigungsanspruch (§ 894 BGB.) besteht nur gegenüber einem schlechtgläubigen Erwerber (Staud.-Kober § 892 A. 90; vgl. auch Staud.-Riezler § 135 A. 9, 11).

5. Die Vorschrift des § 878 BGB. 72

Nach dieser Bestimmung bleibt eine von dem Berechtigten vor Wirksamwerden der Verfügungsbeschr. gem. §§ 873, 875, 877 BGB. abgegebene Erklärung wirksam, wenn die Erklärung für ihn bindend geworden (§§ 873 Abs. 2, 875 Abs. 2 BGB.) und der Eintr.-Antrag gestellt, d. h. beim GBA. eingegangen (OLG. 26, 8) ist, bevor die Verfügungsbeschr. wirksam geworden ist; darüber, wann diese Wirksamkeit eintritt, s. u. A. 73 ff. bei den einzelnen Verfügungsbeschränkungen. Dies gilt sowohl bei relativen als auch bei absoluten Verfügungsbeschränkungen (RG. 113, 409; BayObLG. 21, 300; JFG. 9, 182; RGRK. § 878 A. 3 Abs. 3; Planck § 878 A. 2). Nicht anwendbar ist § 878 jedoch auf das Belastungsverbot des § 8 Abs. 1 Satz 2 SchRegG. v. 1. Juni 1933 (RGBl. I 331), da es sich hier nicht um eine bloße Beschränkung des Verfügungsrechtes des Betriebsinhabers, sondern um eine dem Grundstück selbst anhaftende Unbelastbarkeit handelt, die den Eintritt der Belastung schlechthin verhindert ohne Rücksicht auf die etwa vorher vollständig beigebrachten EintrGrundlagen (KG. in JW. 1934, 1245 = HRR. 1934 Nr. 717; Harmening-Pätzold SchRegG.[2] § 8 A. 3; Güthe-Triebel[6] Vorbem. 75a vor § 13). Das gleiche gilt für die Belastungsbeschränkungen des § 91 SchRegG. sowie im Falle des § 14 c VO. ü. d. landwirtschaftl. Vermittlungsverfahren v. 27. Sept. 1932, RGBl. I 473 (KG. in HRR. 1933 Nr. 1355; Güthe-Triebel a. a. O.). Aus den gleichen Gründen ist § 878 BGB. auch nicht auf die Verfügungsbeschr. des RErbhG. anwendbar (JFG. 12, 334; 14, 185; § 31 Abs. 1 EHRV.; vgl. unten A. 142).

§ 878 BGB. bezieht sich nur auf Verfügungsbeschr., die außerhalb des GBuchs entstehen. Bei Verfügungsverboten, die erst mit der Eintr. Wirksamkeit erlangen (z. B. § 77 RVersorgungsG.), kommt es nur darauf an, ob die Verfügungsbeschr. bereits eingetragen war, als die rechtsändernde Eintr. vorgenommen wurde; entscheidend ist also allein die zeitl. Reihenfolge der Eintr. (JFG. 9, 178).

Keine Verfügungsbeschr. i. S. des § 878 BGB. sind der Tod, die Beschränkung u. der Verlust der Geschäftsfähigkeit; sie sind auf die Wirksamkeit der Willenserklärung ohne Einfluß, auch wenn sie sich ereignen, ehe eine Bindung nach §§ 873 Abs. 2, 875 Abs. 2 BGB. eingetreten ist (§ 130 Abs. 2 BGB.; vgl. KG. in JW. 1936, 608). Die noch nicht bindende Erklärung kann aber bis zur Eintr. vom Erben oder gesetzl. Vertreter widerrufen werden (Planck § 878 A. 2; RGRK. § 873 A. 7, a). Auch auf ein durch einstw. Verfügung begründetes Erwerbsverbot (s. § 18 A. 17) findet § 878 BGB. keine Anwendung (RG. 120, 118; RGRK. § 878 A. 3).

§ 878 BGB. ist auch vom GBuchrichter zu beachten. Eine auf Gr. dieser Bestimmung wirksame Verfügung ist im GBuch zu vollziehen, gleichviel ob die Verfügungsbeschr. eingetragen ist oder nicht. Voraussetzung ist, daß der EintrAntrag begründet ist; wird er zurückgewiesen oder zurückgenommen u. nach Wirksamwerden der Verfügungsbeschr. wieder vorgelegt, so wirkt die Verfügungsbeschr. auch der ihm zugrunde liegenden Verfügung gegenüber (BayObLG. 11, 397). § 878 BGB. ist aber dann anwendbar, wenn der Antrag zunächst durch Zwischenverfügung beanstandet u. erst nach Wirksamwerden der Verfügungsbeschr. ergänzt wird (OLG. 17, 352), ferner auch dann, wenn das GBA. einem Antrag, der wegen Fehlens der formellrechtl. Voraussetzungen hätte zurückgewiesen werden müssen, stattgegeben hat (RGRK. § 878 A. 5; Staud.-Kober § 878 A. 3).

Berechtigter i. S. des § 878 BGB. ist nur, wer zu der in Betracht kommenden Verfügung berechtigt ist; § 878 findet deshalb keine Anwendung, wenn ein Veräußerungsverbot gegen den Käufer eines Grundstücks erlassen ist, dem zwar bereits die Auflassung erteilt, der aber noch nicht als Eigtr. eingetragen ist (RG. 135, 378). Nicht anwendbar ist § 878 BGB. auf die Verfügung eines Nichtberechtigten, die erst noch der Gen. des Berechtigten gem. § 185 Abs. 2 BGB. bedarf (RG. 89, 156), wohl aber auf die Verfügung, die ein Nichtberechtigter mit Einwilligung des Berechtigten (§ 185 Abs. 1 BGB.) trifft (KG. in DNotZ. 1934, 284). § 878 gilt auch für die Verfügungserklärung eines Miterben über einen Nachlaßgegenstand, mag auch die Mitwirkung der übrigen Erben noch ausstehen (JFG. 13, 92).

§ 878 BGB. hat nur rechtsändernde, nicht auch berichtigende Eintr. im Auge (KGJ. 40, 278). Er bezieht sich ferner nur auf rechtsgeschäftliche Erklärungen des Berechtigten, ist daher nicht anwendbar bei Zwangseintragungen, z. B. Eintr. einer Zwangshyp. oder einer Vorm. auf Gr. einer einstw. Verfügung (RG. 84, 265; Staud.-Kober § 878 A. 8), wohl aber bei Eintragungen auf Gr. eines Urteils nach § 894 ZPO. (RG. 84, 265). Nur Erklärungen des Berechtigten gem. §§ 873, 875, 877 BGB. fallen unter § 878, nicht aber Zustimmungserklärungen Dritter gem. §§ 876, 880 Abs. 2 u. 3, 1183 BGB., § 27 GBO.; die Zustimmungserklärung bleibt von einer später eintretenden Verfügungsbeschr. des Dritten unberührt (RG. 52, 416; Staud.-Kober a. a. O. u. § 876 A. 6; RGRK. § 876 A. 8). § 878 ist entspr. auch auf Vormerkungen u. Widersprüche (mit Ausnahme der durch eine einstw. Verfügung angeordneten) anwendbar (OLG. 45, 198 = JFG. 4, 336; KG. in HRR. 1934 Nr. 167; Planck § 878 A. 1; **a. M.** Staud.-Kober a. a. O.; RGRK. § 878 A. 1; Güthe-Triebel[6] Vorbem. 74 vor § 13). Für Vormerkungen gem. §§ 18 Abs. 2, 76 GBO. gilt § 878 insofern, als seine Wirkungen schon auf Gr. des EintrAntrags, zu dessen Schutz diese Vormerkungen eingetragen werden, Platz greifen. § 878 BGB. ist auch auf die Verzichtserklärung gem. § 928 BGB. anwendbar (Güthe-Triebel a. a. O.).

73 **II. Die auf dem Gesetz beruhenden relativen Verfügungsbeschränkungen.**

1. Der Konkurs. Er wirkt als Verfügungsbeschränkung des Gemeinschuldners (§ 6 Abs. 1 KO.). Diese bezieht sich nur auf die zur Konkursmasse (§§ 1, 2 KO.) gehörigen Vermögensgegenstände[1]); deren Beschlagnahme wird wirksam mit der Erlassung des Eröffnungsbeschlusses (§§ 6 Abs. 1, 108 KO.). An Stelle des Gemeinschuldners steht von diesem Zeitpunkt ab das Verfügungsrecht dem Konkursverwalter zu (§ 6 Abs. 2 KO.). Dieser ist weder Vertreter des Gemeinschuldners noch der Konkursmasse, sondern ein im öffentl. Interesse bestelltes Organ, dessen Verfügungsmacht unmittelbar auf dem Gesetze beruht (vgl. RG. 55, 266; 63, 71; 97, 109)[2]). Erwirbt er eine Hyp., so ist diese auf den Namen des Gemeinschuldners einzutragen (OLG. 9, 378; 27, 242).

---

[1]) Der Konkursverwalter kann einzelne Vermögensstücke nicht zur Konkursmasse ziehen oder aus ihr während des Verfahrens wieder freigeben (vgl. RG. 79, 28; 94, 56), so daß der Gemeinschuldner insoweit die Verfügungsmacht wieder erlangt. Die Freigabe ist eine dem Gemeinschuldner gegenüber abzugebende empfangsbedürftige Willenserklärung (RG. 94 ,56). Dem GBA. muß sie in der Form des § 29 nachgewiesen werden.

[2]) Veräußert der Konkursverwalter ein zur Masse gehöriges Grundstück freihändig, so kann das GBA. nicht den Nachweis verlangen, daß der Gläubigerausschuß oder die Gläubigerversammlung die Veräußerung genehmigt hat (KGJ. 45, 236; Predari § 39 A. 5 A b).

Der Konkursverwalter hat sich gegenüber dem GBA. über sein Verfügungsrecht durch die ihm vom Konkursgericht erteilte urkundl. Bescheinigung seiner Ernennung (§ 81 Abs. 2 KO.) auszuweisen. Die Bescheinigung ist in Urschrift oder begl. Abschrift vorzulegen. Wird das GBuch von dem Amtsgericht geführt, das Konkursgericht ist (§ 71 KO.), so genügt auch Bezugnahme auf die Akten des Konkursgerichts.

Über die Eintragung des Konkursvermerks s. die Anm. zu § 38.

a) Nach der Konkurseröffnung dürfen Eintragungen in das GBuch auf Gr. rechts- 74
geschäftl. Verfügungen des Gemeinschuldners nicht mehr erfolgen, soweit sie zur Konkursmasse (§§ 1, 2 KO.) gehörige Vermögensgegenstände betreffen, ohne Rücksicht darauf, ob die EintrBew. vor oder nach der Konkurseröffnung erklärt worden ist. Gleichgültig ist auch, ob der Konkursvermerk bereits eingetragen ist oder ob der GBuchrichter auf andere Weise von der Konkurseröffnung amtliche Kenntnis erlangt hat (RG. 71, 38; BayObLG. 11, 397; KGJ. 40, 278; KG. in JW. 1933, 619; RGRK. § 878 A. 3; Staud.-Kober § 878 A. 4; Eccius in GruchotsBeitr. 50, 481; Predari in LZ. 1907, 454; bestr.). Nur wenn die Willenserklärung des Gemeinschuldners bindend geworden (§§ 873 Abs. 2, 875 Abs. 2 BGB.) u. der Eintr.-Antrag gestellt (d. h. beim GBA. eingegangen) ist, ehe das Konkursverfahren eröffnet wurde, bleibt die Verfügung wirksam u. ist die Eintr. vom GBA. vorzunehmen (§ 878 BGB.; KG. im Recht 1926 Nr. 1104; s. o. A. 72). In allen übrigen Fällen aber bewirkt die Konkurseröffnung u. erst recht die Eintr. des Konkursvermerks die Sperre des GBuchs[1]). Eine Ausnahme besteht nur für Eintr., die der GBuchberichtigung dienen, z. B. die Umschreibung einer vor Konkurseröffnung wirksam abgetretenen Briefhyp. (OLG. 25, 386; Güthe-Triebel[6] Vorbem. 75 vor § 13). Auch Eintr., zu denen die Zustimmung des Konkursverwalters nachgewiesen wird, können vorgenommen werden (OLG. 23, 211).

Mit der Beendigung des Konkursverfahrens fällt die Verfügungsbefugnis wieder an den Gemeinschuldner zurück. Eine von ihm während des Konkurses ausgestellte EintrBew. wird wirksam, soweit nicht Verfügungen des Konkursverwalters entgegenstehen (Güthe-Triebel[6] Vorbem. 75 vor § 13). Wurde ein zur Konkursmasse gehöriges Grundstück während des Konkursverfahrens vom Konkursverwalter verkauft, so kann die Auflassung nach Aufhebung des Verfahrens vom Konkursverwalter nicht mehr vorgenommen werden; eine von diesem abgegebene Auflassungserklärung kann aber durch den Gemeinschuldner oder dessen Erben genehmigt werden (OLG. 10, 66; KG. in DNotV. 1930, 634). Ebenso ist zur Eintr. der vom Konkursverwalter vorgenommenen Übertragung eines Rechts eine neue EintrBew. des Gemeinschuldners erforderlich (RJA. 13, 158).

b) Zwangseintragungen (Zwangshyp., Arresthyp., Eintragungen auf Gr. einer 75
einstw. Verfügung, nicht aber eine Eintr. auf Gr. eines Urteils gem. §§ 894, 895 ZPO.), die von einem Konkursgläubiger (§ 3 KO.) ausgehen, sind nach Konkurseröffnung gleichfalls unzulässig (§ 14 KO.), gleichviel ob sie sich auf einen zur Konkursmasse gehörigen oder einen sonstigen Vermögensgegenstand des Gemeinschuldners beziehen, ob sie vor oder nach Eintr. des Konkursvermerks erfolgen sollen, ob der Konkursgl. von der Konkurseröffnung Kenntnis hatte oder nicht, u. ob der EintrAntrag vor oder nach der Konkurseröffnung beim GBA. eingegangen ist; § 878 BGB. gilt hier nicht (vgl. JFG. 15, 324). Die Eintr. ist auch dann unzulässig, wenn vor der Konkurseröffnung Zwischenverfügung erlassen u. gem. § 18 Abs. 2 eine Vormerkung eingetragen worden war (RG. 62, 375; KGJ. 39, 167). Soweit eine Zwangseintr. von einem Gl. beantragt wird, der nicht Konkursgl. ist, ist sie bez. der zur Konkursmasse gehörigen Gegenstände gleichfalls unzulässig, bez. der sonstigen Vermögensgegenstände des Gemeinschuldners aber zulässig u. wirksam (§ 15 KO.). § 15 KO. wirkt auch

---

[1]) Auch die Löschung einer für den Gemeinschuldner eingetragenen Hyp. auf Gr. einer von ihm vor der Konkurseröffnung erteilten Abtretungserklärung sowie der Quittung u. Löschungsbew. des neuen Gl. ist ohne Einwilligung des Konkursverwalters unzulässig, sofern nicht nachgewiesen wird, daß der Gl. die Hyp. vor der Konkurseröffnung oder ohne Kenntnis von ihr erworben hat (RJA. 6, 66).

gegenüber einer Arrestpfändung nach § 27 der DurchfVO. z. DevisenG. v. 4. Febr. 1935, RGBl. I 114 (JFG. 15, 318).

Wurde eine Eintr. dem Verbot des § 14 KO. zuwider vorgenommen, so ist ein Amtswiderspruch nach § 53 einzutragen (vgl. RG. 48, 242); inhaltl. Unzulässigkeit liegt nicht vor. Eine EigtrGrundschuld kann aus einer solchen Eintr. nicht entstehen (OLG. 26, 158; KGJ. 50, 223).

76 2. **Das Vergleichsverfahren** (Vergleichsordnung v. 26. Febr. 1935, RGBl. I 321).

Die Verfügungsbefugnis des Schuldners wird durch dieses Verfahren grundsätzlich nicht berührt; er bleibt verfügungsberechtigt, soweit nicht besondere Beschränkungen gem. §§ 58 ff. VerglO. angeordnet sind; s. hierüber unten A. 101. Die Eröffnung des Vergleichsverfahrens wird in das GBuch nicht eingetragen.

Dagegen sind Zwangseintragungen während der Dauer des Vergleichsverfahrens zugunsten der an dem Vergleichsverfahren beteiligten Gläubiger (§§ 25 ff. VerglO.) sowie der in § 29 a. a. O. bezeichneten Gläubiger nicht zulässig; das Zwangsvollstreckungsverbot bezieht sich auf das gesamte Vermögen des Schuldners (§§ 47 ff. VerglO.; vgl. Waldmann in BayNotV. 1930, 179). Eine dennoch vorgenommene Eintr. macht das GBuch unrichtig u. gibt dem Schuldner einen Berichtigungsanspruch (§ 894 BGB.). § 53 Abs. 1 Satz 1 (Amtswiderspruch) ist anwendbar.

Hat ein Vergleichsgläubiger oder einer der in § 29 Ziff. 3 u. 4 VerglO. bezeichneten Gläubiger später als am 30. Tage vor der Stellung des Antrags auf Eröffnung des Vergleichsverfahrens durch eine Zwangsvollstreckungsmaßnahme (Zwangshyp., Vormerkung usw.) eine Sicherung erlangt — als Zwangsvollstr. gilt gem. § 124 VerglO. auch die Vollziehung eines Arrestes oder einer einstw. Verfügung — u. wird der Vergleich bestätigt[1]) oder der Anschlußkonkurs eröffnet, so wird dadurch die Sicherung unwirksam (§§ 87, 104 VerglO.). Das GBuch wird dadurch unrichtig u. ist auf Antrag des Schuldners oder des Konkursverwalters auf Gr. des Unrichtigkeitsnachweises zu berichtigen. § 53 Abs. 1 Satz 1 ist nicht anwendbar, weil die Unrichtigkeit erst nachträglich eintritt (Waldmann a. a. O.)[2]).

77 3. Die Beschlagnahme zum Zwecke der **Zwangsversteigerung** oder **Zwangsverwaltung.** Die Beschlagnahme beschränkt die Verfügungsmacht des Eigtr. u. hat die Wirkung eines Veräußerungsverbots (§ 23 Abs. 1 Satz 1 ZVG.). Über den Zeitpunkt ihres Wirksamwerdens s. §§ 20 Abs. 1, 22 Abs. 1, 146 Abs. 1 ZVG. Obwohl das Veräußerungsverbot nur zugunsten des betreibenden Gl. wirkt (§ 20 Abs. 1 ZVG.), sind Eintr. auf Gr. von EintrBewilligungen des Eigtr. oder auf Gr. eines gegen ihn gerichteten vollstreckb. Schuldtitels nach der Beschlagnahme nicht mehr vorzunehmen, wenn dem GBuchrichter die Beschlagnahme amtlich bekannt ist u. der Beschlagnahmevermerk noch nicht eingetragen ist (KGJ. 34, 282; Güthe-Triebel[6] Vorbem. 79 vor § 13; Jaeckel-Güthe § 23 A. 3). Auch wenn der betreibende Gl. die Verfügung des Eigtr. genehmigt hat, ist die Eintr. vor Eintr. der Beschlagnahme zulässig. § 878 BGB. (s. o. A. 72) gilt auch hier (OLG. 17, 352). Nach Eintr. des Beschlagnahmevermerks (s. hierüber bei § 38) können Verfügungen des Eigtr. über das Grundstück (Auflassung, Belastungen) eingetragen werden, auch wenn sie erst nach Wirksamkeit der Beschlagnahme vorgenommen worden sind. Das gleiche gilt für Eintr.

---

[1]) Ist während eines gegen eine off. HG. gerichteten Vergleichsverfahrens für eine angemeldete Forderung auf dem Grundstück eines Gesellschafters, gegen den persönlich das Verfahren nicht eröffnet worden war, im Wege der Zwangsvollstr. eine Sicherungshyp. eingetragen worden, so ermäßigt sich diese beim Zustandekommen des Vergleichs auf die Vergleichsquote. Die Löschung des Mehrbetrags kann im Wege der GBuchberichtigung herbeigeführt werden, ebenso die Eintr. der im Vergleich festgesetzten Zahlungsbestimmungen (BayObLG. 29, 461; 30, 68; OLG. Nürnberg in JW. 1931, 2169).

[2]) Für den weiteren in §§ 87, 104 VerglO. behandelten Fall, daß ein Gl. durch Zwangsvollstr. (z. B. auf Gr. eines Urteils nach § 894 ZPO.) eine Befriedigung erlangt hat, trifft das Ausgeführte nicht zu, da das zur Befriedigung Erlangte nach den Vorschriften über die ungerechtfertigte Bereicherung (§§ 812 ff. BGB.) herauszugeben ist, also nur ein schuldrechtl. Anspruch besteht.

im Zwangswege (OLG. 4, 161; Predari § 39 A. 5 A c). Der Beschlagnahmevermerk bewirkt also keine GBuchsperre.

Rechte an dem beschlagnahmten Grundstück werden von der Beschlagnahme nicht betroffen. Der Eigtr. ist daher in der Verfügung über EigtrGrundschulden u. -hypotheken nicht beschränkt (Jaeckel-Güthe § 23 A. 3).

4. Die Nachlaßverwaltung. Der Erbe verliert mit ihrer Anordnung die Verfügungs- 78
befugnis über den Nachlaß[1]); sie geht auf den Nachlaßverwalter über (§ 1984 Abs. 1 BGB.). Die Verfügungsbeschr. tritt mit der Erlassung des die Nachlaßverwaltung anordnenden Beschlusses in Wirksamkeit. Rechtsgeschäftl. Willenserklärungen des Erben dürfen vom GBA. nach Anordnung der Nachlaßverwaltung nicht mehr vollzogen werden, gleichgültig, ob die Nachlaßverwaltung im GBuch eingetragen ist oder nicht (Güthe-Triebel[6] Vorbem. 76 vor § 13). Es gelten hier die für den Konkurs maßgebenden Grundsätze, insbes. auch § 878 BGB. (Staud.-Kober § 878 A. 11; RGRK. § 878 A. 3; Predari in LZ. 1907, 454). Zwangseintragungen, die von Nachlaßgläubigern ausgehen, sind während der Nachlaßverwaltung unbeschränkt zulässig. Soll dagegen eine Zwangseintr. bei einem Nachlaßgegenstand zugunsten eines anderen Gl. erfolgen, so ist sie, weil vom Gesetz ausgeschlossen (§ 1984 Abs. 2 BGB.), abzulehnen. Die Nachlaßverwaltung bewirkt also eine teilweise GBuchsperre. Über die Eintr. der Nachlaßverwaltung im GBuch s. bei § 38.

5. Die Ernennung eines Testamentsvollstreckers. Sie beschränkt die Verfügungsbefugnis 79
der Erben (§ 2211 Abs. 1 BGB.). Der relative Charakter dieser Verfügungsbeschr. ist allerdings bestritten; vgl. Staud.-Riezler § 135 A. 16; RGRK. § 2211 A. 1; Planck § 2211 A. 4.

Dem Testamentsvollstrecker steht an Stelle des Erben während der Dauer seines Amtes das Verfügungsrecht über die seiner Verwaltung unterliegenden Nachlaßgegenstände zu (§ 2205 BGB.; Näheres s. bei § 35). Sowohl Eintr., die auf Gr. einer Bewilligung des Erben als auch solche, die auf Grund eines gegen den Erben allein (vgl. § 748 Abs. 1, 2 ZPO.) ergangenen vollstreckb. Schuldtitels bei einem der Testamentsvollstreckung unterliegenden Nachlaßgegenstand erfolgen sollen, hat das GBA. abzulehnen, wenn die Testamentsvollstreckung im GBuch eingetragen oder dem GBA. bekannt ist (vgl. OLG. 2, 124; RJA. 8, 47). Der GBuchrichter muß sich daher bei jeder von einem Erben ausgehenden EintrBew. Gewißheit darüber verschaffen, ob nicht etwa eine Eintr. über die Testamentsvollstreckung vorhanden ist.

Über die Eintragung der Ernennung eines Testamentsvollstreckers s. § 52 mit Anm.

6. Die Nacherbfolge. 80

a) Der Vorerbe ist durch die Anordnung einer Nacherbfolge nicht allgemein in der Verfügung über Nachlaßgegenstände beschränkt (s. § 2112 BGB.), vielmehr gilt die Beschränkung nur für Verfügungen über ein Grundstück oder ein Recht an einem Grundstück (§ 2113 Abs. 1 BGB.), für unentgeltl. Verfügungen (§ 2113 Abs. 2 BGB.) u. für Verfügungen im Wege der Zwangsvollstr. oder der Arrestvollziehung oder durch den Konkursverwalter (§ 2115 BGB.). Von den Beschränkungen in der Verfügung über ein Grundstück oder ein Grundstücksrecht kann der Erblasser den Vorerben befreien, von den übrigen Beschränkungen jedoch nicht (§§ 2136, 2137 BGB.). Die Verfügungsbeschränkung hat stets nur relative Wirkung; d. h. die Verfügungen des Vorerben sind im Falle des Eintritts der Nacherbfolge insoweit unwirksam, als sie das Recht des Nacherben vereiteln oder beeinträchtigen würden[2]). Unter die Ver-

---

[1]) Dem Erben verbleibt aber die Befugnis, gem. § 2033 BGB. über seinen Nachlaßanteil im ganzen zu verfügen (Staud. § 1984 A. B).

[2]) Beeinträchtigung u. Vereitelung sind im rechtl. u. nicht im wirtschaftl. Sinn zu verstehen; der Nacherbe wird durch jede Verfügung beeinträchtigt, durch die ein Grundstück oder ein Grundstücksrecht aus dem Nachlaß ausscheidet, auch wenn diesem (z. B. bei Vertauschung zweier gleichwertiger Grundstücke) ein entspr. Gegenwert zugeführt wird (RGRK. § 2113 A. 2).

fügung über ein Grundstücksrecht fällt insbes. auch die Löschung u. Abtretung einer Hyp., einer Grund- oder Rentenschuld (§ 2114 Satz 3 BGB.). Auch die Erbauseinandersetzung bez. eines Grundstücks stellt eine Verfügung über dieses dar (KG. in SeuffA. 66, 302; SeuffBl. 75, 784). Ein Vorerbe ist den erbrechtl. Beschränkungen eines solchen auch als Eigtr. eines zur Vorerbschaft gehörigen Erbhofes unterworfen; zu Verfügungen genügt die Zustimmung des Anerben des Erblassers (JFG. 14, 80).

Eine dem Nacherben gegenüber unwirksame Verfügung des Vorerben kann gem. § 185 Abs. 2 BGB. nachträglich Wirksamkeit erlangen (RG. 110, 94). Eine solche Verfügung wird auch voll wirksam, wenn der Nacherbe unbeschränkt haftender Erbe des Vorerben wird (OLG. 24, 84).

Über die Eintragung des Rechts des Nacherben in das GBuch s. § 51.

81 **b)** Das GBA. hat die aus der Nacherbfolge sich ergebenden Verfügungsbeschränkungen zu beachten, auch wenn das Recht des Nacherben nicht eingetragen ist. Der GBuchrichter darf Eintr., die auf Verfügungen des Vorerben beruhen, nur vollziehen, wenn

82 *α*) entweder der Vorerbe **innerhalb der Grenzen seiner Verfügungsbefugnis** verfügt, z. B. ein Grundstück unter der auflösenden Bedingung aufläßt, daß die Auflassung im Falle des Eintritts der Nacherbfolge unwirksam ist, soweit sie das Recht des Nacherben vereiteln oder beeinträchtigen würde; über die Zulässigkeit einer solchen Rechtsbedingung auch bei der Auflassung s. die Anm. zu § 20. Hier bedarf es weder der Zustimmung des Nacherben noch der Eintr. seines Rechts; denn auf dieses ist bereits hingewiesen, wenn die Eintr. entspr. der Auflassungserklärung erfolgt (Meikel im Recht 1905, 186; Schwarz im Recht 1903, 227). Unter Umständen kann in einer derartig eingeschränkten EintrBew. auch der Antrag auf Eintr. des Erwerbers nach Eintr. des Vorerben u. der Rechte des Nacherben (§ 51) erblickt werden (vgl. auch BayObLG. 6, 486). Ohne Zustimmung des Nacherben kann der Vorerbe eines Gesellschafters einer nach § 139 HGB. fortgesetzten off. HG. oder Kommanditgesellschaft über ein zum Gesellschaftsvermögen gehöriges Grundstück verfügen (JFG. 4, 276).

83 *β*) oder wenn das **Recht des Nacherben** gem. § 51 GBO. **eingetragen** ist; es genügt auch, wenn vor der Eintr. der Verfügung die Eintr. des Vorerben beantragt wird, da diese die von Amts wegen vorzunehmende Eintr. des Nacherbenrechts zur Folge hat. In diesen Fällen ist der Nacherbe gegen nachteilige Verfügungen des Vorerben durch die Eintr. seiner Rechte genügend geschützt. Ein gutgläubiger Erwerb eines Dritten ist ausgeschlossen (§ 892 Abs. 1 Satz 2 BGB.); gegenüber jedem Erwerber kann die Unwirksamkeit nach dem Eintritt der Nacherbfolge geltend gemacht werden. Der GBuchrichter kann die Zustimmung des Nacherben nicht verlangen u. hat auch nicht zu prüfen, ob dessen Rechte durch die Verfügung nicht etwa doch geschädigt werden (RG. 61, 228; 65, 214; BayObLG. 12, 741; 17, 178; 33, 372; KGJ. 52, 142; RGRK. § 2113 A. 2 u. a.). Auch Eintr., die auf unentgeltl. Verfügungen des Vorerben beruhen, sind ohne weiteres vorzunehmen, wenn das Nacherbenrecht im GBuch vermerkt ist (JFG. 14, 340). Verfügt ein befreiter Vorerbe unentgeltlich über ein Nachlaßgrundstück, so ist im Falle des Todes des Nacherben die Zustimmung der Erben desselben zur Eintr. dieser Verfügung dann nicht erforderlich, wenn ein auf den Verstorbenen lautender Nacherbenvermerk eingetragen ist u. eingetragen bleibt (KG. in JW. 1936, 2749 = HRR. 1936 Nr. 1171). Der Eintr. des Nacherbenrechts steht es gleich, wenn der Nacherbe auf die Eintr. seiner Rechte verzichtet oder deren Löschung trotz Fortbestehens der Nacherbfolge bewilligt hat (KGJ. 52, 166).

Eine Ausnahme gilt für Löschungen; da hier das Recht u. damit die Verfügungsbeschr. vollständig aus dem GBuch verschwinden, bedarf es der Zustimmung des Nacherben auch dann, wenn der Nacherbenvermerk eingetragen ist (RG. 65, 214; Güthe-Triebel[6] Vorbem. 71, 78 vor § 13; Staud. § 2112 A. III B b). Der Löschung steht es gleich, wenn der Vorerbe gem. § 27 seine Zustimmung zur Löschung einer auf einem Nachlaßgrundstück eingetragenen Hyp. usw. erteilt, da die entstehende EigtrHyp. einen Nachlaßgegenstand bildet (OLG. 14, 398;

KGJ. 43, 263). Bezahlt jedoch der Vorerbe die HypForderung aus eigenen Mitteln, so fällt die entstehende EigtrGrundschuld nicht in den Nachlaß; die Zustimmung des Nacherben zur Löschung ist daher entbehrlich (KGJ. 50, 210; JFG. 8, 355). Der Zustimmung des Nacherben bedarf es auch nicht, wenn der zu löschenden Hyp. im Range nachgehende Rechte nicht vorhanden sind (JFG. 2, 431; 15, 187).

γ) oder wenn **der Nacherbe** der Verfügung des Vorerben **zustimmt** (vgl. KGJ. 52, 142). Die Zustimmung ist stets erforderlich bei Löschungen (s. o. A. 83). Auch bei nicht befreiter Vorerbschaft wird die Zustimmung in der Regel verlangt werden müssen (vgl. OLG. 3, 223; über einige Ausnahmefälle s. u. A. 85. Die Zustimmung bedarf der Form des § 29. 84

Liegt eine mehrfache Nacherbfolge vor, so bedarf es der Zustimmung sämtlicher Nacherben (Güthe-Triebel[6] § 51 A. 3). Die Zustimmung eines für den Nacherben eingesetzten Ersatzerben ist vor Eintritt des Ersatzfalles nicht notwendig (RG. 145, 317; OLG. 18, 332; JFG. 5, 315; Güthe-Triebel a. a. O.; RGRK. § 2113 A. 6; **a. M.** BayObLG. 6, 706; Staud. § 2100 A. 4; Planck § 2102 A. 4; vgl. auch Recke in JW. 1936, 1037). Ist an Stelle eines nur bedingt eingesetzten Nacherben für den Fall des Ausfalls der Bedingung ein anderer Nacherbe eingesetzt, so bedarf es der Zustimmung sowohl des erstberufenen als auch des an zweiter Stelle berufenen Nacherben (KG. in DNotZ. 1937, 66).

Der Zustimmung steht es gleich, wenn der Nacherbe einen Nachlaßgegenstand dem Vorerben zur freien Verfügung dergestalt überlassen hat, daß die erbrechtl. Beschränkungen erlöschen u. der Gegenstand endgültig aus dem Nachlaß ausscheidet. Zu einer solchen Überlassung ist auch der für den Vor- u. den Nacherben bestellte Testamentsvollstrecker befugt (JFG. 11, 121).

Nicht zulässig ist es, daß der Erblasser den Vorerben gem. § 181 BGB. ermächtigt, sich selbst namens des Nacherben die Genehmigung zu einer Verfügung zu erteilen (RG. 77, 178; vgl. auch OLG. 18, 338).

δ) oder wenn nachgewiesen wird, daß die **Rechte des Nacherben nicht beeinträchtigt** werden, daß also die Verfügung dem Nacherben gegenüber wirksam ist. Nicht beeinträchtigt werden die Rechte des Nacherben durch eine Verfügung, die der Erfüllung einer vom Erblasser begründeten wirksamen Verpflichtung dient (vgl. §§ 1967, 2139 BGB.). Ohne den Nachweis der Zustimmung des Nacherben kann daher die vom Vorerben erklärte Auflassung eines vom Erblasser verkauften Grundstücks eingetragen werden (KG. in HRR. 1934 Nr. 172; RGRK. § 2120 A. 1). Nicht beeinträchtigt wird der Nacherbe auch dadurch, daß der Vorerbe eine von einem Gl. des Erblassers gepfändete u. diesem zur Einziehung überwiesene Hyp.-Forderung an den Pfandgl. abtritt (KG. a. a. O.). 85

Im übr. kommt der Nachweis, daß die Rechte des Nacherben nicht beeinträchtigt werden, nur bei der befreiten Vorerbschaft in Betracht u. auch hier nur, wenn die Verfügung in der Übertragung oder Belastung, nicht aber wenn sie in der Aufhebung eines Rechts besteht. Die Befreiung des Vorerben von den gesetzl. Beschränkungen kann sich nur auf rechtsgeschäftl. entgeltliche Verfügungen über ein Grundstück oder ein Grundstücksrecht erstrecken (§§ 2136, 2113 Abs. 1 BGB.); der Nachweis muß sich also insbes. auf die Entgeltlichkeit der Verfügung beziehen.

Ist demnach das Recht des Nacherben nicht eingetragen, so ist eine Eintr. auf Gr. einer Verfügung des Vorerben nur zulässig, wenn entweder die Zustimmung des Nacherben beigebracht oder die Entgeltlichkeit der Verfügung nachgewiesen wird (RG. 61, 228; 65, 214; vgl. Werneburg in BayNotZ. 1917, 183).

Für den Begriff der **Entgeltlichkeit** sind sowohl die objektiven als auch die subjektiven Merkmale des Geschäfts von Bedeutung; insbes. ist auch der Begriff der ordnungsmäßigen Verwaltung heranzuziehen u. der erstrebte wirtschaftl. Zweck zu berücksichtigen (RG. 81, 364; 105, 247; 117, 97; OLG. 44, 60; JFG. 2, 388, 431, 436; 3, 279; Staud. § 2112 A. III B b

Abs. 1). Hienach ist eine Verfügung dann ganz oder teilweise unentgeltlich, wenn bei objektiver Betrachtung in den Nachlaß kein oder kein volles Entgelt gelangt u. wenn hinzukommt entweder, daß der Vorerbe auch nach seiner eigenen Einschätzung kein oder kein volles Entgelt erhält, oder wenigstens, daß er unter dem Gesichtspunkt einer ordnungsmäßigen Verwaltung das von der anderen Seite zu Leistende nicht als entsprechenden Gegenwert ansehen darf (RG. 125, 245; RG. in JW. 1932, 1358; 1936, 2919). Als in ordnungsmäßiger Verwaltung erfolgend kann eine Maßnahme dann angesehen werden, wenn die Beweggründe für sie substantiiert vorgetragen werden u. verständlich u. der Wirklichkeit gerecht werdend erscheinen (vgl. JFG. 7, 284; 12, 202).

Zum **Nachweise der Entgeltlichkeit** genügt in keinem Falle die Erklärung des Vorerben allein (RG. 65, 214; 70, 332; KGJ. 26, 264; 43, 161; OLG. 14, 132; 26, 326; Turnau-F. § 41 A. I 6; RGRK. § 2113 A. 2; **a. M.** Güthe-Triebel[6] Vorbem. 78 Abs. 8 vor § 13; abw. auch BayObLG. 22, 291, wonach einer Erklärung des befreiten Vorerben, daß er die Löschung einer Nachlaßhyp. deshalb bewilligt habe, weil die Forderung an ihn bezahlt worden sei, Vertrauen zu schenken ist, wenn nicht besondere Anhaltspunkte für die Annahme der Unrichtigkeit der Erklärung im Einzelfalle vorliegen; ähnlich KGJ. 41, 176). Das regelmäßige Mittel für den Nachweis der Entgeltlichkeit ist eine in der Form des § 29 zu erbringende Erklärung des Nacherben[1]), worin er die Entgeltlichkeit anerkennt oder seine Einwilligung zu der Verfügung erteilt (RG. 65, 214; RJA. 7, 268; 8, 219). Die Erklärung des Nacherben ist entbehrlich, wenn entweder die Entgeltlichkeit der Verfügung beim GBA. offenkundig ist oder wenn sie durch die Natur der Sache oder die Sachlage ausgeschlossen ist (RG. 69, 257; BayObLG. 12, 553; 13, 176; 17, 178; OLG. 21, 327; Staud. § 2112 A. III B b). Eine der Sachlage nach nicht unentgeltl. Verfügung wurde von der Rechtsprechung angenommen bei Führung eines Prozesses mit dem Schuldner über die Zahlungspflicht (RG. 69, 257), bei Aufhebung einer an letzter Rangstelle stehenden EigtrHyp. (OLG. 26, 323; vgl. auch KGJ. 35, 305; JFG. 2, 431; KG. in HRR. 1933 Nr. 1660), bei Aufgabe einer EigtrHyp. unter gleichzeitiger Bestellung einer Darlehenshyp., deren Gl. die Löschung der EigtrHyp. verlangt (KGJ. 41, 180)[2]), bei Vorliegen eines zweiseitigen[3]) entgeltl. Geschäfts mit einem unbeteiligten Dritten (RJA. 11, 123; KGJ. 52, 142; JFG. 3, 280), bei Vorliegen einer notariellen Bescheinigung über die Bezahlung des Entgelts (OLG. 23, 340), bei unentgeltl. Veräußerung oder Pfandfreigabe einer Parzelle zwecks Anlegung einer Straße, wenn durch diese das Restgrundstück im Werte steigt (OLG. 23, 342), ferner, wenn die Verfügung des Vorerben nur der Ausführung einer letztwilligen Anordnung des Erblassers dient (RJA. 7, 221; OLG. 35, 373), wenn der Vorerbe zu einer Erbengemeinschaft gehört u. seine Erklärung mit der der übrigen Miterben, die unbeschränkte Erben sind, übereinstimmt (KGJ. 41, 176). Die Bestellung einer EigtrGrundschuld ist stets als entgeltl. Geschäft zu betrachten (KGJ. 43, 256), ebenso die Bestellung einer Hyp. zugunsten einer öffentl. Kreditanstalt (Güthe-Triebel[6] Vorbem. 78 vor § 13) u. die Bestellung einer Hauszinssteuerablösungshyp. (JFG. 11, 347). Einer Verfügung des Vorerben ist die Entgeltlichkeit nicht schon deshalb abzusprechen, weil der Gegenwert dem Vorerben allein zugute kommt (KG. in DNotV. 1930, 476).

---

[1]) Eine solche (Geständnis-) Erklärung bedarf nicht der Genehmigung des VormundschaftsG. Sind mehrere Nacherben vorhanden, so müssen sämtliche die Erklärung abgeben.

[2]) Die Aufgabe einer EigtrGrundschuld kann trotz Vorhandenseins aufrückender Nachrechte ohne Sondervergütung für deren Rangverbesserung als entgeltl. Geschäft angesehen werden, sei es u. U. schon infolge der Befreiung des Grundstücks von der Grundschuld überhaupt, sei es infolge der besonderen rechtl. u. wirtschaftl. Lage im Einzelfalle. Das Vorhandensein einer vom Vorerben eingegangenen Verpflichtung, eine Hyp. nach Rückzahlung löschen zu lassen, begründet jedoch nicht schlechthin eine Entgeltlichkeit der Aufgabe der EigtrGrundschuld; es kommt vielmehr darauf an, ob die Verpflichtung selbst ein entgeltl. Akt war (KG. in HRR. 1933 Nr. 1660).

[3]) Auch bei einseitigen Rechtsgeschäften kann die Entgeltlichkeit sich aus der Sachlage ergeben (KGJ. 40, 174).

§ 2113 BGB. ist überhaupt nicht anwendbar bei Verfügungen der Erbengesamtheit, wenn der Vorerbe nur Miterbe ist u. er das Grundstück übernimmt (KGJ. 30, 212).

Über die Form des Nachweises der Entgeltlichkeit s. die Bemerkungen zu § 29. Vgl. im übr. auch § 40 A. 6, ferner über die Prüfungspflicht des GBuchrichters OLG. 36, 171; JFG. 2, 431.

c) Über die Frage, wann ein Amtswiderspruch nach § 53 einzutragen ist, wenn ein Grundstück vom Vorerben ohne Eintr. oder Zustimmung des Nacherben veräußert wurde, s. OLG. 18, 223. Ist durch die Auflassung eines Nachlaßgrundstücks an einen Dritten das Recht des Nacherben gem. § 2113 BGB. beeinträchtigt oder vereitelt, so kann er nach Eintritt des Nacherbfalles als nunmehriger Vollerbe die Berichtigung des GBuchs durch seine Eintr. als Eigtr. verlangen (KGJ. 49, 178; ähnlich RG. 102, 335 bez. der Löschung einer Nachlaßhyp.). 86

Ist ein im GBuch eingetragenes dingl. Recht dem Nacherben gegenüber wirksam, so kann dies im GBuch vermerkt werden (Wirksamkeitsvermerk). Dieser hat, wenn er ein nach Eintr. des Nacherbenrechts bestelltes Recht betrifft, die Bedeutung eines Teillöschungsvermerks, u. die Bedeutung einer gegenständl. Beschränkung des Nacherbenrechts, wenn er sich auf ein gleichzeitig mit diesem eingetragenes Recht bezieht. Der Antrag auf Eintr. des Vorranges eines dingl. Rechts vor dem Nacherbenvermerk ist regelmäßig als Antrag auf Eintr. eines derartigen Wirksamkeitsvermerks zu betrachten (JFG. 13, 111).

d) Soweit nach § 2115 BGB. Verfügungen über einen Nachlaßgegenstand im Wege der **Zwangsvollstreckung** oder Arrestvollziehung oder durch den Konkursverwalter unzulässig sind, sind derartige Eintr. vom GBuchrichter abzulehnen, gleichgültig ob die Rechte des Nacherben eingetragen sind oder ob der GBuchrichter auf andere Weise von dem Bestehen der Nacherbschaft Kenntnis erlangt hat (Güthe-Triebel[6] Vorbem. 78 vor § 13; **a. M.** OLG. 7, 353; RGRK. § 2115 A. 3). 87

e) Ist die Verwaltung der Vorerbschaft gem. § 2128 Abs. 2 mit § 1052 BGB. einem **gerichtlichen Verwalter** übertragen, so ist dem Vorerben die Verfügungsbefugnis über die Erbschaftsgegenstände völlig entzogen (§ 2129 BGB.). Auch diese Verfügungsbeschr. kann auf Antrag des Vorerben oder des Nacherben in das GBuch eingetragen werden (Güthe-Triebel[6] Vorbem. 78 vor § 13 a. E.). Der Gerichtsbeschluß über die Anordnung der Verwaltung ist vorzulegen. 88

Eintr. in das GBuch können während der Dauer der Verwaltung nur auf Bewilligung des gerichtl. Verwalters vorgenommen werden. EintrAnträgen, die auf Verfügungen des Vorerben oder auf einem nach Anordnung der Verwaltung gegen den Vorerben erlassenen VollstrTitel beruhen, darf, wie im Falle der Konkursverwaltung u. der Testamentsvollstreckung (s. o. A. 70), nicht stattgegeben werden, auch wenn die Verfügungsbeschr. eingetragen ist oder der Nacherbe der Verfügung zugestimmt hat (Güthe-Triebel a. a. O.).

7. Die Verfügungsbeschränkungen nach dem Versicherungsaufsichtsgesetz.

a) § 72 Abs. 1 des Ges. ü. d. Beaufsichtigung der privaten Versicherungsunternehmungen u. Bausparkassen i. d. Fass. v. 6. Juni 1931 (RGBl. I 315; geändert durch Ges. v. 5. März 1937, RGBl. I 269) bestimmt, daß der Deckungsstock **inländischer** Versicherungsunternehmungen so sicherzustellen ist, daß nur mit Zustimmung des gem. § 70 a. a. O. zur Überwachung des Deckungsstocks bestellten Treuhänders darüber verfügt werden kann; das Nähere bestimmt die Aufsichtsbehörde. Auf Gr. dieser Bestimmung hat das Reichsaufsichtsamt für Privatversicherung mit Rundschreiben vom 30. Mai 1933 (Veröffentlichungen des Aufsichtsamtes 1933, 182) angeordnet, daß die Versicherungsunternehmungen bei inländischen Grundstücken, Buchhypotheken, -grundschulden u. -rentenschulden einen GBucheintrag dahin zu erwirken haben, daß über den Gegenstand nur mit Zustimmung des Treuhänders oder seines Stellvertreters verfügt werden darf. Dieses Rundschreiben ist, da es auf einer gesetzl. Ermächtigung beruht, eine in der Wirkung dem Gesetz gleichgestellte Rechtsnorm u. ebenso 89 zu beachten wie das Gesetz (vgl. LG. Hamburg in JW. 1934, 3153). Es handelt sich also um eine gesetzliche, nicht eine behördlich angeordnete Verfügungsbeschränkung i. S. des § 135 BGB.; das Verfügungsverbot hat nur relative Wirkung (JFG. 11, 321; v. d. Thüsen i. DNotZ. 1936, 534; bestr.).

Die Verfügungsbeschr. kann in das GBuch eingetragen werden. Ihre Eintr. ist GBuchberichtigung. Sie erfordert einen (formlosen) Antrag u. den in der Form des § 29 GBO. zu erbringenden Nachweis, daß das Grundstück oder Recht, bei dem der Sperrvermerk eingetragen werden soll, zum Deckungsstock der Versicherungsgesellschaft gehört (JFG. 11, 321; **a. M.** LG. Hamburg in JW. 1934, 3153, wonach das GBA. die Zugehörigkeit zum Deckungsstock nicht zu prüfen hat); über die Zugehörigkeit zum Deckungsstock vgl. Art. 2 Abs. 2 der DurchfVO. z. VersAufsG. v. 21. April 1936 (RGBl. I 376). Regelmäßig ist hierüber eine Bescheinigung der Aufsichtsbehörde vorzulegen. Antragsberechtigt sind die Versicherungsunternehmung u. der Treuhänder, nicht aber auch die Aufsichtsbehörde (v. d. Thüsen in DNotZ. 1936, 539). Einer Bewilligung oder Zustimmung des Grundstückseigtr. oder HypGl. (des Versicherungsunternehmens) bedarf es nicht. Der Sperrvermerk hat dahin zu lauten, daß ohne Zustimmung des jeweiligen Treuhänders über das Grundstück oder das Recht nicht verfügt werden darf. Die namentl. Bezeichnung des Treuhänders u. seines Stellvertreters ist nicht erforderlich (LG. Berlin in JW. 1934, 626; v. d. Thüsen a. a. O.). Wg. der Kosten der Eintr. des Sperrvermerks vgl. JFG. Erg. 13, 55 u. v. d. Thüsen a. a. O. 541.

Verfügungen über Grundstücke, Hyp., Grund- u. Rentenschulden, die der Sperre unterliegen, dürfen im GBuch nur vollzogen werden, wenn die Zustimmungserklärung des Treuhänders in der Form des § 29 GBO. vorliegt (vgl. auch § 72 Abs. 3 VersAufsG.). Dies gilt insbes. auch für Löschungen. Die Verfügungsbeschr. nach § 72 VersAufsG. sperrt also das GBuch gegen einseitige Verfügungen des Berechtigten auch dann, wenn sie eingetragen ist. Die Zustimmung des Treuhänders darf der GBuchrichter nur verlangen, wenn der Sperrvermerk im GBuch eingetragen oder wenn ihm die Zugehörigkeit eines Vermögensgegenstandes zum Deckungsstock trotz fehlenden Sperrvermerks positiv bekannt ist. Er kann nicht etwa bei jeder Verfügung eines Versicherungsunternehmens über ein Grundstück oder eine Hyp. usw. den Nachweis verlangen, daß der Gegenstand nicht zum Deckungsstock gehört (v. d. Thüsen a. a. O. 541). Ist eine Eintr. ohne die erforderl. Zustimmung des Treuhänders erfolgt, so ist ein Amtswiderspruch nach § 53 GBO. einzutragen.

90 **b)** Nach § 110 Abs. 2 VersAufsG. (vgl. hiezu OLG. 8, 401; Reichel in GruchotsBeitr. 53, 387; Voß in ZBlFG. 10, 713) ist der Deckungsstock für die im Inland abgeschlossenen Versicherungen **ausländischer** Versicherungsunternehmungen in der Weise sicherzustellen, daß nur mit Gen. des Reichsaufsichtsamtes für Privatversicherung über ihn verfügt werden darf. Diese Verfügungsbeschr. wird bei inländischen Grundstücken u. Inlandshypotheken eingetragen. Ein Treuhänder wird hier nicht bestellt. Das GBA. darf Verfügungen (auch Löschungen) nur eintragen, wenn die Genehmigung des Reichsaufsichtsamtes in der Form des § 29 nachgewiesen ist (Güthe-Triebel[5] S. 1760; Voß a. a. O. 722). Im übr. gilt das oben A. 89 Bemerkte.

Die Eintragung der Verfügungsbeschr. erfolgt entweder auf Ersuchen des Reichsaufsichtsamtes (§ 38; s. d. Anm. hiezu) oder auf Antrag des HypGl. oder des die Hyp. bestellenden (nicht aber eines späteren) Eigtr.; sie ist GBuchberichtigung (Güthe-Triebel a. a. O.).

91 8. **Die mit der Heimstätteneigenschaft verbundenen Verfügungsbeschränkungen** (Näheres über das Heimstättenrecht s. § 4 A. 23 ff.).

a) Sie werden begründet durch die Eintragung der Eigenschaft als Reichsheimstätte in das GBuch (§§ 4, 5 RHeimstG. v. 10. Mai 1920, RGBl. 962, 1218). Über diese Eintr. s. § 4 A. 28 ff. Die einzelnen Verfügungsbeschränkungen selbst werden in das GBuch nicht eingetragen. Sie beschränken die Verfügungsmacht des Heimstätters zugunsten des Heimstättenausgebers (vgl. § 4 A. 25).

Die **Zustimmung des Heimstättenausgebers** ist erforderlich zur Teilung der Heimstätte (auch im Wege der Erbauseinandersetzung) u. zur Abveräußerung einzelner Grundstücke oder Grundstücksteile (§§ 9, 19 RHeimstG.), zur Vereinigung eines anderen Grundstücks mit der Heimstätte u. zur Zuschreibung eines anderen Grundstücks zur Heimstätte (§ 10 Abs. 2 R.-HeimstG.), endlich zur Belastung der Heimstätte (§ 17 Abs. 1 RHeimstG.). Unter die Belastung fällt auch die Eintr. einer Vormerkung zur Sicherung des Anspruchs auf Bestellung einer Hyp. (JFG. 7, 378; **a. M.** Güthe-Triebel[5] S. 1931), auch einer Bauhandwerkerhyp. nach § 648 BGB. (JFG. 7, 378). § 17 RHeimstG. bezieht sich nur auf rechtsgeschäftl. Belastungen. Eintr. im Zwangswege, soweit sie zulässig sind (s. u. A. 95), bedürfen daher nicht der Zustimmung des Ausgebers (JFG. 3, 448; 7, 381), ebensowenig die Eintr. einer Sicherungshyp. nach §§ 118, 128 ZVG. (JFG. 10, 318).

Ist auf der Heimstätte eine Verschuldungsgrenze eingetragen (s. u. A. 94), so ist zu Eintr. innerhalb der Verschuldungsgrenze die Zustimmung des Ausgebers nicht erforderlich (§ 18 Abs. 1 Satz 3 RHeimstG.).

Die Zustimmung des Ausgebers kann vorher oder nachträglich erteilt werden; sie ist dem GBA. in der Form des § 29 nachzuweisen. Vorher darf eine der Zustimmung bedürftige Eintr. nicht vorgenommen werden; geschieht dies dennoch, so wird das GBuch unrichtig u. ist ein Amtswiderspruch nach § 53 einzutragen.

b) Hypotheken u. Grundschulden (auch für Restkaufgelder) können an einer Heim- **92**
stätte nur in der Form von **unkündbaren Tilgungsschulden** eingetragen werden, soferne nicht die oberste Landesbehörde die Eintr. in anderer Form zuläßt (§ 17 Abs. 2 RHeimstG.). Unter Tilgungsschulden sind hier Schulden zu verstehen, für die von vornherein eine genau festgesetzte planmäßige Tilgung vereinbart ist. Über den Begriff der Unkündbarkeit vgl. unten A. 135.

In Preußen ist die Eintr. von Hyp. u. Grundschulden in anderer Form als derjenigen von unkündbaren Tilgungsschulden mit Genehmigung des (vom RArbeitsMin. allgemein ermächtigten) Regierungspräsidenten zulässig (Ziff. IX Abs. 1 Satz 1, 2 preuß. AusfBest. v. 25. April 1924, JMBl. 1925, 131; RErlaß v. 26. Mai 1924, JMBl. 251).

In Bayern bedarf die Eintr. von Hyp. u. Grundschulden in anderer Form als der unkündbarer Tilgungsschulden der Genehmigung der Bezirksverwaltungsbehörde, in deren Bezirk die Heimstätte liegt. Ohne Genehmigung können in der genannten Form eingetragen werden Hyp. zur Sicherung der Ansprüche aus den vom Reich, der Reichsanstalt für Arbeitsvermittlung u. Arbeitslosenversicherung, dem Lande Bayern, der Bayer. Versicherungskammer, den Gemeinden oder Gemeindeverbänden zum Bau oder zur Instandhaltung der Heimstätte gegebenen Darlehen sowie Sicherungshyp. nach §§ 79 Abs. 2, 82 Abs. 2 RVersorgungsG. (Kapitalabfindung von Kriegsbeschädigten u. Kriegerwitwen) (§ 8 Abs. 1 bayer. VO. über Heimstätten v. 24. Okt. 1933, GVBl. 421, i. d. Fass. d. VO. v. 14. Okt. 1935, GVBl. 611). Hyp. u. Grundschulden in jeder Form sind ferner ohne besondere Gen. zulässig bei den von der Bayer. Bauernsiedlung ausgegebenen Heimstätten (§ 8 Abs. 3 a. a. O.).

c) Die oberste Landesbehörde kann die Vergrößerung, die Teilung, die Veräußerung u. **93**
die Belastung einer Heimstätte sowie die Abveräußerung einzelner Grundstücke oder Grundstücksteile außerdem von der **Genehmigung einer Behörde** abhängig machen (§ 22 Abs. 1 RHeimstG.).

In Preußen ist auf Gr. dieser Vorschrift zu den genannten Rechtsvorgängen die Gen. des (vom RArbeitsMin. allgemein ermächtigten) Regierungspräsidenten erforderlich (Ziff. IX Abs. 1 preuß. AusfBest. v. 25. April 1924, JMBl. 1925, 131; RErlaß v. 23. Dez. 1925, JMBl. 1926, 3). Keine Genehmigungspflicht besteht jedoch, wenn der Heimstätter die Heimstätte an seinen Ehegatten oder an eine Person veräußert, die mit ihm in gerader Linie oder bis zum dritten Grade der Seitenlinie verwandt oder bis zum zweiten Grade verschwägert ist (Abs. 2 a. a. O.). In diesen Fällen ist nicht nur die Veräußerung genehmigungsfrei, sondern auch jeder

Rechtsvorgang, der damit in Zusammenhang steht, z. B. die Belastung der Heimstätte mit einer Kaufpreisresthyp. Ferner sind zur Eintr. allgemein zugelassen die in §§ 79 Abs. 2, 82 Abs. 2 RVersorgungsG. (Kapitalabfindung von Kriegsbeschädigten u. Kriegerwitwen) erwähnten Sicherungshyp. (Erlaß v. 3. Jan. 1925, JMBl. 31) u. die Hauszinssteuerhypotheken (Erlaß v. 5. Juli 1926, JMBl. 752). Zur Eintr. dieser Hyp. bedarf es also keiner besonderen Gen. Auf den Erwerb in der Zwangsversteigerung bezieht sich die Genehmigungspflicht nicht; sie gilt nur für rechtsgeschäftl. Veräußerungen.

In Bayern ist von der Ermächtigung in § 22 RHeimstG. kein Gebrauch gemacht. Eine behördl. Genehmigungspflicht besteht daher nur in den Fällen, in denen eine Belastung außerhalb einer eingetragenen Verschuldungsgrenze in Frage steht; hierüber s. u. A. 94.

94 **d)** Ist für die Belastung mit Hyp., Grund- u. Rentenschulden eine **Verschuldungsgrenze** eingetragen (vgl. hierüber § 4 A. 32), so bedarf eine Eintr. außerhalb der Verschuldungsgrenze der Genehmigung der zuständigen Behörde (§ 18 Abs. 2 Satz 2 RHeimstG.). Zu Eintr. innerhalb der Verschuldungsgrenze ist die Zustimmung des Ausgebers (s. o. A. 91) nicht erforderlich (§ 18 Abs. 1 Satz 3 RHeimstG.). Die Verschuldungsgrenze gilt auch für Eintr. im Zwangswege, insbes. Zwangs- u. Arresthyp. (§ 20 Abs. 2 Satz 2 RHeimstG.).

In Preußen wird keine Verschuldungsgrenze festgesetzt (Ziff. XX preuß. AusfBest.).

In Bayern wird eine Verschuldungsgrenze nur bei Wirtschaftsheimstätten, nicht dagegen bei Wohnheimstätten festgesetzt (über diese Begriffe vgl. § 4 A. 24); die Festsetzung erfolgt in Höhe von drei Vierteln des Wertes der Heimstätte u. obliegt dem Staatsmin. für Wirtschaft, Abt. für Landwirtschaft (§ 15 Abs. 1 bayer. VO. v. 24. Okt. 1933, GVBl. 421, i. d. Fass. der VO. v. 14. Okt. 1935, GVBl. 611). Über die Eintr. der Verschuldungsgrenze in das GBuch vgl. § 4 A. 32. Die Genehmigung zur Eintr. von Belastungen über die Verschuldungsgrenze hinaus wird von dem Staatsmin. für Wirtschaft, Abt. Landwirtschaft, erteilt (§ 15 Abs. 2 Satz 1 a. a. O.). Eine ohne die erforderl. Genehmigung außerhalb der Verschuldungsgrenze eingetragene Belastung macht das GBuch unrichtig; das GBA. hat einen Amtswiderspruch nach § 53 einzutragen.

95 **e)** Die **Zwangsvollstreckung in eine Heimstätte** wegen einer persönl. Schuld des Heimstätters ist unzulässig (§ 20 Abs. 1 RHeimstG.). Das gleiche gilt auch für die Arrestvollziehung (JFG. 3, 447), nicht aber für die Vollziehung einer einstw. Verfügung (JFG. 7, 380). Hat die Schuld des Heimstätters bereits bestanden, als er die Heimstätte erwarb, so kann bis zum Ablauf eines Jahres nach dem Erwerb die Zwangsvollstr. durch Eintr. einer Sicherungshyp. (Zwangshyp., Arresthyp.) beantragt werden (§ 20 Abs. 2 Satz 1 Halbs. 1 RHeimstG.). Hiebei genügt es, daß die Vollstreckungsforderung, auch wenn sie rechtlich erst später begründet ist, wirtschaftlich betrachtet sich als die Fortsetzung einer vorher begründeten, auf dieselbe Leistung gerichteten anderen Forderung darstellt, z. B. Wechselprolongation (JFG. 9, 313). Ist eine Verschuldungsgrenze eingetragen, so gilt sie auch für die Eintr. von Sicherungshypotheken im Wege der Zwangsvollstr. (§ 20 Abs. 2 Satz 2 RHeimstG.); ferner gilt auch hier § 866 Abs. 3 ZPO. (JFG. 8, 375; KG. in HRR. 1933 Nr. 602). Die Beitreibung öffentl. Abgaben kann unbeschränkt auch durch Zwangsvollstr. in die Heimstätte vorgenommen werden (§ 20 Abs. 3 RHeimstG.; vgl. jedoch § 345 Abs. 3 RAbgO.). Hierunter fallen auch die Kosten eines Strafverfahrens gegen den Heimstätter (JFG. 7, 382).

Die Heimstätte gehört im Konkurs des Heimstätters nicht zur Konkursmasse (RG. 131, 113; vgl. § 4 A. 35).

f) Über den Nachweis der Nichtausübung des Vorkaufsrechts des Heimstättenausgebers s. § 20 Anhang.

96 **9.** Über die sich aus der **Fideikommißeigenschaft** ergebenden Verfügungsbeschränkungen s. d. Anm. zu § 117.

97 **10.** Die Eintr. des **Enteignungsvermerks** begründet nach preußischem Recht (§ 24 EnteignungsG. v. 11. Juni 1874, GS. 221) keine Verfügungsbeschr.; er bewirkt keine Sperre des

GBuchs; Eintr. aller Art sind weiterhin unbeschränkt zulässig (Güthe-Triebel[5] S. 1857; Brand-Schnitzler § 169).

Dagegen ist für das bayerische Zwangsenteignungsverfahren im Gegensatz zu der in der 3. Aufl. vertretenen Auffassung mit Stiegler (DNotZ. BayB. 1934, 15) anzunehmen, daß die in Art. XII ZwAbtrG. v. 17. Nov. 1837 i. d. Fass. der Ges. v. 13. Aug. 1910 (GVBl. 621), v. 9. Mai 1918 (GVBl. 289) u. v. 23. Juli 1931 (GVBl. 189) angeordnete Verfügungsbeschr. nicht nur tatsächl. Bedeutung hat, sondern sich auch auf rechtsgeschäftl. Verfügungen bezieht (**a. M.** Binder in BayNotV. 1928, 25; vgl. auch BayObLG. 9, 299). Die Verfügungsbeschr. ist relativer Natur; ihr entgegenstehende Verfügungen sind dem Enteignungsberechtigten gegenüber unwirksam.

Über die Eintr. des Enteignungsvermerks s. d. Anm. zu § 38.

11. Fraglich ist, ob im Hinblick auf die Wirkung des rechtskräftigen Urteils für u. gegen den Rechtsnachfolger (§ 325 Abs. 1 ZPO.) die **Rechtshängigkeit** eines Grundstücks oder Grundstücksrechts eine Verfügungsbeschr. begründet (vgl. hiezu Güthe-Triebel[6] Vorbem. 81 vor § 13; Kretzschmar in ZBlFG. 3, 647; Turnau-F. § 892 A. III 2 a; du Chesne in BayNotZ. 1919, 226). Jedenfalls kann die Rechtshängigkeit, da sie für den von ihr erfaßten Gegenstand von rechtl. Bedeutung ist, eingetragen werden, sei es auf Gr. einer Bewilligung des Beklagten oder auf Gr. einer vom Prozeßgericht gem. § 935 ZPO. zu erlassenden einstw. Verfügung (Turnau-F. a. a. O.; Staud.-Kober § 892 A. 80 hält die Rechtshängigkeit nur auf Gr. einer einstw. Verfügung für eintragungsfähig, während Güthe-Triebel a. a. O. u. Planck Vorbem. VII 2 c γ vor § 873 die Eintr. schon auf Gr. des Nachweises der Rechtshängigkeit gem. § 22 zulassen). Bez. der Zulässigkeit von Eintr. in das GBuch während der Dauer der Rechtshängigkeit gilt das oben A. 69 Gesagte. 98

III. Die auf gerichtlicher oder behördlicher Anordnung beruhenden Verfügungsbeschränkungen.

Auch sie sind, soweit sie relativer Natur sind, eintragungsfähig. Hierzu gehören:

1. die **einstweilige Verfügung** (vgl. § 19 A. 65 ff.)[1]). Durch eine solche kann dem Berechtigten die Veräußerung, Belastung oder Verpfändung eines Grundstücks untersagt werden (§ 938 Abs. 2 ZPO.); das gleiche gilt auch bez. eines Rechtes an einem Grundstück oder an einem Grundstücksrecht. 99

Die Eintr. der Verfügungsbeschr. erfolgt entweder auf Antrag desjenigen, der die einstw. Verfügung beantragt hat, oder auf Ersuchen des Gerichts (§ 941 ZPO.; JFG. 5, 298); über dieses Ersuchen s. die Anm. zu § 38. Die einstw. Verfügung wird wirksam mit ihrer Zustellung an den in der Verfügung beschränkten Berechtigten, nicht schon mit dem Eingang des EintrAntrags (Ersuchens) beim GBA.; denn § 932 Abs. 3 ZPO. gilt nur für die Wahrung der Vollziehungsfristen (RG. 51, 129; 67, 164; JFG. 5, 298; JW. 1930, 3335, 3867). Nach diesem Zeitpunkt dürfen der einstw. Verfügung widersprechende Eintr. in das GBuch auf Gr. von Bewilligungen des Berechtigten oder auf Gr. eines gegen ihn gerichteten Schuldtitels nicht vorgenommen werden, außer die Verfügungsbeschr. ist eingetragen oder der Antragsteller stimmt der Eintr. zu (Güthe-Triebel[6] Vorbem. 83 vor § 13). § 878 BGB. ist anwendbar (RG. in BayZ. 1931, 190). Verbietet die einstw. Verfügung dem Eigtr., zum Nachteile seines Gl. über sein Grundstück zu verfügen, so ist er an der Erteilung der Zustimmung zur Löschung einer Hyp. gem. § 27 Abs. 1 nicht gehindert (JFG. 4, 418). Eine durch einstw. Verfügung angeordnete Sequestration eines Grundstücks (§ 938 Abs. 2 ZPO.) kann nur in das GBuch eingetragen werden, wenn u. soweit sie eine Verfügungsbeschr. für einen eingetragenen Berechtigten, insbes. die Anordnung einer Zwangsverwaltung enthält

[1]) Der Arrestbefehl begründet keine Verfügungsbeschr., außer es wird mit ihm eine Verfügungsbeschr. durch eine besondere einstw. Verfügung verbunden (Turnau-F. § 892 A. III 2 a; Staud.-Kober § 892 A. 81; Güthe-Triebel[6] Vorbem. 84 vor § 13; bestr.).

(KG. in JW. 1937, 2115). Die Wirkung einer durch einstw. Verfügung angeordneten Verfügungsbeschr. als EintrHindernis entfällt schon mit der Erlassung eines vorläufig vollstreckb. Urteils, durch das die einstw. Verfügung aufgehoben wird; die Rechtskraft des Urteils braucht der GBuchrichter nicht abzuwarten (JFG. 1, 386).

100 2. das vor Eröffnung des **Konkursverfahrens** erlassene **allgemeine Veräußerungsverbot** (§ 106 Abs. 1 Satz 3 KO.). Es wird wirksam mit seiner Erlassung, nicht erst mit der Veröffentlichung (§ 76 KO.). Wird es dem GBuchrichter bekannt, so hat er ihm widersprechende rechtsgeschäftl. Eintr. u. Zwangseintragungen abzulehnen. § 878 BGB. ist anwendbar. Über die Eintragung des Veräußerungsverbots s. die Anm. zu § 38.

101 3. das im **Vergleichsverfahren** angeordnete allgemeine Veräußerungsverbot u. die sonstigen vom Vergleichsgericht angeordneten Verfügungsbeschränkungen (§§ 12, 24, 58 bis 65 VerglO. v. 26. Febr. 1935, RGBl. I 321; vgl. Waldmann in BayNotV. 1930, 173). Das allgem. Veräußerungsverbot wird wirksam mit seiner Erlassung (§§ 60, 62 VerglO.), die sonstigen Verfügungsbeschränkungen mit der Zustellung an den Schuldner (§ 63 VerglO.; Vogels VerglO. § 63 A. II 1; Kiesow § 55 A. 4 u. in JR. 1928, 7). Das allgem. Veräußerungsverbot u. die sonstigen Verfügungsbeschr. bewirken, sobald sie eingetragen sind, keine GBuchsperre. Über ihre Eintr. s. §§ 61, 63 Abs. 2 VerglO. u. die Anm. zu § 38. Eintr. auf Gr. einer Bewilligung des Schuldners, die dem allgem. Veräußerungsverbot oder einer sonst erlassenen Verfügungsbeschr. widersprechen, sind vom GBA. abzulehnen, es sei denn, daß die Zustimmung des Vergleichsverwalters (vorläufigen Verwalters) nachgewiesen wird (§§ 12, 64 VerglO.) oder die Verfügungsbeschr. eingetragen ist; eine Ausnahme gilt auch hier für Löschungen (s. o. A. 69).

Sind besondere Anordnungen durch das Vergleichsgericht nicht erlassen, so verliert der Schuldner durch das Vergleichsverfahren nicht das Verfügungsrecht. Wegen der Zwangsvollstr. während des Vergleichsverfahrens s. o. A. 76.

102 4. die **Abmeierung** (Entziehung der Verwaltung u. Nutznießung an einem Erbhof) gem. § 15 Abs. 2 RErbhG., §§ 86 ff. EHVfO. v. 21. Dez. 1936 (RGBl. I 1282). Sie wird vom AnerbenG. auf Antrag des Landesbauernführers ausgesprochen; gleichzeitig bestimmt das Gericht denjenigen, dem die Verwaltung u. Nutznießung übertragen werden, den Nutzverwalter (§ 86 EHVfO.). Mit der Rechtskraft des anerbengerichtl. Beschlusses verliert der Eigtr. die Befugnis, über die zum Erbhof gehörenden Gegenstände zu verfügen (§ 90 Abs. 1 EHVfO.). Das Recht der Verwaltung u. damit die Verfügungsbefugnis geht auf den Nutzverwalter über (Abs. 4 a. a. O.). Dieser kann vorbehaltlich der etwa erforderl. Gen. des AnerbenG. (s. u. A. 144 ff.) im Rahmen ordnungsmäßiger Wirtschaftsführung über den Erbhof u. die zu ihm gehörenden Gegenstände verfügen (§ 91 Abs. 2 EHVfO.), z. B. den Hof oder einzelne Grundstücke belasten (vgl. LEHGer. Celle in EHRspr. § 15 Nr. 50 u. in JW. 1936, 1069). Hat das AnerbenG. eine Verfügung rechtskräftig genehmigt, so gilt das Erfordernis, daß die Verfügung nur im Rahmen ordnungsmäßiger Wirtschaftsführung getroffen werden darf, als erfüllt (§ 91 Abs. 2 Satz 3 EHVfO.). Das GBA. braucht das Vorliegen dieser Voraussetzung also nicht mehr zu prüfen. Bedarf eine Verfügung nicht der Gen. des AnerbenG., so muß der GBuchrichter das Erfordernis der ordnungsmäßigen Wirtschaftsführung von Amts wegen nachprüfen (vgl. LG. Glogau in DJ. 1936, 974).

Eine Verfügung des Eigtr., die im Widerspruch zu der Verfügungsbeschr. erfolgt, ist dem Nutzverwalter gegenüber unwirksam (§ 90 Abs. 3 EHVfO.); es handelt sich also um eine relative Verfügungsbeschr., auf die § 878 BGB. anwendbar ist. Ist dem Bauern die Verwaltung u. Nutznießung rechtskräftig entzogen, so kann eine von ihm erklärte Veräußerung oder Belastung eines Erbhofgrundstücks nicht mehr genehmigt werden (LEHGer. Celle in JW. 1937, 1022).

Im GBuch werden auf Ersuchen des AnerbenG. vermerkt die Übertragung der Verwaltung u. Nutznießung, der Name des Nutzverwalters (§ 89 Abs. 2 EHVfO.) u. ein Wechsel in der Person des Nutzverwalters (§ 93 Abs. 3 Satz 2 a. a. O.). Nach Beendigung der Nutzverwaltung (durch Ablauf der bei der Anordnung festgesetzten Zeit oder durch den Tod des Eigtr.) wird der GBuchvermerk auf Ersuchen des AnerbenG. gelöscht (§ 94 Abs. 2 Satz 2 EHVfO.).

5. die **Übertragung der Wirtschaftsführung eines Erbhofs an einen Treuhänder** 103 gem. §§ 77 ff. EHVfO. v. 21. Dez. 1936 (RGBl. I 1282). Das AnerbenG. kann auf Antrag des Landesbauernführers anordnen, daß ein Treuhänder die Wirtschaftsführung auf dem Hof übernimmt; es bestellt gleichzeitig eine geeignete Person zum Treuhänder (§ 77 Abs. 1, 3 a. a. O.). Die Anordnung der Wirtschaftsführung bewirkt, daß der Bauer die Befugnis verliert, den Erbhof zu verwalten und über die zum Erbhof gehörigen Gegenstände zu verfügen (§ 79 Abs. 1 a. a. O.). Die Verfügungsbeschr., die nur dem Treuhänder gegenüber wirksam, also relativer Natur ist (Abs. 3 a. a. O.), wird mit der Zustellung an den Bauern wirksam (§ 78 Abs. 1 a. a. O.). § 878 BGB. ist anwendbar. Der Treuhänder kann im Rahmen ordnungsmäßiger Wirtschaftsführung über den Erbhof u. die zu ihm gehörenden Gegenstände verfügen, z. B. ein Hypothekdarlehen aufnehmen. Einer etwa erforderl. Gen. des AnerbenG. zu einer Verfügung (s. hierüber u. A. 144 ff.) bedarf auch er (§ 80 Abs. 2 EHVfO.). Hat das AnerbenG. die Gen. rechtskräftig erteilt, so gilt das Erfordernis der ordnungsmäßigen Wirtschaftsführung bei diesem Geschäft als erfüllt (§ 80 Abs. 2 Satz 3 a. a. O.); das GBA. braucht also das Vorliegen dieser Voraussetzung nicht mehr nachzuprüfen, während sie sonst (z. B. bei Bestellung einer beschr.persönl. Dienstbarkeit) seiner selbständigen Nachprüfung unterliegt.

Im GBuch wird auf Ersuchen des AnerbenG. die Anordnung der Wirtschaftsführung vermerkt (§ 78 Abs. 3 EHVfO.). Nach deren Beendigung wird der Vermerk auf Ersuchen des AnerbenG. gelöscht (§ 84 Abs. 5 Satz 2 a. a. O.).

6. die **treuhänderische Verwaltung eines landwirtschaftlichen Betriebs oder Grund-** 104 **stücks** nach §§ 12 ff. der DurchfVO. z. VO. zur Sicherung der Landbewirtschaftung v. 22. April 1937 (RGBl. I 535). Nach § 12 Abs. 1 dieser VO. kann das Amtsgericht auf Antrag des Landesbauernführers anordnen, daß ein Treuhänder die Verwaltung des Betriebs oder Grundstücks übernimmt. In dem Beschluß ist eine Person als Treuhänder zu bestellen u. die Dauer der treuhänderischen Verwaltung zu bestimmen (§ 12 Abs. 2 a. a. O.). Er wird mit der Zustellung an den Nutzungsberechtigten (Eigtr., Nutznießer usw.) wirksam (Abs. 3 a. a. O.). Mit der Anordnung der treuhänderischen Verwaltung verliert der Nutzungsberechtigte die Befugnis, den Betrieb oder das Grundstück zu verwalten u. über die dazu gehörenden Gegenstände zu verfügen (§ 13 Abs. 1 a. a. O.). Eine mit dieser Vorschrift in Widerspruch stehende Verfügung des Nutzungsberechtigten ist dem Treuhänder gegenüber unwirksam (§ 13 Abs. 2 a. a. O.). Es handelt sich also um eine relative Verfügungsbeschr., auf die § 878 BGB. anwendbar ist.

Der Treuhänder verwaltet den Betrieb oder das Grundstück u. hat alle Handlungen vorzunehmen, die zur Sicherung einer besseren Bewirtschaftung erforderlich sind. Er kann in diesem Rahmen u. innerhalb der dem Nutzungsberechtigten zustehenden Verfügungsmacht über Grundstücke u. zum Betrieb oder Grundstück gehörende Gegenstände verfügen. Er bedarf jedoch der Gen. des Amtsgerichts zu Verfügungen über Grundstücke u. Rechte an solchen, ferner zu solchen Verfügungen über zum Betrieb oder Grundstück gehörende Gegenstände, die über den übl. Rahmen des laufenden Wirtschaftsbetriebs hinausgehen. Hat das AG. die Gen. erteilt, so gilt das Erfordernis, daß die Verfügung nur zur Sicherung einer besseren Bewirtschaftung getroffen werden darf, als erfüllt (§ 15 Abs. 1 DurchfVO.). Das GBA. braucht dieses Erfordernis also nicht mehr nachzuprüfen.

Im GBuch wird die Anordnung der treuhänderischen Verwaltung, soferne der Nutzungsberechtigte als Eigtr. eingetragen ist, auf Ersuchen des AG. vermerkt (§ 12 Abs. 4 der Durchf.-

VO.). Nach Beendigung der treuhänderischen Verwaltung (über die Endigungsgründe s. § 21 Abs. 1—3 a. a. O.) wird der Vermerk auf Ersuchen des AG. gelöscht (§ 21 Abs. 5 Satz 2 a. a. O.).

105 7. die mit der **Pfändung** einer HypForderung, einer Grund- oder Rentenschuld sowie einer Reallast verbundenen Verfügungsbeschränkungen (§§ 829, 830, 857 Abs. 6 ZPO.). Über die Eintr. der Pfändung s. § 19 A. 53 ff. Die Eintr. der Pfändung hindert weitere Eintr. auf Gr. von Verfügungen des Pfandschuldners nicht; wegen der Überweisung an Zahlungs Statt s. § 19 A. 60.

Auch die Pfändung eines Erbanteils wirkt als Verfügungsbeschr.; es handelt sich dabei nicht nur um eine Verfügungsbeschr. bez. des Erbanteils als solchen, sondern auch um eine Beschränkung in der Verfügung über die einzelnen Nachlaßgegenstände (ähnlich Güthe-Triebel[6] § 35 A. 19; Staud. § 2033 A. 4; **a. M.** Predari § 48 A. 2). Gehören zum Nachlaß Grundstücke oder Grundstücksrechte, so kann die Pfändung (im Wege der GBuchberichtigung) eingetragen werden (s. § 22 Anhang). Auch diese Pfändung wirkt relativ, nämlich nur zugunsten des Pfändungsgl. (BayObLG. 25, 444). Ist sie eingetragen oder wird die Zustimmung des Pfändungsgl. nachgewiesen, so können weitere Verfügungen des Pfändungsschuldners über die zum Nachlaß gehörigen Grundstücke u. Rechte im GBuch vollzogen werden (RJA. 3, 154; BayNotZ. 1929, 220; **a. M.** Josef a. a. O. 373, wonach stets die Zustimmung nachgewiesen werden muß; s. auch oben A. 68 ff. u. § 22 Anhang). Die Veräußerung des gepfändeten Erbanteils kann, da sie sich außerhalb des GBuchs vollzieht, ohne Zustimmung des Pfandgl. auch dann eingetragen werden, wenn die Pfändung im GBuch nicht vermerkt ist (vgl. KG. in HRR. 1934 Nr. 265).

Über die Pfändung des Nacherbenrechts s. § 51 A. 25.

106 8. die durch die **Beschlagnahme gem. §§ 283, 284 StPO.** (Beschlagnahme bestimmter Vermögensgegenstände oder des gesamten Vermögens eines abwesenden Beschuldigten zur Deckung einer Geldstrafe u. der Kosten) begründeten Verfügungsbeschränkungen. Sie wirken nur der Staatskasse gegenüber, sind also relativer Natur u. daher eintragungsfähig (Güthe-Triebel[6] Vorbem. 65 vor § 13; Henle-Schmitt § 18 A. 1d; BayObLG. 21, 299 unten; JFG. 12, 136; vgl. auch JFG. 15, 321). Wegen der sonstigen strafprozessualen Vermögensbeschlagnahmen s. u. A. 114.

107 9. die durch die **Vermögensbeschlagnahme nach § 380 RAbgO.** i. d. Fass. v. 22. Mai 1931 (RGBl. I 161) bewirkte Verfügungsbeschränkung. Sie ist eintragungsfähig, da sie nur zugunsten der Reichskasse wirkt (§ 380 Abs. 3 a. a. O.).

108 10. Das gleiche gilt für die **Beschlagnahme nach §§ 45 Abs. 3, 46 Abs. 2 des Ges. ü. d. Devisenbewirtschaftung** v. 4. Febr. 1935 (RGBl. I 106), geändert durch VO. v. 23. Febr. 1935 (RGBl. I 278) u. durch Ges. v. 1. Dez. 1936 (RGBl. I 1000). Die Verfügungsbeschr. hat nach ausdrückl. gesetzl. Vorschrift die Wirkung eines Veräußerungsverbots i. S. des § 135 BGB. (vgl. auch KG. in HRR. 1933 Nr. 1028 u. in JFG. 15, 318); sie dient der Sicherung der Geldstrafe oder der Einziehung der durch die strafbare Handlung gewonnenen oder zu ihr in Beziehung stehenden Werte, wird vom Strafrichter ausgesprochen u. wird mit der Anordnung wirksam (§§ 28, 30 der 1. DurchfVO. z. DevisenG. v. 4. Febr. 1935, RGBl. I 114). Wg. der weiteren devisenrechtl. Verfügungsbeschr. s. u. A. 115.

109 11. Eintragungsfähig ist schließlich die **Vermögensbeschlagnahme im Reichsfluchtsteuerverfahren** gem. § 9 Ziff. 3 des 7. Teils Kap. III Erster Abschnitt der NotVO. v. 8. Dez. 1931 (RGBl. I 699, 731). Sie ist ein relatives Veräußerungsverbot i. S. der §§ 135, 136 BGB. u. bedarf daher der Eintr. (JFG. 12, 136). Die Beschlagnahme wird vom Finanzamt zur Sicherung der Ansprüche auf Reichsfluchtsteuer, Geldstrafe, Zuschläge u. Kosten ausgesprochen u. wird mit der öffentl. Bekanntmachung wirksam (Ziff. 4 Satz 3 a. a. O.).

IV. Die absoluten Verfügungsbeschränkungen.

1. Von dem Grundsatz, daß absolute Verfügungsbeschr. nicht eintragungsfähig sind **110**
(s. o. A. 67), bestehen zwei Ausnahmen.

a) Vor allem kommen in Frage die Veräußerungs- u. Belastungsverbote nach **111**
§ 77 Reichsversorgungs G. v. 22. Dez. 1927 (RGBl. I 515)[1]), ferner nach § 11 Kapitalabfindungs G. für Offiziere v. 26. Juli 1918 (RGBl. 994), § 6 Ges. über Kapitalabfindung an Stelle von Kriegsversorgung v. 3. Juli 1916 (RGBl. 680) u. § 48 Wehrmachtversorgungs G. v. 19. Sept. 1925 (RGBl. I 349). Diese Verfügungsbeschr. dienen dem öffentl. Interesse u. wirken gegenüber jedermann (RG. 105, 72; 130, 209; KGJ. 52, 125)[2]), sind aber kraft besonderer gesetzl. Bestimmung eintragungsfähig (Güthe-Triebel[6] Vorbem. 64, 84 vor § 13); Näheres über die Eintr. s. bei § 38. Sie können nicht nur auf einem mit dem Abfindungskapital erworbenen Grundstück, sondern auch auf einem bereits dem Abgefundenen gehörigen Grundbesitz eingetragen werden, wenn die Abfindung zur wirtschaftl. Stärkung dieses Grundbesitzes gewährt wurde (JFG. 8, 313). Die Verfügungsbeschr. werden auch eingetragen, wenn der Versorgungsberechtigte u. seine Ehefrau das Grundstück als Bruchteilseigtr. erwerben (JFG. 4, 368).

Die Verfügungsbeschr. werden erst mit der Eintr. wirksam, bewirken dann aber die Sperre des GBuchs (**a. M.** Bezzel in BayZ. 1930, 317). Eintr., die durch diese Verfügungsbeschränkungen verboten sind, dürfen vom GBA. (obwohl die Verfügungsbeschr. eingetragen ist) erst vollzogen werden, wenn die Genehmigung des Hauptversorgungsamtes nachgewiesen ist. Vgl. hiezu Lösch in BayNotV. 1933, 26 u. Köster in DNotZ. 1936, 864; 1937, 318. Die Gen. kann auch dem Abgefundenen (Grundstückseigtr.) gegenüber erklärt werden. Die nachträgl. Genehmigung des Hauptversorgungsamtes hat heilende Kraft (v. Rozycki-v. Hoewel in DRZ. 1932, 142). Zuständig ist das Hauptversorgungsamt, in dessen Bezirk der Versorgungsberechtigte zur Zeit der Stellung des Genehmigungsantrags wohnt (§ 38 Abs. 1 Ges. ü. d. Verfahren in Versorgungssachen i. d. Fass. v. 2. Nov. 1934, RGBl. I 1113). Genehmigungsbedürftig sind auch Eintr. im Wege der Zwangsvollstr. oder Arrestvollziehung (RG. 105, 71; OLG. 41, 153; KG. in DNotV. 1928, 43; JFG. 9, 178; Güthe-Triebel[6] Vorbem. 72, 84 vor § 13; Ricks 295), ferner Vormerkungen, auch diejenige einer Bauhandwerkerhyp. nach § 648 BGB. (RG. 134, 181; JFG. 7, 389); deren Eintr. ist jedoch dann ohne Genehmigung zulässig, wenn der vorgemerkte Anspruch (insbes. Auflassungsanspruch) erst nach Ablauf der bestimmten Frist fällig wird. Bewilligt das Hauptversorgungsamt zwar die Eintr. einer Belastung, macht aber die Zwangsvollstr. aus derselben von einer weiteren zukünftigen Genehmigung abhängig, so ist der EintrAntrag abzulehnen; die Genehmigung kann nur unbedingt u. uneingeschränkt erteilt werden (JFG. 7, 386).

Eine ohne Gen. des Hauptversorgungsamtes bewirkte Eintr. macht das GBuch unrichtig. Das GBA. hat einen Amtswiderspruch nach § 53 zugunsten des Eigtr. (nicht zugunsten des Hauptversorgungsamtes) einzutragen.

---

[1]) Die in § 77 RVersG. vorgesehenen Fristen beginnen zu laufen, sobald die Abfindungssumme bezahlt u. der Abgefundene als Eigtr. in das Grundbuch eingetragen ist; maßgebend ist der Eintritt des zeitlich letzten der beiden Ereignisse (KGJ. 53, 147; JFG. 4, 371).

[2]) Die Streitfrage, ob das Belastungs- u. Veräußerungsverbot nach § 77 RVersG. rückwirkende Kraft hat, ob also insbes. die Zwangsvollstr. aus einer vor dem Veräußerungsverbot eingetragenen Hyp. unzulässig ist, wird nun mit Recht überwiegend verneint (so RG. 130, 209; KG. in DNotV. 1928, 43; KG. im Recht 1930 Nr. 688; OLG. Königsberg in JW. 1930, 1079; OLG. Darmstadt in JW. 1929, 790 u. a.; **a. M.** insbes. OLG. Dresden in JW. 1928, 530; LZ. 1930, 132; OLG. Bamberg in Bay. NotV. 1926, 487; 1928, 40; auch der 12. Zivilsenat des KG. in JW. 1931, 2948; vgl. Wiesinger in BayNotV. 1930, 12; 1931, 249; ferner JW. 1929, 800; 1931, 2748, 3115). Nimmt man jedoch die Rückwirkung an, so hat das GBA., wie Petersen in JW. 1930, 2369 zutreffend betont, die Eintr. des Veräußerungsverbots gem. § 55 den vorher eingetragenen Berechtigten mitzuteilen.

Die spätere Ausnutzung eines vor Eintr. der Verfügungsbeschr. eingetragenen Rangvorbehalts ist genehmigungspflichtig (JFG. 9, 186).

Die gleichen Grundsätze gelten für die Veräußerungs- u. Belastungsbeschr. zugunsten des Trägers der Unfallversicherung auf Gr. § 5 Abs. 2 der VO. über die Abfindung von Unfallrenten v. 10. Febr. 1928 (RGBl. I 22), da diese Bestimmung den oben genannten Abfindungsvorschriften nachgebildet ist (JFG. 8, 313). S. auch die Bemerkungen zu § 38.

112 **b)** Zu ihrer Wirksamkeit bedarf ferner der Eintr. in das GBuch die Verfügungsbeschr. nach § 35 preuß. AG. z. RSiedlG. v. 15. Dez. 1919 (RGBl. 1920, 31), der zur Abveräußerung von Teilen einer Ansiedlungs- oder Zukaufsstelle sowie zur Teilung eines zu einer solchen Stelle gehörigen Grundstücks die Gen. des Präsidenten des Landeskulturamtes vorschreibt. Die Eintr. erfolgt auf Ersuchen des Vorstehers des Kulturamtes (§ 38). Unter Grundstück i. S. des § 35 ist das Grundstück im gbuchtechnischen Sinne zu verstehen. Eine Teilung liegt schon vor, wenn ein Teil eines GBuchgrundstücks abgeschrieben wird. Das VollstreckungsG. ist nicht zuständig, das GBA. um die Löschung der Verfügungsbeschr. zu ersuchen (JFG. 4, 364).

113 **2.** Alle übrigen gesetzl. Veräußerungs- u. Belastungsverbote, die im öffentl. Interesse erlassen sind u. nicht nur dem Schutze bestimmter Personen dienen[1]), können in das GBuch nicht eingetragen werden (BayObLG. 21, 299; Staud.-Riezler § 135 A. 10; Güthe-Triebel[6] Vorbem. 64 vor § 13). Eine dennoch erfolgte Eintr. ist inhaltlich unzulässig i. S. des § 53 (BayObLG. 21, 300). Nach dem Wirksamwerden solcher Verfügungsbeschränkungen vorgenommene Verfügungen sind nichtig (§ 134 BGB.); ihre Eintr. in das GBuch ist unzulässig.

114 *α*) Hierher gehört insbes. die Vermögensbeschlagnahme nach § 93 StGB., §§ 290 ff., 433 ff. StPO., §§ 193, 311 ff. MStGO. v. 29. Sept. 1936, RGBl. I 755 (BayObLG. 12, 31; 21, 296; RJA. 5, 260; OLG. 40, 277; Staud.-Kober § 892 A. 86; Güthe-Triebel[6] Vorbem. 64 vor § 13; Planck Vorbem. VII 2 vor § 873; Henle-Schmitt § 18 A. 1d; bestr.; vgl. Meikel in SeuffBl. 72, 105 u. im Recht 1909, 340). Über die Vermögensbeschlagnahmen gem. §§ 283, 284 StPO., § 380 RAbgO., §§ 45 Abs. 3, 46 Abs. 2 DevisenG. u. § 9 RFluchtsteuerVO. s. o. A. 106 ff.

115 *β*) Von der Eintr. im GBuch ausgeschlossen sind auch die Verfügungsbeschr. nach § 18 Abs. 1, 2 des Ges. ü. d. Devisenbewirtschaftung v. 4. Febr. 1935 (RGBl. I 106); soweit jedoch die Eintr. vor dem Inkrafttreten der durch die genannte Bestimmung ersetzten 4. DurchfVO. z. DevisenVO. v. 9. Mai 1933 (RGBl. I 278; vgl. § 4 Abs. 3 a. a. O.) erfolgt ist, behält es dabei sein Bewenden (§ 18 Abs. 3 DevisenG.). Es handelt sich hier um die Fälle, in denen sich die Devisenstelle oder die Reichsbank die Gen. der Verfügung über eine Forderung (Sperrguthaben) oder ein Grundstück vorbehalten hat (vgl. Vorbem. 57 ff. vor § 18). Wg. der Mitteilung dieser Verfügungsbeschr. durch die Devisenstelle u. ihre Behandlung durch das GBA. s. AV. v. 21. April 1936 (DJ. 634).

Nicht eintragungsfähig sind ferner die Verfügungsbeschr., die sich aus dem Erfordernis der devisenrechtl. Genehmigung zu gewissen Rechtsgeschäften ergeben. Im einzelnen s. hierüber Vorbem. 50 ff. vor § 18.

Absolute Wirkung haben auch die von den Devisenstellen, der Reichsstelle für Devisenbewirtschaftung oder dem Reichsbankdirektorium zur Verhinderung einer Vermögensverschie-

---

[1]) Hieher zu rechnen sind auch die kraft besonderer gesetzl. Vorschrift eintragungsfähigen Verfügungsbeschränkungen bez. der EigtrGrundschulden nach dem Zusatzabkommen v. 25. März 1923 (RGBl. II 284, 286) über die schweizerischen Goldhypotheken (s. Art. 12 Abs. 3 des Zusatzabkommens); diese Verfügungsbeschr. sind zwar im Interesse der Gl. der Gläubigergrundschulden (Art. 6 a. a. O.) geschaffen (vgl. JFG. 6, 337), wirken aber nicht nur zu deren Gunsten, also absolut. Sie schließen aber nicht die Eingehung einer wirksamen Verpflichtung des Inhalts aus, die EigtrGrundschuld für den Fall staatlicher Genehmigung abzutreten u. sie in eine Hyp. umzuwandeln, sobald die freie Verfügung über sie gesetzlich zulässig ist. Der (bedingte oder befristete) Anspruch aus einer solchen Verpflichtung kann durch Vormerkung gesichert werden (JFG. 6, 333).

bung oder zur Sicherung der Devisenbestände gem. §§ 37a, 37b DevisenG. i. d. Fass. des Ges. v. 1. Dez. 1936 (RGBl. I 1000), § 12 der 10. DurchfVO. hiezu v. 16. Sept. 1937 (RGBl. I 1018) angeordneten Verfügungsbeschr. Sie sind von der Eintr. in das GBuch ausgeschlossen u. werden mit dem Zugehen der Anordnung an den Betroffenen oder, wenn die Mitteilung an diesen nicht möglich ist, mit Ablauf des Tages wirksam, an dem die Anordnung im Deutschen Reichsanzeiger u. Preuß. Staatsanzeiger bekanntgegeben worden ist (§ 37a Abs. 2 DevisenG.).

γ) Weitere Beispiele von absoluten, nicht eintragungsfähigen Verfügungsbeschr. sind 116
die Verfügungsbeschränkungen nach der Grundstückverkehrsbek. i. d. Fass. v. 26. Jan. 1937 (RGBl. I 35), nach dem Ges. ü. d. Aufschließung von Wohnsiedlungsgebieten v. 22. Sept. 1933 (RGBl. I 659), nach der VO. ü. d. Veräußerung von Entschuldungsbetrieben v. 6. Jan. 1937 (RGBl. I 5), nach der 1. DurchfVO. zum Ges. ü. d. Sicherung der Reichsgrenze u. ü. Vergeltungsmaßnahmen v. 17. Aug. 1937 (RGBl. I 905), nach der VO. zur beschleunigten Durchführung des Baues von Heuerlings- u. Werkwohnungen sowie von Eigenheimen für ländl. Arbeiter u. Handwerker v. 10. März 1937 (RGBl. I 292), nach dem bayer. AlmG. v. 28. April 1932 (GVBl. 237); über diese Verfügungsbeschr. s. im einzelnen Vorbem. 41 ff. vor § 18 u. den Anhang zu § 20. Ferner gehören hieher die Verfügungsbeschr., die durch die Zugehörigkeit eines Grundstücks zu einer Bahneinheit begründet werden (§§ 5, 7, 15 Abs. 1 preuß. BahneinheitenG. v. 8. Juli 1902, GS. 237), die Verfügungsbeschr. nach §§ 9, 22 RHeimstG. v. 10. Mai 1920 (RGBl. 692), nach § 23 Abs. 4 preuß. LandesrentenbankG. v. 29. Dez. 1927 i. d. Fass. v. 1. Aug. 1931 (GS. 134) u. nach § 35 preuß. AG. z. RSiedlG. v. 15. Dez. 1919 (GS. 1920, 31) — vgl. Vorbem. 48 vor § 18 —, sowie die auf dem Nachbarrecht beruhenden Beschränkungen (§§ 906 bis 924 BGB.; OLG. 1, 380; Turnau-F. § 922 A. 1; s. o. A. 15 unter β).

Nicht in das GBuch eingetragen werden endlich die sich aus der Erbhofeigenschaft eines Grundstücks ergebenden Verfügungsbeschränkungen; hierüber s. u. A. 139 ff.

V. Die rechtsgeschäftlichen Verfügungsbeschränkungen. 117

Darunter sind nicht nur die auf Vertrag, sondern auch die auf letztwilliger Verfügung beruhenden Verfügungsbeschränkungen zu verstehen.

1. a) Sie sind nicht eintragungsfähig (über eine Ausnahme s. u. A. 119), da sie 118
überhaupt keine dingl., sondern nur schuldrechtl. Wirkung äußern (§ 137 BGB.; BayObLG. 10, 4; 23, 67; OLG. 6, 122; 10, 69; 12, 20; Staud.-Riezler § 135 A. 10; § 137 A. 6; Güthe-Triebel[6] Vorbem. 66 vor § 13). Nur ausnahmsweise kann eine rechtsgeschäftl. Verfügungsbeschr. im Wege einer Vormerkung eingetragen werden, wenn u. soweit dem Berechtigten zugleich ein Anspruch der in § 883 Abs. 1 BGB. bezeichneten Art zusteht (BayObLG. 23, 67; Staud.-Riezler § 137 A. 6, 8). Eine solche Vormerkung ist nicht deshalb unzulässig, weil sie in ihren Wirkungen einer Verfügungsbeschr. nach § 137 BGB. gleichkommt (OLG. 6, 263; 11, 1; KGJ. 40, 123; vgl. auch RG. 73, 16, wonach einer rechtsgeschäftl. Verfügungsbeschr. mittelbar dingl. Wirkung durch Eintr. einer Sicherungshyp. verliehen werden kann, indem für den Fall der Zuwiderhandlung gegen die Verfügungsbeschr. eine Vertragsstrafe vereinbart u. der Anspruch auf diese durch die Hyp. gesichert wird). Auch ist auf Gr. einer einstw. Verfügung die Vereinbarung zwischen Gl. u. Eigtr. eintragungsfähig, daß der Gl. über die Hyp. nicht zum Nachteil des Eigtr. verfügen darf (KGJ. 30, 240).

Eine rechtsgeschäftl. Verfügungsbeschr. stellt insbes. auch das Treuhandverhältnis dar; es ist daher der Eintr. in das GBuch nicht fähig (vgl. § 3 A. 144 unter bb).

b) Eine **Ausnahme** enthält § 5 ErbbRVO., wonach als Inhalt des Erbbaurechts mit 119
dingl. Wirkung vereinbart u. eingetragen werden kann, daß zur Veräußerung des Erbbaurechts u. zu seiner Belastung mit Hyp., Grund- oder Rentenschulden oder mit einer Reallast die Zustimmung des Grundstückseigtr. erforderlich ist. Über die Eintr. dieser Verfügungsbeschr. s. § 8 A. 33.

Eine ohne Zustimmung des Grundstückseigtr. eingetragene Veräußerung oder Belastung des Erbbaurechts ist nicht nur dem Eigtr., sondern jedermann gegenüber unwirksam (KG. in JW. 1933, 704; Planck § 6 ErbbRVO. A. 1b β; Staud.-Kober § 8 ErbbRVO. A. 1, e; vgl. auch JFG. 9, 215). Im übr. s. über die unter das Zustimmungserfordernis fallenden Eintr. u. die sonst einschlägigen Fragen § 8 A. 40, 43.

Auch die als rechtsgeschäftl. Verfügungsbeschränkung zu betrachtende Erbanteilsverpfändung kann eingetragen werden (RG. 90, 232); Näheres hierüber s. § 22 Anhang. Dasselbe gilt für die Verpfändung des Nacherbenrechts; vgl. § 51 A. 25 ff.

120 c) Rechtsgeschäftl. Verfügungsbeschränkungen, die nach früherem Recht wirksam waren, behalten ihre Wirksamkeit auch dann, wenn sie nach jetzigem Recht unzulässig wären (Art. 168 EG. z. BGB.; KGJ. 21, 138), z. B. die unter der Herrschaft des bayer. HypG. eingetragenen Verfügungsbeschränkungen, die die Sicherung eines Forderungsrechtes bezwecken (BayObLG. 11, 274; 12, 356; 13, 146).

121 2. Keine Verfügungsbeschränkung, sondern eine Änderung des Inhalts des Rechts ist die (dinglich wirkende) **Ausschließung der Übertragbarkeit einer HypForderung,** Grund- oder Rentenschuld durch Rechtsgeschäft (§§ 399, 413 BGB.; KGJ. 29, 243; Planck § 399 A. 2; Güthe-Triebel[6] Vorbem. 66 vor § 13; Lang in LZ. 1931, 300). Sie bedarf zu ihrer Entstehung nicht der Eintr., ist aber als Inhaltsänderung eintragungsfähig (KGJ. 40, 232; Güthe-Triebel a. a. O.; Lang a. a. O.), u. zwar auf Gr. des Nachweises der Vereinbarung in der Form des § 29. Die Ausschließung der Übertragbarkeit hindert nicht die Pfändung des Rechts u. seine Überweisung zur Einziehung (§ 851 Abs. 2 ZPO.; vgl. RG. 75, 142).

Eintragungsfähig ist (als auflösende Bedingung) auch die Vereinbarung, daß die Forderung im Falle ihrer Abtretung oder Pfändung erlöschen soll (KGJ. 40, 232; Güthe-Triebel a. a. O.).

122 3. Ebenso stellt die **Bedingung oder Befristung** eines Rechts keine Verfügungsbeschränkung, sondern eine Beschränkung des Rechtes selbst, also einen Bestandteil seines Inhalts dar; sie wirkt infolgedessen gegenüber jedermann (RG. 76, 91; 106, 113; KGJ. 49, 189; Staud.-Riezler § 161 A. 3; Staud.-Kober § 892 A. 82; Güthe-Triebel[6] Vorbem. 80 vor § 13; **a. M.** RGRK. § 892 A. 11, der eine relative Verfügungsbeschr. annimmt; vgl. auch du Chesne in BayNotZ. 1919, 226). Die Bedingung oder Befristung ist eintragungsfähig (KGJ. 49, 187; vgl. auch § 161 Abs. 3 BGB.). Ist sie eingetragen oder dem GBuchrichter anderweit bekannt, so hat er die aus ihnen sich ergebenden Beschränkungen der Verfügungsmacht des Berechtigten zu beachten (vgl. Güthe-Triebel[6] Vorbem. 80 vor § 13). So sperrt eine eingetragene bedingte Übertragung eines Rechts das GBuch gegen weitere ohne Zustimmung des bedingt Berechtigten erfolgende Verfügungen des bisherigen Berechtigten (Voß in JheringsJ. 60, 307).

Wegen der bedingten Hyp. insbes. sowie wg. der Hyp. für eine bedingte oder befristete Forderung s. o. A. 38. Über die Wirkung gutgläubigen Erwerbs, wenn ein bedingtes Recht unrichtig als unbedingtes im GBuch eingetragen ist, vgl. RG. in DNotZ. 1934, 616. Eine bedingte Hyp. kann mit Zustimmung der nachstehenden Berechtigten in eine unbedingte Hyp. umgewandelt werden. Das gleiche gilt für die Änderung einer Bedingung u. für die Aufhebung oder Verlängerung einer Befristung (JFG. 13, 75).

123 **VI. Die Geschäftsunfähigkeit und die Beschränkungen der Geschäftsfähigkeit** sind keine Verfügungsbeschr. im technischen Sinne, sondern Mängel der persönl. Verfügungsfähigkeit (Güthe-Triebel[6] Vorbem. 67 vor § 13). Eintr. über die Geschäftsunfähigkeit u. über Beschränkungen der Geschäftsfähigkeit (Minderjährigkeit, Entmündigung, Stellung unter vorläufige Vormundschaft usw.) sind in das GBuch nicht aufzunehmen; sie sind inhaltlich unzulässig i. S. des § 53 GBO. (RG. 69, 263; OLG. 18, 110; RGRK. Vorbem. 2 vor § 873; vgl. oben § 3 A. 147). Ist eine derartige Eintr. dennoch erfolgt, so darf sich der GBuchrichter auf

ihren Inhalt nicht verlassen u. sie ist für den öffentl. Glauben des GBuchs ohne Bedeutung, da das GBuch nicht dazu bestimmt ist, über Mängel der persönl. Verfügungsfähigkeit Auskunft zu geben (RG. 69, 263; Güthe-Triebel a. a. O.).

VII. Die Beschränkung des Verfügungsrechts der Ehefrau beim gesetzl. Güterstand 124
§§ 1395 ff. BGB.) stellt eine echte Verfügungsbeschr. i. S. des § 892 BGB. dar, da sie nur zugunsten des Ehemannes besteht, also relativer Natur ist. Da jedoch die Verfügungsbeschr. auch gegenüber einem Dritten wirkt, der sie nicht kennt (§ 1404 BGB.), wäre die Ausschließung seines guten Glaubens durch die Eintr. im GBuch bedeutungslos, so daß diese Eintr. überflüssig ist u. daher zu unterbleiben hat (RJA. 3, 162; Güthe-Triebel[6] Vorbem. 68 vor § 13; RGRK. § 892 A. 11). Sie wäre inhaltlich unzulässig i. S. des § 53 GBO. Das gleiche gilt für die auf der Begründung vertragsmäßiger Güterstände beruhenden Verfügungsbeschränkungen des einen Ehegatten zugunsten des anderen u. deren Abänderungen (vgl. RJA. 3, 161; 4, 261; KGJ. 38, 211). Im einzelnen, insbes. über Inhalt u. Wirkung der einschlägigen Verfügungsbeschr. s. d. Anm. zu § 33.

Eintragungsfähig ist dagegen die Gesamtgutseigenschaft, die nicht eine Verfügungsbeschr. begründet, sondern gem. § 1438 BGB. eine dingl. Rechtsänderung an den zum Gesamtgut gehörigen Gegenständen bewirkt; hierüber s. d. Anm. zu § 33.

VIII. Das landwirtschaftliche Vermittlungsverfahren. 125

Die Eröffnung des landwirtschaftl. Vermittlungsverfahrens, die auf Ersuchen des Amtsgerichts in das GBuch eingetragen wird, begründet nicht nur eine Verfügungsbeschr., sondern ein absolutes Belastungsverbot gem. § 134 BGB. (§ 14 VO. v. 27. Sept. 1932, RGBl. I 473). Es wird wirksam mit der Erlassung des Eröffnungsbeschlusses. § 878 BGB. ist auf dieses Belastungsverbot nicht anwendbar; nach Verfahrenseröffnung darf daher die Eintr. einer Hyp. auch dann nicht mehr erfolgen, wenn Einigung, EintrBew. u. EintrAntrag vor diesem Zeitpunkt liegen (KG. in HRR. 1933 Nr. 1355; s. o. A. 72).

IX. Das landwirtschaftliche Entschuldungsverfahren.

1. Die mit der Eröffnung des landwirtschaftlichen Entschuldungsverfahrens verbundenen Verfügungsbeschränkungen.

a) Das Belastungsverbot. 126

aa) Während der Dauer des landwirtschaftl. Entschuldungsverfahrens ist eine rechtsgeschäftl. oder zwangsweise erfolgende Belastung der zu dem zu entschuldenden Betrieb gehörenden Grundstücke mit Hyp., Grund- u. Rentenschulden oder Reallasten unzulässig (§ 8 Abs. 1 Satz 2 SchRegG.). Es handelt sich um ein gesetzl. Belastungsverbot i. S. des § 134 BGB., das die Eintr. einer Belastung schlechthin ausschließt, u. zwar vom Zeitpunkt seiner Wirksamkeit ab. § 878 BGB. ist nicht anwendbar (s. o. A. 72). Der GBuchrichter darf nach Verfahrenseröffnung eine unter die Belastungssperre fallende Eintr. nicht mehr vornehmen, gleichgültig, ob der Vermerk über die Eröffnung des Entschuldungsverfahrens (§ 8 Abs. 2 SchRegG.) im GBuch eingetragen ist oder nicht; über dessen Eintr. s. im übr. bei § 38.

bb) Die Eröffnung des Entschuldungsverfahrens wird an sich mit der Zustellung 127
des Eröffnungsbeschlusses an den Betriebsinhaber wirksam (§ 8 Abs. 1 Satz 1 SchRegG.). Die Wirkungen der Verfahrenseröffnung, insbes. die Belastungssperre gelten jedoch als mit dem Zeitpunkt der Eröffnung eingetreten; als solcher gilt, wenn in dem Eröffnungsbeschluß die Stunde der Eröffnung nicht angegeben ist, die Mittagsstunde des Tages, an dem der Beschluß erlassen worden ist (Art. 11 der 3. DurchfVO. z. SchRegG. v. 15. Sept. 1933, RGBl. I 641). Der Zeitpunkt der Eintr. des Eröffnungsvermerks ist nicht entscheidend. Wird eine unzulässige Belastung nach Verfahrenseröffnung eingetragen, z. B. weil diese dem GBA. noch nicht bekannt war, so wird dadurch das GBuch unrichtig; das GBA. hat einen Amtswiderspruch nach § 53 GBO. einzutragen. Beim Eingang des Ersuchens des Entschuldungs-

amtes um Eintr. der Verfahrenseröffnung hat daher das GBA. zu prüfen, ob nicht etwa vor dem Wirksamwerden des Belastungsverbots eine unzulässige Eintr. vorgenommen worden ist, u. gegebenenfalls nach § 53 GBO. zu verfahren (Harmening-Pätzold SchRegG.² § 8 A. 3). Die Belastungssperre endigt mit der rechtskräftigen Aufhebung des Entschuldungsverfahrens (§§ 21, 44, 45 SchRegG.). An ihre Stelle treten, wenn Grund der Verfahrensaufhebung die durchgeführte Entschuldung ist, die unten A. 132 ff. behandelten Verfügungsbeschränkungen.

128 **cc)** § 8 SchRegG. spricht nur ein Belastungs-, nicht auch ein Veräußerungsverbot aus. Er steht also der Eigentumsumschreibung, insbes. der pfandfreien Wegveräußerung von Teilgrundstücken nicht im Wege. Der Vermerk über die Eröffnung des Entschuldungsverfahrens ist regelmäßig zunächst auf das wegveräußerte Grundstück mitzuübertragen u. erst nachträglich auf ein etwaiges Ersuchen des Entschuldungsamtes zu löschen; dieses ist daher von der Veräußerung zu benachrichtigen (KG. in JW. 1935, 134 = DNotZ. 1935, 46; GR. Nr. 20 in AME. Heft 79 S. 161; s. auch Dose in DJZ. 1935, 351). Vgl. auch Schneble in DJG. 1937, 159.

Das Belastungsverbot gilt nur dann, wenn der Betriebsinhaber, für den das Entschuldungsverfahren eröffnet worden ist, eingetragener Eigtr. oder Erbe des eingetragenen Eigtr. ist (Harmening-Pätzold SchRegG.² § 8 A. 2; vgl. auch LG. Magdeburg in JW. 1934, 573). Die Belastungssperre bezieht sich nur auf die zu dem landwirtschaftl. Betrieb gehörigen Grundstücke, nicht auch auf betriebsfremde (z. B. städtische) Grundstücke des Betriebsinhabers (JFG. 11, 351; Harmening-Pätzold² § 8 A. 5). Das GBA. kann von der Betriebszugehörigkeit eines Grundstücks ausgehen, wenn bei diesem auf Ersuchen des Entschuldungsamtes die Eröffnung des Verfahrens vermerkt worden ist, u. jede durch § 8 SchRegG. verbotene Eintr. ablehnen, solange ihm nicht die Unrichtigkeit des Vermerks, d. h. die Betriebsfremdheit des Grundstücks (aus der Kenntnis der Verhältnisse oder aus vorliegenden Urkunden) bekannt ist (JFG. 11, 351). Wird bei der Veräußerung oder Enteignung eines dem Entschuldungsverfahren unterstellten Betriebs im Rahmen des Ges. ü. d. Landbeschaffung für Zwecke der Wehrmacht v. 29. März 1935 (RGBl. I 467) die Vergütung oder Entschädigung in Land gewährt, so erstreckt sich das Belastungsverbot des § 8 SchRegG. auch auf die Ersatzgrundstücke (§ 7 der 2. DurchfVO. zu dem genannten Ges. v. 13. Febr. 1937, RGBl. I 253). Die Belastung eines Betriebsgrundstücks ist auch dann unzulässig, wenn bei einer gem. Art. 13 Abs. 2 der 7. DurchfVO. z. SchRegG. erfolgenden Veräußerung eine Hyp. bestellt werden soll (KG. in JW. 1937, 2125 = HRR. 1937 Nr. 1115).

Das Belastungsverbot erstreckt sich insbes. auch auf Zwangs- u. Arresthyp. (§§ 866, 932 ZPO.). Auch eine Hyp., zu deren Bewilligung der Betriebsinhaber gem. § 894 ZPO. verurteilt worden ist, kann nicht mehr eingetragen werden. Unzulässig ist auch die Vormerkung eines der unter das Belastungsverbot fallenden dingl. Rechte (Harmening-Pätzold SchRegG.² § 8 A. 5); s. auch unten A. 129 unter ε. Das Belastungsverbot gilt auch für die Ersatzhyp. nach § 4 GBBerG. (JFG. 12, 331). Eintr., die im Wege der GBuchberichtigung erfolgen, sind zulässig.

129 **dd) Ausnahmen.**

α) Das Belastungsverbot gilt nur für Hyp., Grund- u. Rentenschulden u. Reallasten. Andere Belastungen, z. B. Dienstbarkeiten sind zulässig. Auch eine Auflassungsvormerkung kann während der Dauer des Entschuldungsverfahrens eingetragen werden (KG. in AME. Heft 63 S. 38). Wg. sonstiger Vormerkungen s. o. A. 128.

β) Betriebsgrundstücke können während des Verfahrens belastet werden, wenn die Siedlungsbehörde bescheinigt, daß die Belastung zur Durchführung eines Siedlungsverfahrens i. S. des RSiedlG. notwendig ist (Art. 5 Abs. 1 der 6. DurchfVO. z. SchRegG. v. 7. Juli 1934, RGBl. I 609; Art. 36 Abs. 1 der 7. DurchfVO. v. 30. April 1935, RGBl. I 572).

γ) Die Zusatzhypothek gem. §§ 7 ff. der VO. ü. d. Zinserleichterung für den landwirtschaftl. Realkredit v. 27. Sept. 1932 (RGBl. I 480) kann auch während des Entschuldungsverfahrens eingetragen werden (KG. in JW. 1934, 2782).

δ) Zulässig ist die Eintr. einer Belastung, die mit dem Erwerb des zu belastenden Grundstücks durch den Betriebsinhaber in Zusammenhang steht u. zwar derart, daß er das Grundstück ohne die Belastung nicht zu erwerben vermag, also insbes. einer Restkaufgeldhyp. (KG. in JFG. 14, 119 u. in HRR. 1936 Nr. 1239 = DNotZ. 1936, 818; Harmening-Pätzold a. a. O. A. 5; v. Rozycki-v. Hoewel in DNotZ. 1936, 442). Die Zulässigkeit der Belastung ist nicht auf Kaufpreisresthyp. beschränkt; auch eine sonstige Belastung ist zulässig, wenn sie mit der Veräußerung in innerem Zusammenhang steht. Der Nachweis dieser Voraussetzung bedarf nicht der Form des § 29 GBO. (JFG. 14, 122). § 8 SchRegG. hindert auch nicht die Belastung eines Bruchteils an einem Grundstück, wenn die Belastung im Zusammenhang mit dem Erwerb eines weiteren Eigentumsanteils an demselben Grundstück erfolgt, der gleichzeitig mitbelastet werden soll (KG. in JW. 1936, 3479 = HRR. 1936 Nr. 1560).

ε) Im Hinblick auf Art. 27 der 7. DurchfVO. z. SchRegG. v. 30. April 1935 (RGBl. I 572) kann eine Hypothekvormerkung, die vor der Eröffnung des Verfahrens eingetragen worden ist, auch nach dieser in eine Hyp. umgeschrieben werden (Harmening-Pätzold a. a. O. A. 5).

ζ) Zulässig ist während des Entschuldungsverfahrens auch die Eintr. einer Landesrentenbankrente nach der VO. v. 10. März 1937, RGBl. I 292 (§ 6 Abs. 4 Satz 2 a. a. O.) sowie die Eintr. der zur Sicherung der Zwischenkredite der Preuß. Landesrentenbank bestimmten dingl. Rechte (§ 1 der 1. DurchfVO. v. 7. April 1937, RGBl. I 444).

b) Mit der Eröffnung des landwirtschaftl. Entschuldungsverfahrens ist weiter eine **130**
Verwertungssperre für Eigentümergrundpfandrechte verbunden. Während seiner Dauer können die dem Betriebsinhaber zustehenden EigtrGrundpfandrechte, insbes. EigtrGrundschulden nicht gepfändet, verpfändet oder übertragen werden (Art. 12 Satz 1 der 3. Durchf.-VO. z. SchRegG. v. 15. Sept. 1933, RGBl. I 641). Auch hier handelt es sich um ein absolut wirkendes, gesetzl. Verfügungsverbot i. S. des § 134 BGB., auf das § 878 BGB. keine Anwendung findet (s. o. A. 72). Es betrifft sowohl die rechtsgeschäftl. Verfügung als auch die Verfügung im Wege der Zwangsvollstr. Auf eine Vorpfändung nach § 845 ZPO. kann sich der Pfändungsgl. nur berufen, wenn die Pfändung vor Eröffnung des Entschuldungsverfahrens stattgefunden hat (v. Rozycki-v. Hoewel in DNotZ. 1935, 167). Im übr. gilt das oben A. 126 ff. Bemerkte entsprechend.

c) **Der Vollstreckungsschutz.** **131**

Die Eröffnung des landwirtschaftl. Entschuldungsverfahrens (vgl. oben A. 127) hat die Wirkung, daß Zwangsvollstreckungen gegen den Betriebsinhaber wegen einer Geldforderung in Gegenstände des bewegl. Vermögens (z. B. HypForderungen, Grundschulden usw.) kraft Gesetzes einstweilen eingestellt sind (Art. 2 Abs. 1 Ziff. 2 der VO. ü. d. Vollstreckungsschutz im landwirtschaftl. Entschuldungsverfahren v. 27. Dez. 1933, RGBl. I 1119). Neue Vollstreckungsmaßnahmen dürfen nicht eingeleitet werden. Als Zwangsvollstr. i. S. der genannten Bestimmung gilt auch die Vollziehung eines Arrestes oder einer einstw. Verfügung (Art. 2 Abs. 2 a. a. O.). Vermögensgegenstände, die nicht zu dem landwirtschaftl. Betrieb gehören, unterliegen dem Vollstreckungsschutz nicht (Jonas-Pohle, Zwangsvollstreckungsnotrecht[11] S. 208; bestr.). Dieser greift weiter nicht Platz, soweit die Zwangsvollstr. wegen eines Anspruchs betrieben wird, der nach § 10 SchRegG. nicht am Schuldenregelungsverfahren beteiligt ist (Art. 5 Abs. 1 VollstreckungsschutzVO.). Der Vollstreckungsschutz gilt auch im Entschuldungsverfahren nach der Osthilfegesetzgebung (Art. 1 Abs. 1 a. a. O.). Er endigt, wenn das Schuldenregelungsverfahren ohne Bestätigung des Entschuldungsplanes oder Vergleichsvorschlags rechtskräftig beendet, also ergebnislos geblieben ist (Art. 6

Abs. 2 a. a. O.; vgl. auch Art. 10). Das Entschuldungsamt kann nach Beantragung des Entschuldungsverfahrens anordnen, daß die erwähnten Vollstreckungsschutzwirkungen vorläufig eintreten (Art. 7 a. a. O.).

Das GBA. darf, sobald das Entschuldungsverfahren eröffnet oder eine Anordnung über den vorläufigen Vollstreckungsschutz ergangen ist, Eintr., die unzulässige Vollstreckungsmaßnahmen zum Gegenstand haben, nicht mehr vollziehen. Nicht betroffen werden Eintr., die lediglich eine GBuchberichtigung darstellen, z. B. die Eintr. der Pfändung einer Briefhyp. oder eines Erbanteils.

Wg. der Unzulässigkeit der Eintr. von Zwangs- u. Arresthyp. s. o. A. 128, wg. der Unzulässigkeit der Zwangsversteigerung u. -verwaltung Art. 2 Abs. 1 Ziff. 1, Art. 8 VollstreckungsschutzVO.

2. Entschuldungsbetriebe.

132 **a)** Entschuldungsbetriebe unterliegen gem. § 91 SchRegG. gewissen Belastungsbeschränkungen. Unter einem Entschuldungsbetrieb ist ein landwirtschaftl. Betrieb zu verstehen, dessen Inhaber nach den Vorschriften des SchRegG. entschuldet worden ist, sei es, daß das Entschuldungs- oder Zwangsvergleichsverfahren bis zur Bestätigung des Entschuldungsplanes oder des Zwangsvergleichs durchgeführt (§ 80 SchRegG.) oder daß der Betrieb nach Durchführung der Selbstentschuldung durch das Entschuldungsamt zum Entschuldungsbetrieb erklärt worden ist (§ 81 a. a. O.). Grundstücke, die nach Beendigung des Entschuldungsverfahrens vom Betriebsinhaber erworben werden, gehören nicht zum Entschuldungsbetrieb und unterliegen daher nicht den für diesen geltenden Beschränkungen. Bei den zu einem Entschuldungsbetrieb gehörenden Grundstücken wird im GBuch auf Ersuchen des Entschuldungsamtes oder des Kommissars für die Osthilfe (Landstelle) der Entschuldungsvermerk („Das Grundstück unterliegt der Entschuldung") eingetragen (§§ 80 Satz 2, 81 Abs. 2 Satz 4 SchRegG.; § 19 Abs. 3 OsthilfeabwicklungsVO. v. 21. Dez. 1934, RGBl. I 1280); Näheres über diese Eintr. s. in den Bemerkungen zu § 38. Entschuldungsbetriebe können nur landwirtschaftl. Betriebe einschließlich ihrer Nebenbetriebe sein; nicht gehören dazu selbständige gewerbl. Betriebe u. städtische Grundstücke des Betriebsinhabers (vgl. Harmening-Pätzold SchRegG.[2] § 80 A. 2).

Für Erbhöfe gilt § 91 SchRegG. nicht (Art. 43 der 6. DurchfVO. z. SchRegG. v. 7. Juli 1934, RGBl. I 609). Wird ein zu einem Entschuldungsbetrieb gehöriges Grundstück Bestandteil eines Erbhofes, so unterliegt es von diesem Zeitpunkt ab nicht mehr der Beschränkung des § 91 SchRegG. Verliert umgekehrt ein der Entschuldung unterliegendes Grundstück nachträglich die Erbhofeigenschaft, so bleibt es auch weiterhin von der Belastungsbeschränkung frei (Kaltenborn in DGWR. 1937, 165). Wg. der entschuldeten Osthilfebetriebe s. u. A. 137.

Die Wirkungen der Entschuldungsbetriebseigenschaft treten, wenn diese auf der Durchführung des Schuldenregelungsverfahrens beruhen, mit der rechtskräftigen Bestätigung des Entschuldungsplanes oder des Vergleichsvorschlages ein; gleichgültig ist, wann der Entschuldungsvermerk im GBuch eingetragen wird (vgl. hiezu v. Schenck in DJ. 1936, 606). Wenn dagegen Selbstentschuldung stattgefunden hat, wird der Betrieb mit dem Zeitpunkt der Eintr. des Entschuldungsvermerks Entschuldungsbetrieb (§ 81 Abs. 2 Satz 5 SchRegG.); vgl. hiezu AV. v. 30. Jan. 1935 (DJ. 243). Wg. der Osthilfebetriebe s. u. A. 137.

Wegen der Freistellung von den für Entschuldungsbetriebe geltenden Beschränkungen u. der Löschung des Entschuldungsvermerks s. GR. Nr. 77 v. 17. April 1937 (DJ. 608); vgl. auch die Anm. zu § 38.

133 **b)** Die **Belastungsbeschränkung** für Entschuldungsbetriebe besteht darin, daß sie oder Teile derselben nur innerhalb der Mündelsicherheitsgrenze u. nur mit unkündbaren Tilgungsforderungen mit mindestens ½ v. H. jährlicher Tilgung neu belastet werden dürfen (§ 91

SchRegG.). Es handelt sich um ein absolut wirkendes, gesetzl. Verfügungsverbot i. S. des § 134 BGB. § 878 BGB. (s. o. A. 72) ist hierauf nicht anwendbar.

Der Inhalt der Verfügungsbeschr. ist:

aa) Zum Entschuldungsbetrieb gehörige Grundstücke sowie Teile derselben dürfen außerhalb der Mündelsicherheitsgrenze nicht belastet werden. Die Mündelsicherheitsgrenze bestimmt sich nach § 49 SchRegG. u. den Vorschriften der 4. DurchfVO. hiezu v. 5. Okt. 1933 (RGBl. I 713) sowie der Art. 46 ff. der 7. DurchfVO. v. 30. April 1935 (RGBl. I 572); vgl. auch Schneble in DFG. 1937, 8. In das GBuch wird weder die Mündelsicherheitsgrenze noch der Betriebswert, nach dem sie sich errechnet, eingetragen (JFG. 14, 114; 15, 207). Die durch die Eintr. der Landesrentenbankrente gem. VO. v. 10. März 1937 (RGBl. I 292) eingetretene Mehrbelastung bleibt bei Feststellung der zulässigen Belastungsgrenze außer Betracht (§ 6 Abs. 1 Satz 2 der genannten VO.). Da es sich bei der Bestimmung des § 91 SchRegG. nur um eine Beleihungssperre handelt, gilt das Verbot lediglich für Grundpfandrechte (Hyp., Grundschulden, Rentenschulden u. Reallasten). Andere dingl. Rechte, z. B. Dienstbarkeiten, Vorkaufsrechte usw. können unbeschränkt eingetragen werden (JFG. 14, 116; Harmening-Pätzold § 91 A. 4; Knauer in JW. 1936, 1042; **a. M.** v. Rozycki-v. Hoewel Sch.-RegG. § 91 A. II 6); das gleiche gilt für Verfügungsbeschränkungen. Soweit eine endgültige Eintr. unzulässig ist, darf auch keine Vormerkung eingetragen werden. Mit einem Altenteil darf ein Entschuldungsbetrieb dann belastet werden, wenn die in dem Altenteil enthaltene Reallast sich innerhalb der Mündelsicherheitsgrenze hält (JFG. 14, 113). Die Belastungsbeschränkung gilt auch für Eintr. im Wege der Zwangsvollstr., also insbes. für Zwangs- u. Arresthyp. (§ 91 Satz 2 SchRegG.), nicht dagegen für Belastungen, die kraft Gesetzes entstehen, z. B. die Sicherungshyp. nach § 848 Abs. 2 ZPO. 134

Ob eine einzutragende Belastung innerhalb der Mündelsicherheitsgrenze liegt, hat das GBA. von Amts wegen zu prüfen. Die Beteiligten haben ihm sowohl die Mündelsicherheitsgrenze selbst als auch den Kapitalwert der bereits eingetragenen Belastungen u. des neu einzutragenden Rechtes, soferne dieser Kapitalwert sich nicht aus dem feststehenden Sachverhalt in Verbindung mit den gesetzl. Vorschriften errechnen läßt, in der Form des § 29 GBO. nachzuweisen. Das Entschuldungsamt ist verpflichtet, den Beteiligten erforderlichenfalls entspr. Bescheinigungen auszustellen (JFG. 14, 118). Dies gilt insbes. auch dann, wenn ein Teil des Entschuldungsbetriebs belastet werden soll oder wenn die Mündelsicherheitsgrenze durch nachträglich eintretende Umstände (z. B. Neubau oder Abbruch eines Gebäudes) eine Veränderung erfahren hat.

Ausnahmen. § 91 SchRegG. gilt nicht für Erbhöfe; Näheres s. o. A. 132. Das Belastungsverbot des § 91 SchRegG. steht bei der Vergebung zu besiedelnder Grundstücke der erstmaligen Beleihung mit einer Rentengutsrente nicht entgegen (§ 92 Abs. 1 SchRegG.). Die Belastungsbeschr. gilt auch nicht für die Eintr. der Landesrentenbankrente nach der VO. z. beschleunigten Förderung des Baues von Heuerlings- u. Werkwohnungen sowie von Eigenheimen für ländl. Arbeiter u. Handwerker v. 10. März 1937, RGBl. I 292 (§ 6 Abs. 4 Satz 2 a. a. O.) u. für die Eintr. der zur Sicherung der Zwischenkredite der Preuß. Landesrentenbank bestimmten dingl. Rechte (§ 1 der 1. DurchfVO. v. 7. April 1937, RGBl. I 444). Nicht anwendbar ist das Belastungsverbot weiter auf eine Belastung zur Durchführung eines Siedlungsverfahrens i. S. des RSiedlG., wenn die Siedlungsbehörde die Notwendigkeit der Belastung bescheinigt (Art. 36 Abs. 1 der 7. DurchfVO. z. SchRegG. v. 30. April 1935, RGBl. I 572).

Bestehende Belastungen werden von § 91 SchRegG. nicht berührt. Sind über die Mündelsicherheitsgrenze hinaus Hyp. an einem Entschuldungsbetrieb eingetragen, so ist jedoch bei ihnen, soweit sie die Mündelsicherheitsgrenze übersteigen, die Entstehung einer Eigtr.-Grundschuld oder -hyp. ausgeschlossen (§ 92 Abs. 2 SchRegG.). Dies gilt auch für Erbhöfe. Die Vorschrift betrifft jedoch nur endgültige EigtrGrundschulden, nicht auch auflösend bedingte, wie sie z. B. bei Höchstbetragshyp. vor endgültiger Feststellung der gesicherten Forderung bestehen (v. Rozycki-v. Hoewel in DNotZ. 1935, 172). Das Verbot der Neubelastung steht auch der Erhöhung des Zinssatzes einer eingetragenen Hyp. oder der nachträgl. Eintr. der Verfallklausel oder der dingl. Unterwerfungsklausel nicht entgegen. Ebenso ist eine Umschuldung in der Weise zulässig, daß für denselben Gl. unter Löschung des alten Rechts ein neues in gleicher Höhe eingetragen oder daß eine Hyp. für einen Dritten neu bestellt wird, der die Mittel zur Tilgung einer bestehenden Hyp. gegeben hat, soferne gleichzeitig die alte Hyp. gelöscht wird u. die neue nicht höher ist als jene (Harmening-Pätzold a. a. O. A. 8; **a. M.** für letzteren Fall v. Rozycki-v. Hoewel in JW. 1933, 2195). Dagegen stellt die Abtretung einer außerhalb der Mündelsicherheitsgrenze eingetragenen EigtrGrundschuld an einen Dritten eine unzulässige Neubelastung i. S. des § 91 SchRegG. dar.

135 **bb)** Innerhalb der Mündelsicherheitsgrenze dürfen zum Entschuldungsbetrieb gehörige Grundstücke nur mit unkündbaren Tilgungsforderungen (Tilgungshyp. u. -grundschulden) mit mindestens ½ v. H. jährlicher Tilgung belastet werden. Jede andere Beleihungsform ist verboten. Eine Rentenschuld darf also an einem Entschuldungsbetrieb überhaupt nicht eingetragen werden. Eine Tilgungsforderung ist eine Forderung, bei der zum Zwecke der allmählichen Tilgung des Kapitals Zuschläge zu den Zinsen bezahlt werden. Der Schuldner hat jedes Jahr dieselbe Jahresleistung zu entrichten, von der nach einem Tilgungsplan ein von Jahr zu Jahr wechselnder Teil auf die Tilgung u. ein entsprechend der allmählichen Tilgung jährlich geringer werdender Teil auf die Verzinsung entfällt. Unkündbar ist eine Tilgungsforderung, wenn das Recht des Gl., stets u. ohne besondere Voraussetzung Zahlung zu verlangen, ausgeschlossen ist. Die Vereinbarung einer außerordentl. Kündigung oder Fälligkeit aus besonderem Anlaß nimmt der Forderung nicht die Eigenschaft einer unkündbaren Tilgungsforderung. Als Gründe einer außerordentl. Kündigung kommen alle Vorgänge in Betracht, die als mangelhafte Bedienung der Hyp. oder als Beeinträchtigung der Sicherheit der Hyp. zu werten sind, insbes. unpünktl. Zinszahlung, Verschlechterung des belasteten Grundstücks (vgl. §§ 1133, 1134, 1135 BGB.), Nichtversicherung der auf dem Grundstück befindl. Gebäude u. Feldfrüchte, Zwangsvollstr. in das Grundstück oder in das sonstige Vermögen, Veräußerung oder Verpachtung des belasteten Grundstücks (vgl. RJustizMinErl. v. 16. April 1934, DJ. 437, sowie Teil II Nr. 37 der Richtlinien zur landwirtschaftl. Schuldenregelung v. 13. Juni 1934, AME. Heft 66). Der Mindestsatz der jährlichen Tilgung ist ½ v. H. Ein Höchstsatz ist gesetzlich nicht festgelegt; doch widerspricht ein höherer Tilgungssatz als 5 v. H. dem Wesen der Tilgungsforderung (vgl. § 14 Ziff. 3 Satz 3 SchRegG.) u. ist daher unzulässig (Knauer in JW. 1936, 1042; vgl. auch Harmening-Pätzold SchRegG.[2] § 14 A. 152).

Auch bei der Inhaltsänderung bestehender Belastungen gilt die ausschließl. Zulässigkeit der unkündbaren Tilgungshyp. Eine solche darf daher nicht in eine Fälligkeitshyp. umgewandelt werden (v. Arnswaldt in JW. 1934, 2022). Ebensowenig darf bei einer Forderungsauswechslung eine kündbare Forderung an die Stelle einer unkündbaren gesetzt werden (v. Rozycki-v. Hoewel in DNotZ. 1935, 172). Die ausschließl. Zulässigkeit der unkündbaren Tilgungshyp. gilt auch für Zwangs- u. Arresthyp. (§ 91 Satz 2 SchRegG.; Harmening-Pätzold[2] § 91 A. 7). Die oben A. 134 angeführten Ausnahmen (Siedlungsverfahren, Rentengutsrente) gelten auch für diese Belastungsbeschränkung.

136 **c)** Eintr., die dem § 91 SchRegG. widersprechen, sind, soweit es sich um schlechthin ausgeschlossene Belastungen handelt, inhaltlich unzulässig; soweit es sich um an sich zulässige Belastungen handelt, die aber außerhalb der Mündelsicherheitsgrenze liegen, machen sie das GBuch unrichtig. Das GBA. hat jeweils nach § 53 GBO. zu verfahren.

137 **d)** Die Bestimmungen der §§ 91, 92 SchRegG. gelten auch für Betriebe, die nach den im Osthilfegebiet geltenden Vorschriften entschuldet worden sind (§ 100 SchRegG.). Im Sinne dieser Vorschrift gilt ein Betrieb als entschuldet, sobald das GBA. die Eintr. in das GBuch vorgenommen hat, die zur Durchführung der Entschuldung erforderlich sind. Im

Zweifelsfalle entscheidet der Kommissar für die Osthilfe (Landstelle) (§ 22 Osthilfeabwicklungs-VO. v. 21. Dez. 1934, RGBl. I 1280). Wg. der Mündelsicherheitsgrenze bei diesen Betrieben s. §§ 23ff. a. a. O., wg. der Eintr. des Entschuldungsvermerks § 29 Abs. 1 a. a. O.

e) Wegen der zur Veräußerung von Entschuldungsbetrieben nach der VO. v. 6. Jan. 1937 (RGBl. I 5) erforderl. Genehmigung des RMin. für Ernährung u. Landwirtschaft oder des Entschuldungsamtes oder des Kommissars für die Osthilfe (Landstelle) s. den Anhang zu § 20. **138**

X. Die Erbhofeigenschaft.

1. Als Rechtsquellen kommen insbes. in Betracht: das Reichserbhofgesetz (RErbhG.) v. 29. Sept. 1933 (RGBl. I 685), die Erbhofrechtsverordnung (EHRV.) v. 21. Dez. 1936 (RGBl. I 1269) u. die Erbhofverfahrensordnung (EHVfO.) v. 21. Dez. 1936 (RGBl. I 1282). In diesen zwei Verordnungen, die seit 23. Dez. 1936 in Kraft sind, ist — außer verschiedenen neuen Vorschriften — der Inhalt der gleichzeitig aufgehobenen drei DurchfVerordnungen v. 19. Okt. 1933, 19. Dez. 1933 u. 27. April 1934 zusammengefaßt. Die EHRV. enthält die sachlichrechtl. Vorschriften, die EHVfO. die verfahrensrechtl. Bestimmungen. **139**

2. Erbhöfe sind grundsätzlich unveräußerlich u. unbelastbar (§ 37 Abs. 1 Satz 1 RErbhG.). Das AnerbenG. kann jedoch eine Veräußerung oder Belastung genehmigen, wenn ein wichtiger Grund vorliegt (§ 37 Abs. 2 a. a. O.). Genehmigungspflichtig sind außerdem noch eine Anzahl anderer Rechtsgeschäfte, wie die Teilung eines bestehenden Erbhofes, die Verfügung über eine EigtrGrundschuld; hierüber s. u. A. 162, 163. Die Zwangsvollstreckung in einen Erbhof ist unzulässig (§ 38 RErbhG.; Näheres s. u. A. 164). Das GBA. darf Eintr., die unter das Veräußerungs- u. Belastungsverbot fallen oder sonst genehmigungspflichtig sind, nur vornehmen, wenn ihm die anerbengerichtl. Gen. nachgewiesen ist. Wg. der Prüfungspflicht des GBuchrichters s. u. A. 170 ff. **140**

Das Veräußerungs- u. Belastungsverbot des § 37 RErbhG. stellt nicht nur ein absolut wirkendes Verfügungsverbot i. S. des § 134 BGB. dar (so insbes. Gülland, RErbhG. S. 136, 167; Vogels[4] § 37 A. 184, s. aber auch A. 178), sondern es handelt sich um eine den zum Erbhof gehörigen Grundstücken selbst anhaftende Eigenschaft, die jede dem Verbot zuwiderlaufende Verfügung schlechthin verhindert (vgl. KG. in JW. 1934, 618 = HRR. 1934 Nr. 203; JFG. 12, 334; Wöhrmann, RErbhG. § 37 A. 2c; Hopp in DJ. 1933, 645). Im übr., insbes. wg. der Nichtanwendbarkeit des § 878 BGB. s. u. A. 142.

Die Erbhofeigenschaft erstreckt sich auf die zum Hofe gehörigen Grundstücke (§ 1 RErbhG.), ferner auf Nutzungsrechte u. Anteile nach Maßgabe des § 4 EHRV. Wg. der EigtrGrundschulden s. u. A. 162. Erbhoffreies Vermögen dagegen sind Forderungen des Bauern, die an fremden Grundstücken hypothekarisch gesichert sind, sowie Grundschulden u. sonstige dingl. Rechte an solchen Grundstücken. Verfügungen über derartige dingl. Rechte sind niemals genehmigungspflichtig.

3. a) Die Veräußerungs- u. Belastungssperre tritt mit dem Zeitpunkt ein, in dem ein Grundstück oder Recht die Erbhofeigenschaft erlangt. Mit dem Inkrafttreten des RErbhG. (1. Okt. 1933) sind alle Besitzungen Erbhöfe geworden, die damals den gesetzl. Erfordernissen eines Erbhofes genügten. Im Saarland, wo das RErbhG. erst am 1. Mai 1935 in Kraft getreten ist (VO. v. 16. April 1935, RGBl. I 554), ist dieser Stichtag maßgebend. Die Eintr. einer Besitzung in die Erbhöferolle ist für die Entstehung der Erbhofeigenschaft nicht maßgebend; sie begründet nur eine entspr. Vermutung (§ 32 EHVfO.). Besonderes gilt für die Ehegattenerbhöfe; s. §§ 17, 18, 25 EHRV. **141**

Die Familienfideikommißeigenschaft steht der Entstehung eines Erbhofes nicht entgegen (LErbhGer. Celle in JW. 1936, 591 = EHRspr. § 1 Nr. 61; vgl. auch § 44 EHRV.). Doch sind die landesgesetzl. Bestimmungen über die Fideikommisse durch das Inkrafttreten des RErbhG. nicht berührt worden (BayObLG. 33, 396).

Nachträglich können Erbhöfe entstehen:

α) durch besondere Zulassung gem. § 5 RErbhG., §§ 44, 45 EHVfO.;

β) dadurch, daß eine der gesetzl. Voraussetzungen der Erbhofeigenschaft (Ackernahrung, Bauernfähigkeit, Alleineigentum usw.) erst nachträglich eintritt, z. B. daß eine Besitzung auf den Umfang einer Ackernahrung vergrößert wird, daß ein bisher in gemeinschaftl. Eigentum stehender Besitz in Alleineigentum übergeführt wird; daß der Eigtr. die Bauernfähigkeit nachträglich erlangt, daß eine über 125 ha große Besitzung geteilt oder durch Abveräußerungen auf Erbhofgröße gebracht wird usw. Der Umstand, daß dem Eigtr. bereits ein anderer Erbhof gehört, steht der Entstehung der Erbhofeigenschaft nicht entgegen (LErbhGer. Celle in DRZ. 1935, 525).

142 **b)** § 878 BGB. ist, da § 37 RErbhG. keine Verfügungsbeschr., sondern ein ausnahmslos u. jedermann gegenüber sofort wirkendes Verfügungsverbot enthält (s. o. A. 140), nicht anwendbar; dieser von der Rspr. entwickelte Grundsatz (vgl. JFG. 12, 334; 14, 185) ist nunmehr in § 31 Abs. 1 EHRV. (früher § 15 Abs. 2 der 2. DurchfVO.) gesetzlich niedergelegt, wo bestimmt ist, daß die anerbengerichtl. Gen. auch dann erforderlich ist, wenn zu dem Zeitpunkt, in dem eine Besitzung Erbhof geworden ist, die auf Veräußerung oder Belastung gerichtete Erklärung des Eigtr. bindend u. der EintrAntrag beim GBA. gestellt, die Eintr. aber vor dem genannten Zeitpunkt noch nicht bewirkt worden ist. Entsprechendes muß gelten, wenn ein Grundstück oder Recht nachträglich erbhofzugehörig wird.

143 **c)** Die Veräußerungs- u. Belastungssperre e n d i g t mit dem Wegfall der Erbhofzugehörigkeit des Grundstücks. Dieser kann nur eintreten durch genehmigte Teilung, ständige Verpachtung oder Veräußerung an eine nicht bauernfähige Person oder an eine juristische Person oder an eine Mehrheit von Personen. Dagegen bewirkt der Verlust der Bauernfähigkeit des Eigtr. nicht den Wegfall der Erbhofeigenschaft des ihm gehörigen Grundbesitzes (§ 16 Satz 2 RErbhG.).

4. Die genehmigungspflichtigen Rechtsgeschäfte.

144 **a)** Genehmigungspflichtig sind insbes. die Veräußerung u. die Belastung. Hierüber s. im einzelnen u. A. 147 ff., 150 ff. Unter die Genehmigungspflicht fallen auch solche Veräußerungen u. Belastungen, die vor oder nach Eintritt der Erbhofeigenschaft durch Eintr. einer Vormerkung im GBuch gesichert worden sind oder zu deren Vornahme der Eigtr. rechtskräftig verurteilt ist. Eine Veräußerung bedarf auch dann der anerbengerichtl. Gen., wenn dem Erwerber ein Wiederkaufs- oder ein (dingl. oder persönl.) Vorkaufsrecht zusteht (vgl. RG. 144, 231); wg. der Ausübung des Vorkaufsrechts s. § 33 Abs. 3 EHRV. Auch die Eintr. einer Sicherungshyp., auf deren Einräumung der Gl. einen gesetzlichen Anspruch hat (z. B. § 648 BGB.), ist genehmigungsbedürftig. Wg. der Fälle, in denen zwischen EintrAntrag u. Eintr. das betroffene Grundstück Erbhofeigenschaft erlangt, s. o. A. 142.

145 α) Während zunächst nach allgem. Auffassung nur das dingl. Erfüllungsgeschäft, nicht auch das diesem zugrunde liegende schuldrechtl. V e r p f l i c h t u n g s g e s c h ä f t der anerbengerichtl. Gen. bedurfte (vgl. insbes. RG. 142, 312; 144, 231; RG. in JW. 1936, 1125; REHG. 1, 89), ist seit dem Inkrafttreten der EHRV. (23. Dez. 1936) gem. § 33 Abs. 1 dieser VO. neben dem dingl. Verfügungsgeschäft auch die Eingehung der Verpflichtung zu einer genehmigungsbedürftigen Verfügung genehmigungspflichtig. Wird das Verpflichtungsgeschäft genehmigt, so gilt die Gen. auch für das diesem Verpflichtungsgeschäft entsprechende Erfüllungsgeschäft als erteilt (§ 33 Abs. 2 a. a. O.). Das Erfüllungsgeschäft muß dem Verpflichtungsgeschäft „entsprechen", d. h. sein Inhalt muß der Rechtsvorgang sein, zu dessen Herbeiführung sich der Eigtr. in dem schuldrechtl. Geschäft verpflichtet hat. Ist die Veräußerung eines Erbhofs „nach Maßgabe eines bestimmten Kaufvertrags" genehmigt, so deckt diese Gen. die Veräußerung nicht mehr, wenn der Kaufpreis nachträglich herabgesetzt wird (RG. in HRR. 1937 Nr. 1241).

β) Nicht unter die Genehmigungspflicht fallen Eintr., die lediglich der GBuchberichtigung dienen (REHG. 2, 341; LEHGer. Celle in JW. 1934, 3213). Ohne anerbengerichtl. Gen. können ferner Vormerkungen eingetragen werden, u. zwar sowohl Auflassungsvorm. als auch solche zur Sicherung des Anspruchs auf Einräumung eines beschränkten dingl. Rechts am Grundstück u. auf Änderung des Inhalts eines solchen Rechts (RG. 144, 231; REHG. 1, 212; KG. in JFG. 11, 374; BayObLG. 34, 82 = JFG. 11, 377). Wg. der Vorm. auf Einräumung einer Sicherungshyp. gem. Art. 14 bayer. AG. z. BGB. (Bierlieferung) vgl. EHGer. Bamberg in JW. 1934, 2250 = DNotZBayV. 1934, 150. 146

b) Die Veräußerung. 147

α) Genehmigungspflichtig ist die Veräußerung von zu einem Erbhof gehörigen Grundstücken, ferner die Veräußerung von Rechten, die zum Erbhof gehören, z. B. von dingl. Nutzungsrechten, Anteilen usw. Voraussetzung ist aber, daß das Recht in Wirklichkeit ein Anteilsrecht am Eigentum, nicht ein bloßes Nutzungsrecht ist (LEHGer. Celle in JW. 1936, 601). Zu den Bestandteilen eines Grundstücks, deren Veräußerung (Übertragung) von der anerbengerichtl. Gen. abhängig ist, gehören insbes. Grunddienstbarkeiten, subj.-dingl. Vorkaufsrechte u. Reallasten, Überbau- u. Notwegrenten, Realgewerbeberechtigungen, Realgemeindeberechtigungen, dingl. Jagd- u. Fischereirechte, Abbaurechte usw. Genehmigungspflichtig ist insbes. auch die Veräußerung von Miteigentumsanteilen, die zum Erbhof gehören (vgl. § 4 Abs. 1 Satz 2 EHRV.; LOG. München in HRR. 1936 Nr. 273). Ist nur der Miteigentumsanteil an einem Grundstück erbhofzugehörig, so bedarf auch die Veräußerung (oder Belastung) des ganzen Grundstücks der Genehmigung (LEHGer. Celle in JW. 1935, 2578). Die Gen. ist auch erforderlich, wenn über einen Gesamthandanteil verfügt wird, ebenso, wenn die Verfügung nicht der Bauer selbst, sondern ein Gemeinschaftsorgan trifft (LEHGer. Celle a. a. O.). Besitzt die Gemeinschaft, an der der Bauer beteiligt ist, die Eigenschaft einer juristischen Person, so bedürfen deren Verfügungen keiner Gen. Deshalb ist nicht genehmigungsbedürftig die Veräußerung von Grundbesitz durch eine nach dem preuß. Ges. v. 5. Juni 1888 organisierte Realgemeinde, zu deren Mitgliedern Bauern gehören, und zwar auch dann, wenn die Realgemeinde ihren gesamten Grundbesitz veräußert (LEHGer. Celle in JW. 1936, 601; **a. M.** Vogels[4] § 4 EHRV. A. 22; Meyer in JW. 1935, 2578). Kein Anteil i. S. des § 4 Abs. 1 EHRV. ist der Anteil an einer noch nicht auseinandergesetzten Erbengemeinschaft (LEHGer. Celle in JW. 1936, 603).

β) Unter einer Veräußerung ist das dingl. Rechtsgeschäft der Eigentumsübertragung zu verstehen. Auf welchem schuldrechtl. Grundgeschäft die Veräußerung beruht (Kauf, Tausch, Schenkung usw.), ist bedeutungslos. Insbes. ist auch die Übergabe des Hofs an einen Anerbenberechtigten genehmigungsbedürftig (§ 37 Abs. 3 RErbhG.). Genehmigungspflichtig ist auch der Verzicht auf eine Grunddienstbarkeit, die einem Erbhofgrundstück zusteht (EHGer. Dresden in EHRspr. § 37 d Nr. 19; vgl. auch Hagedorn in JW. 1934, 1895). Der Verzicht auf das Eigentum am Erbhof (§ 928 BGB.) bedarf nicht der anerbengerichtl. Gen. (**a. M.** Hennig § 37 A. II 3 a). 148

Die anerbengerichtl. Gen. ist auch erforderlich, wenn die Veräußerung sich auf eine Auflassungsvorm. gründet. Nicht um die Veräußerung eines Erbhofgrundstücks handelt es sich, wenn der Grundbesitz erst durch diese Veräußerung Erbhof wird; wg. der Belastung in diesem Fall s. u. A. 154. Werden jedoch von einem über 125 ha großen Grundbesitz Teile abveräußert, so daß der Rest diese Grenze nicht mehr überschreitet, u. werden zunächst diese Veräußerungen in das GBuch eingetragen, so bedürfen weitere Veräußerungen des restlichen Grundbesitzes oder von Teilen desselben der anerbengerichtl. Gen., auch wenn sämtl. Auflassungen vor der Teilabschreibung erfolgt u. auch sämtl. Umschreibungsanträge gleichzeitig gestellt waren (JFG. 14, 181). Die Eintr. eines neuen Eigtr. im Wege der GBuchberichtigung bedarf nicht der Gen. des AnerbenG.

Genehmigungspflichtig ist auch die Landabgabe zu Entschuldungszwecken in einem Entschuldungsverfahren (LEHGer. Celle in RdRN. 1935, 347; Vogels[4] § 37 A. 28; vgl. Höver in DGWR. 1937, 115). Daß eine Parzelle auf Gr. eines Unschädlichkeitszeugnisses pfandfrei abgeschrieben werden kann, macht die anerbengerichtl. Gen. nicht entbehrlich (vgl. hiezu Schnizlein in BayZ. 1934, 117; Vogels § 37 A. 23). Der Gen. des AnerbenG. bedarf auch die Veräußerung eines Erbhofes durch einen Treuhänder gem. § 5 der 1. DurchfVO. z. G. ü. d. Sicherung der Reichsgrenze u. ü. Vergeltungsmaßnahmen v. 17. Aug. 1937 (RGBl. I 905).

149 γ) Ausnahmen. Die anerbengerichtl. Genehmigung ist nicht erforderlich:

aa) zur Einbeziehung eines Erbhofes in ein Verfahren zur Grundstücksumlegung (Flur- oder Feldbereinigung) (§ 32 Abs. 1 Ziff. 2 EHRV.); genehmigungsfrei ist insbes. auch der Austausch von Grundstücken auf Gr. des Auseinandersetzungsplanes;

bb) zu einer im Wege der Enteignung erfolgenden Veräußerung, da es sich hier um einen staatl. Hoheitsakt handelt (REHG. 2, 48; REHGer. in JW. 1935, 2007; Vogels[4] § 37 A. 16). Genehmigungspflichtig ist jedoch ein freihändiger Verkauf, der zur Vermeidung der Enteignung vorgenommen wird, sowie ein Kaufvertrag, der im Enteignungsverfahren nach der Planfeststellung, aber vor Ausspruch der Enteignung (vgl. §§ 16, 17 preuß. EnteignungsG.) abgeschlossen wird (LEHGer. Celle in EHRspr. § 37a Nr. 64).

150 **c) Die Belastung.**

α) Der Gen. des AnerbenG. bedarf — von den unten A. 152ff. aufgeführten Ausnahmen abgesehen — die Eintr. jeder dingl. Belastung eines zu einem Erbhof gehörigen Grundstücks oder Rechtes, insbes. die Eintr. von Hyp., Grundschulden, Rentenschulden, von Reallasten oder eines Nießbrauchs. Die Genehmigungspflicht ist auch gegeben, wenn ein zu einem Erbhof gehöriger Miteigentumsanteil an einem Grundstück oder wenn ein solches Grundstück als ganzes belastet werden soll. Auch die Eintr. einer EigtrGrundschuld (§ 1096 BGB.) ist genehmigungspflichtig; im übr. s. wg. der EigtrGrundschuld unten A. 162. Genehmigungspflichtig ist auch die Belastung einer für den Eigtr. bestehenden selbständigen Abbaugerechtigkeit (Vogels[4] § 32 EHRV. A. 6). Mit Rücksicht auf die Bestimmung des § 1131 BGB. ist die anerbengerichtl. Gen. notwendig, wenn ein Erbhofgrundstück einem anderen mit einer Hyp., Grund- oder Rentenschuld belasteten Erbhofgrundstück als Bestandteil zugeschrieben werden soll, es sei denn, daß die Belastung des Hauptgrundstücks sich bereits vor der Zuschreibung auf das zuzuschreibende Grundstück erstreckte (§ 29 Abs. 1 EHRV.). Dagegen können neu erworbene Grundstücke im Hinblick auf § 32 Abs. 1 Ziff. 4 EHRV. dem Erbhof ohne Gen. zugeschrieben werden. Im einzelnen s. hiezu § 6 A. 5.

Die Eintr. einer Zwangs- oder Arresthypothek an einem Erbhofgrundstück ist schlechthin unzulässig u. nicht genehmigungsfähig (§ 38 REbhG.). Dies gilt auch für ein Grundstück, von dem nur ein Miteigentumsanteil Bestandteil eines Erbhofes ist, wenn das ganze Grundstück belastet werden soll.

Genehmigungspflichtig ist auch die dingl. Sicherstellung der gesetzl. Versorgungsansprüche nach §§ 30, 31 RErbhG., soweit nicht die Ausnahmebestimmung des § 32 Abs. 1 Ziff. 1 EHRV. (s. u. A. 152) Platz greift (vgl. REHG. 2, 236, 245, 254; REHGer. in EHRspr. § 37c Nr. 74).

Keiner Gen. bedarf die Bestellung eines dingl. Vorkaufsrechts (KG. in JFG. 13, 115; **a. M.** EHGer. Bamberg in EHRspr. § 37b Nr. 64; Vogels[4] § 37 A. 53).

151 β) Genehmigungspflichtig ist ferner jede Änderung des Inhalts einer eingetragenen Belastung i. S. des § 877 BGB., gleichgültig, ob die Änderung eine Mehrbelastung zur Folge hat oder nicht u. ob nach den Vorschriften des BGB. (vgl. §§ 1119, 1198, 1203) die Zustimmung der im Range gleich- u. nachstehenden Berechtigten erforderlich ist (KG. in JFG. 14, 382 im Gegensatz zu seiner früheren Rspr.; REHG. 2, 341; 2, 359). Unter die Genehmigungspflicht fallen also z. B. die Abänderung der Zins- und Zahlungsbestimmungen, die nachträgl. Eintr. der dingl. Unterwerfungsklausel (so schon JFG. 11, 368), die Forderungsauswechslung

gem. § 1180 BGB., die Umwandlung einer Hyp. in eine Grund- oder Rentenschuld u. umgekehrt (vgl. KG. in JFG. 14, 382), die Umwandlung einer Hypothekenart in eine andere (vgl. KG. a. a. O.), die nachträgl. Beseitigung der Befugnis des Eigtr., die Hypothekenschuld durch Hingabe von Schuldverschreibungen zu tilgen (JFG. 12, 336), die nachträgl. Umwandlung eines Geld- in ein Pfandbriefdarlehen (REHG. 1, 212; 2, 341) usw. Genehmigungsfrei ist lediglich die ganze oder teilweise Aufhebung des dingl. Rechts, also z. B. auch die Herabsetzung des Zinsfußes, ferner die Umwandlung mehrerer Einzelhypotheken in eine Gesamthyp. (KG. in HRR. 1935 Nr. 866). Alle anderen Eintr. bei einer eingetragenen Belastung darf der GBuchrichter nur vornehmen, wenn die Gen. des AnerbenG. nachgewiesen ist.

Die Abtretung oder Belastung eines an einem Erbhof eingetragenen dingl. Rechtes (mit Ausnahme der EigtrGrundschuld, s. u. A. 162) bedarf keiner Gen. des AnerbenG. Das GBA. kann diese nicht etwa mit der Begründung verlangen, daß die eingetragene Fremdhyp. inzwischen vielleicht EigtrGrundschuld geworden sei (vgl. JFG. 14, 384). Wg. des Rangrücktritts s. u. A. 162 a. E.

γ) Ausnahmen. Die anerbengerichtl. Gen. ist nicht erforderlich: 152

aa) zur Belastung eines Erbhofgrundstücks mit einer Grunddienstbarkeit, einer beschr. persönl. Dienstbarkeit oder mit öffentl. Lasten (§ 32 Abs. 1 Ziff. 1 EHRV.). Genehmigungsfrei ist daher insbes. die Eintr. eines Wohnungsrechts für den Übergeber des Hofes. Soweit dagegen Altenteilsleistungen aus Reallasten bestehen, können sie nur mit Gen. des AnerbenG. eingetragen werden. Genehmigungsbedürftig ist die Eintr. einer selbständigen (Kohlen- oder Salz-) Abbaugerechtigkeit (JFG. 13, 115; Vogels[4] § 32 EHRV. A. 7), außer die Abbaugerechtigkeit wird für den Grundstückseigtr. selbst bestellt (LG. Halle in DJ. 1936, 869). Zu den in § 32 Abs. 1 Ziff. 1 EHRV. erwähnten öffentl. Lasten gehört insbes. die Entschuldungsrente nach den DurchfBest. zum SchRegG. Dagegen bezieht sich die Vorschrift nicht auf die Sicherungshyp. nach Art. 123 bayer. AG. z. BGB. (Vogels[4] § 32 EHRV. A. 5).

bb) zur Eintr. einer Belastung (oder Belastungsänderung) im Wege der GBuchberichtigung (s. o. A. 146). Deshalb ist genehmigungsfrei die Eintr. einer Aufwertungshypothek (LEHGer. Celle in EHRspr. § 37b Nr. 40). Auch die Eintr. der Ersatzhypothek nach § 4 GBBerG. bedarf nicht der Gen. des AnerbenG. (LEHGer. Celle in EHRspr. § 37b Nr. 22 u. in JW. 1935, 2007; Vogels[4] § 37 A. 61; **a. M.** KG. in JFG. 12, 331). Dagegen ist die Eintr. einer über den gesetzl. Betrag von 25% hinausgehenden Aufwertung genehmigungspflichtig (EHGer. München in EHRspr. § 37b Nr. 24; vgl. auch REHGer. in JW. 1934, 3288). Als GBuchberichtigung unterliegen ferner nicht der Genehmigungspflicht die Eintr. der Zusatzhypothek nach § 9 der VO. ü. d. Zinserleichterung für den landwirtschaftl. Realkredit v. 27. Sept. 1932, RGBl. I 480 (REHG. 2, 341; LEHGer. Celle in EHRspr. § 37b Nr. 39) u. die Eintr. der Umwandlung einer Roggenhypothek in eine Reichsmark- (nicht eine Goldmark-) Hyp. nach dem RoggenschuldenG. v. 16. Mai 1934, RGBl. I 391 (REHG. 2, 341). 153

cc) zur Eintr. einer Belastung, wenn der Grundbesitz (sei es ein ganzer Hof oder ein einzelnes Grundstück, das zu einem bestehenden Erbhof hinzuerworben wird) erst durch ein Veräußerungsgeschäft Erbhofeigenschaft erlangt u. die Belastung im Zusammenhang mit dem Veräußerungsgeschäft erfolgt (§ 32 Abs. 1 Ziff. 4 EHRV.). In diesem Falle darf nicht bloß der hinzuerworbene, sondern auch der schon vorhandene, bisher erbhoffreie Grundbesitz ohne Genehmigung belastet werden. In Betracht kommt insbes. die Eintr. einer Hyp. für den Kaufpreis, ein Auseinandersetzungsguthaben usw. Der Zusammenhang zwischen Veräußerungsgeschäft u. Belastung ist auch dann gegeben, wenn nicht zugunsten des Veräußerers, sondern zugunsten desjenigen eine Hyp. bestellt wird, der die Mittel zum Erwerb des Grundstücks zur Verfügung stellt (LG. Glogau in DJ. 1935, 720). Kein solcher Zusammenhang besteht, wenn die Beteiligten erst nachträglich, d. h. nach Umschreibung im GBuch die hypothekarische Sicherstellung des gestundeten Kaufpreises vereinbaren, wohl aber, wenn der Kaufpreis sofort zu zahlen ist, der Käufer aber in Verzug gerät u. nunmehr dingl. Sicher- 154 stellung des Kaufpreises verlangt wird (vgl. EHGer. Oldenburg in JW. 1935, 53; abw. LEHGer. Celle in EHRspr. 3. DurchfVO. § 6 Nr. 3). Das GBA. kann in der Regel davon ausgehen, daß Belastungen bis zur Höhe des Kaufgeldes in einem inneren Zusammenhang mit der Veräußerung stehen, gleichgültig, ob die Rechte für den Veräußerer oder einen Dritten eingetragen werden sollen. Für Mehrbelastungen über den Betrag des Kaufpreises hinaus ist die Gen. des AnerbenG. zu verlangen (JFG. 14, 451). Im Zusammenhang mit dem Veräußerungsgeschäft stehende Belastungen sind auch dann genehmigungsfrei, wenn das Kaufgrundstück Teil eines bestehenden Erbhofes war, die Erbhofeigenschaft aber durch die Trennung von dem Stammgrundstück verliert u. sie erst durch Verbindung mit einem anderen Grundstück des Käufers wieder erlangt (KG. in HRR. 1937 Nr. 1241). § 32 Abs. 1 Ziff. 4 EHRV. ist entspr. anzuwenden, wenn zu einem bereits vorhandenen Erbhof Grundbesitz hinzuerworben u. dieser (nicht auch der schon vorhandene Grundbesitz des Erwerbers) im Zusammenhang mit dem Erwerb belastet wird (LEHGer. Celle in JW. 1936, 603). Keiner Gen. bedarf es auch in entspr. Anwendung der genannten Vorschrift, wenn eine im Eigentum einer Erbengemeinschaft stehende Besitzung dadurch Erbhofeigenschaft erlangt, daß sie durch eine Teilungsversteigerung (§§ 180ff. ZVG.) in das Alleineigentum einer Person übergeht u. für einen Teil des Steigpreises Hypothek bestellt wird (LEHGer. Celle in DJ. 1935, 1421 u. in RdRN. 1935, 552). Überhaupt keine Belastung i. S. des § 37 RErbhG. liegt vor, wenn lediglich die auf dem erworbenen Grundbesitz eingetragenen Hyp. usw. übernommen werden.

155 **dd)** zur Eintr. einer Vormerkung, gleichgültig, ob durch sie der Eigentumsübertragungsanspruch (Auflassungsvorm.) oder der Anspruch auf Bestellung, Änderung oder Aufhebung eines Rechtes am Grundstück gesichert werden soll (vgl. o. A. 146). Das gleiche gilt für die Eintr. eines Widerspruchs.

156 **ee)** zu der von der Siedlungsbehörde zugelassenen Belastung derjenigen Erbhöfe, die in einem Verfahren zur Neubildung deutschen Bauerntums (Neusiedlungs- oder Anliegersiedlungsverfahren) auf Gr. des RSiedlG. oder des Ges. ü. d. Neubildung deutschen Bauerntums v. 14. Juli 1933 (RGBl. I 517) gebildet werden (§ 32 Abs. 1 Ziff. 3 EHRV.). Wird ein bestehender Erbhof dadurch vergrößert, daß die Siedlungsbehörde ihm Land zuteilt, so erstreckt sich die Genehmigungsfreiheit auch auf die von der Siedlungsbehörde zugelassene Belastung der Stammstelle (LEHGer. Celle in RdRN. 1936, 1147; LG. Magdeburg in JW. 1934, 1985; Vogels[4] § 32 EHRV. A. 12). Wg. der auf einem Siedlungs- oder Rentengutsverfahren beruhenden Wiederkaufs-, Ankaufs- u. Heimfallrechte vgl. § 35 EHRV.

157 **ff)** zur Eintr. der Sicherungshypothek gegen den Ersteher gem. § 128 ZVG. (§ 32 Abs. 1 Ziff. 5 EHRV.; vgl. BayObLG. 34, 213). Der Wiederversteigerung auf Gr. einer solchen Hyp. steht aber § 38 RErbhG. entgegen (Vogels[4] § 38 A. 5).

158 **gg)** zur Eintr. der Änderung einer dingl. Belastung im landwirtschaftlichen Entschuldungsverfahren auf Gr. des bestätigten Entschuldungsplanes oder Vergleichsvorschlags (Art. 33 Abs. 2 der 6. DurchfVO. z. SchRegG. v. 7. Juli 1934, RGBl. I 609). Die „Änderung der dingl. Belastung" umfaßt insbes. auch die gbuchl. Sicherung früher nicht gesicherter Forderungen (GR. Nr. 31, AME. Heft 106 = Sonderheft Nr. 70; REHG. 1, 207; EHRspr. § 37 b Nr. 55; Vogels[4] § 37 A. 57). Bei der Selbstentschuldung ist nur die Eintr. der Änderung mündelsicherer Rechte genehmigungsfrei (Art. 33 Abs. 2 mit Abs. 1 der 6. Durchf.-VO.), während zur Änderung nicht mündelsicherer Rechte u. insbes. zur dingl. Sicherung bisher ungesicherter Forderungen die Gen. des AnerbenG. erforderlich ist (GR. Nr. 43, AME. Heft 79 = Sonderheft Nr. 90; Harmening-Pätzold[2] § 15 A. 8).

Die Belastungsbeschränkung des § 91 SchRegG. findet auf Erbhöfe keine Anwendung (Art. 43 der 6. DurchfVO. z. SchRegG. v. 7. Juli 1934, RGBl. I 609).

159 **hh)** zur Eintr. der Änderung eines dingl. Rechts im Osthilfeentschuldungsverfahren auf Gr. des Entschuldungsplanes (§ 19 Abs. 1 Satz 2 OsthilfeabwicklungsVO. v. 21. Dez. 1934, RGBl. I 1280), insbes. zur Sicherung einer persönl. Forderung durch eine sog. Über-

hangshyp. (REHGer. in JW. 1935, 2140 = DNotZ. 1935, 479); wg. der in Frage kommenden Eintr. vgl. Abs. 2 a. a. O.

ii) im Osthilfegebiet (vgl. § 97 Abs. 1 SchRegG.) zur Eintr. einer Entschuldungshyp. zugunsten der Bank für deutsche Industrie-Obligationen oder einer Betriebssicherungshyp. zugunsten des Reichs in einem beim Inkrafttreten des RErbhG. anhängigen Entschuldungsverfahren (§ 32 Abs. 2 EHRV.). Es können auch beide Hypotheken nebeneinander ohne Gen. eingetragen werden (Vogels[4] § 32 EHRV. A. 21). 160

kk) zur Eintr. der Landesrentenbankrente, des Reichsdarlehens u. der zur Sicherung der Zwischenkredite der Preuß. Landesrentenbank bestimmten dingl. Rechte nach §§ 1, 2 der VO. z. beschleunigten Förderung des Baues von Heuerlings- u. Werkwohnungen sowie von Eigenheimen für ländl. Arbeiter und Handwerker v. 10. März 1937, RGBl. I 292 (§ 6 Abs. 4 Satz 1 a. a. O.; § 1 der 1. DurchfVO. v. 7. April 1937, RGBl. I 444). 161

d) Als Belastung i. S. des § 37 RErbhG. gilt auch die Veräußerung oder Belastung einer **Eigentümergrundschuld** (§ 26 Abs. 1 EHRV.). Unter Veräußerung ist die Abtretung, unter Belastung die Verpfändung u. die Bestellung eines Nießbrauchs zu verstehen. Das in § 38 RErbhG. ausgesprochene Vollstreckungsverbot bewirkt, daß die Eigtr.-Grundschuld auch nicht wegen einer Geldforderung gepfändet werden kann (§ 38 EHRV.). Belanglos ist, ob die EigtrGrundschuld in dem Zeitpunkt, in dem der Grundbesitz Erbhof geworden ist, bereits bestand oder erst später entstanden ist. Nicht genehmigungspflichtig ist die nachträgl. Eintr. einer bereits vor dem Beginn der Erbhofeigenschaft rechtswirksam vorgenommenen Abtretung oder Verpfändung einer EigtrBriefgrundschuld, da es sich nur um eine GBuchberichtigung handelt (REHG. 2, 394; vgl. oben A. 146). Genehmigungspflichtig ist auch der Rangrücktritt einer bereits entstandenen EigtrGrundschuld, nicht aber die Zustimmung des Eigtr. zum Rücktritt einer Fremdhyp. oder -grundschuld (Vogels[4] § 37 A. 52; Ries in JW. 1934, 3257). Die Bewilligung der Löschung einer EigtrGrundschuld bedarf der anerbengerichtl. Gen., wenn gleich- oder nachstehende Rechte eingetragen sind (KG. in HRR. 1937 Nr. 1239). 162

e) Der Gen. des AnerbenG. bedarf auch die **Teilung eines bestehenden Erbhofes** (§ 27 Abs. 1 RErbhG.). Hierunter ist die innerbetriebl. Teilung ohne gleichzeitigen Eigentumswechsel zu verstehen; soll gleichzeitig eine Veräußerung erfolgen, so ist die Gen. nach § 37 RErbhG. erforderlich (REHG. 2, 292). Die Gen. der Teilung kann unter einer Auflage oder einer Bedingung erteilt werden (LEHGer. Celle in JW. 1934, 2706). Wg. der gbuchmäßigen Durchführung der Teilung s. d. Anm. zu § 7. 163

5. Der Vollstreckungsschutz. 164

In die zu einem Erbhof gehörigen Grundstücke u. Rechte kann wegen einer Geldforderung nicht vollstreckt werden (§ 38 Abs. 1 RErbhG.); wg. der EigtrGrundschuld s. § 38 EHRV. u. oben A. 162. Eintr. im Wege der Zwangsvollstr. (Zwangshyp., Pfändung usw.) sind schlechthin unzulässig u. nichtig; dies gilt auch dann, wenn das AnerbenG. unzulässigerweise die Gen. zu einer solchen Eintr. erteilen sollte (LEHGer. Celle in EHRspr. § 37b Nr. 19; EHGer. München a. a. O. § 38 Nr. 7). Verboten ist auch die Eintr. einer Arresthyp. Wg. der Sicherungshyp. nach § 128 ZVG. s. o. A. 157. Unzulässig ist ferner die Eintr. einer Sicherungshyp. nach § 848 Abs. 2 ZPO. (v. Rozycki in JW. 1933, 2628; Münzel in JR. 1935, 63). Wg. der bereits eingetragenen Zwangs- u. Arresthyp. vgl. Harmening-Pätzold SchRegG.[2] § 14 A. 16, 17.

Zulässig sind jedoch die Zwangsversteigerung zum Zwecke der Aufhebung einer Gemeinschaft (§§ 180ff. ZVG.) u. die Zwangsverwaltung gem. § 1134 Abs. 2 BGB., §§ 935, 938 ZPO. (Bohnen in DJ. 1934, 618); in diesen Fällen kann also der Zwangsversteigerungs- u. Zwangsverwaltungsvermerk in das GBuch eingetragen werden. Die Abgabe von Geboten in der Versteigerung bedarf jedoch nach § 33 EHRV. der anerbengerichtl. Gen. (Vogels[4] § 37 A. 15).

Unzulässig ist auch die Arrestvollziehung (Arresthyp.). Nicht als Zwangsvollstr. zu gelten hat dagegen die im Wege einer einstw. Verfügung erfolgende Sequestration gem. § 1134 BGB., § 938 Abs. 2 ZPO. (LEHGer. Celle in JW. 1935, 3232; Vogels[4] § 38 A. 7).

Die Eintr. der Unterwerfung unter die sofort. Zwangsvollstr. mit dingl. Wirkung (§ 800 ZPO.) ist zulässig, bedarf aber der Gen. des AnerbenG. (KG. in JFG. 11, 368; LEHGer. Celle in JW. 1935, 1639 = EHRspr. § 38 Nr. 8; **a. M.** Koenig in DFG. 1937, 54, der die Genehmigungsbedürftigkeit verneint; vgl. auch RG. in JW. 1936, 1044).

165 **6. Die anerbengerichtliche Genehmigung.**

a) Zuständig zur Erteilung der Genehmigung sind die Anerbenbehörden (§§ 40ff. RErbhG.), u. zwar im ersten Rechtszug das Anerbengericht, im Beschwerdeverfahren das Erbhofgericht oder das Reichserbhofgericht. Die Gen. wirkt erst mit der Rechtskraft der Entscheidung (§ 66 Abs. 1 EHVfO.); das genehmigte Rechtsgeschäft erlangt aber Wirksamkeit mit dem Zeitpunkt seiner Vornahme, da die Gen. des AnerbenG. gem. § 184 BGB. auf den Zeitpunkt des Abschlusses des Rechtsgeschäfts zurückwirkt. Dem GBA. ist die Entscheidung des AnerbenG. in Urschrift oder Ausfertigung nachzuweisen, die mit dem Rechtskraftzeugnis des Urkundsbeamten der Geschäftsstelle des AnerbenG. versehen sein muß.

166 **b)** Das AnerbenG. prüft nicht die Rechtswirksamkeit des Veräußerungs- oder Belastungsgeschäftes. In der Erteilung der Genehmigung liegt daher keine Stellungnahme zu der Frage der Rechtswirksamkeit des genehmigten Geschäftes (REHG. 1, 51, 89; 2, 158, 254; vgl. auch RG. in WarnRspr. 1935 Nr. 84); diese ist auch hier vom GBA. selbständig zu prüfen. Die vormundschaftsgerichtl. Gen. ist gegebenenfalls neben der Gen. des AnerbenG. erforderlich.

In Ausnahmefällen kann das AnerbenG. die Frage der Erbhofeigenschaft offen lassen u. die Gen. für den Fall erteilen, daß dem betroffenen Grundbesitz Erbhofeigenschaft zukommt (REHG. 1, 51; 3, 160; LEHGer. Celle in JW. 1935, 2577; EHGer. Bamberg in EHRspr. § 37c Nr. 33); die Erbhofeigenschaft ist dann in einem besonderen Verfahren nach § 10 RErbhG. festzustellen. Vgl. auch unten A. 170 ff. Auch kann, wenn fraglich ist, ob ein Rechtsgeschäft überhaupt der Gen. bedarf, u. das AnerbenG. sie nicht für erforderlich hält, die Gen. vorsorglich erteilt werden (REHG. 1, 207). Vgl. auch LEHGer. Celle in EHRspr. § 37a Nr. 42. Nicht ausgeschlossen ist auch, daß ein Vertragsentwurf genehmigt wird (vgl. § 64 Abs. 1 Halbs. 2 EHVfO.; REHG. 1, 51, 193; ErbhGer. Nürnberg in JW. 1934, 3292). In diesem Falle muß aber dem GBA. nachgewiesen werden, daß die endgültigen rechtsgeschäftl. Erklärungen der Beteiligten mit dem genehmigten Entwurf vollständig übereinstimmen. Deshalb muß der Entwurf alle für das Rechtsgeschäft wesentl. Einzelheiten enthalten (vgl. LEHGer. Celle in JW. 1934, 2986; EHGer. Stuttgart a. a. O. 2482; RErbhGer. a. a. O. 1935, 610). Unzulässig ist eine allgem. Ermächtigung zur Veräußerung eines Erbhofes (EHGer. Dresden in EHRspr. § 37a Nr. 18).

167 **c)** Die Gen. des AnerbenG. kann auch unter einer **Auflage** erteilt werden (§ 37 Abs. 2 Satz 2 RErbhG.). Das AnerbenG. kann nicht nur Auflagen im eigentl. Sinne festsetzen, sondern die Gen. auch von einer (aufschiebenden) Bedingung abhängig machen (REHG. 3, 259; vgl. Pfleiderer in WürttZ. 1934, 263; Mühlhaus in DRZ. 1935, 295). Die unter einer eigentl. Auflage erteilte Gen. ist mit ihrer Rechtskraft rechtswirksam, gleichgültig, ob die Auflage erfüllt wird oder nicht. Das GBA. braucht die Erfüllung der Auflage (z. B. daß der Verkaufserlös zu einem bestimmten Zweck verwendet oder daß das hypothekarisch zu sichernde Darlehen an den Kreisbauernführer oder den Notar als Treuhänder zwecks Sicherung seiner bestimmungsgemäßen Verwendung ausbezahlt wird) nicht nachzuprüfen. Eine unter einer Bedingung erteilte Gen. wird dagegen erst mit der Erfüllung der Bedingung wirksam. Die Verfügung darf in das GBuch erst eingetragen werden, wenn die Erfüllung der Bedingung dem GBA. in der Form des § 29 GBO. nachgewiesen ist (REHG. 1, 15; LEHGer.

Celle in DJ. 1936, 1303; vgl. auch KG. in DNotZ. 1937, 643 = HRR. 1937 Nr. 831). Beispiele für bedingte Genehmigungen: Der Grundbesitz ist anstatt an den bisherigen Käufer an eine andere Person aufzulassen (REHG. 1, 277); auf dem veräußerten Grundbesitz ist für den Veräußerer ein Vorkaufsrecht einzutragen (EHRspr. § 37a Nr. 62, 80); dem GBA. ist nachzuweisen, daß der Verkaufserlös zur Tilgung bestimmter Schulden verwendet wird (vgl. REHG. 1, 15; 3, 259; EHRspr. § 37a Nr. 30; EHGer. Braunschweig in JW. 1934, 1425); auf dem Grundstück ist für den Erwerber (Sohn des Bauern) ein Wohnhaus zu errichten u. dem GBA. die Fertigstellung des Hauses durch eine Bescheinigung des Kreisbauernführers nachzuweisen (REHG. 3, 259). Besteht die Bedingung darin, daß der Vertrag geändert werden soll, so ist die Änderung dem GBA. durch eine entspr. notarielle Nachtragsurkunde nachzuweisen (EHGer. Nürnberg in JW. 1934, 2261 u. in EHRspr. § 37c Nr. 11).

d) Der im Laufe eines Verfahrens nach § 37 Abs. 2 oder 3 RErbhG. eingetretene Tod des Veräußerers oder Übergebers hindert die Erteilung der beantragten anerbengerichtl. Gen. nicht, soferne nicht der Hof schon infolge des Todes des Bauern dem Erwerber als Anerben kraft Gesetzes oder kraft letztwilliger Verfügung angefallen ist (REHG. 2, 144; 3, 71; JFG. 13, 201; Vogels[4] § 37 A. 173; bestr.). Zur Umschreibung des Grundbesitzes auf den Erwerber bedarf es zwar der Gen. des AnerbenG., nicht aber der Mitwirkung des Anerben (vgl. KG. in JW. 1936, 608 = HRR. 1936 Nr. 361). Der Tod des Übergebers nach rechtskräftig erteilter Gen. ist schon nach § 130 Abs. 2 BGB. auf die Wirksamkeit der Auflassung ohne Einfluß (KG. a. a. O.). 168

Ist der Erwerber (Übernehmer) zugleich Anerbe, so kommt eine Gen. der Veräußerung nach dem Tode des Übergebers nicht mehr in Frage. Doch kann eine vereinbarte dingl. Sicherstellung der Versorgungsansprüche des Ehegatten des Übergebers u. der Geschwister des Übernehmers genehmigt werden, wenn anzunehmen ist, daß die Vertragsteile diese Bestimmungen auch für den Fall gewollt haben, daß der Übergang des Hofes sich von Todes wegen vollzieht, oder wenn dies durch eine ausdrückl. Erklärung der Beteiligten klargestellt ist (REHG. 2, 254; LEHGer. Celle in DNotZ. 1935, 820).

e) Neben der Gen. des AnerbenG. ist eine Genehmigung nach der Grundstücksverkehrsbekanntmachung i. d. Fass. v. 26. Jan. 1937 (RGBl. I 35) nicht erforderlich (§ 3 Abs. 1 Ziff. 10 a. a. O.). Auch sonstige reichs- oder landesgesetzl. Vorschriften, die die Veräußerung, Teilung oder Belastung von Grundstücken oder die Aufhebung ihrer wirtschaftl. Selbständigkeit oder die Eingehung einer Verpflichtung zu einer solchen Maßnahme verbieten oder beschränken, gelten für Erbhofe nicht (§ 34 Abs. 1 EHRV.), z. B. die Genehmigungsvorschriften nach § 35 preuß. AG. z. RSiedlG. v. 15. Dez. 1919 (GS. 31) u. nach § 22 RHeimstG. (vgl. oben A. 93), ferner die Vorschriften über die Genehmigung der Auflösungsbehörde bei Fideikommissen u. des Kulturamtsvorstehers bei Rentengütern (§ 32 preuß. Landesrentenbank G. v. 1. Aug. 1931, GS. 154). Dagegen finden die Beschränkungen, die sich aus dem Wohnsiedlungsgesetz v. 22. Sept. 1933 (RGBl. I 659; vgl. oben § 2 A. 88 ff. u. unten § 20 Anhang) u. aus dem Schuldenregelungsgesetz v. 1. Juni 1933 (RGBl. I 331; vgl. oben A. 126 ff.) ergeben, auch auf Erbhöfe Anwendung (§ 34 Abs. 3 EHRV.). Die Belastungssperre des § 91 SchRegG. gilt jedoch für Erbhöfe nicht (Art. 43 der 6. DurchfVO. z. SchRegG. v. 7. Juli 1934, RGBl. I 609). Auch den Vorschriften der VO. ü. d. Veräußerung von Entschuldungsbetrieben v. 6. Jan. 1937 (RGBl. I 5; s. den Anhang zu § 20) u. der 1. DurchfVO. z. Ges. ü. d. Sicherung der Reichsgrenze u. über Vergeltungsmaßnahmen v. 17. Aug. 1937, RGBl. I 905; s. Vorbem. 45 vor § 18) sind die Erbhöfe unterworfen (vgl. v. Rozycki-v. Hoewel in DNotZ. 1937, 403). 169

7. Die Prüfungspflicht des Grundbuchrichters. 170

a) Das GBA. hat selbständig u. von Amts wegen zu prüfen, α) ob das Grundstück oder Recht, das veräußert oder belastet werden soll, Bestandteil eines Erbhofes ist,

β) ob der beantragten Eintr. ein genehmigungspflichtiges Rechtsgeschäft zugrunde liegt.

Der GBuchrichter muß also bei der Entscheidung über Anträge auf Veräußerung oder Belastung land- u. forstwirtschaftlich genutzter Grundstücke an Hand des Inhalts des GBuchs u. der Grundakten zunächst von sich aus prüfen, ob das Grundstück zu einem Erbhof gehört. Nur wenn bei pflichtgemäßer Abwägung aller Umstände Zweifel über die Erbhofeigenschaft bestehen bleiben, kann u. muß das GBA. den Nachweis der anerbengerichtl. Gen. oder eine Entscheidung des AnerbenG. nach § 10 REbhG. verlangen (OLG. Darmstadt in JFG. 11, 374; KG. in HRR. 1934 Nr. 280; 1937 Nr. 1240; BayObLG. 34, 74 = JW. 1934, 846; Vogels[4] § 10 A. 24). Dies wird in der Regel in der Form der Zwischenverfügung (§ 18 GBO.) geschehen. Dem Antragsteller kann auch anheimgegeben werden, statt einer Entscheidung des AnerbenG. weitere Unterlagen zum Nachweis der Erbhoffreiheit beizubringen. Das GBA. selbst braucht keinerlei eigene Ermittlungen anzustellen (JFG. 11, 374). Der Nachweis, daß ein land- oder forstwirtschaftlich genutztes Grundstück nicht zu einem Erbhof gehört, kann nur in der Form des § 29 GBO. erbracht werden (KG. in DNotZ. 1934, 426). Auf die Eintr. oder Nichteintragung des Erbhofvermerks in der Aufschrift des GBuchblattes (§ 50 EHVfO.; s. § 3 A. 67) darf sich der GBuchrichter nicht verlassen; dieser GBuchvermerk hat ebenso wie die Eintr. in der Erbhöferolle (§ 1 Abs. 3 RErbhG.) nur rechtserklärende, nicht aber rechtsbegründende Wirkung. Sobald allerdings die Erbhöferolle als angelegt gilt (s. § 32 Abs. 3 EHVfO.), ist auch das GBA. an die Vermutung, daß ein in der Rolle nicht eingetragenes Grundstück die Erbhofeigenschaft nicht besitzt (§ 32 Abs. 2 EHVfO.), gebunden u. darf die Eintr. nicht von dem Nachweis, daß die Erbhofeigenschaft nicht besteht, abhängig machen (vgl. Vogels[4] § 10 A. 23; § 37 A. 189; KG. in HRR. 1937 Nr. 1240).

Das Prüfungsrecht des GBA. findet seine Grenze an einer rechtskräftigen Entscheidung der Anerbenbehörden; eine solche ist für den GBuchrichter bindend (vgl. Gülland in JW. 1934, 388). Erklärt das AnerbenG. rechtskräftig, daß seine Genehmigung nicht erforderlich sei, so steht dieser Beschluß, wenn das GBA. die Gen. dennoch für erforderlich hält, der Erteilung der Gen. gleich (§ 66 Abs. 2 EHVfO.). Die Anerbenbehörden können auch, wenn im Einzelfall zweifelhaft ist, ob eine Verfügung überhaupt der Gen. bedarf, diese für den Fall erteilen, daß sie vom GBA. für erforderlich gehalten werden sollte (REHG. 1, 207). Auch kann in besonderen Fällen das AnerbenG. bei seiner Entscheidung die Frage der Erbhofeigenschaft offen lassen; s. o. A. 166.

Der allgem. Grundsatz, daß die gesetzl. Vermutungen der §§ 891, 1138 BGB. auch für den GBuchrichter gelten u. er daher von der Richtigkeit des GBuchinhalts auszugehen hat, ist auch bei Prüfung der Frage der Genehmigungsbedürftigkeit einer Eintr. nach dem RErbhG. zu beachten (KG. in DNotZ. 1936, 403; JFG. 14, 382).

171 **b)** Ein genehmigungspflichtiges Rechtsgeschäft ist bis zur rechtskräftigen Entscheidung über die Gen. schwebend unwirksam (Cammerer in DJZ. 1933, 1551; Ries in JW. 1933, 2814; Vogels[4] § 37 A. 180), u. zwar gilt dies auch für eine Veräußerung an eine juristische Person oder an eine Mehrheit von Personen (Cammerer a. a. O.; Vogels a. a. O. A. 190; **a. M.** KG. in JW. 1933, 2707, das die Nichtigkeit einer solchen Veräußerung annimmt). Erweist sich ein Rechtsgeschäft als genehmigungspflichtig, so wird das GBA. dem Antragsteller zur Beibringung der anerbengerichtl. Gen. regelmäßig eine Frist nach § 18 setzen (vgl. Ziff. 3 der bayer. JMBek. v. 28. Nov. 1933, StAnz. Nr. 278).

172 **c)** Hat das GBA. eine nicht genehmigte genehmigungspflichtige Veräußerung oder Belastung in das GBuch eingetragen, so ist das GBuch unrichtig u. gem. § 53 GBO. von Amts wegen ein Widerspruch einzutragen; inhaltl. Unzulässigkeit der Eintr. liegt nicht vor (LEHGer. Celle in RdRN. 1936, 1052; Helbig in JW. 1934, 813). Dies gilt auch dann, wenn das GBA. die Eintr. in Unkenntnis der Genehmigungspflicht vorgenommen hat (EHGer. Zweibrücken

in EHRspr. § 37a Nr. 87). Der Erwerber wird auch durch seinen guten Glauben an die Genehmigungsfreiheit nicht geschützt (Vogels[4] § 37 A. 184, 185).

8. Wegen der **Abmeierung** u. der **Übertragung der Wirtschaftsführung an einen Treuhänder** (§ 15 Abs. 2 REhbG., §§ 77 ff., 86 ff. EHVfO.) s. o. A. 102, 103. 173

E. Die Aufwertungseintragungen.

I. Die eigentliche Aufwertungshypothek.

1. Gem. § 6 Abs. 1 Satz 2 AufwG. war die Aufwertung einer (noch nicht gelöschten) Hyp. usw. (der Aufwertungsbetrag) auf Antrag des Gl. oder des Eigtr. in das GBuch einzutragen. War die aufgewertete Hyp. im GBuch bereits gelöscht, so war sie in Höhe des Aufwertungsbetrages wieder einzutragen (§§ 16 Abs. 2, 20 Abs. 1 AufwG.). Erfolgte die Aufwertung auch für einen früheren Gläubiger, so war dessen Aufwertungsbetrag gleichfalls einzutragen (§ 21 AufwG.). Durch die Aufwertung hat die rechtl. Natur des aufgewerteten dingl. Rechts u. der zugrunde liegenden Forderung keine Änderung erfahren, es ist nur der Inhalt des Rechts in bezug auf Höhe u. Zeit der Leistung kraft Gesetzes anders bestimmt worden; das Recht selbst ist das gleiche geblieben (vgl. RG. 120, 230). Die Eintr. der Aufwertung ist also nicht rechtsbegründender Natur, sondern GBuchberichtigung (RG. in JW. 1926, 2357; BayObLG. 25, 276; 26, 82, 116; 29, 560; 30, 317; Güthe-Triebel[5] S. 1763 u. a.); anders, wenn eine Eintr. auf Gr. einer rechtsgeschäftlich vereinbarten Aufwertung erfolgt, sei es neben der gesetzl. Aufwertung oder dann, wenn eine Aufwertung kraft Gesetzes nicht stattgefunden hat (vgl. § 67 AufwG.). Die Eigenschaft einer Hyp. als Aufwertungshyp. schließt nicht aus, daß ihr ein weiteres Grundstück als Pfand unterstellt wird (BayObLG. 30, 317; Quassowski in JW. 1931, 625). Die Vorschriften des AufwG. usw. sind auch auf Vormerkungen anwendbar (RG. in AufwRspr. 6, 437 = DNotV. 1931, 592; vgl. Aufw.-Rspr. 6, 463). Über den Rangvorbehalt für den Eigtr. (§ 7 AufwG.) u. dessen Eintr. s. § 45 Anhang. 174

Die Eintr. des Aufwertungsbetrags u. die Wiedereintragung des aufgewerteten Rechts u. des früheren Gl. eines solchen sind ausgeschlossen, wenn nicht der Antrag auf Eintr. bis zum Ablauf des 31. März 1931 gestellt worden ist (§ 1 GBBerG.)[1]). Antragsberechtigt war seit dem 1. Oktober 1930 abweichend von § 13 Abs. 2 GBO. auch jeder, der ein rechtl. Interesse an der Eintr. hat (§ 25 GBBerG.). Der Antrag bedurfte keiner Form.

Soweit der Antrag nicht bis zum Ablauf des 31. März 1931 gestellt oder ein rechtzeitig gestellter Antrag rechtskräftig zurückgewiesen worden ist (JFG. 9, 398), ist die aufgewertete Hyp. erloschen[2]) u. ist von Amts wegen zu löschen (§ 2 GBBerG.); über die Löschung s. § 13 A. 45 ff. Das Erlöschen ist, wenn die Antragsfrist versäumt worden ist, mit dem Ablauf des 31. März 1931 eingetreten, im übr. in dem Zeitpunkt, in dem der den EintrAntrag zurückweisende Beschluß des GBA. rechtskräftig wurde (vgl. § 3 Abs. 3 GBBerG.). Nach Fristablauf kann der Aufwertungsbetrag an der alten Rangstelle nur noch auf Gr. einer EintrBew. des Eigtr. u. des Rangrücktritts etwaiger gleich- u. nachstehender Berechtigter eingetragen werden. Dann handelt es sich aber um die Eintr. eines neuen Rechts, die nach den allgem.

---

[1]) Durch § 1 GBBerG. wird die nachträgl. Berichtigung einer unrichtigen Aufwertungseintr. nicht ausgeschlossen (RG. 141, 379; JFG. 9, 387). Dagegen fallen unter § 1 GBBerG. auch Hyp. usw., die vor dem Inkrafttreten des AufwG. unter Verletzung von Bestimmungen des allgem. Liegenschaftsrechtes zu Unrecht gelöscht u. daher in aufgewertetem Zustand außerhalb des GBuchs bestehen geblieben waren (JFG. 11, 307).

[2]) Nur auf die Stellung des Antrags, nicht auf den Zeitpunkt der Eintr. kommt es an. Ist der Antrag rechtzeitig gestellt, so ist die Hyp. nicht erloschen, auch wenn die Eintr. der Aufwertung erst später oder überhaupt nicht erfolgt ist; letzterenfalls ist das GBuch unrichtig, der Berechtigte hat einen Berichtigungsanspruch. Auch kann er außer dem Widerspruch nach § 899 BGB. die Eintr. des Widerspr. nach § 16 Abs. 2 AufwG. auch jetzt noch beantragen (Quassowski, GBBerG. § 2 A. II 3 c).

Vorschriften vorzunehmen ist. Die erleichternden Vorschriften des AufwG. usw. (s. u. A. 175) finden auf eine solche Eintr. keine Anwendung[1]). Auch wäre es unzulässig, statt der Neueintragung nur die etwa noch nicht gelöschte ursprüngl. Eintr. zu berichtigen; denn auch § 28 GBBerG. ist auf diesen Fall nicht anwendbar. Über die Eintr. der Ersatzhyp. nach § 4 GBBerG. s. u. A. 186 ff.

175 **2. a)** Für die Eintr. des Aufwertungsbetrages eines noch nicht gelöschten Rechtes gelten die Vorschriften der §§ 6, 31 AufwG.; Art. 1 Abs. 2, Art. 6, 7, 16, 17, 25, 26, 27, 130 DurchfVO. v. 29. Nov. 1925 (RGBl. I 392); Art. 1 der VO. v. 18. Juni 1926 (RGBl. I 273); §§ 4—9, 10, 13 AufwNov. v. 9. Juli 1927 (RGBl. I 171); §§ 2, 3, 5 ff. DurchfVO. v. 12. Sept. 1927 (RGBl. I 299); § 27 AufwFällG. v. 18. Juli 1930 (RGBl. I 300); §§ 5, 6, 25, 27, 30—32 GBBerG. v. 18. Juli 1930 (RGBl. I 305); §§ 2, 5, 6, 7 bayer. JMBek. v. 30. Nov. 1925 (JMBl. 103).

176 **b)** Für die Wiedereintragung eines bereits gelöschten aufgewerteten Rechts (hieher gehört auch die Eintr. des Aufwertungsbetrags des früheren Gl., wenn das abgetretene Recht für den neuen Gl. noch eingetragen ist) gelten die Vorschriften der §§ 20—23, 31 AufwG.; Art. 1 Abs. 2, Art. 6, 7, 15, 16, 17, 25, 26, 27, 130 DurchfVO. v. 29. Nov. 1925; Art. 1 der VO. v. 18. Juni 1926; §§ 4—9, 10, 13 AufwNov.; §§ 2, 3, 5 ff. DurchfVO. v. 12. Sept. 1927; § 27 AufwFällG.; §§ 5, 6, 25, 27—32 GBBerG.; §§ 3—9 bayer. JMBek. v. 30. Nov. 1925 (JMBl. 103).

177 *α*) Hinsichtl. der Erfordernisse der Wiedereintragung eines bereits gelöschten aufgewerteten Rechts u. des Aufwertungsbetrags des früheren Gläubigers (§§ 20, 21 AufwG.) war die Frage sehr bestritten, ob hiebei eine **Bezugnahme** (Verweisung) **auf die gelöschte Eintragung** zulässig sei. Insbes. das KG. hatte in seinem Gutachten v. 10. Juli 1929 (JW. 1929, 3346) dies verneint u. zur inhaltl. Zulässigkeit der Wiedereintr. die Erfüllung aller an eine neue Eintr. zu stellenden Anforderungen (vgl. § 3 A. 169 ff.) verlangt, während die Praxis meist die Wiedereintragung unter weitgehender Bezugnahme auf die gelöschte Eintr. vorgenommen hatte (wegen Bayern vgl. § 3 Abs. 1 der JMBek. v. 30. Nov. 1925, JMBl. 103, u. Cammerer in BayZ. 1930, 313). Durch **§ 28 GBBerG.** sind diese Eintr. nachträglich für gerechtfertigt erklärt; er bestimmt, daß die frühere Eintr. als Teil der neuen Eintr. gelten soll, wenn bei der Wiedereintr. in irgendeiner Weise auf die frühere Eintr. verwiesen ist. Dies gilt nicht nur für die bei Inkrafttreten der Bestimmung (23. Juli 1930, s. § 37 Abs. 2 GBBerG.) bereits vollzogenen Wiedereintragungen, sondern auch für alle nach diesem Zeitpunkte vorgenommenen oder vorzunehmenden Wiedereintragungen („Ist oder wird ....."). Später hat auch das RG. (JW. 1931, 579 = DNotV. 1931, 229 = AufwRspr. 6, 130) unter Ablehnung des Standpunkts des KG. grundsätzlich eine Bezugnahme auf die alte Eintr. trotz ihrer Löschung für zulässig erklärt, da es sich bei der Wiedereintr. nicht um eine neue Eintr. nach §§ 873, 1115 BGB., sondern um eine Berichtigung des GBuchs durch Wiedereintr. der außerhalb des GBuchs bestehenden Aufwertungshyp. handle.

Genügend ist nach § 28 GBBerG., daß in irgendeiner Weise auf die frühere Eintr. verwiesen ist. Der Hinweis muß nur so deutlich sein, daß kein Zweifel bestehen kann, welches das frühere Recht ist, auf dessen Eintr. Bezug genommen wird. In allen Fällen genügt ein Hinweis auf die laufende Nummer des gelöschten Rechts. Besteht ein solcher wirksamer Hinweis, so gilt die frühere Eintr. als Teil der neuen Eintr.; diese ist also so zu lesen, als ob der Inhalt der früheren Eintr. wieder miteingetragen worden wäre (Schlegelberger-Harmening GBBerG. § 28 A. 3). Eine Ausnahme gilt insoweit, als sich aus dem AufwG., der Aufwertungsnovelle (Gesetz v. 9. Juli 1927, RGBl. I 171) u. den Durchführungsvorschriften hiezu etwas anderes ergibt. Soweit also der Inhalt der alten Eintr. überholt u. durch gesetzl. Bestimmungen ersetzt oder ergänzt ist, z. B. hinsichtl. der Fälligkeits- u. Verzinsungsbestimmungen (vgl. insbes. §§ 1 ff., 6 ff. AufwFällG.; §§ 1 ff. Ges. v. 20. Dez. 1934, RGBl. I 1255; Art. 2, 3, 7, 13 VO. v. 21. Dez. 1936, RGBl. I 1121), bildet er nicht mehr einen Bestandteil der neuen Eintr. Ferner hat die neue Eintr. insoweit den Vorzug u. alleinige Gültigkeit, als sich aus ihr etwas anderes als aus der alten

---

[1]) Ist jedoch wegen irrtümlich angenommener Fristversäumnis eine Papiermarkhyp. gem. §§ 1, 2 GBBerG. zu Unrecht gelöscht worden, so sind für die im Berichtigungswege erfolgende Wiedereintragung in Höhe des Aufwertungsbetrags die Art. 4, 8 der DurchfVO. v. 29. Nov. 1925 entspr. anzuwenden (KG. in HRR. 1933 Nr. 281).

Eintr. ergibt, z. B. wenn andere als die gesetzl. Zins- u. Zahlungsbestimmungen auf Gr. rechtsgeschäftl. Vereinbarung eingetragen worden sind.

Wegen der Neufassung derartiger Aufwertungseintragungen bei **Umschreibung** des GBuchblattes s. § 3 A. 209.

β) Auch hinsichtl. des **Ranges** der wiedereingetragenen aufgewerteten Hyp. genügt der Hinweis **178**
auf den Rang des gelöschten Rechts; ein solcher Hinweis verschafft der Wiedereintr. den Rang, den das gelöschte Recht nach dem GBuch einnehmen würde, wenn die Löschung nicht erfolgt wäre (**§ 29 GBVerG.**). Auch hier hatte das Gutachten des KG. v. 10. Juli 1929 (JW. 1929, 3346) den gegenteiligen Standpunkt eingenommen. Die Bestimmung des § 29 GBVerG., der nur für die bei seinem Inkrafttreten (23. Juli 1930) bereits vorgenommenen, nicht aber für die nach diesem Zeitpunkt erfolgenden Wiedereintragungen gilt (Cammerer in LZ. 1930, 1051; 1931, 343; BayZ. 1930, 315; **a. M.** Quassowski GBVerG. § 29 A. 5), hat nunmehr ihre Bedeutung im wesentl. verloren, nachdem das RG. (Aufw.-Rspr. 6, 130 = JW. 1931, 579 = DNotV. 1931, 229; vgl. hiezu Ricks in DNotV. 1931, 332) ausgesprochen hat, daß schon nach allgem. GBuchrecht jede Form der Eintr., aus der sich ergibt, daß die wiedereingetragene Hyp. den Rang der alten Hyp. behalten soll, genügt, um der Aufwertungshyp. den Rang der gelöschten Hyp. zu verschaffen. Demnach ist auch bei den nach dem 23. Juli 1930 vorgenommenen Wiedereintragungen ein Hinweis auf die alte Eintr. auch hinsichtl. des Ranges genügend. Gleichgültig ist, ob als Rang der Aufwertungshyp. der Rang der gelöschten Hyp. ausdrücklich bezeichnet ist oder ob sich aus der Eintr. in sonstiger Weise ergibt, daß sie den Rang des gelöschten Rechts haben soll, z. B. durch Hinweis auf die laufende Nummer der alten Hyp. (Schlegelberger-Harmening GB.-VerG. § 29 A. 2; Quassowski ErgBd. § 29 A. 2; vgl. jedoch KG. in DNotV. 1931, 39); wegen der Eintragungen nach der bayer. JMBek. v. 30. Nov. 1925 (JMBl. 103) vgl. Cammerer in BayZ. 1930, 314. Soweit sich aus der neuen Eintr. ergibt, daß ihr ein anderer Rang als der der gelöschten Hyp. zukommen soll, hat es hiebei sein Bewenden (§ 29 Satz 2 GBVerG.); dies ist z. B. der Fall, wenn zwar auf die gelöschte Eintr. Bezug genommen ist, in der neuen Eintr. aber die Rechte, die im Range vor- oder nachgehen sollen, nach ihren laufenden Nummern bezeichnet sind (Schlegelberger-Harmening § 29 A. 3). Fehlt eine Rangbezeichnung überhaupt, also auch ein Hinweis i. S. des § 29 GBVerG., so nimmt das aufgewertete Recht gem. § 879 BGB. den der räuml. u. zeitl. Reihenfolge der Eintr. entsprechenden Rang ein. Entspricht dieser nicht den materiellrechtl. Rangvorschriften des AufwG., so ist das GBuch unrichtig u. ein Amtswiderspruch nach § 53 am Platze.

Für den Fall, daß der Aufwertungsbetrag des früheren Gl.[1]), dem materiellrechtlich Rang nach allen übrigen zur Zeit des Inkrafttretens des AufwG. bestehenden Rechten zukommt (§ 21 Abs. 2 AufwG.; RG. 125, 19), mit einem unrichtigen Rang, z. B. nach erst nach dem Inkrafttreten des AufwG. begründeten Rechten eingetragen ist, trifft das GBVerG. keine Vorschriften, so daß hier der buchmäßige Rang weiter gilt, bis im Wege des § 22 GBO. die Berichtigung herbeigeführt wird. Auch § 53 GBO. kann anwendbar sein (Cammerer in BayZ. 1930, 315).

Bei der **Umschreibung** des GBuchblattes ist die Bezugnahme auf den Rang des gelöschten Rechtes möglichst durch Angabe der im Range vor-, gleich- u. nachstehenden Rechte in der EintrFormel zu ersetzen; s. o. § 3 A. 209.

γ) Mitunter ist auch der **Rang** der aufgewerteten Hyp. lediglich durch **Bezugnahme auf das** **179**
AufwG. (z. B. „mit dem aus dem AufwG. sich ergebenden Rang") bezeichnet. Stimmt in diesem Falle der Rang, den die Hyp. nach dem AufwG. hat, nicht mit dem Rang überein, der sich aus dem GBuch ohne Berücksichtigung der Bezugnahme ergibt, so hat die Bezugnahme auf das Gesetz die Wirkung eines Widerspruchs gegen die Richtigkeit der gbuchmäßigen Rangfolge zugunsten desjenigen, der durch die Unrichtigkeit dieser Rangfolge betroffen würde (**§ 30 GBVerG.**). Für Eintr. nach dem 23. Juli 1930 hat diese Vorschrift keine Geltung (Cammerer in LZ. 1930, 1051; 1931, 344; in BayZ. 1930, 316; **a. M.** Quassowski GBVerG. § 30 A. 5; ErgBd. § 30 A. 2). Entsprechendes gilt, wenn der auf das AufwG. Bezug nehmende Vermerk sich nur auf einen Teil des Rechts bezieht (§ 30 Abs. 2 GBVerG.). Die Vorschriften des § 30 GBVerG. beziehen sich sowohl auf die Eintr. des Aufwertungsbetrags bei einem noch nicht gelöschten Recht als auch auf die Wiedereintragung (Schlegelberger-Harmening GBVerG. § 30 A. 3). Ein Fall des § 30 ist auch gegeben, wenn der Aufwertungsbetrag u.

---

[1]) Die Aufwertung für den früheren Gl. bewirkte rückwirkend eine Teilung des Rechts derart, daß nunmehr Zedent u. Zessionar Teilgläubiger je für den auf sie entfallenden Aufwertungsbetrag sind (RG. 116, 177; 119, 316).

ein Zusatzrecht unter einer Nr. u. unter Bezugnahme auf das AufwG. eingetragen sind u. sich nach der materiellen Rangfolge zwischen beide ein drittes Recht einschiebt.

Bei der Umschreibung des GBuchblattes ist an Stelle der Bezugnahme auf das AufwG. nach Möglichkeit ein Widerspruch mit dem in § 30 GBBerG. bezeichneten Inhalt einzutragen, wenn eine endgültige Klarstellung der Rangverhältnisse in einem Verfahren nach §§ 90ff. GBO. oder auf sonstige Weise nicht erreichbar ist (§ 30 Abs. 1 Buchst. i GBVerf.; s. o. § 3 A. 208). Die Eintr. der richtigen Rangfolge ist sonst nur mit Bewilligung der nach der jetzigen (formellen) Rangfolge Betroffenen zulässig.

180 c) Die Eintr. der Aufwertung erfolgt in **Goldmark** (Art. 1 Abs. 2 DurchfVO. v. 29. Nov. 1925) oder auf Gr. einer einseitigen formlosen Erklärung des Gl. in Reichsmark (s. § 5 GBBerG.). Die Umwandlung einer bereits erfolgten Goldmarkeintr. in eine auf Reichsmark lautende Eintr. u. umgekehrt ist bei Zustimmung aller nachstehenden Berechtigten zulässig (KG. in JW. 1934, 3294 = DNotZ. 1934, 948). Lautet die Eintr. auf Goldmark, so kann nachträglich eingetragen werden, daß der Gl. berechtigt sein soll, anstelle des Goldmarkbetrags den ziffernmäßig gleichen Betrag in Reichsmark zu fordern (RG. 143, 424). Auch ist die nachträgl. Vereinbarung zulässig u. eintragungsfähig, daß an Stelle des Fälligkeitstages der Tag der tatsächl. Zahlung für die Feststellung des Goldpreises u. die Umrechnung desselben in die deutsche Währung maßgebend sein soll, wenn dieser Stichtag für den Gl. günstiger ist oder wenn er vom Gl. gewählt wird (**a. M.** KG. in JW. 1932, 3621). Vgl. auch Art. I § 5, Art. II § 2, Art. III der VO. v. 28. Juli 1926 (RGBl. I 423) wegen der Liquidationshypotheken.

181 d) Bei aufgewerteten Rechten gilt die Erteilung eines **HypBriefes** als nachträglich ausgeschlossen, wenn der Aufwertungsbetrag 500 Goldmark nicht übersteigt (Art. 6 DurchfVO. v. 29. Nov. 1925; vgl. auch Art. 26 a. a. O.). Als zur Verfügung über eine solche Hyp. berechtigt gilt der eingetragene Gl., es sei denn, daß dem GBuchrichter Tatsachen bekannt sind, aus denen sich ein Wechsel in der Person des eingetragenen Gl. vor dem Inkrafttreten des Art. 6 der DurchfVO. v. 29. Nov. 1925 ergibt (JFG. 7, 416). Die Löschung einer solchen Hyp. kann ohne Vorlage des bisherigen Briefs oder eines Ausschlußurteils erfolgen; doch hat das GBA. gem. Art. 6 Abs. 1 Satz 3 a. a. O. den Besitzer des Briefs zur Vorlegung anzuhalten u. den Brief unbrauchbar zu machen (JFG. 7, 416; vgl. Ehrich in DNotV. 1929, 529). Die Briefausschließung ist im GBuch zu vermerken (Art. 6 Abs. 1 Satz 2 a. a. O.); es handelt sich hiebei jedoch nur um eine Ordnungsvorschrift. Ist eine BriefHyp. zum Teil EigtrGrundschuld geworden, so ist für die Frage der Anwendbarkeit des Art. 6 der DurchfVO. v. 29. Nov. 1925 die dem Gl. verbliebene RestHyp. einerseits u. der dem Eigtr. zugefallene Teil anderseits selbständig zu betrachten (KG. in HRR. 1931 Nr. 1460).

Wegen des Kraftloswerdens der auf Papiermark lautenden HypBriefe (§§ 8, 12 GB.-BerG.) s. Vorbem. 9ff. vor § 56.

182 e) Die Eintr. der gesetzl. **Verzinsungs-**[1] **u. Rückzahlungsbestimmungen** ist bei der Eintr. der Aufwertung nicht erforderlich; auch bedarf es nicht einer Bezugnahme auf die entspr. gesetzl. Vorschriften. Dies gilt sowohl für die Eintr. des Aufwertungsbetrags einer noch nicht gelöschten Hyp. (Art. 1 Abs. 1 der VO. v. 18. Juni 1926, RGBl. I 273) als auch für die Wiedereintr. (§ 28 Satz 2 GBBerG.).

Der Eintr. in das GBuch bedürfen ferner nicht:

α) nach § 27 Abs. 1 AufwFällG.:

aa) die Erhöhung des Zinssatzes nach § 1 Abs. 1 Satz 1 AufwFällG.; hieher gehört auch der Fall, daß dem Eigtr. gem. § 28 Abs. 1 Satz 4 AufwG. über den 1. Januar 1932

---

[1]) Ein ursprünglich unverzinsl. Recht blieb auch nach der Aufwertung unverzinslich (RG. 121, 150). § 1 Abs. 1 AufwFällG. ist auf solche Rechte nicht anwendbar, sie bleiben auch nach dem 1. Jan. 1932 unverzinslich; dies gilt auch im Falle der Bewilligung einer Zahlungsfrist (BayObLG. 33, 368; Schlegelberger-Harmening § 1 A. 3; Cammerer in LZ. 1930, 1024; Ricks in DNotV. 1931, 15; **a. M.** Mügel § 1 A. 2).

hinaus Stundung bewilligt worden ist; denn auch in diesem Falle tritt die Zinsfestsetzung des § 1 Abs. 1 Satz 1 AufwFällG. in Wirksamkeit (§ 1 Abs. 1 Satz 2 a. a. O.; Schlegelberger-Harmening AufwFällG. § 27 A. 2a). Rechtsgeschäftl. Änderungen des gesetzl. Zinssatzes, insbes. Vereinbarungen des Zinssatzes i. S. des § 1 Abs. 1 Satz 3 AufwFällG., bedürfen nach allgem. Regel (§ 877 BGB.) zur Wirksamkeit neben der Einigung auch der Eintr.; § 27 AufwFällG. bezieht sich auf diese Fälle nicht.

bb) die gesetzl. Fälligkeitsbedingungen nach §§ 2, 3 AufwFällG. Für rechtsgeschäftl. Änderungen der Fälligkeitsbestimmungen gilt auch hier das vorstehend zu aa Gesagte.

cc) die durch die Aufwertungsstelle (oder das Beschwerdegericht oder das Gericht der weiteren Beschwerde) bewilligte Zahlungsfrist u. die Bedingungen, unter denen sie gewährt wird (§§ 6—14 AufwFällG.).

β) nach § 4 des Ges. ü. d. Zahlungsfrist in Aufwertungssachen v. 12. Juni 1933 (RGBl. I 359) die Bewilligung einer Zahlungsfrist oder einer weiteren Zahlungsfrist nach §§ 1 bis 3 dieses Ges.

γ) nach § 7 des 2. Ges. über einige Maßnahmen auf dem Gebiete des Kapitalverkehrs v. 20. Dez. 1934 (RGBl. I 1255) die in diesem Ges. festgesetzten gesetzl. Kündigungs- u. Fälligkeitsbestimmungen.

δ) nach Art. 12 Abs. 1 der VO. zur Regelung der Aufwertungsfälligkeiten v. 21. Dez. 1936 (RGBl. I 1121) die gesetzl. Fälligkeitsbedingungen gem. Art. 2, 3, 13 dieser VO. u. die richterl. Anordnungen auf Gr. des Art. 7 Abs. 5 a. a. O.

Die Eintr. dieser Inhaltsänderungen wäre an sich nicht unzulässig, da es sich um eine GBuchberichtigung handeln würde; der GBuchrichter hat ihre Eintr. aber, da sie vom Gesetz ausdrücklich erlassen ist, als überflüssige Eintr. (vgl. Vorbem. 56 ff. vor § 13) abzulehnen (Cammerer in LZ. 1930, 1035; BayZ. 1930, 314; Quassowski AufwFällG. § 27 A. 1). Eine Ausnahme ist dann anzunehmen, wenn ein Interesse an der Eintr. besteht, wenn z. B. die Frage der Anwendbarkeit der bezeichneten Vorschriften im Einzelfalle zweifelhaft ist; doch bedarf es dann der Berichtigungsbew. des Betroffenen (Cammerer in LZ. 1930, 1036). Ist die Fälligkeit einer Aufwertungshyp. durch eine vom Gericht vermittelte Vereinbarung gem. Art. 7 Abs. 1 der VO. v. 21. Dez. 1936 (RGBl. I 1121) oder durch eine richterl. Anordnung nach Art. 7 Abs. 4 a. a. O. endgültig geregelt, so kann das Amtsgericht das GBA. um Eintr. der neuen Regelung ersuchen (Art. 12 Abs. 2 a. a. O.). Daneben kann die Eintr. auch in diesem Falle auf Bewilligung des Betroffenen vorgenommen werden. Die Eintr. erfolgt in beiden Fällen gebührenfrei; Näheres s. u. A. 242.

Ist im GBuch hinsichtl. der Fälligkeit oder der Verzinsung der aufgewerteten Hyp. auf das AufwG. Bezug genommen, so gilt dieser Hinweis auch für die durch das AufwFällG. v. 18. Juli 1930 u. das 2. KapitalverkehrsG. v. 20. Dez. 1934 neu eingeführten gesetzl. Bedingungen (§ 27 Abs. 2 AufwFällG.; § 7 Ges. v. 20. Dez. 1934); diese gelten also als gleichfalls in Bezug genommen.

Die neuen gesetzl. Bedingungen des AufwFällG., des Ges. v. 20. Dez. 1934 u. der VO. v. 21. Dez. 1936 wirken auch ohne Eintr. dem gutgläubigen Erwerber gegenüber. Voraussetzung für den Schutz gegenüber dem öffentl. Glauben des GBuchs ist jedoch in allen Fällen, daß aus dem GBuch ersichtlich ist, daß es sich um ein aufgewertetes Recht handelt.

f) *α*) Über die Eintr. mehrerer im Range unmittelbar aufeinanderfolgender aufgewerteter Hyp. des nämlichen Gl. als einheitliches Recht s. § 10 AufwNov.; § 13 DurchfVO. v. 12. Sept. 1927. **183**

β) Über die Umwandlung einer Aufwertungshyp. in eine Grundschuld s. §§ 4 ff. AufwNov. Für die Grundschuld u. die Zusatzgrundschuld gem. § 6 Abs. 1 Ziff. 3 Satz 2 AufwNov. gelten hinsichtl. der Verzinslichkeit, des Zinssatzes, der Zahlungszeit, der Kündigung u. des Zahlungsortes die für die Aufwertungsforderung maßgebenden Bestimmungen (§ 9 DurchfVO. v. 12. Sept. 1927). Im GBuch bedarf es auch bei der Grundschuld u. der Zusatzgrundschuld nicht der Angabe des Anfangstags der Verzinsung u. der sonstigen Zins- u. Rückzahlungsbedingungen oder einer Bezugnahme auf die entspr. gesetzl. Vorschriften (Art. 1 Abs. 1 der VO. v. 18. Juni 1926 mit § 5 DurchfVO. v. 12. Sept. 1927). Wg. der Brieferteilung s. § 10 DurchfVO. v. 12. Sept. 1927.

184 3. Die **Berichtigung** einer unrichtigen Aufwertungseintr. richtet sich nach den allgem. Vorschriften; sie wird insbes. durch die Ausschlußfrist des § 1 GBBerG. nicht betroffen (RG. 141, 379; JFG. 9, 387; Schlegelberger-Harmening GBBerG. § 2 A. 7; Quassowski GBBerG. § 2 A. II; **a. M.** Mügel GBBerG. § 1 A. 2). Ist also z. B. der Aufwertungsbetrag nicht in der richtigen Höhe eingetragen oder ist ein gelöschtes aufgewertetes Recht nicht mit dem ihm nach dem AufwG. zukommenden Rang[1]) wieder eingetragen, so ist das GBuch unrichtig u. unter den Voraussetzungen des § 53 ein Amtswiderspruch einzutragen. Beschwerde gegen die Eintr. ist, da diese unter dem öffentl. Glauben des GBuchs steht (Quassowski GBBerG. § 19 A. II A 3c), nur unter der Einschränkung des § 71 Abs. 2 Satz 2 GBO. zulässig. Die Beschwerde gegen die Ablehnung eines Berichtigungsantrags ist nicht befristet (JFG. 9, 387).

185 **II. Die Zusatzhypothek.**

Die erleichternden Formvorschriften, die für die Eintr. der Aufwertung gelten (insbes. §§ 6, 14 bis 21, 78 AufwG., §§ 28 bis 30, 32 GBBerG.), sind gem. § 31 Abs. 1 GBBerG. auch auf die Eintr. von sog. Zusatzrechten anwendbar, also auf diejenigen Rechte (Hypotheken oder Grundschulden), die entweder zur Sicherung des den Aufwertungsbetrag des dingl. Rechts übersteigenden Teils der aufgewerteten Forderung dienen oder einen auf Vereinbarung beruhenden, den Normalsatz übersteigenden Teil der dingl. Aufwertung darstellen. Diese Rechte sind an sich selbständige neue Rechte, die unter Beachtung der allgem. Vorschriften einzutragen wären (vgl. § 67 Abs. 1 Satz 2, 3 AufwG.; s. auch Gutachten des KG. v. 13. Juli 1929 in JW. 1929, 3346; RG. 116, 244; JFG. 3, 346; AufwRspr. 1, 45, 667; HRR. 1928 Nr. 717, Nr. 1623; Güthe-Triebel[5] S. 1778); § 31 Abs. 1 GBBerG. stellt sie jedoch in formeller Hinsicht den eigentl. Aufwertungshypotheken gleich. Es bedarf demnach z. B. nicht der Angabe der gesetzl. Verzinsungs- u. Zahlungsbestimmungen (falls diese auch als Inhalt der Zusatzhyp. vereinbart sind) u. des Anfangstags der Verzinsung, es genügt die Bezugnahme auf die gelöschte Eintr. (§ 28 GBBerG.) usw.

Durch § 31 Abs. 2 GBBerG. ist auch die Zusammenfassung des Zusatzrechtes mit der Eintr. des gesetzl. Aufwertungsbetrags zu einer Eintr., die bis dahin ordnungswidrig u. u. U. unzulässig war (vgl. jedoch das bez. Gutachten des KG., Ziff. II a. E.), für zulässig erklärt worden. Dies gilt sowohl für Eintr., die bis zum Inkrafttreten der Bestimmung (23. Juli 1930) vorgenommen wurden, als auch für spätere Eintr. (Cammerer in LZ. 1930, 1051; Quassowski ErgBd. Anm. zu § 31). Materiellrechtlich handelt es sich aber stets um zwei verschiedene Rechte, insbes. nimmt auch jetzt noch der Teil der Einheitshyp., der in Wahrheit ein Zusatzrecht ist, nicht den Rang der aufgewerteten Hyp., sondern den Rang ein, der einer Zusatzhyp., wenn sie ordnungsgemäß unter eigener Nummer eingetragen worden wäre, zukommen würde (vgl. § 31 Abs. 2 Satz 2 GBBerG.; Cammerer in BayNotV. 1930, 289; BayZ. 1930, 316). Das GBuch ist also nach wie vor unrichtig, wenn einem dritten Recht nach der materiellrechtlich richtigen Rangordnung der Rang zwischen dem gesetzl. Aufwer-

[1]) Vgl. §§ 6, 7, 20—22 AufwG., §§ 13, 14 AufwNov. — § 6 Abs. 2 AufwG. ist auch anwendbar, wenn das aufgewertete Recht bereits gelöscht war (KG. in DNotV. 1928, 116); die Bestimmung gilt ferner auch zugunsten von Zwangshypotheken (KG. in DNotV. 1928, 114; bestr.) u. zugunsten von Rechten an einem Grundstücksrecht (JFG. 6, 339), nicht aber zugunsten einer (noch in der Hand des Eigtr. befindlichen) gem. § 1196 BGB. begründeten EigtrGrundschuld (RG. in JFG. 6, 8; **a. M.** KG. in AufwRspr. 2, 577; 3, 22). Im Gegensatz zu § 6 Abs. 2 ist § 22 Abs. 2 AufwG. auf Vormerkungen nicht anwendbar (RG. 116, 238; RG. in AufwRspr. 3, 273, 275; **a. M.** KG., insbes. in JFG. 2, 409; DNotV. 1927, 96; JW. 1927, 2522; DNotV. 1928, 260).

tungsbetrag u. dem Zusatzrecht zusteht. In der Hand eines gutgläubigen Erwerbers kann der Teil des Rechts, der Zusatzrecht ist, den Rang des aufgewerteten Rechts erhalten (Cammerer in LZ. 1930, 1051; Quassowski ErgBd. Anm. zu § 31). Eine Beseitigung dieser GBuchunrichtigkeit ist nur auf Antrag der Beteiligten (einer Bewilligung des Betroffenen bedarf es nicht, da die Unrichtigkeit offenkundig ist, §§ 22 Abs. 1, 29 GBO.) oder im Rangklarstellungsverfahren nach §§ 90 ff. GBO. möglich, nicht aber (außerhalb dieses Verfahrens) von Amts wegen.

III. Die Ersatzhypothek nach § 4 GBBerG. 186

1. Allgemeines.

a) *α*) Eine aufgewertete Hyp. ist, falls der Antrag auf Eintr. der Aufwertung in das GBuch nicht bis zum Ablauf des 31. März 1931 gestellt worden ist, erloschen (§ 2 GB.-BerG.)[1]). Gleichgültig ist, ob das aufgewertete Recht überhaupt nicht mehr im GBuch eingetragen oder ob es noch in Mark (= Papiermark) oder einer anderen nicht mehr geltenden inländischen Währung (Taler, Gulden) eingetragen war (Schlegelberger-Harmening GB.-BerG. § 2 A. 4). Wegen der von Amts wegen vorzunehmenden Löschung in letzterem Falle s. § 13 A. 45 ff. Erlöschen ist jedoch nur das dingl. Recht; die zugrunde liegende Forderung blieb bestehen (§ 7 GBBerG.). Der Gl. der hienach erloschenen Hyp. hat einen Anspruch auf Eintr. einer neuen Hyp. (Ersatzhypothek) in Höhe des Aufwertungsbetrages des erloschenen Rechtes an nächstbereiter (nächstoffener) Rangstelle (§ 4 Abs. 1 GBBerG.). Der Anspruch auf die Ersatzhyp. besteht jedoch nur, wenn die alte Hyp. infolge Versäumung der Antragsfrist des § 1 GBBerG. erloschen ist, nicht aber, wenn sie schon vorher erloschen war, z. B. auf Gr. der Vorschriften über den öffentl. Glauben (s. u. A. 191 unter *γ*), oder wenn die Aufwertung infolge Versäumung der Anmeldefrist des § 16 Abs. 1 AufwG. verwirkt ist. Verzinsung u. Fälligkeit der neuen Hyp. richten sich nach den für das erloschene aufgewertete Recht maßgebenden Vorschriften, insbes. nach dem AufwG. u. dem AufwFällG. Die Voraussetzungen der Eintr. dieser neuen Hyp. sind wesentlich erleichtert; insbes. bedarf es nicht der Bewilligung des Betroffenen (des Eigtr.); im einzelnen s. u. A. 190 ff.

Über die **Rechtsnatur** des Rechts auf die Ersatzhyp. gehen die Ansichten auseinander; vgl. Quassowski GBBerG. § 4 A. II 1 (Anwartschaft), Schlegelberger-Harmening GBBerG. § 4 A. 1, 4 (gesetzl. Eintragungsanspruch gegen den Eigtr., auf den gewisse sachenrechtl. Vorschriften anwendbar sind), Cammerer in LZ. 1930, 1041; 1931, 343 (ein der Verjährung unterliegender Anspruch des Berechtigten gegen den Eigtr. auf Duldung der Eintr. der neuen Hyp.), Mügel GBBerG. § 4 A. 1 (Wiederaufleben des erloschenen Rechts an nächstbereiter Stelle). Vgl. auch Lehmann in BayNotV. 1933, 77.

Das Recht des Gl. auf Eintr. des Ersatzrechtes ist nicht eintragungsfähig, ebensowenig dessen Erlöschen u. sonstige rechtl. Veränderungen desselben (JFG. 10, 300). Dies gilt insbes. auch für die sog. Ersatzeigentümergrundschuld (vgl. unten A. 187).

β) Der Anspruch auf Eintr. der Ersatzhyp. kann wie jeder Anspruch abgetreten, gepfändet oder verpfändet werden. Eine besondere Form besteht für die Abtretung u. Verpfändung nicht (Schlegelberger-Harmening GBBerG. § 4 A. 4; Quassowski § 4 A. III A 2 Abs. 2). Die Pfändung erfolgt nach § 857 Abs. 1 mit § 829 ZPO.; Drittschuldner ist der Eigtr. 187

Da der Anspruch an die Stelle der erloschenen aufgewerteten Hyp. getreten ist, sind die sachenrechtl. Vorschriften über das Verhältnis der persönl. Forderung zur Hyp. entspr. auf das Verhältnis des durch § 4 GBBerG. geschaffenen Rechts zu der Forderung anzuwenden (Schlegelberger-Harmening a. a. O.; Quassowski ErgBd. § 4 A. 1; **a. M.** Cammerer in BayNotV. 1930, 310; in LZ. 1931, 342, 343; s. auch Schlegelberger in Gruchots-

[1]) § 2 GBBerG. bezieht sich jedoch nur auf Rechte, die der Aufwertung nach dem AufwG. unterliegen; s. § 13 A. 46.

Beitr. 71, 474). Insbes. kann der Anspruch auf Eintr. der Ersatzhyp. nicht ohne die Forderung u. die Forderung nicht ohne den Anspruch übertragen werden; mit der Übertragung der Forderung geht der Anspruch kraft Gesetzes auf den Zessionar über (vgl. § 1153 BGB.). Erlischt die Forderung, so geht der Eintragungsanspruch gem. § 1163 Abs. 1 BGB. auf den Eigtr. über, der dann eine EigtrGrundschuld auf Gr. des Anspruchs eintragen lassen kann. Ferner kann der Eintragungsanspruch gem. § 1164 Abs. 1 BGB. auf den persönl. Schuldner oder gem. §§ 1143, 1177 Abs. 2 BGB. auf den Eigtr. übergehen (Schlegelberger-Harmening a. a. O.). Auch eine Forderungsauswechslung (§ 1180 BGB.) ist möglich; sie erfordert hier nur Einigung zwischen Eigtr. u. Gl. (Schlegelberger-Harmening a. a. O.).

Der Verzicht des Gl. auf den Anspruch auf das Ersatzrecht hat den Übergang des Anspruchs auf den Eigtr. zur Folge (§ 1168 BGB.); der Verzicht bedarf zu seiner Wirksamkeit der Eintr. im GBuch (Mügel GBBerG. S. 132 A. 2d, 3; Schlegelberger-Harmening GB.-BerG. § 4 A. 4; **a. M.** Krieger S. 55; Cammerer in LZ. 1931, 403). Der Verzicht ist aber nicht mehr eintragungsfähig, wenn der Gl. vor Abgabe der Verzichterklärung wegen seines Aufwertungsanspruchs befriedigt worden ist (RG. in DNotV. 1932, 781).

Der Eintragungsanspruch unterliegt der dreißigjährigen Verjährung des § 195 BGB. Die Verjährungsfrist beginnt regelmäßig mit dem Ablauf der Frist des § 1 GBBerG., also mit dem 1. April 1931 (Cammerer in LZ. 1930, 1041); ist jedoch das aufgewertete Recht erst später erloschen, weil der Antrag nach § 1 GBBerG. rechtzeitig gestellt, aber erst nach Fristablauf vom GBA. oder Beschwerdegericht rechtskräftig zurückgewiesen worden ist, so beginnt die Verjährungsfrist erst mit dem Zeitpunkt des Erlöschens.

188 γ) Formellrechtlich handelt es sich nicht um eine GBuchberichtigung, da die aufgewertete Hyp. endgültig erloschen ist, sondern um eine rechtsändernde Eintr. (Schlegelberger-Harmening GBBerG. § 4 A. 1; Harmening in JW. 1930, 2347).

189 **b)** Die Eintr. der Ersatzhyp. ist ausgeschlossen, wenn das Eigentum an dem Grundstück durch Zuschlag in der Zwangsversteigerung nach dem 31. März 1931, d. i. dem regelmäßigen[1]) Zeitpunkt des Erlöschens der aufgewerteten Hyp.[2]) oder durch rechtsgeschäftl. Erwerb infolge eines nach dem 31. Dez. 1931 gestellten EintrAntrags gewechselt hat (§ 4 Abs. 3 GBBerG.). Beim Eigentumswechsel auf Gr. Zuschlags ist maßgebend der Zeitpunkt der Verkündung desselben, nicht der seiner Rechtskraft (Quassowski ErgBd. § 4 A. 3; Cammerer in LZ. 1931, 343; Schlegelberger-Harmening § 4 A. 9). Beim rechtsgeschäftl. Erwerb kommt es nur auf den Zeitpunkt der Stellung des EintrAntrags, d. i. seines Eingangs beim GBA. an, nicht auf den der Eintr. des Eigentumswechsels im GBuch; wird dieser auf Gr. eines vor dem Ablauf des 31. Dez. 1931 gestellten Antrags erst später eingetragen, so steht er der Eintr. der neuen Hyp. nicht im Wege. Ist der Antrag auf Eintr. der Ersatzhyp. nach dem 31. Dez. 1931, aber vor dem Antrag auf Eintr. des Eigentumswechsels gestellt, so kann die Eintr. der Hyp. noch erfolgen (Schlegelberger-Harmening § 4 A. 9). Nach dem entscheidenden Zeitpunkt kann die Eintr. der Ersatzhyp. selbst dann nicht mehr stattfinden, wenn der Erwerber des Grundstücks bösgläubig ist (Mügel GBBerG. § 4 A. 3; Schlegelberger-Harmening § 4 A. 9; Quassowski ErgBd. § 4 A. 3; Michaelis § 4 A. 3). Eigentumswechsel aus sonstigen Gründen, z. B. auf Gr. Erbfolge oder Fusion, steht der Eintr. des Ersatzrechts nicht entgegen, ebensowenig die Eintr. einer Auflassungsvormerkung (Quassowski GBBerG. § 4 A. III D 2). Die Eintr. des Konkursvermerks hindert die Eintr. der Ersatzhyp. nicht, weil dieser Eintr.

---

[1]) Ist das Erlöschen der aufgewerteten Hyp. ausnahmsweise erst später eingetreten, so ist dieser Zeitpunkt maßgebend. Ist nämlich der Antrag nach § 1 GBBerG. rechtzeitig gestellt, so erlischt das Recht erst, wenn die zurückweisende Verfügung des GBA. in Rechtskraft erwachsen ist.

[2]) So Quassowski ErgBd. § 4 A. 3; Schlegelberger-Harmening § 4 A. 9; Cammerer in LZ. 1930, 1041; **a. M.** Mügel § 4 A. 3, nach dem auch jeder nach dem Inkrafttreten des GBBerG. (1. Okt. 1930) erfolgte Zuschlag die Eintr. der Ersatzhyp. ausschließen soll.

keine Verfügung des Gemeinschuldners zugrunde liegt (Schmacka in JW. 1933, 1237). Wegen der Wirkung der Vormerkung der Ersatzhyp. s. u. A. 207.

Soweit hienach die Eintr. der Ersatzhyp. nicht ausgeschlossen ist, besteht der Anspruch auf Eintr. dem jeweiligen Eigtr. gegenüber.

2. Die Voraussetzungen der Eintragung der Ersatzhypothek.

Erforderlich ist:

a) ein (formloser) **Antrag** (§ 13 GBO.). Antragsberechtigt ist der HypGläubiger 190 (u. zwar derjenige, der es im Zeitpunkt des Erlöschens der alten Hyp. war), auch der frühere Gl. (§§ 17, 21 AufwG.), bei Abtretung oder gesetzl. Übergang des Anspruchs dessen derzeitiger Inhaber, ferner derjenige, der den Anspruch auf Eintr. der Ersatzhyp. gepfändet u. zur Einziehung überwiesen erhalten hat, weiter der Vertragspfandgl. u. der Nießbraucher (Mügel § 4 A. 2; Schlegelberger-Harmening § 4 A. 2; Krieger S. 56). Der Gl., der die einer nach den Vorschriften des GBBerG. gelöschten Hyp. zugrunde liegende Forderung gepfändet hat, kann von sich aus die Eintr. der Ersatzhyp. herbeiführen. Dies gilt aber nicht für eine Grundschuld, da mit deren Löschung das Pfandrecht an ihr endgültig untergegangen ist (OLG. Zweibrücken in JW. 1937, 894).

§ 14 GBO. gilt für die Eintr. der Ersatzhyp. nicht. Auch § 25 GBBerG. ist nicht anwendbar (Mügel § 25 Anm.; Cammerer in BayNotV. 1930, 309; **a. M.** Schlegelberger-Harmening § 25 A. 2; Quassowski GBBerG. § 4 A. III B 1; ErgBd. § 25 Anm.). An eine Frist ist der Antrag nicht gebunden; wegen der Verjährung des EintrAnspruchs s. o. A. 187, wegen seiner Ausschließung s. A. 189. Auf die Zurücknahme des Antrags ist § 5 der DurchfVO. v. 1. Mai 1931 (RGBl. I 140) nicht anwendbar; sie bedarf also wie in sonstigen Fällen der Form des § 29 (s. § 31 GBO.).

b) der **Nachweis**, daß der Anspruch des Gl. auf Eintr. der neuen Hyp. besteht. 191

α) Es ist also nachzuweisen, daß der Antragsteller am 31. März 1931 (oder, wenn die Hyp. später erloschen ist (vgl. Fußn. 1 bei A. 189) im Zeitpunkt ihres Erlöschens) Gläubiger einer aufgewerteten Hyp. gewesen ist u. daß diese Hyp. infolge Versäumung der Frist des § 1 GBBerG. erloschen ist. Letztere Tatsache ergibt sich ohne weiteres aus dem GBuch oder den Akten des GBA., z. B. dem Beschluß des Beschwerdegerichts, wenn dieses die Zurückweisung des EintrAntrags nach § 1 GBBerG. rechtskräftig bestätigt hat. Tritt die Ersatzhyp. an die Stelle einer bei Ablauf der Antragsfrist des § 1 GBBerG. noch im GBuch eingetragenen Hyp., so ist für die Eintr. des Ersatzrechtes der zuletzt im GBuch eingetragen gewesene Gl. als der materiell Berechtigte anzusehen, soferne gegen diese Annahme nicht begründete Zweifel bestehen (JFG. 10, 294).

Zum Nachweis, daß der Antragsteller Gl. einer aufgewerteten Hyp. gewesen ist, müssen dieselben Voraussetzungen dargetan werden, wie sie zur Erbringung des Unrichtigkeitsnachweises bei Eintr. der Aufwertung einer Hyp. auf Gr. des AufwG. erforderlich waren. Dabei gelten aber gem. § 4 Abs. 2 Satz 2 GBBerG. dieselben Vermutungen, die das AufwG. u. die hierzu erlassenen Durchführungsvorschriften zur Erleichterung des Unrichtigkeitsnachweises aufstellen, z. B. § 5 Abs. 1 AufwG., Art. 3, 4 DurchfVO. v. 29. Nov. 1925 (Schlegelberger-Harmening § 4 A. 2). Diese gesetzl. Vermutungen hat der GBuchrichter seiner Entscheidung zugrundezulegen, solange ihm nicht ein abweichender Sachverhalt bekannt ist (Güthe-Triebel[5] S. 1811). Art. 3 DurchfVO. v. 29. Nov. 1925 ist entsprechend auch bei Berechnung des Aufwertungsbetrags des früheren Gl. anzuwenden; für die Berechnung des von dem Aufwertungsbetrag des früheren Gl. nach § 18 Abs. 2 AufwG. in Abzug zu bringenden Aufwertungsbetrags des dem früheren Gl. zeitlich nachfolgenden Gl. gilt die Vermutung, daß letzterer die Hyp. an dem von dem früheren Gl. angegebenen Abtretungstag erworben hat (AufwRspr. 3, 435; Güthe-Triebel[5] S. 1811; Schlegelberger-Harmening GBBerG. § 3 A. 5b *α*).

Im einzelnen ist insbes. nachzuweisen:

aa) der Erwerbstag. Hier greift die Vermutung des § 5 Abs. 1 AufwG. Platz.

bb) der Erwerbspreis, außer der Erwerbstag liegt vor dem 1. Jan. 1918; in diesem Falle bildet der Nennbetrag den Goldmarkbetrag (§ 2 Abs. 1 Satz 1 AufwG.). Handelt es sich um einen ursprüngl. Erwerb, so ist, falls nicht Anzeichen für das Gegenteil vorliegen (z. B. Erwerb in der Zeit vorgeschrittener Inflation), ohne weiteres anzunehmen, daß der Erwerbspreis dem Nennbetrag entspricht (BayObLG. 24, 322). War der Erwerb unentgeltlich, so ist diese Tatsache nachzuweisen.

Nicht erforderlich ist der Nachweis, daß kein Fall vorliegt, in dem nach § 10 AufwG. eine höhere Aufwertung verlangt werden kann, da § 10 sich nur auf die persönl. Forderung bezieht. Ebensowenig braucht nachgewiesen zu werden, daß der Eigtr. von dem Recht, die Herabsetzung der Aufwertung zu verlangen (§ 8 AufwG.), keinen Gebrauch gemacht hat (vgl. Art. 5 DurchfVO. v. 29. Nov. 1925; AufwRspr. 1, 367).

cc) Wenn ein Fall der Aufwertung auf Gr. Vorbehalts (§ 14 AufwG.) oder kraft Rückwirkung (§ 15 AufwG.) vorliegt, ist außerdem nachzuweisen die rechtzeitige Anmeldung bei der Aufwertungsstelle (§ 16 Abs. 1 AufwG.) u. der Ablauf der Einspruchsfrist, ohne daß Einspruch eingelegt wurde[1]), oder die rechtskräftige Entscheidung der Aufwertungsstelle, daß ein wirksamer Vorbehalt der Rechte vorliegt oder eine Rückwirkung stattfindet (§ 16 Abs. 2 AufwG.)[2]). Sind die Voraussetzungen des Vorbehalts oder der Rückwirkung nicht in dieser Weise festgestellt, so sind weiter nachzuweisen die Erklärung des Vorbehalts, z. B. durch Bezugnahme auf eine bei den Grundakten befindl. Löschungsbew. oder die Annahme der Leistung durch den Gl. in der Zeit vom 15. Juni 1922 bis 14. Febr. 1924 (Rückwirkungszeit). Der Vorbehalt braucht nicht in der Form des § 29 nachgewiesen zu werden. Daß keine Abtretung erfolgt ist, bedarf regelmäßig keines Nachweises (KG. in DNotV. 1927, 15; AufwRspr. 3, 435).

dd) Wenn die Aufwertung zugunsten des früheren Gl. erfolgt ist (§§ 17, 21 AufwG.), ist gleichfalls nachzuweisen, daß die Anmeldung gem. § 16 Abs. 1 AufwG. rechtzeitig erfolgt ist u. daß die Voraussetzungen des § 16 Abs. 2 vorliegen. Bez. des Zeitpunkts des Übergangs des Rechts auf den neuen Gl. u. der Höhe des Erwerbspreises greifen die Vermutungen des § 5 Abs. 1 Satz 2 AufwG. u. des Art. 3 DurchfVO. v. 29. Nov. 1925 Platz (vgl. auch oben unter b α Abs. 2). Die Vorlegung der Abtretungsurkunde ist in der Regel nicht erforderlich (AufwRspr. 3, 435).

ee) Wenn der Anspruch nicht demjenigen zusteht, der am 31. März 1931 oder bei späterem Erlöschen der aufgewerteten Hyp. im Zeitpunkte des Erlöschens Gl. der aufgewerteten Hyp. war, bedarf es noch des Nachweises, daß der Anspruch auf den Antragsteller, z. B. durch Abtretung oder kraft Gesetzes übergegangen ist; vgl. oben A. 187. Wird der Antrag von demjenigen gestellt, der am 31. März 1931 Gl. war, so darf das GBA., sofern ihm nicht das Gegenteil bekannt ist, davon ausgehen, daß der Antragsteller zur Stellung des EintrAntrags noch legitimiert ist (Schlegelberger-Harmening § 4 A. 2). Im Falle der Aufwertung für den früheren Gl. (§§ 17, 21 AufwG.) muß dieser außer den Voraussetzungen der Aufwertung auch sein früheres Recht nachweisen.

β) Die Nachweise bedürfen der **Form** des § 29 GBO. Lediglich der Nachweis des Erwerbstags u. des Erwerbspreises braucht gem. Art. 2 DurchfVO. v. 29. Nov. 1925 nicht in dieser Form geführt zu werden. Soferne im Einzelfalle nicht besondere Bedenken bestehen, genügt eine einfache schriftl. Erklärung der unmittelbar Beteiligten (KG. in DNotV. 1930, 98). Das gleiche gilt für den Nachweis des Erwerbsgrundes u. für den Nachweis der Voraussetzungen des § 3 Abs. 2 u. des § 5 Abs. 2 AufwG. (§ 1 DurchfVO. v. 12. Sept. 1927). Zum Nachweis genügt stets auch die Bezugnahme auf das GBuch, die Grundakten oder die Akten der Aufwertungsstelle (AufwRspr. 3, 252); der GBuchrichter ist verpflichtet, die Aufwertungsakten einzusehen (AufwRspr. 1, 39). Eine Erleichterung des Nachweises schafft auch die in Art. 126 DurchfVO. v. 29. Nov. 1925 vorgesehene Bescheinigung der Aufwertungsstelle. Doch ist für den GBuchrichter diese Bescheinigung nicht bindend, wenn er aus den Akten die bestimmte Kenntnis erlangt hat, daß der Inhalt der Bescheinigung unrichtig ist (KG. im Recht 1928 Nr. 1341; 1929 Nr. 542; AufwRspr. 3, 486; vgl. auch KG. in BayNotV. 1927, 193).

[1]) Statt dessen genügt auch der Nachweis, daß der Einspruch vom Eigtr. zurückgenommen worden ist (KG. in DNotV. 1929, 316).

[2]) Die Entscheidung der Aufwertungsstelle über die Rückwirkung kann (im Hinblick auf § 15 Satz 2 AufwG.) nicht durch eine rechtskräftige Entscheidung des Prozeßgerichts über die Voraussetzungen der Rückwirkung nach § 15 Satz 1 AufwG. ersetzt werden (KG. in DNotV. 1928, 100).

γ) War die Hyp. beim Inkrafttreten des AufwG. (15. Juli 1925) bereits gelöscht, so hat der GBuchrichter auch zu prüfen, ob sie auf Gr. der Vorschriften über den öffentl. Glauben des GBuchs nicht schon vor dem 31. März 1931 durch einen gutgläubigen Eigentumserwerb erloschen ist; in diesem Falle ist die Eintr. der Ersatzhyp. ausgeschlossen, da der Anspruch auf deren Eintr. nur besteht, wenn die aufgewertete Hyp. infolge Versäumung der Antragsfrist des § 1 GBBerG. erloschen ist (Quassowski GBBerG. § 4 A. III C 2b; IV 2a); wegen der teilweisen Ausschaltung des öffentl. Glaubens des GBuchs vgl. §§ 20, 21, 22 AufwG.; § 14 AufwNov.; RG. 133, 357.

Da die Ersatzhyp. an nächstoffener Rangstelle einzutragen ist, kommt nur der gutgläubige Erwerb des Eigentums, nicht der Erwerb eines sonstigen Rechts am Grundstück in Betracht. Eigentumserwerb eines Dritten nach dem 31. März 1931 hindert die Eintr. des Ersatzrechtes nicht, da in diesem Zeitpunkt die alte Hyp. erloschen ist, während die Ersatzhyp. erst mit ihrer Eintr. entsteht, so daß das GBuch nicht unrichtig ist u. ein Rechtsuntergang auf Gr. gutgläubigen Erwerbs nicht möglich ist. Der Anspruch auf die Ersatzhyp. aber untersteht nicht dem öffentl. Glauben des GBuchs (vgl. Quassowski a. a. O. A. II 2). Die Eintr. der Ersatzhyp. kann jedoch nach § 4 Abs. 3 GBBerG. ausgeschlossen sein; s. hierüber oben A. 189.

Bei Prüfung der Frage, ob der öffentl. Glaube des GBuchs der Eintr. des Ersatzrechts entgegensteht, hat der GBuchrichter von der Gutgläubigkeit des Erwerbers auszugehen. Dessen Kenntnis von der Unrichtigkeit des GBuchs hat der Antragsteller (HypGläubiger) in der Form des § 29 GBO. nachzuweisen (RG. 116, 340; AufwRspr. 2, 153, 200, 363; JW. 1927, 1019). Auch die Voraussetzungen des § 14 AufwNov. müssen in der Form des § 29 GBO. nachgewiesen werden (BayObLG. 28, 242; KG. in DNotV. 1928, 482). Ist die Hyp. durch gutgläubigen Erwerb einmal erloschen, so lebt sie durch den darauffolgenden Erwerb des Grundstücks seitens eines bösgläubigen Dritten nicht wieder auf (Schlegelberger-Harmening AufwG. § 20 A. 1). Auch der durch Eintr. einer Vormerkung Gesicherte genießt den Schutz des öffentl. Glaubens, wenn die Vormerkung auf Bewilligung des Eigtr. u. nicht auf Gr. einer einstw. Verfügung eingetragen wurde (AufwRspr. 2 Sonderheft 2, 34; Sonderheft 4, 35; Schlegelberger-Harmening a. a. O.; Quassowski AufwG. 250; Mügel AufwG. 303). Die Vorschriften über den öffentl. Glauben sind dann nicht anwendbar, wenn sich als Veräußerer u. Erwerber dieselben natürlichen Personen, wenn auch in verschiedener rechtl. Gebundenheit, gegenüberstehen, z. B. eine off. HG. u. die sämtl. Gesellschafter derselben oder eine off. HG. u. eine AG. (GmbH.), deren einzige Aktionäre (Gesellschafter) mit den Teilhabern an der off. HG. identisch sind (AufwRspr. 1, 589, 687; 2, 366; 2 Sonderheft 4, 37, 39, 43; vgl. auch RG. 117, 257; 119, 126; 123, 52; 126, 46; 129, 119; 130, 340, 390; 131, 64; BayObLG. 24, 368; 25, 467; 26, 52; BayObLG. in BayNotV. 1931, 262, 279).

c) das **Eingetragensein des Betroffenen,** also des wahren Eigtr. (§ 39 GBO.). Ist der **192** Betroffene jedoch Erbe des eingetragenen Berechtigten, so ist seine vorherige Eintr. nicht erforderlich; § 40 GBO. ist entsprechend anzuwenden (Art. 16 DurchfVO. v. 29. Nov. 1925 mit § 4 Abs. 2 Satz 2 GBBerG.).

d) Einer Eintragungsbewilligung des Betroffenen (des Eigtr.) bedarf es nicht **193** (§ 4 Abs. 2 Satz 1 GBBerG.). Natürlich kann die Eintr. der Ersatzhyp. auch vom Eigtr. bewilligt werden. Soll die Eintr. aber in diesem Falle unter den für die Eintr. der Aufwertung geltenden Erleichterungen erfolgen (vgl. § 4 Abs. 2 Satz 2 GBBerG.), so muß der Gl. neben der EintrBew. des Eigtr. auch das Vorliegen der Voraussetzungen für die Eintr. (s. o. A. 191) nachweisen; diese Voraussetzungen sind vom GBA. auch in diesem Falle nachzuprüfen (teilw. abw. Schlegelberger-Harmening § 4 A. 5). Kann der Gl. diesen Nachweis nicht führen, so ist die Eintr. der neuen Hyp. hinsichtlich ihrer Voraussetzungen u. ihres Inhalts als Eintr. einer gewöhnl. Hyp. nach den allgem. Vorschriften (also nicht als die einer Ersatzhyp. im eigentl. Sinne, die immer noch Aufwertungshyp. ist) zu betrachten; die in § 4 Abs. 2 Satz 2 GBBerG. für die Eintr. vorgesehenen Erleichterungen greifen dann nicht Platz. Der Gl. kann auch, wenn ihm der Nachweis der Entstehung des Anspruchs auf Eintr. des Ersatzrechtes dem GBA. gegenüber nicht möglich ist, den Eigtr. auf Abgabe der EintrBew. verklagen (§ 894 ZPO.).

194 **e)** Die Vorlage des Briefs über die erloschene Hyp. ist grundsätzlich nicht erforderlich (vgl. JFG. 10, 294); er wird aber häufig zum Nachweis der Voraussetzungen der Aufwertung verwendet werden können.

195 **f)** Die Belastungsbeschränkungen des landwirtschaftl. Schuldenregelungsgesetzes (s. o. A. 126ff.) gelten für die Ersatzhyp. nicht. Ihre Eintr. bedarf auch nicht der anerbengerichtl. Genehmigung (LEHGer. Celle in JW. 1935, 2007; Vogels[4] § 37 A. 61; **a. M.** KG. in JFG. 12, 331).

196 **3.** Die **Erfordernisse der Eintragung selbst** richten sich nach den allgem. Vorschriften; insbes. also sind anzugeben (vgl. § 3 A. 169ff.) der Gläubiger, der Geldbetrag u. der Schuldgrund; die gesetzl. Zinsen sind nicht einzutragen (s. u. A. 200). Im übr. ist bei Eintr. der Ersatzhyp. grundsätzlich so zu verfahren, als ob die aufgewertete Hyp., an deren Stelle das Ersatzrecht treten soll, nicht erloschen u. nicht gem. § 2 GBBerG. gelöscht sei u. als ob ihr Aufwertungsbetrag nach Maßgabe des AufwG., der AufwNovelle u. der DurchfVorschriften einzutragen sei (JFG. 10, 294).

a) Soweit zur näheren Bezeichnung des Inhalts des Rechts oder zur Bezeichnung der Forderung die Bezugnahme auf die EintrBew. nach allgem. Vorschriften zulässig ist (s. § 3 A. 162ff., 174), kann auch auf die EintrBew. Bezug genommen werden, die der gem. § 2 GBBerG. erloschenen Hyp. zugrunde lag (DurchfVO. v. 16. April 1932, RGBl. I 180). Eine Verweisung oder eine Bezugnahme auf die gelöschte Eintr., auf die die Ersatzhyp. zurückgeht, ist nicht ausgeschlossen, da § 28 GBBerG. auf Gr. § 4 Abs. 2 Satz 2 anwendbar ist (Quassowski GBBerG. Vorbem. 2 vor § 28); gleichgültig ist, ob die frühere Eintr. auf Gr. § 2 Satz 2 GBBerG. oder schon früher (auf Gr. Löschungsbew. usw.) gelöscht wurde. Unzulässig ist es aber, die alte Eintr., statt sie gem. § 2 GBBerG. zu löschen, bestehen zu lassen u. sie lediglich durch einen Rangvermerk als Ersatzrecht zu kennzeichnen. Dies gilt insbes. auch dann, wenn im Range nach der erloschenen Hyp. ein Recht nicht mehr eingetragen ist, sodaß die Ersatzhyp. räumlich unmittelbar an die erloschene Hyp. anschließt. Auch hier ist die Löschung der erloschenen Hyp. u. die Neueintragung des Ersatzrechtes nicht zu umgehen (Schlegelberger-Harmening GBBerG. § 4 A. 1; **a. M.** für letzteren Fall Quassowski Erg.-Bd. § 2 A. 2). Die Eintr. des Ersatzrechts ist als solche durch einen Vermerk zu kennzeichnen, z. B. „eingetragen nach § 4 GBBerG. als Ersatz für die erloschene Hyp. Nr. 3 am 5. Juli 1937."

197 **b)** Die Ersatzhyp. ist regelmäßig einzutragen in **Höhe** von 25 v. H. des Goldmarkbetrags der aufgewerteten Hyp. (Aufwertungsbetrag; § 4 AufwG.); erfolgte die Aufwertung auf Gr. Vorbehalts oder kraft Rückwirkung, so sind geleistete Zahlungen nach Maßgabe des § 18 AufwG. auf den Aufwertungsbetrag anzurechnen. Die Möglichkeit der Herabsetzung nach § 8 AufwG. ist grundsätzlich außer Betracht zu lassen; ihre Eintr. muß der Eigtr. selbst durch Beantragung eines Widerspruchs gem. § 8 Abs. 2 AufwG. herbeiführen; ein solcher Widerspruch kann auch jetzt noch eingetragen werden. Nur wenn gleichzeitig mit dem EintrAntrag eine rechtskräftige Herabsetzungsentscheidung der Aufwertungsstelle vorgelegt wird, hat das GBA. den herabgesetzten Aufwertungsbetrag der Eintr. der Ersatzhyp. zugrundezulegen. Ebenso ist der Antrag auf Eintr. des vollen Aufwertungsbetrags abzulehnen, wenn dem GBA. bekannt ist, daß eine Herabsetzungsentscheidung ergangen ist. Keinesfalls kann es aber vom Gl. einen Nachweis verlangen, daß keine Herabsetzung erfolgt ist (Schlegelberger-Harmening § 4 A. 6).

198 **c)** Die **Art** der Ersatzhyp. (ob Buch- oder Briefhyp., Verkehrs- oder Sicherungshyp.) richtet sich nach der Art der erloschenen aufgewerteten Hyp. War diese eine Gesamthyp., so ist wiederum eine Gesamthyp. einzutragen, außer der Gl. beschränkt seinen Antrag auf die Eintr. einer Einzelhyp. an einem der mitbelasteten Grundstücke. Dies schließt dann aber eine spätere Eintr. der Ersatzhyp. auch auf den anderen Grundstücken aus.

199 **d)** Die Ersatzhyp. ist in **Goldmark** einzutragen (Art. 1 DurchfVO. v. 29. Nov. 1925), wenn nicht der Gl. die Erklärung abgibt, daß sie in Reichsmark einzutragen ist; hiebei ist

eine Reichsmark gleich einer Goldmark zu setzen. Die Zustimmung des Eigtr. ist nicht erforderlich, ebensowenig die Zustimmung desjenigen, dem ein Pfandrecht an der aufgewerteten Forderung u. damit an der Ersatzhyp. zusteht (vgl. unten A. 206); die Erklärung des Gl. bedarf nicht der Form des § 29 GBO. (§ 5 GBBerG.). Eine nachträgl. Umwandlung der Goldmarkeintr. in Reichsmark u. umgekehrt ist zulässig (vgl. oben A. 180).

e) Die Eintr. der gesetzl. Verzinsungs- u. Rückzahlungsbedingungen ist nicht erforderlich; ebensowenig bedarf es der Bezugnahme auf die entsprechenden gesetzl. Vorschriften (Art. 1 Abs. 1 der VO. v. 18. Juni 1926, RGBl. I 273; § 28 Satz 2 GBBerG.). 200

f) War das erloschene aufgewertete Recht ein Briefrecht, so ist auch über das Ersatzrecht ein **Brief** zu erteilen; eines Vermerks hierüber im GBuch bedarf es nicht (Art. 1 Abs. 2 VO. v. 18. Juni 1926, RGBl. I 273). Übersteigt jedoch der Aufwertungsbetrag (u. damit das Ersatzrecht) nicht den Betrag von 500 Goldmark oder Reichsmark, so gilt die Brieferteilung als ausgeschlossen; die Ausschließung ist im GBuch zu vermerken (Art. 6 DurchfVO. v. 29. Nov. 1925). Erfolgt die Eintr. des Ersatzrechts für einen früheren Gl. i. S. des § 17 AufwG., so ist diesem ein Brief (u. zwar ein selbständiger Brief, nicht ein TeilhypBrief: JFG. 6, 387) zu erteilen, wenn der ihm zustehende Aufwertungsbetrag u. damit das für ihn eingetragene Ersatzrecht 500 Goldmark übersteigt — die Höhe des Aufwertungsbetrags des gegenwärtigen Gl. ist nicht zu berücksichtigen — u. das erloschene Recht ein Briefrecht war (§ 3 Abs. 1 DurchfVO. v. 12. Sept. 1927). 201

In beiden Fällen können die Beteiligten die Ausschließung der Brieferteilung wieder aufheben (Art. 6 Abs. 2 DurchfVO. v. 29. Nov. 1925; § 3 Abs. 1 Satz 2 Halbs. 2 DurchfVO. v. 12. Sept. 1927). Dies erfordert gem. § 1116 Abs. 3 mit Abs. 2 BGB. Einigung zwischen Eigtr. u. Gl. u. Eintr. im GBuch. Formellrechtlich bedarf es der EintrBew. des Gl. u. des Eigtr. in der Form des § 29 GBO.

g) Die Ersatzhyp. erhält stets nächstoffenen **Rang**; es gelten die allgem. Vorschriften, insbes. § 45 GBO. Maßgebend ist der Zeitpunkt des Eingangs des Antrags beim GBA. Auf den Rang des erloschenen aufgewerteten Rechts kommt es nicht an. Rechte, die vor der Ersatzhyp. beantragt wurden, erhalten auf jeden Fall Rang vor dieser, auch wenn den Inhabern dieser Rechte das Bestehen des Anspruchs auf die Ersatzhyp. bei der Begründung ihrer Rechte bekannt war u. auch dann, wenn das erloschene aufgewertete Recht zur Zeit ihres Rechtserwerbs aus irgendeinem Grunde nicht nach § 2 Satz 2 GBBerG. gelöscht ist (Cammerer in LZ. 1930, 1041). § 22 Abs. 2 AufwG. ist auf das Ersatzrecht nicht anwendbar. Es ist also auch seine Außerkraftsetzung durch § 19 GBBerG. auf die Ersatzeintragungen ohne Einfluß (Schlegelberger-Harmening GBBerG. § 19 A. 5). Die Vormerkung der Ersatzhyp. wahrt dieser den Rang der Vormerkungseintr. (s. u. A. 207). 202

Ist die Aufwertung eines Rechts auch für den früheren Gl. erfolgt (§ 17 AufwG.) u. stellt nur dieser, nicht auch der gegenwärtige Gl., den Antrag auf Eintr. seines Ersatzrechtes, so ist es an nächstoffener Stelle einzutragen, obwohl ihm der Aufwertungsbetrag des gegenwärtigen Gl. nach materiellem Recht im Range vorgeht (§ 21 Abs. 2 AufwG.). Wenn auch das aufgewertete Recht des früheren Gl. keine selbständige Hyp., sondern lediglich einen Teil der aufgewerteten Hyp. bildet (s. Quassowski GBBerG. § 1 A. IV B 3 b), so bestehen doch zwei selbständige Ansprüche hinsichtlich der Ersatzhyp. u. es ginge nicht an, mit dem Ersatzrecht des früheren Gl. dasjenige des gegenwärtigen Gl. ohne einen Antrag des letzteren, also insoweit von Amts wegen, einzutragen. Stellt der gegenwärtige Gl. den EintrAntrag nach dem früheren Gl., so erhält sein Ersatzrecht auch Rang nach dem des früheren Gl. Der gegenwärtige Gl. wird hier im Verhältnis zum früheren Gl. in ähnlicher Weise, wie sonst der Hyp.-Gl. im Verhältnis zu Dritten, an diejenige Rangstelle verwiesen, die z. Zt. seines Antrags frei ist.

4. a) Auf Antrag des Gl. ist für mehrere ihm zustehende im Range unmittelbar aufeinanderfolgende erloschene aufgewertete Hypotheken eine **einheitliche Ersatzhypothek** einzu- 203

tragen, wenn der Eigtr. zustimmt. Auch ohne dessen Zustimmung kann die Eintr. des einheitl. Rechts erfolgen, wenn das Recht des Eigtr. zur selbständigen Rückzahlung der einzelnen erloschenen Hypotheken ausgeschlossen war u. auf Gr. der Zahlung von Tilgungsbeiträgen eine Eigtr.-Grundschuld nicht oder erst hinter den Kapitalbeträgen der mehreren Hypotheken zur Entstehung gelangte (§ 10 AufwNov.; Schlegelberger-Harmening § 4 A. 2). Entscheidend für die Beantwortung der Frage, ob unmittelbare Aufeinanderfolge im Range besteht, ist der Zeitpunkt, in dem die einheitl. Eintr. erfolgen soll.

Der Antrag des Gl. bedarf nicht der Form des § 29, wohl aber der Zustimmungserklärung des Eigtr., soweit sie erforderlich ist (§ 13 Abs. 1, Abs. 2 Buchst. a der DurchfVO. v. 12. Sept. 1927).

Auch die nachträgl. Zusammenfassung mehrerer bereits eingetragener Ersatzhypotheken zu einem einheitl. Recht ist unter den Voraussetzungen des § 10 AufwNov. möglich.

204 **b)** Auf Antrag des Gl. kann auch an Stelle der Hyp. eine **Grundschuld** (Ersatzgrundschuld) in gleicher Höhe eingetragen werden; mit ihrer Eintr. erlischt die persönl. Forderung in Höhe der Grundschuld. Die Zustimmung des Eigtr. ist nicht erforderlich (§ 4 Aufw.-Nov.; Schlegelberger-Harmening § 4 A. 3). Ist die persönl. Forderung auf weniger als 25 v. H. des Goldmarkbetrages aufgewertet, so kann der Gl. (anstelle der Ersatzhyp. in Höhe des geringeren Aufwertungsbetrags) die Eintr. einer Grundschuld in Höhe von 25 v. H. des Goldbetrages[1]) verlangen (u. beim GBA. beantragen); die Zustimmung des Eigtr. ist nicht erforderlich (§ 6 Abs. 1 Ziff. 1 AufwNov.; Mügel § 4 A. 2c). Der Antrag des Gl. bedarf auch in diesem Falle keiner besonderen Form (§ 13 Abs. 1 DurchfVO. v. 12. Sept. 1927). Über die Grundschuld wird ein Brief nur erteilt, wenn das erloschene aufgewertete Recht ein Briefrecht war u. die Ersatzgrundschuld den Betrag von 500 Goldmark oder Reichsmark übersteigt (Art. 6 DurchfVO. v. 29. Nov. 1925 mit § 10 Abs. 1 DurchfVO. v. 12. Sept. 1927). S. auch § 12 DurchfVO. v. 12. Sept. 1927.

Auch die Eintr. der Grundschuld anstelle der Hyp. setzt voraus, daß die Voraussetzungen der Eintr. der Aufwertung gegeben sind. Insbes. müssen, wenn die Aufwertung auf Gr. Vorbehalts oder kraft Rückwirkung stattgefunden hat, die Voraussetzungen des § 16 Abs. 2 AufwG. (s. o. A. 191 unter α cc) gegeben sein (Quassowski GBBerG. S. 108; vgl. KG. in DNotV. 1928, 100; 1929, 236). Auf die Möglichkeit der Herabsetzung des Aufwertungsbetrags nach § 8 AufwG. braucht keine Rücksicht genommen zu werden; es genügt, wenn der normale Aufwertungsbetrag feststeht (Quassowski a. a. O.; KG. a. a. O.).

205 **5.** Soweit auf Gr. der Aufwertungsgesetze bei dem erloschenen aufgewerteten Recht **Widersprüche** nach den Aufwertungsvorschriften eingetragen waren u. gem. § 21 GBBerG. gelöscht worden sind (vgl. § 13 A. 53), sind sie gleichzeitig mit der Eintr. des Ersatzrechts von Amts wegen wieder einzutragen, soweit sie noch von Bedeutung sind (Schlegelberger-Harmening § 4 A. 7; **a. M.** Quassowski GBBerG. § 21 A. 2).

Diese Widersprüche können, wenn sie noch nicht eingetragen waren, neu auf Antrag des Eigtr. nach Eintr. des Ersatzrechts auch jetzt noch eingetragen werden, soweit ihre Voraussetzungen ausnahmsweise noch gegeben sind (Schlegelberger-Harmening a. a. O.). Die Eintr. eines Widerspruchs nach § 16 Abs. 2 Satz 2 AufwG. ist aber dann nicht mehr zulässig, wenn die Ersatzhyp. bereits eingetragen war u., gleichgültig, ob mit Recht oder Unrecht, wieder gelöscht worden ist (KG. in HRR. 1933 Nr. 1358).

206 **6.** War die erloschene aufgewertete Hyp. verpfändet oder gepfändet, so ist das **Pfandrecht** bei der Eintr. des Ersatzrechts nicht von Amts wegen wieder einzutragen. Die Eintr. muß der Pfandgl. herbeiführen, u. zwar bedarf es nach § 22 GBO. entweder der EintrBew. des Gl.

---

[1]) Ist das dingl. Recht auf Gr. der Härteklausel (§ 8 AufwG.) auf weniger als 25 v. H. aufgewertet (abgewertet), so kann die Grundschuld nur in Höhe dieses geringeren dingl. Aufwertungsbetrags eingetragen werden.

oder des Unrichtigkeitsnachweises (abw. Quassowski § 4 A. III A 4, nach dem dem Pfandgl. die Befugnis zusteht, die Eintr. des Pfandrechts gem. § 4 GBBerG. zu beantragen). War eine Grundschuld verpfändet, so ist das Pfandrecht durch das Erlöschen des verpfändeten Rechts gem. § 2 GBBerG. überhaupt endgültig erloschen. Dagegen ergreift bei der Hyp. das Pfandrecht auch das Ersatzrecht, denn die persönl. Forderung blieb trotz des Erlöschens der Hyp. bestehen (§ 7 GBBerG.), mithin auch das Pfandrecht an ihr; da nun für die Forderung wieder eine Hyp., die Ersatzhyp., haftet, ergreift das Pfandrecht auch diese Hyp. (Schlegelberger-Harmening § 4 A. 8; vgl. JFG. 4, 413).

7. Der Anspruch des Gl. auf Eintr. des Ersatzrechtes kann durch **Vormerkung** gesichert 207 werden (Mügel § 4 A. 4; Quassowski § 4 A. III A 1; Schlegelberger in GruchotsBeitr. 71, 474; Ricks in DNotV. 1931, 16). Ihre Eintr. erfolgt nach den allgem. Vorschriften (vgl. die Anm. zu § 25), also auf Gr. der Bewilligung des Eigtr. oder einer einstw. Verfügung (§ 885 BGB.). Die Eintr. der Vormerkung hat, abgesehen von der Wirkung der Rangwahrung (§ 883 Abs. 3 BGB.), auch die Wirkung, daß das Recht des Gl. auf Eintr. der Ersatzhyp. auch im Falle des rechtsgeschäftl. Eigentumswechsels nach dem 31. Dez. 1931 u. im Falle der Zwangsversteigerung (vgl. oben A. 189) aufrecht erhalten bleibt (Mügel a. a. O.; Schlegelberger-Harmening § 4 A. 9; Krieger S. 61); letzterenfalls ist jedoch Voraussetzung, daß das Ersatzrecht, wenn es bereits eingetragen wäre, trotz des Zuschlags bestehen bleiben würde (§ 48 ZVG.; Mügel a. a. O.).

8. Auch für auf Gr. des § 2 GBBerG. erloschene Grundschulden, Rentenschulden 208 u. Reallasten können Ersatzrechte eingetragen werden. Es gelten dieselben Vorschriften wie für die Ersatzhyp. (§ 6 GBBerG.).

9. Änderungen im Bestand des belasteten Grundstücks, die nach der Löschung 209 der aufgewerteten Hyp. erfolgt sind, stehen der Eintr. des Ersatzrechtes nicht entgegen (vgl. auch Drescher in BayZ. 1926, 117; die dort für die Wiedereintragung nach § 20 AufwG. entwickelten Grundsätze lassen sich zum Teil auch auf die Eintr. des Ersatzrechts anwenden). Am zweckmäßigsten ist es natürlich, wenn die Beteiligten Pfandfreigabe- u. Pfandunterstellungserklärungen abgeben, damit eine übersichtl. Gestaltung der Belastungsverhältnisse herbeigeführt wird (vgl. § 8 bayer. JMBek. v. 30. Nov. 1925, JMBl. 103, bez. der Wiedereintr. gelöschter Aufwertungsrechte). Soweit dies nicht möglich ist, gilt im einzelnen folgendes:

Wurde nach der Löschung das Grundstück geteilt u. daraus selbständige Grundstücke gebildet, so ist das Ersatzrecht auf sämtlichen durch die Teilung entstandenen Einzelgrundstücken als Gesamtrecht einzutragen. Ist das belastete Grundstück nach der Löschung mit einem anderen unbelasteten Grundstück vereinigt worden (§ 890 Abs. 1 BGB.), so ist das Ersatzrecht nur auf demjenigen Teil des einheitl. Grundstücks einzutragen, der früher mit dem erloschenen aufgewerteten Recht belastet war; nach § 7 GBO., der hier unbedenklich angewendet werden kann, da die Belastung (im Gegensatz zur Eintr. der Aufwertung; vgl. Drescher a. a. O. 118) erst mit der Eintr. des Ersatzrechts eintritt, ist jedoch Voraussetzung der Eintr., daß vorher die Vereinigung wieder aufgehoben wird. Die Aufhebung der Vereinigung hat von Amts wegen zu erfolgen (s. § 5 A. 18; § 7 A. 7); ein Antrag oder die Zustimmung des Eigtr. ist nicht erforderlich.

Die gleiche Rechtslage ist gegeben, wenn nach der Löschung das belastete Grundstück einem anderen unbelasteten Grundstück als Bestandteil zugeschrieben wurde (§ 890 Abs. 2 BGB.), ferner wenn nach der Löschung von dem belasteten Grundstück ein Teilstück abgetrennt u. mit einem anderen unbelasteten Grundstück (oder Grundstücksteil) ohne Vereinigung zusammengemessen wurde (vgl. § 5 A. 24ff.; § 318 bayer. DA.). Auch in diesen Fällen ist § 7 GBO. anzuwenden. Ist dagegen ein unbelastetes Grundstück dem mit dem aufgewerteten Recht belasteten Grundstück zugeschrieben worden, so wird § 1131 BGB. entsprechend anzuwenden sein, ebenso wie andere sachenrechtl. Vorschriften auf das Ersatzrecht entsprechend angewendet werden können (s. o. A. 187). Der Anspruch auf Eintr. des Ersatzrechts ergreift also mit der Zuschreibung auch das zugeschriebene Grundstück (§ 1131 Satz 1 BGB.; Satz 2 ist hier bedeutungslos, da das Ersatzrecht stets nächstoffenen Rang erhält); das Ersatzrecht ist ohne weiteres auf dem einheitl. Grundstück einzutragen.

210 10. Die **Beschwerde** gegen die Zurückweisung des Antrags auf Eintr. des Ersatzrechtes richtet sich nach den allgem. Vorschriften (§§ 71ff. GBO.); die Bestimmung des § 3 Abs. 3 GBVerG. über die Befristung der Beschwerde ist hier nicht anwendbar (Mügel § 4 A. 2 e).

Wird die ErsatzHyp. eingetragen, obwohl die gesetzl. Voraussetzungen für ihre Eintr. nicht vorliegen, so gelangt sie nicht zur Entstehung; das GBuch ist unrichtig. Das GBA. hat dann gem. § 53 einen Amtswiderspruch einzutragen. Die Beschwerde ist nur nach Maßgabe des § 71 Abs. 2 Satz 2 zulässig.

211 11. **Kosten.** Die Eintr. des Ersatzrechtes unterliegt gem. § 56 Abs. 1 KostenO. der vollen Gebühr.

212 **F. Gebühren und Steuern im Grundbuchverfahren.**

I. Gebühren.

Die für die Tätigkeit des GBA. (Eintragungen, Erteilung von Briefen, Abschriften u. dgl., Zurückweisung eines Antrags, Rangbereinigungsverfahren usw.) zu erhebenden Gebühren sind in der Reichskostenordnung v. 25. Nov. 1935 (RGBl. I 1371), insbes. den §§ 54 bis 71 geregelt. Die allgem. Vorschriften des Ersten Abschnittes der KostenO. (§§ 1 bis 28) gelten auch für GBuchsachen. Soweit das GBA. EintrAnträge u. EintrBewilligungen u. die ihnen zugrunde liegenden Verträge, Erklärungen usw. beurkundet, sind Gebühren nach §§ 29ff. KostenO. zu erheben.

Die Art u. Weise der Gebührenerhebung regelt die DurchfVfg. zu den Kostengesetzen (KostenVfg.) v. 13. März 1937 (DJ. 433).

213 1. Die KostenO. faßt Gebühren u. Auslagen unter dem Oberbegriff „Kosten" zusammen (s. § 1).

a) Von den eigentl. Gebühren in GBuchsachen sind die Gebühren für Eintragungen u. Löschungen in §§ 54 bis 64 KostenO. geregelt. Die §§ 65, 66 befassen sich mit den Gebühren für die Erteilung von Hyp.-, Grund- u. Rentenschuldbriefen u. die Vermerke auf diesen. § 67 behandelt die Gebühren für die Erteilung von begl. Abschriften aus dem GBuch. § 68 ordnet die Gebührenfreiheit der GBucheinsicht an. § 69 betrifft die Aufnahme von EintrAnträgen. Die §§ 70, 71 regeln die Kosten der Tätigkeit des GBA. in bezug auf grundstücksgleiche Rechte u. auf Bahneinheiten. Die Gebühren für die Zurückweisung u. Zurücknahme von Anträgen setzt § 122 fest. § 123 regelt die Gebühren im Beschwerdeverfahren.

Über die jeweiligen Gebühren im einzelnen vgl. die Anm. zu den entsprechenden Bestimmungen der GBO.

214 **b)** Neben der Bezahlung der eigentl. Gebühren ist der Kostenschuldner zum Ersatz der Auslagen verpflichtet. In Frage kommen insbes. Schreibgebühren (§ 138 KostenO.; vgl. auch § 16 KostenVfg.), ferner sonstige bare Auslagen, z. B. Postgebühren, Kosten, die durch eine öffentl. Bekanntmachung entstehen, Zeugen- u. Sachverständigengebühren usw.; im einzelnen s. §§ 139ff. KostenO. Darüber, daß die (sachl. oder persönl.) Gebührenfreiheit sich nicht auf den Auslagenersatz erstreckt, s. u. Fußn. 1 bei A. 231.

215 2. **a)** Die Gebühren der KostenO. sind im wesentl. **Wertgebühren.** Ihrer Berechnung ist die Gebührenstaffel des § 26 KostenO. zugrunde zu legen.

Für die Eintr. eines Eigtr. u. die Eintr. einer Grundstücksbelastung wird regelmäßig die volle Gebühr (§§ 54, 56) berechnet. Die Hälfte der vollen Gebühr erfordern die Eintr. von Veränderungen eines Rechts u. einer Löschungsvorm. (§ 58) sowie die Eintr. von Verfügungsbeschränkungen (§ 59). Für die Eintr. von Vormerkungen u. Widersprüchen wird die Hälfte der Gebühr erhoben, die für die endgültige Eintr. zu erheben sein würde, mindestens jedoch ein Viertel der vollen Gebühr (§ 60). Alle sonstigen Eintr. kosten ein Viertel der vollen Gebühr (§ 61).

Der Mindestbetrag einer Gebühr ist 2 Reichsmark. Pfennigbeträge sind auf volle 10 Reichspfennig aufzurunden (§ 26 Abs. 3 KostenO.).

Die für ein Geschäft bestimmte Gebühr umfaßt die gesamte auf das Geschäft verwendete Tätigkeit des GBA. einschließlich der **Nebengeschäfte** (§ 27 KostenO.); letztere werden also gebührenfrei vorgenommen. Solche Nebengeschäfte sind z. B. die Benachrichtigung der Beteiligten von einer Eintr., die Übertragung eines Grundstücks auf ein anderes Blatt bei Eintr. eines Eigentumswechsels, die Eintr. des Höchstbetrags nach § 882 BGB. u. die Eintr. eines Rangvermerks gleichzeitig mit der Eintr. des Rechtes selbst, ferner Vermerke auf dem HypBrief bei Vornahme einer Eintr. bei der Hyp. (vgl. § 66 Abs. 2 KostenO.). Kraft besonderer gesetzl. Bestimmung (§ 56 Abs. 3 a. a. O.) sind als gebührenfreie Nebengeschäfte die mit der Eintr. eines Rechts an einem Grundstück gleichzeitig beantragten Eintr. der Unterwerfung unter die sofort. Zwangsvollstr., eines Rangvorbehalts, des Ausschlusses der Brieferteilung u. der Löschungsvorm. nach § 1179 BGB. zu behandeln.

b) Die Gebühren werden nach dem **Geschäftswert** berechnet, d. h. dem Wert, den der Gegenstand des Geschäftes zur Zeit der Fälligkeit der Gebühr hat (§ 17 KostenO.). In §§ 17ff. trifft die KostenO. eine Reihe von Sonderbestimmungen über den Geschäftswert. Maßgebend ist immer nur der Hauptgegenstand; Nebengegenstände, insbes. Zinsen (auch rückständige) bleiben außer Betracht. Verbindlichkeiten, die auf dem Gegenstand lasten, werden nicht abgezogen (§ 17 Abs. 2, 3 KostenO.). **216**

α) Bildet ein Grundstück den Gegenstand des Geschäftes, so ist als Geschäftswert regelmäßig der letzte Einheitswert maßgebend. Von diesem kann u. soll jedoch abgewichen werden, wenn der Gegenstand des gebührenpflichtigen Geschäftes von dem Gegenstand der Einheitsbewertung wesentlich abweicht (z. B. weil letzterer auch das Zubehör mit umfaßt) oder wenn der Wert seit der Einheitswertfeststellung sich wesentlich verändert hat (§ 18 Abs. 1 KostenO.; vgl. auch § 13 KostenVfg.). Ist der Kaufpreis für ein Grundstück höher als der Einheitswert, so ist der Preis (abzüglich des etwaigen Entgelts für Zubehör u. zuzüglich des Werts etwa vorbehaltener Nutzungen u. der vom Käufer übernommenen oder ihm sonst infolge der Veräußerung obliegenden Leistungen; vgl. hiezu Ackermann in DNotZ. BayB. 1937, 66) maßgebend (§ 19 Abs. 1 a. a. O.) u. zwar auch bei Bewertung der Auflassung u. ihrer Eintr. in das GBuch (KG. in JFG. Erg. 16, 49; Jonas-Melsheimer-H.-St. § 19 A. I 2; Korintenberg-Wenz § 19 A. 1). Jedoch bleibt eine für Rechnung des Erwerbers vorgenommene Bebauung des Grundstücks bei der Wertermittlung außer Betracht. Hat der Käufer die Wertzuwachssteuer übernommen, so ist diese dem Kaufpreis hinzuzurechnen; hat er die Grunderwerbsteuer allein übernommen, so ist der halbe Steuerbetrag dem Kaufpreis zuzuschlagen (KG. a. a. O.; Korintenberg-Wenz § 19 A. 2 Abs. 4; vgl. auch Pütz in DNotZ. 1937, 237). Trägt der Verkäufer die Grunderwerbsteuer allein, so ist die Hälfte vom Kaufpreis abzusetzen. **217**

β) Erbbaurechte u. sonstige grundstücksgleiche Rechte sind wie Grundstücke zu bewerten (vgl. § 50 Abs. 2 RBewG.); der Wert eines solchen Rechtes entspricht also dem Wert des belasteten Grundstücks. § 19 KostenO. gilt dabei auch für die Bestellung eines Erbbaurechts (vgl. auch § 8 A. 62). **218**

γ) Als Wert eines Vorkaufs- oder Wiederkaufsrechts ist in der Regel der halbe Wert des Grundstücks anzunehmen (§ 19 Abs. 2 KostenO.). **219**

Der Wert einer Grunddienstbarkeit bestimmt sich nach dem Wert, den sie für das herrschende Grundstück hat; ist aber der Betrag, um den sich der Wert des dienenden Grundstücks durch die Dienstbarkeit mindert, größer, so ist dieser höhere Betrag maßgebend (§ 20 KostenO.). Für beschr. persönl. Dienstbarkeiten gilt diese Vorschrift jedoch nicht.

Der Wert einer Reallast, eines Nießbrauchs u. einer beschränkten persönlichen Dienstbarkeit ist unter Zugrundelegung des einjährigen Bezugswertes nach den Vorschriften des § 22 KostenO. zu berechnen. Diese Vorschriften gelten auch für die Überbau- u. Notwegrenten (§§ 912, 917 BGB.), nicht aber für das Erbbaurecht. Vgl. auch OLG. München in DNotZ. 1937, 157.

Der Wert einer Hypothek oder Grundschuld bestimmt sich nach dem Nennbetrag der Schuld, der Wert einer Rentenschuld nach dem Nennbetrag der Ablösungssumme. Dies gilt uneingeschränkt nur für die Eintragung dieser Rechte (§ 56 Abs. 4 KostenO.). Im übr. ist als Wert dieser Rechte, wenn der Wert des belasteten Grundstücks geringer ist, dieser zugrunde zu legen (§ 21 Abs. 2 a. a. O.).

Bei der Eintr. wertbeständiger Grundpfandrechte ist der Berechnung der Eintr.-Gebühren der Wert zugrunde zu legen, den das Recht zur Zeit des Eingangs des EintrAntrags beim GBA. hat (§§ 7, 8 Ges. ü. wertbeständige Hypotheken v. 23. Juni 1923, RGBl. I 407); für die Umrechnung in Reichsmark ist die VO. v. 29. März 1923 (RGBl. I 482) maßgebend. Bei auf Goldmark lautenden Rechten bedarf es einer Umrechnung nicht; eine Goldmark ist gem. § 17 Abs. 4 KostenO. ohne weiteres einer Reichsmark gleichzusetzen. Bei Hypotheken u. Grundschulden in ausländischer Währung ist der Geschäftswert durch Umrechnung in Reichsmark zu ermitteln; maßgebend ist der Zeitpunkt, in dem die Gebühr fällig wird (vgl. § 6 KostenO.).

220 δ) Der Wert eines Pfandrechtes bestimmt sich nach dem Betrag der gesicherten Forderung u., wenn der Pfandgegenstand einen geringeren Wert hat, nach diesem (§ 21 Abs. 1 KostenO.).

Bei Einräumung des Vorranges oder des Gleichranges ist der Wert des vortretenden Rechtes, höchstens jedoch der Wert des zurücktretenden Rechtes maßgebend (§ 21 Abs. 3 Satz 1 KostenO.). Näheres s. i. d. Anm. zu § 45. Ebenso wie eine nachträgl. Rangänderung ist eine Löschungsvormerkung (§ 1179 BGB.) zu behandeln, wenn sie einem eingetragenen gleich- oder nachstehenden Berechtigten zusteht (§ 21 Abs. 3 Satz 2 KostenO.). Als zurücktretendes Recht gilt das Recht, auf dessen Löschung der Anspruch gerichtet ist, als vortretendes Recht dasjenige, für dessen Gl. die Vorm. eingetragen wird. Stehen dem Berechtigten mehrere gleich- oder nachstehende Rechte zu, so ist im Zweifel anzunehmen, daß alle diese Rechte begünstigt sind (Jonas-Melsheimer-H.-St. § 21 A. IV). Steht der Löschungsanspruch einem Dritten, für den ein Recht am Grundstück nicht eingetragen ist, oder dem Gl. des zu löschenden Rechts selbst zu, so ist der Wert des Rechts maßgebend, das gelöscht werden soll.

Eine Vormerkung ist wie das zu sichernde Recht, ein Widerspruch wie die GBuchberichtigung, deren Sicherstellung er dient, zu bewerten (Jonas-Melsheimer-H.-St. § 21 A. II 3 c); im einzelnen s. d. Anm. zu § 25. Wg. der Löschungsvorm. s. den vorhergehenden Absatz.

221 ε) Soweit die Bemessung des Geschäftswertes in der KostenO. nicht ausdrücklich geregelt ist, ist er nach freiem Ermessen zu bestimmen (§ 24 KostenO.). Dies gilt insbes. für die Inhaltsänderung bestehender Rechte (z. B. die Änderung der Zahlungs- u. Kündigungsbestimmungen einer Hyp., die nachträgl. Unterwerfung unter die sofort. Zwangsvollstr., die Umwandlung eines Grundpfandrechtes usw.) sowie für Verfügungsbeschränkungen. In Ermangelung genügender tatsächl. Anhaltspunkte für eine Schätzung ist der Wert regelmäßig auf 3000 Reichsmark, ausnahmsweise niedriger oder höher, jedoch nicht unter 200 Reichsmark und nicht über eine Million Reichsmark anzunehmen (§ 24 Abs. 2 KostenO.). Zu beachten ist, daß nicht das geänderte oder von der Verfügungsbeschränkung betroffene Recht oder das von einer solchen betroffene Grundstück den Gegenstand des Geschäftes bildet, sondern der Wert der Änderung oder Verfügungsbeschränkung als solcher maßgebend ist. Deshalb darf bei der Veränderung eines bestehenden Rechtes der Wert des abgeänderten Rechtes nicht überschritten werden (Jonas-Melsheimer-H.-St. § 24 A. III 1; vgl. auch §§ 32 Abs. 1 Satz 2, 58 Abs. 4 KostenO.). Bei der Änderung der Fälligkeitsbestimmungen einer Hyp. oder Grundschuld können regelmäßig 10%, bei der nachträgl. Unterwerfung unter die sofort. Zwangs-

vollstr. 20% des Kapitalbetrags als angemessen gelten (Jonas-Melsheimer-H.-St. § 24 A. III 3 a, b; vgl. auch KG. in DNotZ. 1937, 156). S. auch wg. der Umwandlung eines Grundpfandrechtes § 3 A. 184 unter ζ, wg. der Forderungsauswechslung § 3 A. 183 unter ζ aa. Wg. des Geschäftswerts des Treuhändervermerks nach § 72 VersAufsGes. vgl. JFG.Erg. 13, 55 u. v. d. Thüsen in DNotZ. 1936, 542.

Wegen der Festsetzung des Geschäftswertes s. § 25 KostenO.

3. Der Kostenschuldner.

a) Bei Verrichtungen, insbes. Eintr., die nur **auf Antrag** vorgenommen werden, ist Schuldner der Kosten der Antragsteller (§ 2 Ziff. 1 KostenO.). Mehrere Antragsteller haften als Gesamtschuldner (§ 4 a. a. O.). 222

Antragsteller i. S. des Kostenrechts kann immer nur ein Beteiligter i. S. des § 13 Abs. 2 GBO. sein (vgl. § 13 A. 37). Ein Dritter, der den Antrag eines Beteiligten lediglich als Bote beim GBA. einreicht, ist nicht Antragsteller u. daher nicht kostenpflichtig, mag er bei der Einreichung auch erklären, den in der Urkunde gestellten Anträgen wolle stattgegeben werden. Dies gilt insbes. auch für den Notar. Dieser ist aber auch dann nicht Antragsteller i. S. der KostenO., wenn er gem. § 15 GBO. für einen Beteiligten den EintrAntrag stellt (Jonas-Melsheimer-H.-St. § 2 A. II 2 b).

In der bloßen Einreichung des von einem Beteiligten in einer Urkunde gestellten Antrags durch einen anderen Antragsberechtigten ist noch kein eigener Antrag des Einreichenden zu erblicken. Er haftet nur dann für die EintrKosten mit, wenn er den Antrag ausdrücklich für sich wiederholt (Jonas-Melsheimer-H.-St. a. a. O.). Die Stellung des Antrags in einer Urkunde braucht nicht immer ausdrücklich durch das Wort „beantragen" zu geschehen. Die bloße Unterzeichnung der Urkunde, in der ein anderer einen EintrAntrag gestellt hat, macht den Unterzeichner noch nicht zum Kostenschuldner; wenn aber ersichtlich ist, daß er sich den Antrag des eigentl. Antragstellers zu eigen macht, z. B. durch Gen. oder Zustimmung zu den gbuchrechtl. Erklärungen, so haftet auch er als Antragsteller. Jedoch stellt eine nach materiellem Recht erforderl. Zustimmungserklärung (z. B. nach § 880 Abs. 2 Satz 2 BGB. oder § 27 Abs. 2 GBO.) keinen eigenen EintrAntrag dar, ebensowenig eine bloße Mitwirkung an der materiellen Einigung (Jonas-Melsheimer-H.-St. a. a. O.; bestr.).

Geht beim GBA. eine Urkunde zum Vollzug ein, ohne daß ersichtlich ist, welcher Beteiligte sie eingereicht hat, so hat als Antragsteller derjenige zu gelten, der in der Urkunde den Antrag gestellt hat. Hat der Notar gem. § 15 GBO. den EintrAntrag gestellt, ohne den Antragsteller für den er handelt, zu benennen, so haften alle Antragsberechtigten als Kostenschuldner.

Wer erkennbar als Vertreter einen Antrag stellt, ist nicht Kostenschuldner. Dies gilt auch für den gesetzl. Vertreter.

Nur der Antragsteller haftet für die Kosten, nicht auch derjenige, der die Eintr. nach § 19 GBO. bewilligt, wenn er nicht gleichzeitig auch den EintrAntrag stellt. Es kann daher, wenn auch nur einer der Beteiligten persönl. Gebührenfreiheit genießt (s. u. A. 250ff.) u. dieser allein den Antrag stellt, die völlige Gebührenfreiheit des Geschäftes erreicht werden; gleichgültig ist, ob der Antragsteller als Begünstigter oder Betroffener beteiligt ist (Jonas-Melsheimer-H.-St. § 2 A. II 2 b).

b) Bei den **von Amts wegen** vorzunehmenden Geschäften ist derjenige Kostenschuldner, dessen Interesse wahrgenommen wird (§ 2 Ziff. 2 KostenO.). Den von Amts wegen vorzunehmenden Eintr. sind diejenigen gleichzustellen, die auf Ersuchen des Prozeßgerichts oder des Vollstreckungsgerichts erfolgen (Jonas-Melsheimer-H.-St. § 2 A. III 2 b). Wer eine Tätigkeit, die von Amts wegen vorzunehmen ist, nur anregt, ist nicht Antragsteller u. daher nicht Kostenschuldner, es sei denn, daß er gleichzeitig Interessent i. S. des § 2 Ziff. 2 KostenO. ist. Wird ein auf Vornahme einer Amtstätigkeit gerichteter Antrag zurückgewiesen, so ist auch für eine Gebühr nach § 122 Ziff. 1 KostenO. kein Raum (Jonas-Melsheimer-H.-St. § 2 A. II 1 a; s. auch A. 224). 223

Als kostenpflichtiger Interessent kommt z. B. in Betracht bei der Anlegung eines GBuchblattes für ein versehentlich nicht eingetragenes, vom Buchungszwang nicht befreites Grundstück u. dem vorhergehenden Verfahren (§ 3 A. 189ff.) der Eigtr. des Grundstücks, bei der Eintr. eines Widerspruchs nach §§ 23 Abs. 1, 24 GBO. der Rechtsnachfolger des Berechtigten, bei der Anlegung eines besonderen GBuchblattes für ein altrechtl. Erbbaurecht, soweit sie von Amts wegen erfolgt (vgl. § 8 A. 15ff., 63), der Erbbauberechtigte. Bei Eintr. auf Ersuchen des Prozeß- u. des Vollstreckungsgerichts ist der Gläubiger als Interessent kostenpflichtig; neben ihm haftet der Vollstreckungsschuldner gem. § 3 Ziff. 4 KostenO. u. zwar auch dann, wenn dem Gl. die persönl. Gebührenfreiheit oder das Armenrecht zusteht. Er haftet jedoch nur für die notwendigen Kosten der Zwangsvollstr., also nicht auch für die Kosten der Zurückweisung unbegründeter Anträge oder Beschwerden des Gl. Wegen der im übr. bestehenden Gebührenfreiheit von gerichtl. EintrErsuchen s. u. A. 231 Ziff. 10. Bei Eintr. auf Ersuchen anderer Behörden ist der Interessent kostenpflichtig.

224 c) Als Kostenschuldner haften ferner u. zwar samtverbindlich mit dem eigentl. Kostenschuldner (§ 4 Abs. 1 Satz 1 KostenO.)[1]):

α) derjenige, dem durch eine gerichtl. Entscheidung die Kosten auferlegt sind (§ 3 Ziff. 1 KostenO.); in Frage kommen das Ordnungsstrafverfahren (§ 33 FGG.; s. § 1 A. 90ff.) u. die Auferlegung der Löschungsgebühr im Verfahren zur Löschung gegenstandsloser Eintr. (§ 64 Abs. 1 Satz 2 KostenO.). Dagegen begründet die „kostenpflichtige Zurückweisung" von Anträgen keine selbständige Kostenpflicht, z. B. wenn der nur eine Anregung darstellende Antrag auf Vornahme einer Amtstätigkeit kostenfällig abgewiesen wird (Jonas-Melsheimer-H.-St. § 3 A. II 4). Bei Zurückweisung von wirkl. Anträgen ergibt sich die Kostenpflicht schon aus § 2 Ziff. 1 KostenO., sodaß es eines weiteren Ausspruchs nicht bedarf.

In Preußen kann gem. Art. 9 preuß. FGG. ein Beteiligter in einer Angelegenheit, an der mehrere beteiligt sind, auf Antrag zur Tragung der Kosten, die er allein verschuldet hat, verurteilt werden. Die Art. 9ff. a. a. O. gelten auch nach Inkrafttreten der KostenO. weiter (JFG. 14, 217; Jonas-Melsheimer-H.-St. § 3 A. II 1; vgl. auch Güthe-Triebel[6] § 1 A. 67). Die Beschwerde gegen die Auferlegung der Kosten nach dieser Bestimmung ist unbeschränkt zulässig; die Beschränkungen des § 13 Abs. 3 KostenO. gelten hier nicht. Der Antrag aus Art. 9 preuß. FGG. kann nach Erledigung der Hauptsache nicht mehr gestellt werden (JFG. a. a. O.; vgl. auch KGJ. 41, 7; 43, 243; OLG. München in DNotZ. 1937, 159).

β) wer durch eine vor dem GBA. abgegebene oder ihm mitgeteilte Erklärung die Kosten übernommen hat (§ 3 Ziff. 2 KostenO.). Dagegen haben vertragl. Abmachungen unter den Beteiligten über die Kostentragung nur Bedeutung für deren Innenverhältnis.

γ) wer nach den Vorschriften des bürgerl. Rechts (z. B. §§ 419, 1086, 1411, 1659 BGB.) für die Kostenschuld eines anderen kraft Gesetzes haftet (§ 3 Ziff. 3 KostenO.).

δ) der Vollstreckungsschuldner (§ 3 Ziff. 4 KostenO.); vgl. oben A. 223.

225 d) Sind durch besondere Anträge eines Beteiligten Mehrkosten entstanden (z. B. durch eine Abschrift, die sich ein Beteiligter persönlich erteilen läßt), so fallen diese ihm allein zur Last (§ 4 Abs. 2 KostenO.).

226 **4. Vorauszahlung u. Sicherstellung der Kosten[2]).**

α) Bei Geschäften, die auf Antrag vorzunehmen sind, hat der zur Zahlung der Kosten Verpflichtete einen zur Deckung der Kosten hinreichenden Vorschuß zu zahlen. Bei Verrichtungen von Amts wegen kann ein Vorschuß nur zur Deckung der Auslagen erhoben werden (§ 7 Abs. 1 KostenO.). Das GBA. soll die Vornahme eines Geschäftes, das auf Antrag vorzunehmen ist, davon abhängig machen, daß der Vorschuß gezahlt oder sichergestellt wird (§ 7 Abs. 2 Satz 1 a. a. O.; vgl. auch §§ 18, 19 KostenVfg.).

---

[1]) Wegen der Inanspruchnahme der einzelnen Gesamtschuldner vgl. § 7 Abs. 2, §§ 8, 33 KostenVfg.
[2]) Vgl. Gülland in DFG. 1937, 69.

Wird im Einzelfalle ausnahmsweise von der Abhängigmachung abgesehen, worüber der GBuchrichter (Rechtspfleger) nach pflichtgemäßem Ermessen zu entscheiden hat, so sind die Gründe hiefür aktenkundig zu machen (Gülland in DJG. 1937, 70); s. auch unten δ.

Die Einforderung des Kostenvorschusses obliegt dem Urkundsbeamten (Kostenbeamten). Will der GBuchrichter (Rechtspfleger) die Vornahme eines Geschäftes von einer Vorschußzahlung abhängig machen, so hat er nur anzuordnen, daß ein Vorschuß zu erfordern ist (es genügt ein bloßer Aktenvermerk); die Bestimmung der Höhe des Vorschusses hat er dem Urkundsbeamten zu überlassen, der dem Kostenschuldner eine formelle Kostenrechnung zu erteilen hat (JFG. Erg. 15, 5). Die Entscheidung über den Antrag auf Zulassung der Sicherstellung anstatt der Zahlung trifft der GBuchrichter.

β) Die Nichtzahlung des Kostenvorschusses bildet ein nach § 18 GBO. zu behandelndes EintrHindernis (KG. in HRR. 1928 Nr. 2007; JFG. 15, 315). Sie wird ein solches nicht etwa erst, wenn die Zahlungsfrist ergebnislos abgelaufen ist, sondern bereits mit der Zahlungsaufforderung. Deshalb sind die Verfügung, durch die gem. § 7 KostenO. die Erledigung des Antrags von der Vorschußzahlung abhängig gemacht wird, und die Zwischenverfügung nach § 18 GBO., in der die Abhängigmachung der Eintr. von der Kostenzahlung als EintrHindernis behandelt wird, miteinander zu verbinden u. es ist eine einheitliche Frist zu setzen (KG. in JFG. 15, 314; Ruppert in DJG. 1937, 113; Recke a. a. O. 93; **a. M.** OLG. München in JFG. 15, 74; Gülland in DJG. 1937, 75; vgl. auch § 19 Abs. 3 KostenVfg.). Ist der Antrag aus sachl. Gründen abweisungsreif, so ist kein Kostenvorschuß zu erfordern, sondern der Antrag ohne weiteres zurückzuweisen (Gülland a. a. O.; Ruppert a. a. O.).

γ) Vorschußpflichtig ist der Kostenschuldner, also regelmäßig der Antragsteller; s. o. A. 222. Mehrere Vorschußpflichtige haften als Gesamtschuldner (§ 4 KostenO.). Vgl. hiezu auch Kuhn in DJG. 1936, 101.

δ) Kein Vorschuß ist anzufordern (§ 7 Abs. 2 Satz 2 KostenO.):

a) wenn dem Antragsteller das Armenrecht bewilligt ist (vgl. § 1 A. 74); wegen der Geschäftsbehandlung der Armensachen s. § 9 KostenVerfg.; vgl. auch § 10 a. a. O.

b) wenn ihm die persönliche Gebührenfreiheit zusteht; vgl. unten A. 250ff.;

c) wenn glaubhaft gemacht ist, daß eine etwaige Verzögerung einem Beteiligten einen nicht oder nur schwer zu ersetzenden Schaden bringen würde oder wenn das Verlangen der vorherigen Zahlung oder Sicherstellung der Kosten aus einem sonstigen Grunde nicht angebracht ist. Dies ist nach der ausdrückl. Vorschrift in § 7 KostenO. insbes. bei einem Antrag auf Berichtigung des GBuchs u. auf Eintr. eines Widerspruchs der Fall.

ε) Gegen die Abhängigmachung des Geschäftes von der Leistung eines Kostenvorschusses stehen dem Antragsteller Erinnerungen zu. Soweit sich die Erinnerungen gegen die sachl. Berechtigung der Verpflichtung zur Zahlung oder Sicherstellung des Vorschusses richten, wird über sie im Aufsichtswege entschieden (§ 7 Abs. 3 KostenO.); gegen die Höhe des Vorschusses sind Erinnerungen u. Beschwerde nach § 13 Abs. 2, 3 KostenO. (s. u. A. 227) gegeben (JFG. Erg. 15, 5). Die Sachbeschwerde nach § 71 GBO. ist in beiden Fällen nicht zulässig. Ist die Abhängigmachung der Eintr. von der Leistung des Kostenvorschusses in der Form der Zwischenverfügung erfolgt, so ist auch diese nur mit der Erinnerung anfechtbar. Nur soweit in der Zwischenverfügung sonstige, sachlich-rechtl. Beanstandungen enthalten sind, ist die Beschwerde nach der GBO. gegeben. Wird der Antrag mangels Zahlung des Vorschusses endgültig zurückgewiesen, so darf bei Einlegung von Sachbeschwerde das Beschwerdegericht die Berechtigung der Einforderung des Kostenvorschusses nicht nachprüfen (Jonas-Melsheimer-H.-St. § 7 A. IV 3). Nach Erteilung der endgültigen Kostenrechnung kann die Vorschußrechnung mit keinem Rechtsbehelf mehr angegriffen werden (JFG. Erg. 16, 1).

5. Die Kosten werden beim GBA. angesetzt u. zwar durch den Urkundsbeamten der Geschäftsstelle (Kostenbeamten); vgl. §§ 1 bis 3, 6 ff. KostenVfg. Die Kosten eines Beschwerdeverfahrens werden beim Beschwerdegericht angesetzt (§ 13 Abs. 1 KostenO.). Der 227

Kostenbeamte kann, solange eine gerichtl. Entscheidung oder eine Anordnung im Dienstaufsichtswege nicht ergangen ist, unrichtige Kostenansätze richtigstellen (§ 4 Abs. 3 KostenVfg.). Wg. der Berichtigung des Kostenansatzes im Verwaltungswege s. § 38 a. a. O.

Der Kostenschuldner kann Einwendungen gegen den Kostenanspruch, u. zwar sowohl gegen die Höhe des Kostenansatzes u. die Höhe des der Gebührenberechnung zugrunde gelegten Geschäftswertes als auch gegen seine Inanspruchnahme als Kostenschuldner überhaupt im Wege der **Erinnerung,** d. h. des Gesuchs um richterl. Nachprüfung geltend machen. Die Erinnerung ist an keine Frist u. keine besondere Form gebunden; sie kann insbes. auch noch nach Zahlung der Kosten eingelegt werden. Sie steht auch der Reichskasse zu (vgl. § 40 KostenVfg.). Zuständig zur Entscheidung ist der GBuchrichter. Auch der Urkundsbeamte kann der Erinnerung selbst abhelfen. Die Entscheidung des GBuchrichters ergeht in der Form des Beschlusses, der dem Antragsteller u. den sonstigen Beteiligten bekannt zu machen ist. Eine förmliche Zustellung ist nicht vorgeschrieben. Die Entscheidung ergeht gebührenfrei. Sie kann von Amts wegen abgeändert werden (§ 13 Abs. 2 KostenO.) u. zwar sowohl vom GBuchrichter als auch vom Beschwerdegericht, von letzterem aber nur dann, wenn es mit der Sache durch eine zulässige Sachbeschwerde oder eine zulässige Kostenbeschwerde befaßt wird (JFG. Erg. 15, 63).

Gegen die Entscheidung des GBuchrichters, gleichviel, ob sie auf Erinnerung oder von Amts wegen ergangen ist, findet die **Beschwerde** (§ 13 Abs. 3 KostenO.) statt. Sie ist nur zulässig, wenn der Beschwerdegegenstand 50 Reichsmark übersteigt, u. richtet sich nach den Vorschriften der ZPO. (§§ 567 ff.), nicht nach §§ 71 ff. GBO. Beschwerdeberechtigt sind der Kostenschuldner u. die Reichskasse. An eine Frist ist die Beschwerde nicht gebunden. Sie ist schriftlich oder zu Protokoll der Geschäftsstelle einzulegen (§ 13 Abs. 5 Satz 1 KostenO.; vgl. auch § 569 ZPO.). Beschwerdegericht ist das übergeordnete Landgericht. Das GBA. kann der Beschwerde selbst abhelfen; geschieht dies nicht, so ist die Beschwerde binnen Wochenfrist dem Landgericht vorzulegen (§ 571 ZPO.). Die Beschwerde hat keine aufschiebende Wirkung. Die Gebühren des Beschwerdeverfahrens bestimmen sich nach § 123 KostenO.

Eine **weitere Beschwerde** ist in Kostensachen nur zulässig, wenn der Beschwerdegegenstand 50 Reichsmark übersteigt (JFG. Erg. 15, 43 u. 46)[1]) u. wenn das Beschwerdegericht sie wegen der grundsätzl. Bedeutung der zur Entscheidung stehenden Frage zuläßt (§ 13 Abs. 3 Satz 2 KostenO.). Die Zulassung kann nur in dem in der Sache selbst ergehenden Gerichtsbeschluß ausgesprochen werden; eine Nachholung der Zulassungserklärung in einem gesonderten Beschluß ist, abgesehen von dem Fall der Berichtigung (§ 319 ZPO.), unzulässig (JFG. Erg. 15, 48 u. 50). Die Beschränkung der Zulassung auf einen Beteiligten ist unzulässig u. unwirksam; die weitere Beschwerde ist in einem solchen Fall für alle Beteiligten zulässig (JFG. Erg. 16, 67). Die weitere Beschwerde kann nur darauf gestützt werden, daß die Entscheidung auf einer Gesetzesverletzung beruht (§ 13 Abs. 3 Satz 3 KostenO.). Über die weitere Beschwerde entscheidet gem. § 1 Abs. 1, 2 der VO. ü. d. Zuständigkeit der Oberlandesgerichte in Angelegenheiten der freiw. Gerichtsbarkeit u. der KostenO. v. 23. März 1936 (RGBl. I 251) an Stelle des an sich zuständigen Oberlandesgerichts das Kammergericht oder das Oberlandesgericht München. Über die Zuweisung der einzelnen Oberlandesgerichtsbezirke an diese beiden sog. Zentralgerichte vgl. § 1 A. 62. Diese Zuständigkeitsregelung bezieht sich jedoch nur auf weitere, nicht auch auf erste Beschwerden gegen Entscheidungen des Landgerichts in Kostensachen (JFG. Erg. 15, 39).

228 **6.** Gebühren u. Auslagen, die durch **unrichtige Sachbehandlung** entstanden sind, werden nicht erhoben (§ 15 Abs. 1 Satz 1 KostenO.), d. h. dürfen nicht erhoben werden. Die Entscheidung hierüber trifft der GBuchrichter, nicht der Urkundsbeamte; die Entscheidung kann auf den Rechtspfleger nicht übertragen werden (§ 39 Abs. 2 KostenVfg.). Die Entscheidung

[1]) Wg. der Berechnung des Beschwerdegegenstandes vgl. JFG. Erg. 15, 45.

kann auch im Verwaltungswege getroffen werden (§ 15 Abs. 2 KostenO.); hier ist zuständig der Landgerichtspräsident (Amtsgerichtspräsident). Über eine Beschwerde gegen dessen Bescheid wird im Aufsichtswege entschieden (§ 39 Abs. 1 KostenVfg.).

Außer Ansatz bleiben nur diejenigen Kosten, die bei richtiger Sachbehandlung nicht entstanden wären; der Kostenansatz bleibt also unberührt, wenn eine aus unzutreffenden Gründen erlassene Entscheidung aus anderen Gründen aufrecht zu erhalten ist. Unerhoben bleiben die Kosten, die in der fraglichen Angelegenheit entstanden sind; es ist also nicht auf das einzelne gebührenpflichtige Geschäft abgestellt. Deshalb bleiben bei einer unrichtigen Beurkundung nicht nur die Beurkundungs-, sondern auch die Eintragungsgebühren außer Ansatz. Die Maßnahmen zur Beseitigung der Unrichtigkeit sind gleichfalls kostenfrei, z. B. die Kosten der Löschung einer mangelhaften GBucheintr. u. der Aufnahme der dazu erforderl. Urkunden (Jonas-Melsheimer-H.-St. § 15 A. II 4b).

7. Zurückbehaltungsrecht. Ausfertigungen, Abschriften sowie zurückgebende Urkunden, 229
die aus Anlaß eines gebührenpflichtigen Geschäftes eingereicht worden sind, können zurückbehalten werden, bis die in der Angelegenheit erwachsenen Kosten bezahlt sind. Gegen die Geltendmachung des Zurückbehaltungsrechtes sind Erinnerungen im Aufsichtswege zulässig (§ 9 KostenO.). Wg. der Zurückbehaltung eingereichter Urkunden s. § 10 A. 15. Benachrichtigungen gem. § 55 GBO. können nicht nach § 9 KostenO. zurückbehalten werden (Jonas-Melsheimer-H.-St. § 9 A. IV 4). Wegen der Geltendmachung des Zurückbehaltungsrechts im einzelnen s. § 22 KostenVfg.

8. Über die **Einziehung** der Kosten s. § 28 KostenO. u. §§ 73 ff. der JustizkassenO. Die 230
Beitreibung erfolgt durch die Gerichtskasse als Vollstreckungsbehörde. Für das Verfahren gelten die Justizbeitreibungsordnung vom 11. März 1937 (RGBl. I 298) u. die §§ 78 ff. der JustizkassenO.

Wegen der **Verjährung** des Kosten- u. Kostenrückerstattungsanspruchs s. § 16 KostenO.

Die **Niederschlagung** von Kosten kann gem. § 2 Ziff. 2, 3 der VO. v. 20. März 1935 (RGBl. I 406) durch den RJustizMin. oder eine von ihm ermächtigte nachgeordnete Behörde angeordnet werden. Vgl. auch AV. v. 28. März 1935 (DJ. 480) u. § 39 KostenVfg.

Durch die AV. v. 24. Nov. 1936 (DJ. 1836) sind die GBuchämter zunächst bis 31. März 1938 ermächtigt worden, für gewisse, bei Umschreibung der GBücher vorzunehmende Eintr. die EintrGebühren zur Hälfte niederzuschlagen. Vgl. hiezu Hesse in DJ. 1937, 143 u. oben § 3 A. 213 unter b.

9. Gebührenfreiheit[1]**).**

A. Sachliche Gebührenfreiheit.

a) In der KostenO. selbst ist eine sachl. Gebührenfreiheit ausgesprochen: 231

1. für die Aufnahme u. Entgegennahme von Anträgen, sofern sie nicht in der Form des § 29 GBO. gestellt werden (§§ 69, 121 KostenO.);
2. für die Einsicht des GBuchs (§ 68 KostenO.);
3. für die Nebengeschäfte (§ 27 KostenO.); Näheres s. o. A. 215;
4. für die Umschreibung unübersichtl. GBuchblätter u. für die Neufassung einzelner Teile eines GBuchblattes (§ 63 Abs. 1 Ziff. 1 KostenO.); vgl. § 3 A. 197 ff.;
5. für Eintr. u. Löschungen, die gem. §§ 18 Abs. 2, 53 GBO. von Amts wegen erfolgen, sowie für Zwischenverfügungen nach § 18 (§ 63 Abs. 1 Ziff. 2, Abs. 3 KostenO.);

[1]) Die Gebührenfreiheit entbindet grundsätzlich nicht von der Verpflichtung zur Zahlung der Auslagen (§ 11 Abs. 2 KostenO.), gleichgültig, ob die Gebührenfreiheit auf § 10 KostenO. oder einer sonstigen Vorschrift beruht (JFG. Erg. 15, 55). Vgl. auch Ziff. II 2 a der AV. v. 22. März 1935 (DJ. 551) u. hiezu (wg. der Deutschen Reichspost u. der Deutschen Reichsbahn) AV. v. 25. Jan. 1936 (DJ. 167) u. v. 3. Juli 1937 (DJ. 1029). Kraft ausdrückl. Vorschrift ist die Reichsumsiedlungsgesellschaft m. b. H. in Berlin von der Zahlung barer Auslagen befreit (AV. v. 19. April 1937, DJ. 725).

6. für Eintragungen u. Löschungen, die vorgenommen werden, um die Übereinstimmung zwischen dem GBuch u. den nach § 2 Abs. 2 GBO. maßgebenden amtl. Verzeichnissen zu erhalten (§ 63 Abs. 1 Ziff. 3 KostenO.);
7. für die Eintr. der Vereinigung mehrerer Grundstücke zu einem Grundstück (§ 5 GBO.) einschließlich der Aufnahme des erforderl. Antrags durch das GBA., soferne die das amtl. Grundstücksverzeichnis führende Behörde bescheinigt, daß die Grundstücke örtlich u. wirtschaftlich ein einheitl. Grundstück darstellen (§ 63 Abs. 1 Ziff. 4 KostenO.); vgl. § 5 A. 22; wg. der Schreibgebühren in diesen Fällen s. AV. v. 6. April 1937 (DJ. 604);
8. für die Zusammenschreibung mehrerer Grundstücke auf einem GBuchblatt gem. § 4 GBO. (§ 63 Abs. 1 Ziff. 5 KostenO.);
9. für die Beseitigung von Doppelbuchungen (s. § 3 A. 246 ff.) einschließlich des vorausgegangenen Verfahrens vor dem GBA. (§ 63 Abs. 1 Ziff. 6 KostenO.);
10. für Eintragungen u. Löschungen, die auf Ersuchen oder Anordnung eines Gerichts, insbes. des Vergleichs-, Konkurs- oder VollstreckungsG. erfolgen; ausgenommen sind die Eintr. des Erstehers als Eigtr., die Eintr. der Sicherungshyp. für die Forderung gegen den Ersteher (§§ 118, 128 ZVG.) u. Eintr. auf Gr. einer einstw. Verfügung (§ 63 Abs. 2 KostenO.). Bei Eintr. auf Ersuchen einer anderen Behörde als eines Gerichts ist der Interessent kostenpflichtig (§ 2 Ziff. 2 KostenO.; vgl. oben A. 223);
11. für die Löschung gegenstandsloser Eintr. (§ 84 GBO.) sowie für das vorausgegangene Verfahren vor dem GBA. einschließlich der Beurkundung der Erklärungen der Beteiligten (§ 64 Abs. 1 Satz 1 KostenO.; s. jedoch Satz 2 ebendort); gebührenfrei sind auch die gem. §§ 2, 6, 16, 21 GBBerG. von Amts wegen erfolgenden Löschungen (§ 33 GBBerG.; vgl. § 13 A. 45);
12. für Eintragungen u. Löschungen zur Beseitigung unklarer oder unübersichtlicher Rangverhältnisse (§§ 102 Abs. 2, 111 GBO.) einschließlich des vorausgegangenen Verfahrens vor dem GBA. u. der Beurkundung von Erklärungen der Beteiligten (§ 64 Abs. 2 Satz 1 KostenO.); wg. der Auslagen s. Satz 2 a. a. O.

232 b) In **Erbhofsachen** besteht Gebührenfreiheit:

α) für die Eintr. des Erbhofvermerks (§ 53 Abs. 1 Satz 2 RErbhG.). Für die Benachrichtigung des AnerbenG. u. des Bauern von der Eintr. des Vermerks dürfen auch keine Schreibgebühren erhoben werden (KG. in EHRspr. § 53 Nr. 2 = JFG. Erg. 16, 8).

β) für die Vereinigung der zu einem Erbhof gehörenden Grundstücke zu einem Grundstück u. für die Bestandteilszuschreibung eines solchen Grundstücks sowie für die gerichtl. Beurkundung eines hierauf gerichteten Antrags (§ 51 EHVfO.; vgl. § 5 A. 22; § 6 A. 14), ferner in den Fällen des § 29 Abs. 2, 3 EHRV.; Näheres hierüber s. § 6 A. 5 a. E.

γ) Nicht erhoben werden die Gerichtskosten (d. h. Gebühren u. Auslagen) in den nach § 42 Abs. 1 Ziff. 3 bis 5 EHRV. steuerlich begünstigten Fällen des Grundstückserwerbs (Übergang eines Erbhofs, der im Eigentum mehrerer Personen steht [Ehegattenerbhof], in das Alleineigentum einer bauernfähigen Person; Erwerb von Grundbesitz, wenn durch den Erwerb ein neuer Erbhof gebildet wird[1])[2]); Übergang einer über 125 ha großen Besitzung in das Alleineigentum einer bauernfähigen Person oder eines bauernfähigen Ehepaars unter gewissen Voraussetzungen). Die Gebühren für die Beurkundung von Erklärungen, die für

---

[1]) Hierzu gehört insbes. auch der Fall, daß eine Besitzung durch Zuerwerb von Land auf die Größe einer Ackernahrung gebracht wird (vgl. Vogels[4] § 43 EHRV. A. 2). Unter die Gebührenfreiheit fällt auch die Übertragung des Anteils eines Miteigtr. auf einen anderen, wenn dieser dadurch Alleineigtr. wird (KG. in JW. 1935, 785 = DNotZ. 1935, 393) u. zwar auch dann, wenn mehrere Miteigtr. die Übertragung nicht gleichzeitig, sondern nacheinander vornehmen (OLG. Oldenburg in JW. 1934, 3016).

[2]) Diese Voraussetzung ist durch eine Bestätigung des AnerbenG. nachzuweisen (vgl. JFG. Erg. 16, 11).

den Grundstückserwerb erforderlich sind, werden auf die Hälfte ermäßigt (§ 43 EHRV.). Werden im Zusammenhang mit der Eigentumsänderung neue Rechte am Grundstück eingetragen (z. B. ein Altenteil), so sind hiefür Gebühren zu erheben (JFG. Erg. 13, 61). Wird eine Besitzung durch den zeitlich aufeinander folgenden Erwerb von einzelnen Grundstücken auf eine Ackernahrung vergrößert, so gilt die Gebührenbefreiung nur für den letzten Erwerb, durch den die Besitzung unmittelbar Erbhofeigenschaft erlangt (§ 42 Abs. 1 Ziff. 4 Satz 2 EHRV.). Nicht gebührenfrei ist der Erwerb einzelner Grundstücke zur Vergrößerung eines bereits bestehenden Erbhofs (Vogels[4] § 42 EHRV. A. 17).

δ) Gebührenfrei erfolgen die Löschung der an einem Erbhofgrundstück eingetragenen, auf einem Siedlungs- oder Rentengutsverfahren beruhenden Wiederkaufs-, Ankaufs- u. Heimfallrechte (§ 35 Abs. 2 EHRV.) u. die Wiedereintragung dieser Rechte sowie eines früheren Anerbengutsvermerks bei Löschung des Grundbesitzes in der Erbhöferolle (§ 35 Abs. 2 Satz 2, § 46 Abs. 2 a. a. O.).

c) Gebührenfrei sind nach § 29 RSiedlG. v. 11. Aug. 1919 (RGBl. 1429) i. d. Fass. der Ges. v. 7. Juni 1923 (RGBl. I 364) u. v. 8. Juli 1926 (RGBl. I 398) alle Geschäfte u. Verhandlungen, die zur Durchführung von **Siedlungsverfahren** dienen. Die Befreiung tritt ein, wenn das gemeinnützige Siedlungsunternehmen erklärt, daß ein Geschäft der Durchführung eines Siedlungsverfahrens dient; eine Nachprüfung, insbes. durch die Finanzbehörden, ist ausgeschlossen (RG. 128, 160; vgl. jedoch KGJ. 53, 272; KG. in JVBl. 1934, 65; s. auch Gaedeke in JW. 1937, 1565). Die Gebührenfreiheit gilt auch für die Fälle, in denen ein Grundstück im Wege der Zwangsversteigerung für Siedlungszwecke erworben wird (§ 8 Ges. z. Ergänzung des RSiedl.-G. v. 4. Jan. 1935, RGBl. I 1). § 29 RSiedlG. findet entspr. Anwendung auf die Durchführung der vorstädtischen Kleinsiedlung (§ 20 des Vierten Teils Kap. II der VO. des Reichspräsidenten v. 6. Okt. 1931, RGBl. I 537, 553) u. auf die Bereitstellung von Kleingärten für Erwerbslose (Art. 4 der VO. v. 23. Dez. 1931, RGBl. I 790). Eine weitere Gebührenbefreiungsvorschrift enthält § 11 Abs. 1 der BeamtensiedlungsVO. v. 11. Febr. 1924 (RGBl. I 53; vgl. auch §§ 14, 16 a. a. O.). Gebührenfreiheit besteht auch bei dem Erwerb oder der Veräußerung von Grundstücken durch die Deutsche Siedlungsbank u. die Preuß. Landesrentenbank zum Zwecke der landwirtschaftlichen Siedlung (§ 4 Abs. 2 Ges. zur Förderung der landwirtschaftl. Siedlung v. 31. März 1931, RGBl. I 122). S. auch unten A. 252. **233**

d) Gebührenfrei sind alle zur Begründung u. Vergrößerung von **Heimstätten** erforderl. Geschäfte u. Verhandlungen (§ 36 Abs. 1 RHeimstG. v. 14. Mai 1920, RGBl. 963). Die Gebührenfreiheit ist ohne weitere Nachprüfung zuzugestehen, wenn der Heimstättenausgeber versichert, daß es sich um die Durchführung eines solchen Verfahrens handelt (§ 36 Abs. 2 a. a. O.). Zu prüfen ist jedoch die Frage, ob das betreffende Geschäft überhaupt unter die Befreiungsvorschrift fällt (JFG. Erg. 4, 247; 14, 19). Vgl. auch § 4 A. 37. **234**

Steht der Erwerb eines Grundstücks in erkennbarem Zusammenhang mit der nachfolgenden Umwandlung des Grundstücks in eine Heimstätte (§ 25 RHeimstG.), so kann auch schon die Eintr. des Eigtr. im GBuch als Geschäft angesehen werden, das der Begründung einer Heimstätte dient (JFG. Erg. 13, 68). § 36 RHeimstG. ist auch anwendbar, wenn der Ausgeber die Heimstätte im Zwangsversteigerungsverfahren mit der Absicht erwirbt, sie wieder auszugeben (KG. in JW. 1935, 2845). Wg. der Einsteigerung der Heimstätte durch den Ausgeber vgl. JFG. Erg. 14, 18.

e) Die Gebührenbefreiungen beim **Kleinwohnungsbau** regelt die VO. v. 27. Aug. 1936 (RGBl. I 702), die nur persönl. Gebührenbefreiungen vorsieht. Näheres s. u. A. 251. **235**

Nicht erhoben werden Gebühren u. Gerichtskosten, die aus Anlaß der Schaffung u. Einrichtung von Landarbeiterwohnungen entstehen (§ 14 Abs. 2 VO. v. 10. März 1937, RGBl. I 292). Die Gebührenbefreiung wird gewährt auf Gr. einer von der Durchführungsbehörde (§ 4 a. a. O.) oder der Preuß. Landesrentenbank ausgestellten Bescheinigung, daß der Rechtsvorgang zur Schaffung u. Einrichtung von Heuerlingsstellen, Werkwohnungen u. Eigenheimen für ländl. Arbeiter u. Handwerker erforderlich ist. Die Bescheinigung unterliegt regelmäßig nicht der Nachprüfung durch die die Gebühren erhebende Behörde (§ 14 Abs. 3 a. a. O.).

236 **f) Versorgungswesen.** Nach § 84 des Reichsversorgungs G. i. d. Fass. v. 22. Dez. 1927 (RGBl. I 515) sind kostenfrei alle Geschäfte zur Durchführung der Maßnahmen zur Verhinderung alsbaldiger Weiterveräußerung des mit der Abfindung erworbenen Grundstücks oder des an ihm bestehenden Rechts sowie alle Geschäfte zur Sicherung der Rückzahlung der Abfindungssumme. Ist zu letzterem Zweck eine Sicherungshyp. eingetragen, so sind auch nachträgl. Änderungen u. die Löschung dieser Hyp. gebührenfrei (KG. in JFG. Erg. 14, 22; s. auch Köster in DNotZ. 1936, 542). Eine entspr. Regelung trifft § 50 des Wehrmachtversorgungs G. i. d. Fass. v. 19. Sept. 1925 (RGBl. I 349). Gebühren- u. stempelfrei sind gem. § 102 dieses Ges. i. d. Fass. d. § 10 d. Ges. v. 6. Nov. 1935 (RGBl. I 1289) alle gerichtl. Verhandlungen, Urkunden, Vollmachten u. amtl. Bescheinigungen sowie Eintr. in das GBuch, die zur Durchführung des Gesetzes erforderlich werden. Die gleiche Bestimmung trifft § 76 des Ges. ü. d. Verfahren in Versorgungssachen i. d. Fass. v. 2. Nov. 1934 (RGBl. I 1113) für Eintragungen, Vollmachten, Urkunden usw., die zur Durchführung der Versorgungsgesetze u. der zu ihrer Ergänzung ergangenen Vorschriften erforderlich werden. Hierunter fällt auch die Bestellung einer Hyp. zur Sicherstellung eines Darlehens, das von einer Fürsorgestelle gegen Verpfändung der Versorgungsgebührnisse gewährt wird, nicht dagegen die Eintr. des Versorgungsberechtigten als Eigtr. des mit einer Kapitalabfindung erworbenen Grundstücks (Jonas-Melsheimer-H.-St. § 10 S. 125).

Über Gebührenfreiheit der Geschäfte bei der Durchführung der Abfindung von Verletzten in der Unfallversicherung, insbes. der Eintragung von Verfügungsbeschränkungen, s. § 14 der VO. v. 10. Febr. 1928 (RGBl. I 22).

237 **g)** Eintr., die mit einer **Zinssenkung** in Zusammenhang stehen, sind gebührenfrei in folgenden Fällen:

α) Bei der Zinssenkung auf dem Kapitalmarkt gem. der NotVO. v. 8. Dez. 1931 (RGBl. I 699, 703) ist nach Art. 5 der 2. DurchfVO. v. 26. März 1932 (RGBl. I 171) die Berichtigung des GBuchs gebührenfrei.

β) Nach § 10 Satz 3 des Ges. ü. d. Durchführung einer Zinsermäßigung bei Kreditanstalten v. 25. Jan. 1935 (RGBl. I 45) erfolgen die aus Anlaß der Pfandbriefkonversion notwendig werdenden GBucheintragungen gebührenfrei. „Notwendig" i. S. der erwähnten Bestimmung sind nicht nur Eintr., die vom Gesetzgeber ausdrücklich angeordnet worden sind (z. B. die Hypothekenerhöhung gem. Art. 5 Abs. 3, 4 der 2. DurchfVO. v. 26. März 1935, RGBl. I 470), sondern auch alle Eintr., die erforderlich sind, um einen Rechtsverlust für den Grundstückseigtr. im Hinblick auf § 892 BGB. auszuschließen, insbes. also die Zinssenkung nach Art. 1 der 2. DurchfVO. Die Entscheidung über die Erforderlichkeit der Eintr. ist ausschließlich nach rechtlichen, nicht nach wirtschaftlichen Gesichtspunkten zu treffen (Gutachten des KG. in DJ. 1936, 104 = JW. 1936, 829).

γ) Gebührenfrei sind nach § 11 Satz 3 des Ges. über Zinsermäßigung bei den öffentl. Anleihen v. 27. Febr. 1935 (RGBl. I 286), die aus Anlaß der Änderung des Zinssatzes einer Schuldverschreibung notwendig werdenden Eintr. im GBuch.

δ) Freiwillige Zinsermäßigungen werden, solange das Ges. über Hypothekenzinsen v. 2. Juli 1936 (RGBl. I 533) gilt, gebührenfrei in das GBuch eingetragen (§ 10 Abs. 2 dieses Gesetzes).

ε) Die Veränderungen in der Verzinsung von Hyp. u. Grundschulden, die auf Gr. § 1 des Ges. v. 31. Juli 1935 (RGBl. I 1057) in Verbindung mit der VO. ü. d. Zinserleichterung für den landwirtschaftl. Realkredit v. 27. Sept. 1932 (RGBl. I 480) eingetreten sind, werden auf Antrag gebührenfrei in das GBuch eingetragen (VO. v. 28. Sept. 1936, RGBl. I 852).

h) Über Gebührenfreiheit in **Fürsorgeangelegenheiten** s. § 28 der FürsorgepflichtVO. v. 13. Febr. 1924 (RGBl. I 100) i. d. Fass. des Art. 1 des Fünften Teils Kapitel VIII der VO. des Reichspräsidenten v. 5. Juni 1931 (RGBl. I 279, 308); vgl. auch BayObLG. 26, 166; 30, 43. **238**

i) Gebühren- und kostenfrei sind Löschungen, die sich auf die öffentl. Last (**Industriebelastung**) beziehen, u. die dazu erforderl. gerichtl. Beurkundungen u. Beglaubigungen (§ 3 Abs. 2 der 1. DurchfVO. z. IndustriebankG. v. 21. April 1931, RGBl. II 401). **239**

Wg. der persönl. Gebührenfreiheit der Bank für Deutsche Industrie-Obligationen s. u. A. 250.

k) Im **landwirtschaftl. Entschuldungsverfahren** u. im **Osthilfeverfahren** sind folgende Gebührenbefreiungen vorgesehen: **240**

α) Im landwirtschaftl. Entschuldungsverfahren nach dem SchRegG. v. 1. Juni 1933 (RGBl. I 331) sind gem. § 57 dieses Ges. gebührenfrei „das Entschuldungs- u. Zwangsvergleichsverfahren u. die Eintr. im GBuch". In Frage kommen alle Eintr., die aus Anlaß des Entschuldungs- u. Zwangsvergleichsverfahrens (§§ 1 bis 47, 80 SchRegG.) sowie der Selbstentschuldung (§ 81 a. a. O.) erfolgen, z. B. die Eintr. des Vermerks über die Eröffnung des Entschuldungsverfahrens (§ 8 Abs. 2 a. a. O.), des Entschuldungsvermerks (§ 80 Satz 2 a. a. O.), die Eintr. der gem. §§ 83, 84 eintretenden Veränderungen an Grundpfandrechten (Zinsermäßigung, Festschreibung, Teilung einer Hyp. gem. § 87 SchRegG.) usw. Auch die Eintr. eines neuen Eigtr. ist gebührenfrei, soferne sie aus Anlaß des Entschuldungsverfahrens erfolgt, z. B. weil der Ehegatte des Betriebsinhabers eigenes Vermögen zur Durchführung der Entschuldung zur Verfügung stellt (KG. in AME. Heft 264 S. 88). Die Eintr. einer Löschungsvorm., die auf Gr. des Entschuldungsplanes oder Vergleichsvorschlags auf Ersuchen des Entschuldungsamtes vorgenommen wird, ist ebenfalls gebührenfrei, außer die Eintr. erfolgt zugunsten eines völlig außerhalb der Mündelsicherheitsgrenze liegenden Grundpfandrechtes; vgl. hiezu GR. Nr. 6 v. 9. Juli 1935 (DJ. 981 = AME. Heft 161). Ob eine Eintr. auf Ersuchen des Entschuldungsamts oder auf Antrag der Beteiligten vorgenommen wird, ist für die Anwendung des § 57 SchRegG. ohne Belang (KG. a. a. O.). Auch begl. GBuchabschriften u. sonstige Urkunden werden gebührenfrei erteilt, soweit sie die Entschuldungsämter oder die Entschuldungsstellen zum ausschließl. Gebrauch für das Schuldenregelungsverfahren anfordern oder bescheinigen, daß sie von dem Betriebsinhaber ausschließlich zu diesem Zwecke angefordert sind. Auslagen sind jedoch zu erstatten (Art. 34 der 6. DurchfVO. z. SchRegG. v. 7. Juli 1934, RGBl. I 609). Unter die Vorschrift fallen nicht nur Urkunden usw., die sich auf den zu entschuldenden Grundbesitz beziehen, sondern auch solche, durch die der Ehegatte oder der künftige Erbe des Betriebsinhabers eigenes Vermögen zur Durchführung der Entschuldung zur Verfügung stellt, z. B. eine Auflassungs- oder HypAbtretungserklärung (JFG. Erg. 16, 5; KG. in AME. Heft 264 S. 88). Nicht gebührenfrei ist die auf Ersuchen des Gl. erfolgte Löschung des Zwangsversteigerungs- oder -verwaltungsvermerks, auch wenn die Aufhebung der Beschlagnahme die notwendige Folge der Eröffnung des Entschuldungsverfahrens ist (KG. in JW. 1934, 2246).

Die Erstattung der Auslagen ist in § 57 SchRegG. nicht erlassen.

Gebührenfrei sind gem. § 70 SchRegG. auch die aus Anlaß der Landabgabe (§§ 66 ff. a. a. O.) vorzunehmenden Geschäfte u. Beurkundungen. Die Bestimmung gilt auch für den freiwilligen Landverkauf im Rahmen eines Entschuldungsverfahrens u. macht keinen Unterschied, ob die vom Betriebsinhaber abgegebenen Grundstücke von der Entschuldungsstelle übernommen oder unmittelbar an einen privaten Käufer veräußert werden (Harmening-Pätzold SchRegG. § 70).

Gebührenfrei ist der Vermerk über die Abtretung im GBuch u. auf dem HypBrief im Falle der Übernahme einer Forderung durch eine Pfandbriefanstalt gem. §§ 83 ff. SchRegG. (Art. 41 Abs. 6 Satz 2 der 6. DurchfVO. z. SchRegG. v. 7. Juli 1934, RGBl. I 609). Nachdem das Recht auf Übernahme der Forderung durch eine Pfandbriefanstalt in vollem Umfang durch das Recht auf Ablösung nach der AblösungsVO. v. 27. Febr. 1937 (RGBl. I 266) ersetzt worden ist, muß die Befreiungsvorschrift entsprechend auf den GBuch- u. HypBriefvermerk über die Rechtswirkungen der Ablösung (vgl. Art. 5 Abs. 3 Satz 3 a. a. O.) angewendet werden.

β) Wegen der Osthilfe-Durchführung vgl. § 3 der VO. zur beschleunigten Durchführung der landwirtschaftl. Entschuldung im Osthilfegebiet v. 6. Febr. 1932 (RGBl. I 59), § 11 der Zweiten EntschuldungsVO. v. 21. Okt. 1932 (RGBl. I 509), § 3 der 9. Osthilfe-DurchfVO. v. 29. März 1934 (RGBl. I 297) u. § 17 Ziff. 3 der OsthilfeabwicklungsVO. v. 21. Dez. 1934 (RGBl. I 1280).

γ) Gebührenfrei ist die Eintr. u. Löschung des Vermerks über die Eröffnung des landwirtschaftl. Vermittlungsverfahrens (§ 2 der DurchfVO. v. 17. Nov. 1932, RGBl. I 529).

241 **l)** Die Berichtigung des GBuchs durch Eintr. der bei Umwandlung wertbeständiger Grundpfandrechte nach § 1 Abs. 1 des **RoggenschuldenGes.** v. 16. Mai 1934 (RGBl. I 391) u. nach Art. 2, 3 der DurchfVO. hiezu v. 25. Mai 1934 (RGBl. I 448) bei diesen Rechten eintretenden Änderungen erfolgt gebührenfrei (Art. 4 Satz 3 der genannten DurchfVO.).

242 **m)** Ist die Fälligkeit einer aufgewerteten Hypothek oder Grundschuld durch eine vom Amtsgericht vermittelte Vereinbarung gem. Art. 7 Abs. 1 der VO. z. Regelung der Aufwertungsfälligkeiten v. 21. Dez. 1936 (RGBl. I 1121) oder durch eine richterliche Anordnung nach Art. 7 Abs. 4 a. a. O. endgültig geregelt, so erfolgt die Eintr. dieser Regelung im GBuch gebührenfrei (Art. 12 Abs. 2 Satz 2 a. a. O.). Gleichgültig ist, ob die Eintr. auf Ersuchen des Gerichts oder auf Bewilligung des Betroffenen vorgenommen wird. Gebührenpflichtig ist dagegen die Eintr. der gesetzl. Fälligkeitsbedingungen (Art. 2, 3, 13 a. a. O.) u. der richterl. Anordnungen auf Gr. Art. 7 Abs. 5 a. a. O. Gebührenpflichtig ist auch die Eintr. von Vereinbarungen, die außerhalb des gerichtl. Verfahrens zustande gekommen sind.

243 **n)** Auf dem Gebiet der **Sozialversicherung**[1]) ergeben sich gewisse Gebührenbefreiungen aus den Vorschriften der §§ 115, 117 RVO. i. d. Fass. v. 15. Dez. 1924 (RGBl. I 779), §§ 220, 222 RKnappschaftsG. i. d. Fass. v. 1. Juli 1926 (RGBl. I 369), §§ 318, 319 AngestelltenversicherungsG. i. d. Fass. v. 28. Mai 1924 (RGBl. I 563) u. § 204 AVAVG. i. d. Fass. v. 12. Okt. 1929 (RGBl. I 162). Die Erteilung von GBuchabschriften ist nicht gebührenfrei (Jonas-Melsheimer-H.-St. S. 123; vgl. JFG. Erg. 5, 102). Dagegen erstreckt sich die Gebührenfreiheit auf die Eintr. einer Sicherungshyp. für rückständige Beiträge (KGJ. 39 B 3), vorbehaltlich der Zahlungspflicht des Vollstreckungsschuldners nach § 3 Ziff. 4 KostenO. Zu den von den Versicherungsträgern zu ersetzenden baren Auslagen gehören auch Schreibgebühren u. Portokosten (JFG. Erg. 5, 102).

244 **o)** Bei einer Hyp. oder Grundschuld einer Realkreditanstalt, die sich auf Gr. Art. 5 Abs. 3 der DurchfVO. v. 26. Mai 1935 (RGBl. I 470) um die Konvertierungskosten von $1^1/_4$% erhöht hat, ist gebührenfrei die Eintr., daß eine eingetragene Löschungsvorm. auch für den Betrag gilt, um den die Hyp. oder Grundschuld sich erhöht hat (Abs. 2 der Durchf.-VO. v. 13. Sept. 1936, RGBl. I 734).

245 **p)** Gebührenfrei sind Geschäfte u. Verhandlungen, die der Durchführung der Landbeschaffung oder der Umsiedlung nach Maßgabe des Ges. ü. d. Landbeschaffung für Zwecke der Wehrmacht v. 29. März 1935 (RGBl. I 467) oder der DurchfVO. hiezu v. 21. Aug. 1935 (RGBl. I 1097) dienen (§ 33 Abs. 1 der genannten DurchfVO.). Die Befreiung kann ohne

[1]) Vgl. Spohr in DJG. 1937, 139.

weiteres gewährt werden, wenn die Reichsstelle für Landbeschaffung oder die Reichsstelle für Umsiedlung versichert, daß der Antrag oder die Handlung den genannten Zwecken dient (§ 33 Abs. 2 a. a. O.). Diese Vorschriften gelten entspr. für die Landbeschaffung u. Umsiedlung aus Anlaß der Bildung von Naturschutzgebieten (§ 12 Abs. 3 der DurchfVO. z. RNaturschutzG. v. 31. Okt. 1935, RGBl. I 1275). Vgl. auch § 25 dieses Ges. (RGBl. 1935 I 821).

q) Gebührenfrei sind alle Rechtshandlungen, die aus Anlaß der Änderung des Ge- 246
meindegebiets erforderlich werden, ebenso Berichtigungen, Eintragungen u. Löschungen im GBuch, die den Übergang, die Beschränkung u. die Aufhebung von dingl. Rechten betreffen, soweit diese Änderungen durch die von der Aufsichtsbehörde geregelte Auseinandersetzung anläßlich der Gebietsänderung bewirkt werden (§ 16 DGO.). Die Gebührenfreiheit erstreckt sich auch auf GBuchberichtigungen, die durch die Auflösung von Ortschaften, Teilgemeinden u. ähnlichen, innerhalb einer Gemeinde bestehenden Verbänden (Körperschaften) gemeinderechtl. Art (§ 1 der 1. DurchfVO. z. DGO. v. 22. März 1935, RGBl. I 393) veranlaßt sind (AV. v. 16. März 1937, DJ. 482).

r) α) Gebührenfrei sind alle Geschäfte, die der Durchführung der ländlichen Grund- 246a
stücksumlegung (Feld-, Flurbereinigung) dienen, einschließlich der GBuchberichtigung. Die Gebührenfreiheit ist ohne Nachprüfung anzuerkennen, wenn die Umlegungsbehörde versichert, daß ein Geschäft der Durchführung der Umlegung dient (§ 139 RUmlegungsO. v. 16. Juni 1937, RGBl. I 629).

β) Gebührenfrei sind alle Amtshandlungen, die bei der Durchführung der Umwandlung oder Ablösung von Holznutzungsrechten notwendig werden (§ 24 Abs. 1 VO. z. Förderung der Nutzholzgewinnung v. 30. Juli 1937, RGBl. I 876).

γ) Gebührenfrei sind die in einem Verfahren zur Gründung eines Wasser- u. Bodenverbandes vorkommenden Geschäfte; insbes. werden GBuch- u. Katasterauszüge u. ähnl. Urkunden gebührenfrei erteilt (§ 172 Abs. 1 der Ersten WasserverbandVO. v. 3. Sept. 1937, RGBl. I 933). Die Befreiung ist ohne Nachprüfung zuzugestehen, wenn die Gründungsbehörde (Regierungspräsident, Landrat, Bezirksoberamtmann, Oberbürgermeister, §§ 112, 152 a. a. O.) bescheinigt, daß das Geschäft für die Gründung des Verbandes erforderlich ist (§ 172 Abs. 2 a. a. O.).

s) Gebührenfrei ist die Berichtigung des GBuchs aus Anlaß des Übergangs des Eigentums u. 247
sonstiger Rechte an Grundstücken, der erfolgt

α) auf Grund des Staatsvertrags über den Übergang der Staatseisenbahnen auf das Reich gem. Ges. v. 30. April 1920, RGBl. 773 (Ziff. I Abs. 2 der VO. v. 14. Mai 1935, RGBl. II 437);

β) auf Gr. des Ges. ü. d. Deutschen Gemeindetag v. 15. Dez. 1933, RGBl. I 1065 (§ 13 dieses Gesetzes; vgl. auch AV. v. 16. Nov. 1934, DJ. 1460) (Übergang des Vermögens der bisherigen Gemeindetage usw. auf den Deutschen Gemeindetag);

γ) auf Gr. des 3. Ges. zur Überleitung der Rechtspflege auf das Reich v. 24. Jan. 1935, RGBl. I 68 (§ 3 Abs. 2 a. a. O.) (Übergang der Justizgrundstücke auf das Reich);

δ) auf Gr. des § 3 der VO. zur Durchführung des Ges. ü. d. Landespolizei v. 22. Juli 1935, RGBl. I 1037 (§ 4 a. a. O.) (Übergang der Vermögensgegenstände der Landespolizei der Länder auf das Reich);

ε) auf Gr. der 9. VO. zum Aufbau der Sozialversicherung v. 6. Aug. 1935, RGBl. I 1087 (§ 5 Abs. 5 a. a. O.) (Übergang des Vermögens der aufgehobenen Ersatzkassen der Angestelltenversicherung auf die Reichsversicherungsanstalt);

ζ) auf Gr. des § 87 Abs. 1 der RÄrzteO. v. 13. Dez. 1935, RGBl. I 1433 (§ 87 Abs. 2 a. a. O.) (Übergang des Vermögens der bisherigen ärztl. Organisationen auf die Reichsärztekammer u. die Kassenärztliche Vereinigung Deutschlands);

η) auf Grund des § 87 Abs. 1 der RTierärzteO. v. 3. April 1936, RGBl. I 347 (§ 87 Abs. 2 a. a. O.) (Übergang des Vermögens des Reichsverbandes der Deutschen Tierärzte auf die Reichstierärztekammer);

ϑ) auf Gr. des § 2 der 4. VO. ü. d. Aufbau der Reichsluftfahrtverwaltung v. 27. Aug. 1936,

RGBl. I 703 (§ 5 a. a. O.) (Übergang der für den Reichsluftaufsichts- oder Wetterdienst verwendeten Grundstücke der Länder auf das Reich);

ι) auf Gr. des § 6 des Ges. über Finanzmaßnahmen auf dem Gebiete der Polizei v. 19. März 1937, RGBl. I 325 (§ 6 Abs. 3 a. a. O.) (Übergang der von der staatl. Polizei benutzten Grundstücke der Länder auf das Reich);

κ) auf Grund des § 28 Abs. 2 der RApothekerO. v. 18. April 1937, RGBl. I 457 (§ 28 Abs. 3 a. a. O.) (Übergang des Vermögens d. Apothekerkammern [Kreisvereine] auf die Reichsapothekerkammer);

λ) auf Gr. des § 2 des Ges. ü. Beamtenvereinigungen v. 27. Mai 1937, RGBl. I 597 (§ 2 Abs. 6 Satz 2 a. a. O.) (Übergang des Vermögens aufgelöster Beamtenvereinigungen auf den Reichsbund der Deutschen Beamten e. V.);

μ) auf Gr. § 83 Abs. 1 u. § 84 Nr. III Abs. 4 Satz 2 RNotarO. v. 13. Febr. 1937 (RGBl. I 191) (Übergang des Vermögens der bisherigen Reichsnotarkammer u. der bisherigen Notarkammern auf die Reichsnotarkammer u. des Vermögens des Pensionsvereins für die bayer. Notare u. ihre Hinterbliebenen auf die Bayer. Notariatskasse).

ν) Vgl. auch § 11 der VO. ü. d. Deutsche Zentralgenossenschaftskasse u. das genossenschaftl. Revisionswesen v. 21. Okt. 1932 (RGBl. I 503) u. § 6 Abs. 3 der VO. ü. d. organischen Aufbau des Verkehrs v. 25. Sept. 1935 (RGBl. I 1169).

248 **t)** Vgl. auch Art. 14 des Zusatzabkommens über schweizerische Goldhypotheken v. 25. März 1923 (RGBl. II 286).

249 **u)** Von den gem. § 10 Abs. 2 Satz 3 KostenO. zunächst aufrechterhaltenen **landesrechtlichen Gebührenbefreiungsvorschriften** sind für **Bayern**, soweit sie sachliche Gebührenfreiheit anordnen, hervorzuheben:

α) In Landeskulturrentensachen sind gebührenfrei die Beurkundung von Darlehensverträgen u. Schuldbekenntnissen, die Bestellung u. die Löschung von Hyp., Grund- u. Rentenschulden, Reallasten u. Nebenrechten, die Änderung des Inhalts oder des Ranges dieser Rechte u. die Umschreibung der Rechte auf die Landeskulturrentenanstalt oder den Eigtr., die Erteilung u. die Berichtigung der Hyp.- u. Grundschuldbriefe u. alle erforderl. Eintr. im GBuch. Das gleiche gilt für Erklärungen u. Eintr., die die Aufhebung oder die Änderung des Ranges dingl. Rechte zugunsten der Rechte der Landeskulturrentenanstalt bezwecken (Art. 8 Abs. 3 LandeskulturrentenG. v. 15. März 1929, GVBl. 25).

β) Im Flurbereinigungsverfahren sind gebührenfrei die Umschreibungen im GBuch, Abschriften u. Bestätigungen daraus sowie Bestätigungen auf Hyp.-, Grund- u. Rentenschuldbriefen, soweit diese Tätigkeit durch die Flurbereinigung veranlaßt ist (Art. 77 FlurberG. i. d. Fass. v. 11. Febr. 1932, GVBl. 73). Ab 1. Januar 1938 tritt an die Stelle dieser Bestimmung der § 139 RUmlegungsO. v. 16. Juni 1937, RGBl. I 629 (s. o. A. 246a).

γ) Gebührenfrei sind gem. § 6 MinBek. über Ansiedlung v. 5. Sept. 1919 (MABl. 209) alle Geschäfte u. Verhandlungen zum Vollzug des Ges. ü. d. Zwangsenteignung für Ansiedlungszwecke v. 28. März 1919 (GVBl. 117).

B. Persönliche Gebührenfreiheit[1]).

250 **a)** Auf Gr. Reichsrechts genießen persönl. Gebührenfreiheit:

1. das **Reich** u. die **Länder** (§ 10 Abs. 1 KostenO.). Voraussetzung ist, daß das Reich oder ein Land an dem Geschäft unmittelbar beteiligt ist. Von der Gebührenentrichtung befreit sind auch die Deutsche Reichspost u. die Deutsche Reichsbahn; wg. der Reichspost vgl. KG. in JW. 1926, 2112; 1928, 2163; wg. der Reichsbahn AV. v. 3. Juli 1937 (DJ. 1029). Für die Deutsche Reichsbahn-Gesellschaft wurde bis zum Ges. zur Neuregelung der Verhältnisse der Reichsbank u. der Deutschen Reichsbahn v. 10. Febr. 1937 (RGBl. II 47) die Gebührenfreiheit von der Recht-

[1]) Wegen der Auslagen vgl. Fußn. 1 bei A. 231.

sprechung verneint (RG. 109, 91; JFG. Erg. 3, 216; 7, 149; BayObLG. 24, 315, 318).

2. die **Nationalsozialistische Deutsche Arbeiterpartei** samt ihren Gliederungen (§ 10 Abs. 1 KostenO.). Diese Gliederungen sind (§ 2 der VO. v. 29. März 1935, RGBl. I 502, ergänzt durch AusfBest. v. 5. Dez. 1935, RGBl. I 1523): die SA, die SS, das Nationalsozialistische Kraftfahrkorps, die Hitlerjugend, der NS-Deutsche Dozentenbund, der NS-Deutsche Studentenbund, die NS-Frauenschaft. Die der NSDAP. angeschlossenen Verbände, nämlich gem. § 3 der genannten VO. der NS-Deutsche Ärztebund e. V., der NS-Rechtswahrerbund e. V., der NS-Lehrerbund e. V., die NS-Volkswohlfahrt e. V., die NS-Kriegsopferversorgung e. V., der Reichsbund der Deutschen Beamten e. V., der NS-Bund Deutscher Technik u. die Deutsche Arbeitsfront einschl. der NS-Gemeinschaft „Kraft durch Freude", genießen keine Gebührenfreiheit;

3. die nach den Haushaltsplänen des Reichs und der Länder für Rechnung des Reichs oder eines Landes verwalteten **öffentlichen Anstalten u. Kassen** (§ 10 Abs. 1 KostenO.), z. B. die Reichsmonopolverwaltung für Branntwein. Erforderlich ist, daß die Kasse mit ihren gesamten Einnahmen u. Ausgaben, nicht nur mit einem Nettoüberschuß in den Haushaltsplan aufgenommen ist (Jonas-Melsheimer-H.-St. § 10 A. II 3). Nicht hieher gehören insbes. die Versicherungsträger der Sozialversicherung (Krankenkassen, Berufsgenossenschaften, Reichsknappschaft usw.). Auch eine Aktiengesellschaft, deren sämtl. Aktien im Besitze des Reichs oder eines Landes sind, z. B. die „Vereinigte Industrie-Unternehmungen AG." oder die „Preußische Bergwerks- u. Hütten AG.", genießt keine Gebührenfreiheit;

4. der „Zweckverband Reichsparteitag Nürnberg" (§ 8 Ges. v. 29. März 1935, RGBl. I 459);

5. die Bank für Deutsche Industrie-Obligationen im Verkehr mit den GBuchämtern (§ 2 der 1. DurchfVO. z. IndustriebankG. v. 21. April 1931, RGBl. II 401, i. d. Fass. der VO. v. 8. April 1935, RGBl. II 411).

b) Nach der VO. ü. d. Gebührenbefreiung beim Kleinwohnungsbau v. 27. Aug. 1936 **251**
(RGBl. I 702; vgl. hiezu Hornig in DJ. 1936, 1365; Hübner in JW. 1937, 76) genießen Gebührenfreiheit:

α) sämtl. gemeinnützige Wohnungsunternehmen, d. h. juristische Personen, die nach den Bestimmungen der GemeinnützigkeitsVO. v. 1. Dez. 1930 (RGBl. I 593) i. d. Fass. des Ges. v. 14. Juli 1933 (RGBl. I 484) als gemeinnützig anerkannt sind, sowie alle Wohnungsunternehmungen, die von der Reichsregierung oder der obersten Landesbehörde als Organe der staatlichen Wohnungspolitik anerkannt sind (§ 1 Abs. 1 VO.). Diese Unternehmen genießen die Gebührenfreiheit schlechthin, z. B. auch bei Eintr. einer Zwangshyp. auf dem Grundstück eines Schuldners. Das Wohnungsunternehmen hat lediglich seine Anerkennung durch Vorlage einer begl. Abschrift der Entscheidung der Anerkennungsbehörde nachzuweisen (§ 1 Abs. 3 Satz 1 VO.); ob das fragl. Geschäft der Förderung des Kleinwohnungsbaues dient, ist nicht nachzuprüfen (Hornig a. a. O.).

β) Gemeinden, Gemeindeverbände u. ähnliche Körperschaften des öffentl. Rechts (z. B. Spar- u. Girokassen, die Preuß. Landespfandbriefanstalt, die Bad. Landeskreditanstalt für Wohnungsbau; vgl. AV. v. 27. Okt. 1936, DJ. 1646 u. hiezu Hübner in JW. 1937, 77), soweit es sich um Angelegenheiten handelt, die der Schaffung von Kleinwohnungen oder der Förderung des Kleinwohnungsbaues dienen (§ 2 Abs. 1 Satz 1 VO. v. 27. Aug. 1936). Ob diese Voraussetzungen gegeben sind, hat der Kostenbeamte nachzuprüfen. Ob ein Kleinwohnungsbau vorliegt, richtet sich gem. Satz 2 a. a. O. nach Art. 9 der AusfVO. z. GemeinnützigkeitsVO. v. 20. März 1931 (RGBl. I 73) i. d. Fass. des Ges. v. 14. Juli 1933 (RGBl. I 484). Zum Nachweis, daß ein Kleinwohnungsbau vorliegt, sowie zum Nachweis der übrigen tatsächl. Voraussetzungen der Gebührenfreiheit genügt in der Regel eine Versicherung der Körperschaft des öffentl. Rechts (§ 2 Abs. 4 VO. v. 27. Aug. 1936). Gebührenfrei sind nicht nur Geschäfte, die unmittelbar der Durchführung eines bestimmten Bauvorhabens dienen, sondern alle Geschäfte, die auch nur mittelbar zur Förderung des Kleinwohnungsbaues bestimmt sind, z. B. auch die Inhaltsänderung oder Löschung einer Hyp. für ein Darlehen zur Finanzierung eines Kleinwohnungsbaues (Hornig a. a. O. 1366).

γ) Unter gewissen Voraussetzungen ist bei Geschäften, die die Weiterveräußerung eines (mit einem Kleinwohnungsbau) bebauten Grundstücks betreffen oder mit der Weiterveräußerung unmittelbar zusammenhängen, außer dem Wohnungsunternehmen oder der Körperschaft des öffentl. Rechts auch der Erwerber des Grundstücks von den Gebühren befreit. Als Veräußerung gilt auch die Bestellung oder Übertragung eines Erbbaurechts (§ 1 Abs. 2, § 2 Abs. 2 VO. v. 27. Aug. 1936). Zum Nachweis der Voraussetzungen der Gebührenfreiheit genügt in der Regel eine Versicherung des Wohnungsunternehmens oder der Körperschaft des öffentl. Rechts (§ 1 Abs. 3 Satz 2, § 2 Abs. 4 a. a. O.). Drittberechtigte, z. B. der HypGl., der eine Pfandfreigabeerklärung abgibt, genießen keine Gebührenfreiheit, auch wenn ihnen gegenüber das Wohnungsunternehmen oder der Erwerber die Kosten übernommen hat (Hornig a. a. O.).

Bei Geschäften, die die Aufnahme oder Sicherstellung von Darlehen betreffen, ist auch der Darlehensnehmer von den Gebühren befreit, wenn das Darlehen von einer der oben unter β genannten Körperschaften des öffentl. Rechts zur Durchführung eines Kleinwohnungsbaues gewährt wird (§ 2 Abs. 3 VO. v. 27. Aug. 1936). Der Nachweis dieser Voraussetzung wird auch hier regelmäßig durch eine Versicherung der Körperschaft geführt. Die Gebührenfreiheit erstreckt sich auch auf eine aus Anlaß einer HypBestellung vorgenommene Rangänderung, auf die Eintr. einer Löschungsvorm. u. auf spätere Änderungen der Darlehenssicherheit, z. B. Änderung der Zahlungsbedingungen, Hypothekumwandlung usw. (Hornig a. a. O.).

252 c) Kraft Landesrechts (vgl. § 10 Abs. 2 Satz 3 KostenO.) genießen u. a. Gebührenfreiheit:

1. die Preußisch-Süddeutsche Klassenlotterie (Art. 13 des Staatsvertrags v. 13. Juni 1927, GS. 1928, 169);
2. die Preußische Staatsbank (Seehandlung) (Ges. v. 22. Febr. 1930, GS. 19);
3. die Bayerische Staatsbank (§ 20 VO. v. 24. März 1920, GVBl. 86);
4. die Deutsche Siedlungsbank u. die Preuß. Landesrentenbank (§ 4 Abs. 1 Ges. zur Förderung der landwirtschaftl. Siedlung v. 31. März 1931, RGBl. I 122);
5. die Bayerische Landeskulturrentenanstalt (Art. 8 Abs. 1 LandeskulturrentenG. v. 15. März 1929, GVBl. 25).

253 d) **Keine Gebührenfreiheit** genießen, soferne nicht eine nach § 10 Abs. 2 Satz 3 KostenO. zunächst aufrechterhaltene landesrechtl. Befreiungsvorschrift Platz greift, insbes. die Gemeinden u. sonstigen Kommunalverbände, die Landschaften, Universitäten, Akademien, Stiftungen, Versorgungsanstalten usw., die Versicherungsträger der Sozialversicherung (vgl. KGJ. 43 B 320; 45 B 338), die Reichsanstalt für Arbeitsvermittlung u. Arbeitslosenversicherung, das Unternehmen „Reichsautobahnen", ferner die Reichsbank, die Reichskreditgesellschaft (JFG. Erg. 4, 236), die Deutsche Zentralgenossenschaftskasse.

II. Die Urkundensteuer.

254 1. Der Urkundensteuer unterliegen die in dem UrkStG. v. 5. Mai 1936 (RGBl. I 407) bezeichneten Urkunden u. Rechtsgeschäfte. Maßgebend sind neben dem UrkStG. die Durchf.-Best. hiezu (UrkDB.) v. 6. Mai 1936 (RGBl. I 424) u. die DurchfVfg. des RJustizMin., AV. v. 13. Juni 1936 (DJ. 917); § 9 Abs. 3 dieser Vfg. ist geändert durch § 54 Abs. 3 der KostenVfg. v. 13. März 1937 (DJ. 433). Vgl. auch § 50 a. a. O.

Irgendwelche landesrechtl. Stempelsteuern oder -abgaben gibt es seit dem Inkrafttreten des UrkStG. (1. Juli 1936) nicht mehr.

Für den GBuchverkehr kommt namentlich in Betracht die Besteuerung der Kauf- u. Tauschverträge (§ 12), der Erbauseinandersetzungsverträge (§ 18), der Abtretungserklärungen (§ 21), der Schulderklärungen (§ 22), der Verpfändungserklärungen (§ 23), der Vollmachten (§ 27), der EintrBewilligungen über eine Hyp., Grund- oder Rentenschuld (§ 28), eine Vormerkung (§ 29), ein grundstücksgleiches Recht (§ 30), eine Dienstbarkeit (§ 31), eine Reallast (§ 32), ein Vorkaufsrecht (§ 33), eine Rangänderung (§ 34), eine Nießbrauchseinräumung (§ 35), ferner die allgem. Steuerpflicht für gerichtl. u. notarielle Urkunden (§ 45), begl. Abschriften (§ 46) u. Ausfertigungen (§ 47). Im einzelnen s. d. Anm. zu §§ 19, 20, 25, 26, 29, 45 u. den sonst einschlägigen Bestimmungen.

2. Die Steuerpflicht nach dem UrkStG. setzt die Errichtung einer **Urkunde** voraus. Wann 255
eine Urkunde i. S. des UrkStG. vorliegt, ist in § 8 UrkStG. geregelt. Wg. der Steuerpflicht ausländischer Urkunden s. § 3 a. a. O. Für die Besteuerung ist der Urkundeninhalt maßgebend (§ 9 Abs. 1 a. a. O.). Die Vernichtung der Urkunde, die Aufhebung eines Rechtsgeschäftes u. das Unterbleiben seiner Ausführung sind für die Besteuerung ohne Bedeutung, beseitigen also eine einmal entstandene Steuerpflicht nicht (§ 9 Abs. 3 a. a. O.). Auch eine nachträgl. Änderung der Urkunde beeinflußt die Steuerpflicht nicht. Wg. des Einflusses der Nichtigkeit oder Anfechtbarkeit des beurkundeten Rechtsgeschäfts auf die Urkundensteuerpflicht vgl. Janberg in JW. 1937, 914.

Sind mehrere steuerpflichtige Rechtsgeschäfte in einer Urkunde enthalten (z. B. ein Kaufvertrag u. die Abtretung einer Forderung an den Verkäufer zur Belegung des Kaufpreises oder eine Nießbrauchseinräumung u. eine Vollmachtserteilung), so wird die Urkundensteuer für jedes Rechtsgeschäft erhoben. Dies gilt insbes. auch für ein Rechtsgeschäft, das der Sicherung eines anderen in derselben Urkunde enthaltenen Rechtsgeschäftes dient, z. B. Schulderklärung u. HypBestellung (§ 10 Abs. 1 UrkStG.). Sind in einer Urkunde jedoch mehrere rechtsgeschäftliche Erklärungen enthalten, die Teile eines einheitl., im bürgerl. Recht benannten Rechtsgeschäfts sind (z. B. Kaufvertrag u. Schulderklärung über den Kaufpreis), so wird die Steuer nur für das einheitl. Rechtsgeschäft erhoben, soferne dieses steuerpflichtig ist (§ 10 Abs. 2 a. a. O.). Ist es steuerfrei, so wird auch für die Teile keine Steuer erhoben. Wg. der Besteuerung einer Mehrheit von Urkunden über ein Rechtsgeschäft s. § 11 UrkStG.

3. Über die Entstehung der Steuerschuld s. § 2 UrkStG. Auf die Entstehung der 256
Steuerschuld ist es ohne Einfluß, wenn die Wirksamkeit eines Rechtsgeschäftes von einer Bedingung oder von der Bestätigung eines der Beteiligten abhängt (§ 9 Abs. 2 a. a. O.). Wer die Urkundensteuer als Steuerschuldner zu entrichten hat, bestimmt sich nach § 6 UrkStG.; ergänzende Bestimmungen enthalten die §§ 45 Abs. 6, 46 Abs. 4 u. 47 Abs. 4 a. a. O. Die Steuer wird regelmäßig 2 Wochen nach Entstehung der Steuerschuld fällig. Bei einer Urkunde über ein Rechtsgeschäft, das der Gen. oder Bestätigung einer Behörde oder eines Dritten bedarf, wird die Steuer spätestens 2 Wochen, nachdem der Steuerschuldner von der Gen. oder Bestätigung Kenntnis erhalten hat, fällig (§ 7 UrkStG.).

Soweit der Steuerschuldner auf Gr. der Bewilligung des Armenrechts von der Entrichtung der Gerichtskosten einstweilen befreit ist, tritt auch einstweilige Befreiung von der Urkundensteuer ein (§ 38 UrkDB.).

4. Die Steuerberechnung erfolgt, soweit nicht feste Steuerbeträge festgesetzt sind, in 257
der Weise, daß die Steuer in Hundert- oder Tausendsätzen nach dem Gegenstandswert (Geschäftswert) erhoben wird. In gewissen Fällen sind Mindest- oder Höchstbeträge vorgeschrieben. Wird die Steuer nach dem Gegenstandswert berechnet, so beträgt sie mindestens 0,50 Reichsmark (§ 5 Abs. 1 UrkStG.). Wg. der Aufrundung der Steuerbeträge s. § 5 Abs. 2 a. a. O.

Die Ermittlung des Gegenstandswertes erfolgt, soweit nicht das UrkStG. selbst in den §§ 12 bis 44 besondere Bestimmungen trifft, nach den allgem. Bewertungsvorschriften des RBewertungsG. v. 16. Okt. 1934, RGBl. I 1035 (insbes. §§ 10ff.) u. der DurchfBest. hiezu v. 2. Febr. 1935 (RGBl. I 81). Das Verfahren bei Unbestimmtheit des Gegenstandswertes ist in §§ 31, 41, 42 UrkDB. geregelt.

258 5. Über Festsetzung u. Entrichtung der Steuer durch Verwendung von Steuerzeichen s. §§ 4ff. UrkDB. Über die Erhebung der Urkundensteuer zu den Gerichtskosten s. u. A. 264.

Wegen der Erstattung der Urkundensteuer s. § 152 Abs. 2 Ziff. 2 RAbgO. i. d. Fass. des § 48 Ziff. 8 UrkStG., § 46 UrkDB., § 4 AV. v. 13. Juni 1936 (DJ. 917); vgl. auch Harder in DNotZ. 1936, 866. Die Urkundensteuer verjährt gem. §§ 143, 145 RAbgO. in fünf Jahren; für hinterzogene Beträge ist die Verjährungsfrist zehn Jahre (§ 144 a. a. O.). Wegen Aufrechnung gegen die Steuerschuld vgl. § 124 RAbgO., wg. ihrer Stundung §§ 127, 128 RAbgO., wg. der Niederschlagung § 130 a. a. O., wg. des Erlasses der Steuer § 131 a. a. O.; § 5 AV. v. 13. Juni 1936 (DJ. 917), ferner Ziff. VII der AV. v. 26. Aug. 1936 (DJ. 1314) u. AV. v. 4. Aug. 1937 (DJ. 1171) (betr. Osthilfeverfahren).

259 6. Gegen die Steuerfestsetzung ist das Rechtsmittel des Einspruchs nach § 229 RAbgO. gegeben (§ 45 UrkDB.), über den das zuständige Finanzamt entscheidet (vgl. § 1 UrkDB.). Gegen die Einspruchsentscheidung ist die Berufung zum Finanzgericht u. die Rechtsbeschwerde zum Reichsfinanzhof zulässig (§§ 228ff. RAbgO.).

7. Urkundensteuerfreiheit.

260 a) Von der Besteuerung sind nach § 4 Abs. 1 UrkStG. ausgenommen:

α) Rechtsgeschäfte, deren Gegenstandswert 150 Reichsmark nicht übersteigt;

β) Rechtsgeschäfte, die der Sicherung u. Erhebung einer öffentl. Abgabe des Reiches, eines Landes oder einer Gemeinde (eines Gemeindeverbandes) dienen. Insbes. kommt in Betracht die hypothekarische Sicherstellung einer Steuer- oder Abgabenschuld. Unter „Erhebung" fällt auch die zwangsweise Einziehung einer Abgabe (Höll UrkStG. § 4 A. III). Öffentl. Abgaben sind Steuern u. Gebühren, auch Gerichtskosten, nicht aber Beiträge an Körperschaften des öffentl. Rechts, z. B. Beiträge zur Industrie- u. Handelskammer, zu einer Innung, zum Reichsnährstand (Ringelmann-Freudling § 4 A. 3). Öffentl. Abgaben sind auch die als öffentl. Grundstückslasten erklärten Leistungen u. sonstige im Verwaltungszwangsverfahren beitreibbare Gefälle, nicht aber privatrechtl. Leistungen an den Fiskus (z. B. in Bayern die sog. staatl. Holzgelder) oder an die Gemeinde. Wg. der Straßenkostenhyp. (dingl. Sicherstellung der Straßenanliegerbeiträge) s. Ackermann in DNotZ. BayB. 1936, 175, 220.

γ) Rechtsgeschäfte, die die Erfüllung einer gesetzl. Unterhaltspflicht zum Gegenstand haben. Auch Geschäfte, die der Sicherstellung einer solchen Verpflichtung dienen, werden unter die Befreiungsvorschrift fallen. Nicht befreit sind Geschäfte zur Erfüllung einer freiwillig übernommenen oder einer auf unerlaubter Handlung (§§ 843ff. BGB.) beruhenden Unterhaltspflicht.

δ) Rechtsgeschäfte, die von einem Wohnungsunternehmen vorgenommen werden, das auf Gr. der GemeinnützigkeitsVO. v. 1. Dez. 1930 (RGBl. I 517, 593) als gemeinnütziges Wohnungsunternehmen oder als Organ der staatl. Wohnungspolitik anerkannt worden ist, solange die Anerkennung besteht. § 36 UrkDB. bestimmt ergänzend, daß auch solche Rechtsgeschäfte von der Urkundensteuer befreit sind, die von einer Gemeinde, einem Gemeindeverband oder einer ähnl. Körperschaft des öffentl. Rechts in Angelegenheiten des Wohnungsbaus im Rahmen des § 29 GemeinnützigkeitsVO. vorgenommen werden, d. h. den in § 6 GemeinnützigkeitsVO. angegebenen Zweck verfolgen[1]). Einschlägig sind weiter Art. 6ff. der

---

[1]) Durch das Ges. v. 14. Juli 1933 (RGBl. I 484) wurde der erwähnte § 29 dahin erweitert, daß auch insoweit Steuerfreiheit besteht, als „es sich sonstwie um die Förderung des Wohnungsbaues handelt". Obwohl diese Gesetzesänderung weder in § 4 Ziff. 4 UrkStG. noch in § 36 UrkDB. angeführt ist, ist nicht anzunehmen, daß die Urkundensteuerfreiheit sich auf diese Erweiterung nicht erstreckt. Steuerfrei sind daher auch Geschäfte, die z. B. die Finanzierung von Kleinwohnungsbauten durch eine Gemeinde im Wege der Darlehenshingabe an Dritte oder die Beschaffung der Baugelder durch die Gemeinde zum Gegenstand haben (Boruttau UrkStG. S. 51; **a. M.** Ringelmann-Freudling § 4 A. 5).

AusfVO. z. GemeinnützigkeitsVO. v. 20. März 1931 (RGBl. I 73) i. d. Fass. des Ges. v. 14. Juli 1933 (RGBl. I 484).

ε) Rechtsvorgänge, die unter das Erbschaftsteuergesetz, das Grunderwerbsteuergesetz oder das Kapitalverkehrsteuergesetz fallen. Zu beachten ist, daß beim Verkauf eines Grundstücks das mitverkaufte Zubehör nicht unter die Befreiungsvorschrift fällt; hinsichtlich des Zubehörs (im Gegensatz zu den wesentl. Bestandteilen) greift die Steuerpflicht nach § 12 UrkStG. Platz. Vgl. hiezu auch die Anm. zu § 20 sowie Witte in JW. 1937, 1526.

b) Reichsrechtl. Vorschriften, die sachliche Befreiungen von den bisherigen Landes- **261**
stempelsteuern enthalten, gelten mit der Maßgabe weiter, daß nunmehr Befreiung von der Urkundensteuer besteht (§ 4 Abs. 2 UrkStG.).

α) Diese Steuerbefreiungen decken sich zum großen Teil mit der Gebührenfreiheit nach der KostenO.; wg. der Voraussetzungen im einzelnen ist daher auf die obigen Anm. 231ff. zu verweisen. In Frage kommen:

1. Siedlungswesen: § 29 RSiedlG.; § 8 Ges. z. Ergänzung des RSiedlG. v. 4. Jan. 1935 (RGBl. I 1); § 20 des Vierten Teils Kap. II der VO. des Reichspräsidenten v. 6. Okt. 1931 (RGBl. I 537, 553); Art. 4 VO. v. 23. Dez. 1931 (RGBl. I 790); §§ 11, 14, 16 BeamtensiedlungsVO. v. 11. Febr. 1924 (RGBl. I 53); § 4 Abs. 2 Ges. z. Förderung der landwirtschaftl. Siedlung v. 31. März 1931 (RGBl. I 122).

2. Heimstättenwesen: §§ 36, 37 RHeimstG.

3. Wohnungsbau: § 14 Abs. 1 VO. zur beschleunigten Förderung des Baues von Heuerlings- u. Werkwohnungen sowie von Eigenheimen für ländl. Arbeiter u. Handwerker v. 10. März 1937 (RGBl. I 292); im übr. s. o. A. 260 unter δ.

4. Versorgungsrecht: § 84 RVersorgungsG. i. d. Fass. v. 22. Dez. 1927 (RGBl. I 515); §§ 50, 102 WehrmachtversorgungsG. i. d. Fass. v. 19. Sept. 1925/6. Nov. 1935 (RGBl. I 349; 1289); § 76 Ges. ü. d. Verfahren in Versorgungssachen i. d. Fass. v. 2. Nov. 1934 (RGBl. I 1113).

5. Sozialversicherung: §§ 137, 138 RVersicherungsO. i. d. Fass. v. 15. Dez. 1924 (RGBl. I 779); §§ 333, 334 AngestelltenVersG. i. d. Fass. v. 28. Mai 1924 (RGBl. I 563); §§ 230, 231 RKnappschaftsG. i. d. Fass. v. 1. Juli 1926 (RGBl. I 369); § 14 VO. v. 10. Febr. 1928 (RGBl. I 22); § 199 AVAVG. i. d. Fass. v. 12. Okt. 1929 (RGBl. I 162).

6. Fürsorgerecht: § 28 FürsorgepflichtVO. i. d. Fass. v. 5. Juni 1931 (RGBl. I 308).

7. Industriebelastung: § 3 Abs. 2 der 1. DurchfVO. z. IndustriebankG. v. 21. April 1931 (RGBl. II 401).

8. Landwirtschaftliche Schuldenregelung u. Osthilfe: § 70 SchRegG. v. 1. Juni 1933 (RGBl. I 331). Wg. der Osthilfevorschriften s. o. A. 240 unter β. Wg. der Urkundensteuer im Schuldenregelungsverfahren vgl. auch Ziff. I des RErlaß v. 1. April 1937 (RSteuerBl. 497, auch abgedruckt DJ. 1937, 686).

9. Landwirtschaftliches Vermittlungsverfahren: § 2 der DurchfVO. v. 17. Nov. 1932 (RGBl. I 529).

10. Landbeschaffung für Wehrmachtzwecke: § 33 der DurchfVO. v. 21. Aug. 1935 (RGBl. I 1097).

11. Naturschutzgebiete: § 12 Abs. 3 DurchfVO. z. RNaturschutzG. v. 31. Okt. 1935 (RGBl. I 1275).

12. Gemeindegebietsänderung: § 16 DGO.

13. Grundstücksumlegung: § 139 RUmlegungsO. v. 16. Juni 1937 (RGBl. I 629).

14. Umwandlung u. Ablösung von Holznutzungsrechten: § 24 Abs. 1 VO. v. 30. Juli 1937 (RGBl. I 876).

15. Vgl. auch die oben A. 247 angeführten Bestimmungen.

β) Über die Urkundensteuerermäßigung beim Erwerb des mit einem Erbbaurecht belasteten Grundstücks durch den Erbbauberechtigten u. bei der Erneuerung eines Erbbaurechts s. § 39 ErbbRVO.

γ) Über die Steuerfreiheit gewisser Rechtsvorgänge im Erbhofrecht s. § 42 EHRV.

δ) Vgl. ferner Art. 8 Abs. 1 des Ges. zur Änderung u. Ergänzung von Vorschriften auf dem Gebiete des Finanzwesens v. 23. März 1934, RGBl. I 232 (Steuerfreiheit bei Veräußerung reichseigenen Grundbesitzes im ehemals besetzten Gebiet).

262 c) **Landesrechtliche** Befreiungsvorschriften, die sich auf die Stempelsteuer bezogen, gelten für die Urkundensteuer **nicht**. Diese landesrechtl. Vergünstigungen haben mit dem 1. Juli 1936 ihre Wirksamkeit verloren.

263 d) Eine **persönliche** Steuerfreiheit kennt das UrkStG. nicht. Urkundensteuerpflichtig sind daher auch das Reich, die Länder, die NSDAP., die Gemeinden u. Gemeindeverbände usw. Auch gemeinnützige u. wohltätige Unternehmen sind von der Steuer nicht befreit.

264 **8. Die Erhebung der Urkundensteuer zu den Gerichtskosten.**

Der Urkundsbeamte der Geschäftsstelle (u. zwar der Kostenbeamte: § 50 Abs. 2 KostenVfg. v. 13. März 1937, DJ. 433) ist **verpflichtet**, die Urkundensteuer festzusetzen (§ 27 Abs. 1 UrkDB.):

α) zu einer Urkunde, die vom GBA. oder von einem Urkundsbeamten errichtet wird (gerichtliche Urkunde);

β) zu einer außergerichtlichen Urkunde, die dem GBA. unversteuert eingereicht oder vorgelegt wird, wenn zur Urkunde oder zu dem beurkundeten Rechtsvorgang eine Tätigkeit des GBA. (z. B. Unterschriftsbeglaubigung) veranlaßt wird; dies gilt auch dann, wenn die Urkunde nicht ausreichend versteuert ist;

γ) zu einer dem GBA. eingereichten Vollmacht;

δ) zu einer vom GBA. beglaubigten Abschrift;

ε) zu einer vom GBA. erteilten Ausfertigung.

Die Steuer wird in diesen Fällen ohne Verwendung von Steuerzeichen zu den Gerichtskosten nach den für deren Einziehung geltenden Vorschriften erhoben u. beigetrieben (§§ 27 Abs. 3, 28, 29 UrkDB.). Entspr. anzuwenden sind § 13 Abs. 1 KostenO. bez. der Festsetzung der Steuer (vgl. oben A. 227), ferner §§ 7 bis 9 KostenO. hinsichtl. Vorschußzahlung u. Zurückbehaltungsrecht (vgl. oben A. 226, 229). Die Beitreibung erfolgt nach den Vorschriften der JustizbeitreibungsO. v. 11. März 1937 (RGBl. I 298). Im einzelnen s. die Bestimmungen der AV. v. 13. Juni 1936 (DJ. 917) sowie § 50 KostenVfg. v. 13. März 1937 (DJ. 433).

Im übr., d. h. soweit es sich nicht um das Verfahren bei der Einziehung handelt, gelten die steuerl. Vorschriften (§ 29 Abs. 2 UrkDB.), insbes. hinsichtl. des Steuerschuldners, der Wertberechnung, der Fälligkeit, der Steuerbefreiungen, der Rechtsmittel, der Verjährung. Nicht anwendbar ist auch § 15 KostenO. über die Nichterhebung bei unrichtiger Sachbehandlung.

Der Urkundsbeamte der Geschäftsstelle hat die Erhebung der Steuer auf der Urkunde zu bescheinigen; Näheres s. § 33 UrkDB. Wg. der Behandlung von Rechtsgeschäften, die einer Genehmigung oder Bestätigung bedürfen, s. § 30 UrkDB., wg. des Verfahrens bei Unbestimmtheit des Gegenstandswertes § 31 UrkDB.

Gegen die Steuerfestsetzung steht dem Steuerschuldner der **Einspruch** zu (§ 45 UrkDB.). Die Einspruchsfrist beträgt einen Monat (§ 245 RAbgO.); wg. des Beginnes der Rechtsmittelfrist s. § 246 a. a. O. Der Urkundsbeamte ist berechtigt, auf den Einspruch die Steuerfestsetzung zu ändern. Der Einspruch wird gegenstandslos, soweit ihm der Urkundsbeamte stattgibt (§ 260 Abs. 2 RAbgO.; § 3 Abs. 1 AV. v. 13. Juni 1936). Gibt der Urkundsbeamte dem Einspruch nicht statt, so hat er ihn unverzüglich an das Finanzamt weiterzuleiten; im einzelnen s. § 3 Abs. 2 der AV. v. 13. Juni 1936. Wegen der weiteren Rechtsmittel s. o. A. 259.

Einwendungen oder Erinnerungen an das Gericht sowie die Aufsichtsbeschwerde sind gegen die Steuerfestsetzung nicht möglich. Derartige Einwendungen sind als Einspruch zu behandeln (§ 3 Abs. 4 AV. v. 13. Juni 1936).

265 **9. Prüfungspflicht des GBA.**

Das GBA. hat alle bei ihm eingereichten oder zu seiner Kenntnis gebrachten Urkunden, auch soweit eine Erhebung der Urkundensteuer zu den Gerichtskosten (s. o. A. 264) nicht stattfindet, darauf zu prüfen, ob sie rechtzeitig u. ausreichend versteuert sind. Zuwiderhandlungen gegen das UrkStG. sind dem Finanzamt mitzuteilen (§ 8 AV. v. 13. Juni 1936, DJ. 917).

Wegen des Verbots der Aushändigung von Urkunden, Ausfertigungen u. begl. Abschriften vor Entrichtung der Urkundensteuer s. § 189c Abs. 2, 3 RAbgO. i. d. Fass. des § 48 Ziff. 11 UrkStG. u. § 44 UrkDB.

III. Grunderwerbsteuer. 266

Nach § 189 d Abs. 1, 3 RAbgO. i. d. Fass. des § 48 Ziff. 9 UrkStG. v. 5. Mai 1936 (RGBl. I 407, 423) darf der Erwerber eines Grundstücks oder grundstücksgleichen Rechts in das GBuch erst dann eingetragen werden, wenn eine Bescheinigung des zuständigen Finanzamts vorgelegt wird, daß der Eintr. steuerl. Bedenken nicht entgegenstehen. Das Finanzamt hat die Bescheinigung zu erteilen, wenn die Grunderwerbsteuer entrichtet oder gestundet oder wenn Steuerfreiheit gegeben ist. Im einzelnen s. hierüber den Anhang zu § 20.

Wegen der Verpflichtung des GBA. zur Anzeige von Rechtsvorgängen, die unter das GrunderwerbsteuerG. fallen, an das Finanzamt (§ 189b RAbgO. i. d. Fass. des § 48 UrkStG. v. 5. Mai 1936, RGBl. I 407, 422; §§ 3ff. der DurchfBest. z. GEStG. v. 22. Jan. 1935, RMBl. 38, i. d. Fass. v. 14. Juni 1935, RMBl. 577) s. die Anm. zu § 29. Wegen des Verbots der Aushändigung von Urkunden über anzeigepflichtige Rechtsvorgänge vor Sicherung der Steuerentrichtung (§ 189c Abs. 1 RAbgO.; § 7 DurchfBest. z. GEStG.) s. die Anm. zu § 29.

IV. Kapitalverkehrsteuer. 267

Für Rechtsvorgänge, die unter das KapitalverkehrsteuerG. fallen, besteht eine der Regelung bei der Grunderwerbsteuer entspr. Verpflichtung zur Anzeige an das Finanzamt u. ein Verbot der Aushändigung von Urkunden, die solche Rechtsvorgänge betreffen (§§ 189b, 189c Abs. 2 RAbgO. i. d. Fass. d. § 48 UrkStG.; §§ 3, 10 DurchfBest. z. KapVerkStG. v. 17. Dez. 1934, RMBl. 839, i. d. Fass. v. 11. Febr. 1935, RMBl. 68). Näheres s. i. d. Anm. zu § 29.

§ 13.

(1) Eine Eintragung soll, soweit nicht das Gesetz ein anderes vorschreibt, nur auf Antrag erfolgen. Der Zeitpunkt, in welchem ein Antrag bei dem Grundbuchamt eingeht, soll auf dem Antrage genau vermerkt werden. Der Antrag ist bei dem Grundbuchamt eingegangen, wenn er einem zur Entgegennahme zuständigen Beamten vorgelegt ist. Wird er zur Niederschrift eines solchen Beamten gestellt, so ist er mit Abschluß der Niederschrift eingegangen.

(2) Antragsberechtigt ist jeder, dessen Recht von der Eintragung betroffen wird oder zu dessen Gunsten die Eintragung erfolgen soll.

A. Bedeutung und Geltungsbereich der Vorschrift. 1

1. § 13 bestimmt in Abs. 1 Satz 1, daß Eintr. in das GBuch grundsätzlich nicht von Amts wegen, sondern nur auf Antrag vorzunehmen sind (Antragsgrundsatz). Die Sätze 2 bis 4 des Abs. 1 geben die zur Durchführung dieses Grundsatzes erforderl. Verfahrensvorschriften. Satz 3 u. 4 sind durch die ÄnderungsVO. v. 5. Aug. 1935 neu angefügt worden.

Abs. 2 des § 13 behandelt die Antragsberechtigung.

2. Der Antragsgrundsatz. 2

a) Das GBuchverfahren wird von dem Antragsgrundsatz beherrscht. Der Grundsatz der Amtstätigkeit (Offizialprinzip), der sonst für die Angelegenheiten der freiw. Gerichtsbarkeit gilt (§ 12 FGG.), findet insbes. im Eintragungsverfahren keine Anwendung (OLG. 1, 382; Recht 1904 Nr. 1577; JFG. 9, 190). Die Mot. begründen dies damit, daß bei Eintr. in das GBuch das Privatinteresse der Beteiligten, nämlich ihr Interesse an der Vollendung oder Sicherung eines dingl. Rechtserwerbs im Vordergrunde steht u. deshalb die Eintr. ihnen nicht aufgedrängt werden darf, sondern von ihnen begehrt werden muß.

3 b) § 13 stellt den Antragsgrundsatz nur für **Eintragungen** auf (über Ausnahmen hievon s. u. A. 7, 8). Aber auch sonst hat der GBuchrichter regelmäßig nur dann von Amts wegen tätig zu werden, wenn das Gesetz dies besonders vorschreibt, wie z. B. bei Erteilung des Briefs über eine Hyp., Grund- oder Rentenschuld (§ 56; s. aber §§ 57 Abs. 3, 63, 65, 66, 67, 70 Abs. 1), bei Bekanntmachung der Eintr. (§ 55 Satz 1), im Berichtigungszwangsverfahren (§§ 82, 83), im Verfahren zur Löschung gegenstandsloser Eintr. (§§ 84ff.), oder wenn seine Tätigkeit durch die dem GBA. obliegende Pflicht, für die Erhaltung der Übereinstimmung des GBuchs mit dem amtl. Grundstücksverzeichnis u. mit der wirkl. Rechtslage zu sorgen, geboten ist (Näheres s. u. A. 6). Ferner ist nicht ausgeschlossen, daß der GBuchrichter u. U. auch **Ermittlungen von Amts wegen** vornimmt u., soweit Aufklärung geboten ist, von den Beteiligten Auskünfte verlangt oder solche an zuständiger Stelle erholt (OLG. 5, 5), z. B. wenn es sich darum handelt, Bedenken gegen die Berechtigung zur Führung des Adelstitels zu beseitigen (OLG. 9, 323) oder Zweifel darüber aufzuklären, ob über eine Briefhyp. der Brief bereits erteilt ist oder nicht (RJA. 14, 64); vgl. auch oben § 1 A. 88. Die Ermittlungspflicht des GBuchbeamten findet aber in § 29 ihre Grenze; die Beibringung der dort vorgeschriebenen Nachweise hat das GBA. ausschließlich den Beteiligten zu überlassen (s. die Anm. zu § 29; vgl. auch OLG. 6, 103; 8, 321).

4 c) Die Regel des § 13 gilt insbes. auch dann, wenn die Eintr. auf **Ersuchen einer Behörde** erfolgt (§ 38). Ist daher z. B. der GBuchbeamte gleichzeitig Konkurs- oder Vollstreckungsrichter, so darf er die Eintr. des Konkurs- oder Beschlagnahmevermerks nicht ohne weiteres vornehmen, sondern er hat in seiner Eigenschaft als Konkurs- oder Vollstreckungsrichter das GBA. um die Eintr. zu ersuchen u. erst auf Gr. dieses Ersuchens die Eintr. vorzunehmen (Güthe-Triebel[6] A. 9; Steiner ZVG. § 19 A. 2).

5 d) Im übr. bezieht sich § 13 auf **Eintragungen jeder Art** (einschließlich Löschungen), gleichgültig, ob sie der Rechtsänderung oder der GBuchberichtigung dienen, ob sie auf Gr. einer EintrBew. oder im Wege der Zwangsvollstr. oder des Arrestes erfolgen, endlich auch auf Vormerkungen u. Widersprüche (vgl. Vorbem. 3 vor § 13). Unter die Vorschrift fallen aber nur diejenigen Eintr., die die **Rechtsverhältnisse** am Grundstück betreffen. Rein **tatsächliche** Angaben können von Amts wegen eingetragen u. insbes. berichtigt werden (JFG. 8, 241; Näheres s. bei § 22). Vgl. auch § 3 A. 152 unter c.

6 3. a) Eine **Tätigkeit von Amts wegen** ist, abgesehen von den im Gesetz ausdrücklich vorgeschriebenen Fällen (s. o. A. 3), insbes. veranlaßt:

α) zum Zwecke der Erhaltung voller **Übereinstimmung** der auf die Bezeichnung u. Beschreibung der Grundstücke im Bestandsverzeichnis der GBuchblätter bezüglichen Eintr. mit den **Eintragungen im amtlichen Grundstücksverzeichnis** nach § 2 Abs. 2 (Kataster, Steuerbücher, Sachregister); im einzelnen s. § 2 A. 33ff., 59ff.

β) wenn Anhaltspunkte dafür vorliegen, daß hinsichtl. eines eingetragenen Rechtes die **Eintragung im GBuche nicht oder nicht mehr richtig** ist, ausgenommen die Fälle, in denen die Abtretung einer Briefhyp., -grundschuld oder -rentenschuld nicht in das GBuch eingetragen ist. In diesen Fällen darf jedoch die Berichtigung nicht ohne weiteres vorgenommen werden, sondern die Tätigkeit, die der GBuchbeamte von Amts wegen zu entwickeln hat, besteht hauptsächlich darin, daß er, soweit die Vornahme der die Berichtigung enthaltenden Eintr. von einer Antragstellung abhängt, darauf hinwirkt, daß der Antrag gestellt wird. Zu diesem Zwecke soll er die Beteiligten darüber aufklären, welche Folgen für sie entstehen können, wenn sie die Berichtigung nicht herbeiführen. Eine Ladung vor das GBA. wird nur dann zu erfolgen haben, wenn dies zur Erreichung des beabsichtigten Zweckes dringend geboten ist. Ein Zwang zum Erscheinen darf nicht geübt werden. Von einem Vorgehen von Amts wegen darf abgesehen werden, wenn sichere Aussicht dafür besteht, daß die Beteiligten selbst demnächst die zur Berichtigung erforderlichen Anträge stellen werden. Besonderes gilt für das Berichtigungszwangsverfahren nach § 82. Vgl. auch Schmitt, Grundbuch u. Wirklichkeit, in BayZ. 1912, 371.

b) Eintragungen von Amts wegen insbes. dürfen nur vorgenommen werden, wenn das Gesetz es ausdrücklich vorschreibt. 7

α) Fälle dieser Art sind (vgl. Bruck, Offizialeintragungen in das GBuch in Preußen, ZBlFG. 1, 641):

1. die Eintr. eines Widerspruchs oder einer Vormerkung nach § 18 Abs. 2 Satz 1 u. deren Löschung nach § 18 Abs. 2 Satz 2;
2. die Eintr. eines Widerspruchs gegen eine unter Verletzung einer gesetzl. Vorschrift vorgenommene Eintr. u. die Löschung einer inhaltlich unzulässigen Eintr. (§ 53);
3. die Löschung einer auf Anordnung des Beschwerdegerichts eingetragenen Vormerkung oder eines Widerspruchs im Falle der Zurücknahme oder der Zurückweisung der Beschwerde (§ 76 Abs. 2);
4. die Eintr. eines Widerspruchs gegen die Löschung eines zeitlich beschränkten Rechtes (§§ 23 Abs. 1, 24);
5. die Führung eines gemeinschaftl. GBuchblattes u. seine Aufhebung (§ 4; vgl. § 4 A. 11, 14);
6. die Mitübertragung der eingetragenen Rechte bei Übertragung eines Grundstücks auf ein anderes Blatt (s. § 46 Abs. 2);
7. die Anlegung eines besonderen Blattes für ein neurechtl. Erbbaurecht, d. h. ein solches, das nach dem 21. Januar 1919 eingetragen wurde oder wird (§ 14 ErbbRVO.; vgl. unten A. 8 u. § 8 A. 25), ferner die Anlegung besonderer GBuchblätter für sonstige grundstücksgleiche Rechte (vgl. § 3 A. 13, 14);
8. die Anlegung von GBuchblättern für nicht eingetragene buchungspflichtige Grundstücke (§ 7 Abs. 1 AusfVO. z. GBO.; vgl. § 3 A. 189ff.);
9. die Löschung einer gegenstandslosen Eintr. (§§ 84ff.);
10. die Eintr. im Verfahren zur Klarstellung der Rangverhältnisse (§§ 91 Abs. 3, 102 Abs. 2, 111, 113);
11. die Umschreibung eines unübersichtlich gewordenen GBuchblattes (§§ 23, 28 GBVerf.; vgl. § 3 A. 197ff.);
12. in Preußen der Vermerk über die Zugehörigkeit eines Grundstücks zu einer Bahneinheit u. die Löschung dieses Vermerks (§ 15 preuß. Ges. über die Bahneinheiten v. 8. Juli 1902, GS. 237);
13. die Löschung der an einem Erbhofgrundstück eingetragenen auf einem Siedlungs- oder Rentengutsverfahren beruhenden Wiederkaufs-, Ankaufs- u. Heimfallrechte (§ 35 Abs. 2 EHRV.) u. die Wiedereintragung dieser Rechte sowie eines etwaigen Anerbengutsvermerks bei Löschung des Grundbesitzes in der Erbhöferolle (§§ 35 Abs. 2 Satz 2, 46 Abs. 2 a. a. O.);
14. die Eintr. von Bauhypotheken unter Löschung des Bauvermerkes (§ 27 Abs. 2 BauforbG. v. 1. Juni 1909, RGBl. 449);
15. die Löschung von Eintr. u. Vermerken über die öffentl. Last des IndustriebelastungsG. v. 30. Aug. 1924 (RGBl. II 257) nach § 3 Abs. 1 der 1. DurchfVO. zum IndustriebankG. v. 21. April 1931 (RGBl. II 401); vgl. auch § 1 Abs. 3 der DurchfVO. v. 30. Juni 1930 (RGBl. II 949);
16. die Eintr. des Treuhändervermerks bei der Eintr. der EigtrGrundschuld gem. Art. 7 des Zusatzabkommens v. 25. März 1923 über schweizerische Goldhypotheken (Art. II § 1 Abs. 2 des G. v. 23. Juni 1923, RGBl. II 284), die Löschung des Vermerks bei Erlöschen des Rechts des Treuhänders (§ 5 der 3. AusfVO. v. 9. Febr. 1924, RGBl. II 40, i. d. Fass. der 4. DurchfVO. v. 30. Juni 1924, RGBl. II 145) u. die Wiedereintragung des Vermerks, wenn ein der ehemaligen Goldhyp. nachgehendes, der

EigtrGrundschuld vorgehendes Recht auf Gr. des AufwG. wieder eingetragen wird (6. AusfVO. v. 6. Febr. 1926, RGBl. II 128);

17. die Wiedereintr. gelöschter Widersprüche bei Eintr. des Ersatzrechtes nach § 4 GBBerG.; vgl. Vorbem. 205 vor § 13;

18. in Bayern die Löschung der gem. Art. 8ff. des bayer. Ges. über die Ansiedlung von Kriegsbeschädigten in der Landwirtschaft v. 19. Juli 1916 eingetragenen Verschuldungsgrenze bei Erlöschen der Hyp. der Landeskulturrentenanstalt; Näheres s. Vorbem. 93 vor § 18.

19. in Preußen die Eintr. des Enteignungsvermerks u. dessen Löschung (§§ 24 Abs. 4, 33 Ges. v. 11. Juni 1874, GS. 221).

20. Über die nach §§ 2, 16, 21 des GBuchbereinigungsgesetzes v. 18. Juli 1930 von Amts wegen vorzunehmenden Löschungen s. u. A. 45ff.

8 β) In anderen Fällen schreibt das Gesetz vor, daß im Zusammenhang mit einer auf Antrag vorzunehmenden Eintr. bestimmte Vermerke von Amts wegen einzutragen oder neue Blätter anzulegen sind. Fälle dieser Art sind

1. die Abschreibung eines Grundstückteils, der mit einem Recht belastet werden soll (§ 7 Abs. 1);
2. die Anlegung eines besonderen Blattes für ein vor dem 22. Jan. 1919 eingetragenes Erbbaurecht, eine selbständige Kohlenabbaugerechtigkeit nach preuß. Recht, ein Fischereirecht, eine Realgewerbeberechtigung oder ein einem Grundstück gleichstehendes Nutzungsrecht nach bayer. Recht, wenn das Recht veräußert oder belastet werden soll, u. der Vermerk hierüber auf dem Blatte des belasteten Grundstücks (§ 8 Abs. 1 Satz 2 GBO.; Art. 27 Abs. 1 preuß. AG. z. GBO.; Art. 17 Abs. 2 bayer. AG. z. GBO.);
3. die Berichtigung des nach § 9 Abs. 1 Satz 1 eingetragenen Vermerks über ein subjektiv-dingl. Recht im Falle einer Änderung oder Aufhebung des vermerkten Rechts (§ 9 Abs. 2) sowie der Hinweise auf diesen Vermerk auf dem Blatte des belasteten Grundstücks (§ 9 Abs. 3);
4. die Vermerke über den Rang nach § 45;
5. die Vermerke über die Mitbelastung u. über das Erlöschen der Mitbelastung; die Vermerke sind fortgesetzt zu berichtigen (§ 48);
6. die Eintr. des Rechts des Nacherben u. seiner Befreiungen bei der Eintr. eines Vorerben (§ 51);
7. die Eintr. der Testamentsvollstreckung bei der Eintr. eines Erben (§ 52);
8. der Vermerk über die Erteilung eines neuen Briefes (§ 68 Abs. 3);
9. in Preußen die Löschung der auf einem Bergwerksblatt nach preuß. Recht eingetragenen Belastungen u. die Übertragung der dem Bergwerk als Bestandteil zugeschriebenen Grundstücke mit ihren Belastungen auf ein Grundstücksblatt im Falle der Schließung des Bergwerksblattes wegen Aufhebung des Bergwerkseigentums oder der Verleihungsurkunde (Art. 25 Abs. 2, 3 preuß. AG. z. GBO.);
10. in Preußen die Löschung der Vormerkung über die eingeleitete Begründung eines Rentenguts (des Rentengutssperrvermerks) bei Umschreibung des Eigentums an dem Rentengut (§ 12 Abs. 3 letzter Satz Ges. v. 7. Juli 1891, GS. 279) (im Gegensatz zu der Löschung des Vermerks nach dem Landesrentenbankges. v. 29. Dez. 1927/1. Aug. 1931, GS. 283, 134, die nur auf Ersuchen des Vorstehers des Kulturamts erfolgen darf);
11. in Bayern die Eintr. des dem überlebenden Ehegatten nach bisherigem Recht zustehenden Rechtes der Verwaltung u. Nutznießung oder des Beisitzes bei der Eintr. des Erben (Art. 28 ÜG.).

B. Der Eintragungsantrag.

1. Rechtsnatur des Antrags. Unter einem Antrag auf Eintr. (über den Begriff der Eintr. s. Vorbem. 2 vor § 13 u. oben A. 5) versteht man das an das GBA. gerichtete Begehren, eine Eintr. vorzunehmen (OLG. 1, 6; 3, 227; 4, 494). Darin allein, daß der durch die EintrBew. Begünstigte die EintrBew. zugleich mit dem EintrAntrag des Bewilligenden überreicht, ist eine selbständige Antragstellung des Begünstigten nicht zu erblicken (RG. im Recht 1911 Nr. 2461). 9

Der Antrag als solcher[1]) ist — im Gegensatz zur EintrBewilligung (§ 19) — keine rechtsgeschäftl. Willenserklärung (Mot. 52; JFG. 7, 335; Achilles-St. A. 3; Güthe-Triebel⁶ A. 11; RGRK. Vorbem. 3b vor § 873); er bildet (ebenso wie die EintrBew.) kein materiellrechtl. Erfordernis der Rechtsänderung, sondern er bezweckt lediglich, dem GBA. den Anstoß zu geben, eine Eintr. vorzunehmen; er ist daher eine reine Verfahrenshandlung (prozessuale Handlung) (Güthe-Triebel a. a. O.; Hesse-Saage-Fischer A. I 1 a). Mit dem eigentl. Eintr.-Antrag werden nur solche Eintr. begehrt, die nur auf Antrag vorgenommen werden können. Kein Antrag im eigentl. Sinne ist daher die Anregung einer Eintr., die von Amts wegen vorzunehmen ist oder vorgenommen werden kann (vgl. oben A. 7).

Der Antrag ist erst wirksam gestellt, wenn er beim GBA. eingeht (§ 130 Abs. 1, 3 BGB.); der Zugang an den Begünstigten genügt nicht. Auch § 130 Abs. 2 BGB. ist auf ihn anzuwenden, so daß es unschädlich ist, wenn der Antragsteller nach Absendung des Antrags stirbt oder geschäftsunfähig wird (KGJ. 44, 174). In einem Testament kann der EintrAntrag nicht wirksam gestellt werden (KGJ. 44, 174). Der Antrag ist keine Verfügung i. S. des BGB. (Güthe-Triebel⁶ A. 19). Ein Minderjähriger kann, wenn er Begünstigter ist, den Antrag selbst stellen, da dieser ihm lediglich rechtl. Vorteile bringt (§ 107 BGB.).

§ 181 BGB. findet auf EintrAnträge keine Anwendung; denn unter das Verbot des § 181 BGB. fallen nur zweiseitige Rechtsgeschäfte sowie solche einseitige rechtsgeschäftl. Erklärungen, welche nicht empfangsbedürftig sind (KG. in SeuffA. 56, 79). Da der Antrag nur ein einseitiges Begehren ist, so ist der Widerspruch des Gegners ohne Bedeutung.

Über gewisse materiell-rechtl. Wirkungen des Antrags s. § 878 mit §§ 873 Abs. 2, 875 Abs. 2, 877, ferner § 892 Abs. 2 BGB. Über den (mittelbaren) Einfluß des Zeitpunkts des Antrags auf den Rang der beantragten Eintr. s. §§ 17, 45, insbes. § 17 A. 14.

2. Der Antrag richtet sich in allen Fällen **an das Grundbuchamt.** An dieses ist insbes. auch der nach § 867 ZPO. erforderliche Antrag auf Eintr. einer Zwangshyp. zu richten (RG. 48, 243; OLG. 1, 6, 206; RJA. 6, 57; Stein-Jonas § 867 A. I; vgl. du Chesne in ZBlFG. 11, 1). Der Antrag muß dem GBA. i. S. des § 130 Abs. 1 BGB. zugehen, falls er nicht zu Protokoll erklärt wird (OLG. 45, 86; vgl. JFG. 3, 390; RG. in GruchotsBeitr. 61, 473). 10

3. An eine **Form** ist der Antrag nicht gebunden (RG. 54, 394; OLG. 7, 193). Er kann schriftlich oder mündlich gestellt werden. Wird er mündlich gestellt, so muß das GBA. eine Niederschrift darüber aufnehmen (RG. im Recht 1911 Nr. 2460, 2461); ein Aktenvermerk genügt nicht (Güthe-Triebel⁶ § 30 A. 11). Der schriftliche Antrag bedarf der Unterschrift nicht, wenn aus ihm selbst hervorgeht, von wem er herrührt (Güthe-Triebel a. a. O.; Achilles-St. § 30 A. 1 b; **a. M.** Predari A. 1; vgl. OLG. 7, 193; Josef in ZBlFG. 5, 817). Deshalb genügt auch ein Faksimilestempel als Unterschrift, ebenso telegraphische Stellung des Antrags (Predari § 30 A. 1; Güthe-Triebel⁶ § 30 A. 11; bestr.). Durch das Fehlen einer Orts- oder Zeitangabe wird die Gültigkeit des Antrags nicht beeinträchtigt (KG. im Recht 1908 Nr. 1648). 11

Nur dann, wenn durch den Antrag die EintrBew. ersetzt werden soll, bedarf er der im § 29 vorgeschriebenen Form (§ 30).

---

[1]) Enthält der Antrag zugleich eine materielle Eintragungsvoraussetzung, so unterliegt er den Vorschriften über die EintrBew. (s. § 30; RG. 54, 384).

4. Inhalt des Antrags.

12 a) Besondere Vorschriften über den Inhalt des Antrags bestehen nicht; insbes. ist ein besonderer Wortlaut nicht vorgeschrieben; es genügen auch Ausdrücke wie „ersuchen", „bitten" u. ähnl. In der Bewilligung ist der Antrag regelmäßig noch nicht zu erblicken, auch nicht, wenn die Bew. von dem Bewilligenden selbst beim GBA. eingereicht wird (**a. M.** Güthe-Triebel[6] A. 22).

Für die Auslegung des EintrAntrags gelten die gleichen Grundsätze wie bei der Eintr.-Bew. (s. § 19 A. 15; vgl. BayObLG. 13, 727; 19, 239). So ist ein Antrag auf Vollzug einer Eintr., deren unerläßl. Voraussetzung eine andere Eintr. bildet, dahin auszulegen, daß alle Eintragungen beantragt sein sollen, die zur Erreichung des Endzwecks erforderlich sind (z. B. Eintr. der Pfändung vor Löschung der zur Einziehung überwiesenen Hyp. auf Antrag des Pfandgl.: BayObLG. 19, 22). In dem Antrag auf nachträgl. Bildung eines HypBriefs ist der Antrag auf Eintr. der Aufhebung der Bestimmung enthalten, daß die Erteilung des Briefs ausgeschlossen ist (KGJ. 28, 151). Im Zweifel ist die zulässige Eintr. als gewollt anzusehen (KG. in JW. 1924, 2047). Geht ein Antrag ein, dessen Tragweite zweifelhaft ist, so hat das GBA. vor Verbescheidung des Antrags den Versuch zu machen, den Antragsteller zu einer bestimmteren Formulierung des Antrags zu veranlassen (Turnau-F. A. A I 6).

13 b) Aus dem Antrag muß jedoch mindestens hervorgehen:

α) die Person des Antragstellers[1]). Über dessen Unterschrift usw. s. o. A. 11.

β) der Inhalt der begehrten Eintragung. Insbes. ist das einzutragende Recht (auch die durch Hyp. zu sichernde Forderung) unzweideutig zu bezeichnen, ferner die Person des Berechtigten, bei mehreren das Anteilsverhältnis derselben (§ 47), sowie das Grundstück, bei dem die Eintr. erfolgen soll, soferne diese Angaben sich nicht aus der beigefügten EintrBew. ergeben. Dem § 28 braucht der Antrag nur dann zu entsprechen, wenn er zugleich die EintrBew. ersetzen soll oder eine solche nicht erforderlich ist. Vgl. auch JFG. 15, 362.

Antrag u. EintrBewilligung müssen sich inhaltlich decken (RJA. 10, 60; 11, 144; Predari A. 7; Güthe-Triebel[6] A. 24; vgl. du Chesne in BayNotZ. 1908, 33). Ein diesem Grundsatz widersprechender Antrag ist unwirksam (vgl. KG. in HRR. 1933 Nr. 1491). Der Antrag darf insbes. nicht auf mehr u. nicht auf weniger (vor allem nicht auf einen größeren oder kleineren Betrag) lauten als die EintrBew., auch nicht in der Rangbestimmung der EintrBew. widersprechen (OLG. 1, 456; Turnau-F. A. A I 6). Ist die Eintr. einer verzinsl. Hyp. bewilligt, so darf nicht die Eintr. einer unverzinsl. Hyp. beantragt werden (OLG. 5, 292). Ist die Eintr. einer Gesamthyp. bewilligt, so kann nicht die Eintr. der Hyp. an nur einem Grundstück beantragt werden. Lautet die Bewilligung auf Goldmark, so kann nicht Eintr. in Reichsmark beantragt werden. Ebenso ist der Antrag auf Eintr. eines Rechts abzulehnen, wenn nur dessen Vormerkung bewilligt ist (Schroeder 1, 57; vgl. aber auch RG. 60, 392). Nur dann darf der EintrAntrag gegenüber der EintrBew. eingeschränkt werden, wenn letztere dies ausdrücklich gestattet oder wenigstens in diesem Sinne ausgelegt werden kann (vgl. OLG. 5, 293; 17, 149; Hesse-Saage-Fischer A. I 1 c). Ferner kann, wenn die Bewilligung mehrere nach dem Willen der Beteiligten voneinander unabhängige Eintr. betrifft, der Antrag auf eine dieser Eintr. beschränkt werden.

Eine Ausnahme von dem Grundsatz, daß EintrAntrag u. EintrBew. inhaltlich übereinstimmen müssen, gilt in dem Falle, daß der einzutragende Berechtigte vor der Eintr. stirbt. Hier bedarf es zur Eintr. des Erben des Berechtigten keiner neuen EintrBew.; erforderlich

---

[1]) Von wem der Antrag eingereicht wird, ist gleichgültig; wenn ein Unbeteiligter formell u. materiell genügende Anträge der Beteiligten dem GBA. zur Erledigung vorlegt, darf die Verbescheidung der Anträge nur dann abgelehnt werden, wenn aus den Umständen erhellt, daß die Vorlegung gegen den Willen der Beteiligten oder z. B. versehentlich erfolgt ist (OLG. 7, 189; vgl. KGJ. 28, 265; Güthe-Triebel[6] A. 15). Nötigenfalls muß sich das GBA. mit dem Antragsteller zwecks Aufklärung in Verbindung setzen.

ist nur (neben dem Nachweis der Erbfolge) ein Antrag auf Eintr. des Erben (JFG. 7, 325; BayObLG. 33, 301; Güthe-Triebel[6] § 19 A. 50 im Gegensatz zu den früheren Auflagen).

Tritt an die Stelle der EintrBew. eine andere Urkunde (insbes. im Falle der GBuchberichtigung oder einer Eintr. im Wege der Zwangsvollstr.), z. B. ein Urteil, ein Schuldtitel oder ein Erbschein, so muß der Antrag die in § 28 vorgeschriebenen Angaben enthalten u. mit der Urkunde inhaltlich übereinstimmen (vgl. OLG. 6, 407). Doch kann der Antrag auf Eintr. einer Zwangshyp. auf Gr. eines vollstreckb. Schuldtitels auch auf eine geringere Summe lauten als der Titel (RG. 71, 315; RJA. 10, 60; KGJ. 50, 154; Güthe-Triebel[6] A. 24 a. E.).

In dem Antrag kann auf die EintrBew. Bezug genommen werden; der Antrag kann sich also darauf beschränken, die bewilligte Eintr. zu begehren (OLG. 4, 82; Güthe-Triebel[6] A. 24). Dagegen darf die EintrBew. nicht lediglich auf den Antrag Bezug nehmen (KG. in HRR. 1929 Nr. 1943).

Bedingte Anträge, auch Eventualanträge, sind unzulässig (s. § 16 A. 3).

c) Der EintrAntrag kann neben diesem notwendigen Inhalt noch folgende selbständige Bestimmungen enthalten (die EintrBew. braucht hierüber nichts zu sagen): 14

α) die Bestimmung, daß von mehreren Eintr. die eine nicht ohne die andere vorgenommen werden soll (§ 16 Abs. 2),

β) Bestimmungen über das Rangverhältnis (§ 45 Abs. 3),

γ) eine von der Regel des § 60 Abs. 1 abweichende Bestimmung über die Person des Briefempfängers (§ 60 Abs. 2),

δ) Anträge auf Erteilung von Briefen gem. §§ 63, 65.

d) Stellt sich der Antrag als eine in Antragsform gekleidete EintrBew. dar, soll er also zugleich eine materielle EintrVoraussetzung ersetzen, so gelten für den Inhalt des Antrags ausschließlich die für die EintrBew. maßgebenden Vorschriften (s. § 19 mit Anm.; vgl. RG. 54, 385; RJA. 8, 61). Für seine Form gilt dann § 30. Enthält die EintrBew. auch den Antrag, so bedarf es eines weiteren Antrags nur, wenn die Urkunde erkennbar ohne den Willen der Beteiligten eingereicht wurde (KGJ. 28, 88; vgl. Fußn. 1 bei A. 13). 15

5. Über die **Zurücknahme des Antrags** s. § 31 A. 4 ff. 16

Eine Abänderung des EintrAntrags ist, solange die beantragte Eintr. nicht vollzogen ist, zulässig u. zwar ohne Rücksicht auf den Inhalt der zugrunde liegenden Einigung (OLG. 43, 176; v. Rozycki-v. Hoewel § 34). Von mehreren gestellte Anträge können nur gemeinschaftlich abgeändert werden, insbes. wenn eine Verbindung von Anträgen nach § 16 Abs. 2 vorliegt (OLG. 43, 176; s. u. § 16 A. 9).

6. Prüfung des Antrags. Das GBA. hat stets zu prüfen, ob ein wirksamer Antrag vorliegt u. ob der Antrag von einer hiezu berechtigten Person ausgeht (s. hierüber u. A. 36). Dies gilt insbes. dann, wenn eine Urkunde vorgelegt wird, die mehrere Erklärungen enthält, welche sich als EintrGrundlagen eignen. Auch die Rechtsfähigkeit, die Geschäftsfähigkeit u. gegebenenfalls die Vertretungsmacht des Antragstellers unterliegen der Prüfung des GBA.; s. hierüber unten A. 42 u. Vorbem. 4 ff. vor § 18. Der Antragsteller muß im Zeitpunkt des Eingangs des Antrags beim GBA. rechts- u. geschäftsfähig sein; ist er vorher gestorben oder geschäftsunfähig geworden, so genügt es, wenn er im Zeitpunkt der Absendung des Antrags rechts- u. geschäftsfähig war (§ 130 Abs. 2 BGB.; KGJ. 44, 174). Eine Prüfung der Verfügungsbefugnis kommt nicht in Betracht, da der Antrag keine Verfügung darstellt (s. o. A. 9). 17

7. Verletzung des Antragsgrundsatzes. 18

Da die Vorschrift des § 13 Abs. 1 Satz 1 nur eine Ordnungsvorschrift ist (RG. in JR. 1926 Nr. 938) u. ihre Beachtung keine Voraussetzung für die materielle Wirksamkeit der Eintr. bildet, steht ein Verstoß des GBuchrichters gegen die Bestimmung dem sonst materiell gerechtfertigten Eintritt der Rechtsänderung nicht entgegen. Durch eine Verletzung des § 13 wird auch das GBuch nicht unrichtig; es besteht weder ein Anspruch auf Berichtigung (§ 894 BGB.) noch ist Raum für ein Verfahren nach § 53. Wohl aber begründet eine Nichtbeachtung der Vorschrift eine Haftung des Reichs für den aus der ordnungswidrigen Eintr. entstehenden Schaden u. möglicherweise eine Regreßpflicht des schuldigen Beamten.

Dies gilt sowohl dann, wenn eine Eintr. überhaupt ohne Antrag vorgenommen wird als auch dann, wenn der Antrag von einem nicht hiezu Berechtigten gestellt war (Achilles-St. A. 3; Güthe-Triebel[6] A. 12; vgl. RG. 54, 384).

C. Die Entgegennahme des Antrags. Der Eingangsvermerk.

19 **I.** Der Zeitpunkt, in dem ein EintrAntrag beim GBA. eingeht, ist wegen der Bestimmungen der §§ 17, 45 GBO. u. des § 892 BGB. von erheblicher rechtl. Bedeutung. Deshalb bestimmt § 13 in Abs. 1 Satz 2, daß dieser Zeitpunkt auf dem Antrag genau zu vermerken ist, u. regelt in Abs. 1 Satz 3 u. 4, wann der Antrag als beim GBA. eingegangen gilt.

§ 13 Abs. 1 Satz 2 hat nur Eintragungsanträge im Auge. Gleichgültig ist, ob der Antrag schriftlich eingereicht oder zur Niederschrift eines GBuchbeamten erklärt wird. Den Anträgen stehen Ersuchen um Eintr. in das GBuch (§ 38) gleich. Unerheblich ist der Zeitpunkt des Eingangs der dem Antrag zugrunde liegenden Urkunden, insbes. der EintrBew.

Für sonstige beim GBA. eingehende Schriftstücke u. Sendungen gelten die für das Amtsgericht allgemein bestehenden Vorschriften über die Annahme u. Behandlung solcher Eingänge (§ 18 AV. v. 25. Febr. 1936, DJ. 350). Jedoch sind Beschwerden wie Eintr.-Anträge zu behandeln, da sie, wenn sie auf neue Tatsachen oder neue Beweismittel gestützt werden, die Bedeutung eines neuen Antrags haben (vgl. § 74 A. 5).

20 **II. Die Entgegennahme des Antrags.**

1. Zuständigkeit.

Die Einhaltung der Vorschriften der §§ 17, 45 würde gefährdet werden, wenn jeder beim GBA. tätige Beamte zur Entgegennahme von EintrAnträgen befugt wäre. Es bestünde die Gefahr, daß ein Antrag ohne Berücksichtigung eines anderen, früher eingegangenen Antrags erledigt wird, weil dieser dem verfügenden Beamten nicht bekannt war. Deshalb ist die Zahl der zur Entgegennahme von Anträgen zuständigen Beamten möglichst eingeschränkt.

21 **a)** Für die Entgegennahme eines EintrAntrags oder EintrErsuchens u. die Beurkundung des Zeitpunkts des Eingangs (das sog. Präsentat) sind ausschließlich zuständig (§ 1 Abs. 1 AusfVO. z. GBO.):

α) der mit der Führung des GBuchs über das betroffene Grundstück beauftragte GBuchrichter. Das ist derjenige Richter, der nach der Geschäftsverteilung die Aufgabe hat, die Eintr. auf dem Blatte für das betroffene Grundstück zu vollziehen, gleichgültig, ob er diese Tätigkeit selbst wahrnimmt oder ob sie ganz oder teilweise im Wege der Entlastung auf einen Rechtspfleger übertragen ist (Hesse-Saage-Fischer A. I 1 f.). Diesem GBuchrichter steht sein durch die Geschäftsverteilung bestimmter Vertreter gleich; ob im einzelnen Falle ein Vertretungsfall tatsächlich gegeben ist oder nicht, unterliegt keiner Nachprüfung u. ist daher unerheblich.

β) der Rechtspfleger, auf den die Führung richterlicher Geschäfte bez. des betroffenen Grundstücks übertragen ist. Entscheidend ist, ob er überhaupt befugt ist, Eintr. auf dem in Frage kommenden GBuchblatt zu vollziehen; auf den Umfang seiner Eintragungsbefugnis kommt es nicht an (Hesse-Saage-Fischer A. I 1 f Abs. 2). Auch dem Rechtspfleger steht sein geschäftsplanmäßig bestellter Vertreter gleich, ohne daß es darauf ankommt, ob ein Vertretungsfall tatsächlich gegeben ist.

γ) der vom Behördenvorstand für das ganze GBA. oder einzelne Abteilungen zur

Entgegennahme von Anträgen bestellte Beamte der Geschäftsstelle (Einlaufsbeamter, Registrator). Es können auch mehrere solche Beamte bestellt werden. Bez. des geschäftsplanmäßigen Vertreters gilt das gleiche wie beim GBuchrichter u. beim Rechtspfleger.

Ob ein solcher Einlaufsbeamter für das ganze GBA. bestellt wird oder mehrere Einlaufsbeamte für die einzelnen Abteilungen oder ob beide Möglichkeiten nebeneinander verwendet werden, richtet sich nach den örtl. Verhältnissen. Doch soll bei jedem GBA. mindestens ein Beamter für das Präsentat bestellt werden; anderseits soll der Kreis dieser Beamten möglichst eng gezogen werden. Auf bestimmte Gruppen von Beamten der Geschäftsstelle ist die Auswahl nicht beschränkt; insbes. ist es nicht erforderlich, den mit der Führung des GBuchs betrauten Beamten der Geschäftsstelle (vgl. § 4 AusfVO.; § 1 A. 26 ff.) als Einlaufsbeamten zu bestellen (§ 4 AV. v. 25. Febr. 1936). Dieser braucht mit der Führung des GBuchs, d. h. der Vornahme der Eintr. u. deren Unterzeichnung nichts zu tun zu haben.

Die genannten Beamten sind nebeneinander zur Entgegennahme von EintrAnträgen zuständig. Insbes. schließt die Aufstellung eines Einlaufsbeamten nicht die Zuständigkeit des Richters u. des Rechtspflegers aus. Wegen der Anträge, die sich auf die Geschäftsbereiche verschiedener GBuchrichter oder Rechtspfleger beziehen, s. u. A. 23.

b) Sonstige GBuchbeamte sind zur Entgegennahme von EintrAnträgen nicht 22 zuständig. Insbes. gilt hier nicht die sonstige Regel, daß die Geschäftsverteilung eine innerdienstl. Maßnahme ist, welche die Gültigkeit einer richterl. Handlung nicht berührt (vgl. § 1 A. 14, 15); ein anderer als der mit der Führung des GBuchs über das betroffene Grundstück beauftragte Richter, auch wenn er selbst GBuchrichter ist, ist zur Entgegennahme des Antrags nicht befugt. Ebensowenig sind Urkundsbeamte der Geschäftsstelle, die nicht mit der Entgegennahme des Einlaufs durch den Gerichtsvorstand ausdrücklich betraut sind, zuständig.

Gelangen nach den für das AG. bestehenden allgemeinen Bestimmungen EintrAnträge oder -Ersuchen nicht unmittelbar an einen zur Entgegennahme zuständigen Beamten, so sind sie von dem annehmenden Beamten unverzüglich an den zuständigen Beamten abzugeben. Das gleiche gilt, wenn in einer gerichtl. Verhandlung, insbes. der freiw. Gerichtsbarkeit, EintrAnträge gestellt werden oder wenn solche Anträge mit einem in anderen Angelegenheiten an das AG. gerichteten Gesuch verbunden sind (§ 19 Abs. 6 AV. v. 25. Febr. 1936).

Wg. der Entgegennahme eines Antrags durch einen kraft Gesetzes ausgeschlossenen GBuchbeamten s. § 1 A. 49.

c) Bezieht sich ein EintrAntrag oder -Ersuchen auf mehrere Grundstücke in verschiedenen Geschäftsbereichen (Abteilungen) desselben GBA., gehören die betroffenen 23 Grundstücke also zur Zuständigkeit mehrerer GBuchrichter, so ist jeder nach § 1 Abs. 1 AusfVO. in Frage kommende Beamte zur Entgegennahme zuständig (§ 1 Abs. 2 a. a. O.). Jeder der in A. 21 genannten Beamten ist also hinsichtlich der Entgegennahme des Antrags für alle Grundstücke zuständig, auf die sich der Antrag bezieht, gleichgültig, zu welcher Abteilung des GBA. sie gehören. Wg. der geschäftsmäßigen Behandlung solcher Anträge s. § 20 Abs. 2 AV. v. 25. Febr. 1936.

2. Ort und Zeit der Entgegennahme. 24

EintrAnträge u. -Ersuchen sind nur in den Diensträumen des GBA. entgegenzunehmen. Außerhalb des Dienstes, z. B. in der Wohnung, kann u. soll der GBuchbeamte die Entgegennahme von Anträgen ablehnen (§ 19 Abs. 1b Schlußsatz AV. v. 25. Febr. 1936). Geschieht dies dennoch, so ist die Entgegennahme zwar ordnungswidrig, aber nicht unwirksam; dies gilt insbes. auch für die Beurkundung des Eingangsvermerks. Zeitpunkt des Eingangs ist in diesem Falle der Zeitpunkt der tatsächlichen Entgegennahme in der Wohnung, im Gasthaus usw., vorausgesetzt, daß der Beamte zur Entgegennahme zuständig u. bereit ist. Denn das ist der Zeitpunkt, in dem der Beamte in den Besitz des Antrags kommt; daß dieser in den Besitz des GBA. als solchen gelangt, ist nicht vorgeschrieben (ebenso Güthe-Triebel[6] A. 29;

vgl. unten A. 31). Selbstverständlich ist auch die Entgegennahme von Anträgen in den Diensträumen, aber außerhalb der Geschäftsstunden nicht unwirksam.

Nach Entgegennahme des Antrags u. Anbringung des Eingangsvermerks (s. u. A. 27ff.) ist er unverzüglich vor Eintritt in die sachliche Bearbeitung an den Registrator der zuständigen GBuchabteilung zwecks Feststellung, ob noch weitere das gleiche Grundstück betreffende Anträge vorliegen, abzugeben (§ 20 Abs. 1 AV. v. 15. Febr. 1936, DJ. 350).

25 **3. a)** Enthält ein beim GBA. eingegangenes Schriftstück nur Anträge oder Ersuchen, für die ein anderes GBA. zuständig ist, so soll gem. § 8 Abs. 2 AktenO. unter Benachrichtigung der Beteiligten das Schriftstück unmittelbar an das zuständige GBA. weitergeleitet werden. Unberührt bleibt aber die Befugnis des zuständigen Beamten, Anträge oder Ersuchen mangels örtl. Zuständigkeit zurückzuweisen (§ 21 Abs. 1 AV. v. 25. Febr. 1936). Eine etwaige Antragszurücknahme bedarf in diesem Falle nicht der Form des § 31. Unzulässig ist es, zur Zurücknahme des Antrags eine Frist nach § 18 zu setzen.

b) Enthält ein beim GBA. eingegangenes Schriftstück Anträge oder Ersuchen, für deren Erledigung neben dem angegangenen GBA. auch noch ein anderes GBA. oder mehrere andere GBuchämter zuständig sind, so erledigt zunächst das angegangene GBA. die in seine Zuständigkeit fallenden Anträge u. Ersuchen. Sodann übersendet es das Schriftstück, gegebenenfalls eine Ausfertigung oder begl. Abschrift davon, dem anderen oder einem der anderen beteiligten GBuchämter; es wird ihm zweckmäßig hiebei auch eine Abschrift seiner Verfügung mitteilen. Die anderen GBuchämter verfahren entsprechend (§ 21 Abs. 2a AV. v. 25. Febr. 1936). Soferne das Schriftstück nicht ergibt oder nicht sonst bekannt ist, daß die Anträge oder Ersuchen bereits bei jedem beteiligten GBA. gesondert gestellt sind oder werden, ist der Antragsteller darauf hinzuweisen, daß das GBA. in der bezeichneten Weise verfahren werde (§ 21 Abs. 2b a. a. O.).

c) Über die Behandlung von EintrAnträgen u. -Ersuchen, die mehrere im Bezirk desselben GBA. gelegene Grundstücke betreffen, s. § 20 Abs. 2 AV. v. 25. Febr. 1936.

d) Über die Behandlung von EintrAnträgen u. -Ersuchen, die in den GBüchern einer Zweigstelle des Amtsgerichts gebuchte Grundstücke betreffen oder mitbetreffen, s. § 22 Abs. 2 AV. v. 25. Febr. 1936.

III. Der Eingangsvermerk.

26 **1. Bedeutung.** Der ordnungsmäßig vollzogene Eingangsvermerk ist eine öffentl. Urkunde i. S. des § 418 ZPO., die die Zeit des Eingangs eines EintrAntrags beim GBA. bezeugt. Der Gegenbeweis ist zulässig u. ist im Prozeßwege zu erbringen.

Über die Berichtigung des Eingangsvermerks s. u. A. 35.

27 **2. Zuständigkeit.** Der Eingangsvermerk ist durch denjenigen GBuchbeamten auf dem Antrag anzubringen, der diesen entgegennimmt u. zur Entgegennahme zuständig ist (s. o. A. 21), u. zwar hat der erste der für die Entgegennahme zuständigen Beamten, dem der Antrag vorgelegt wird, ihn mit dem Eingangsvermerk zu versehen (§ 19 Abs. 2a Satz 1 AV. v. 25. Febr. 1936). Es ist daher nicht zulässig, daß einer der zuständigen Beamten den Antrag entgegennimmt u. der andere den Eingangsvermerk beurkundet (**a. M.** Güthe-Triebel[6] A. 33). Es darf z. B. nicht, wenn bei einem GBA. alle Eingänge üblicherweise dem Einlaufsbeamten vorgelegt werden, der GBuchrichter, der ausnahmsweise auch einmal selbst einen Antrag entgegennimmt, diesen an den Einlaufsbeamten zur Vornahme des Präsentats übergeben, sondern muß selbst den Eingangsvermerk anbringen. Hierauf ist nach § 20 Abs. 1 der AV. v. 25. Febr. 1936 (DJ. 350) zu verfahren.

Wg. der Zuständigkeit verschiedener GBuchämter s. o. A. 25.

28 **3. Ort des Eingangsvermerks.**

Er ist auf den Antrag selbst, d. h. das Schriftstück, das den Antrag (das Ersuchen) enthält, zu setzen u. zwar möglichst in die rechte obere Ecke der ersten Seite. Die Zahl etwaiger Beilagen des Antrags ist anzugeben (§ 19 Abs. 2c AV. v. 25. Febr. 1936). Die Beilagen des Antrags, z. B. die EintrBew. u. sonstige Urkunden erhalten keinen Eingangsvermerk. Bei Vorlage von Urkunden durch einen Notar wird zweckmäßigerweise auch dessen Begleitschreiben mit dem Eingangsvermerk versehen.

4. Inhalt des Eingangsvermerks.

Der Eingangsvermerk hat zu enthalten:

a) die Bezeugung des Eingangs beim GBA. (§ 19 Abs. 2a Satz 2 AV. v. 25. Febr. 29
1936), z. B. „Amtsgericht Seefeld Abt. II. Eingegangen am ....".

b) die genaue Angabe der **Zeit des Eingangs.** Anzugeben sind Tag, Stunde u. 30
Minute. Die Verwendung eines Datumstempels ist zulässig; Stunde u. Minute sind gegebenenfalls handschriftlich einzusetzen (§ 19 Abs. 2a Satz 2, 3 AV. v. 25. Febr. 1936).

α) **Maßgebender Zeitpunkt** ist der des Eingangs beim GBA. (nicht bei dem Amtsgericht 31
als solchen) u. zwar die Zeit der Vorlegung an einen zur Entgegennahme u. Beurkundung des Eingangsvermerks zuständigen Beamten (§ 13 Abs. 1 Satz 3 GBO.). Darunter ist der Zeitpunkt zu verstehen, in dem der Antrag in den Besitz des Beamten kommt. Nicht maßgebend ist darnach z. B. der Zeitpunkt, in dem der Beamte eine ihm verschlossen vorgelegte Sendung öffnet oder von dem Inhalt der Urkunde Kenntnis nimmt oder den Eingangsvermerk anbringt (§ 19 Abs. 2b Satz 1, 2 AV. v. 25. Febr. 1936). Ebensowenig ist maßgebend der Zeitpunkt, in dem der Antrag von der Post oder einem Boten an einen anderen, zur Entgegennahme nicht zuständigen Beamten des Amtsgerichts ausgehändigt oder in den Briefkasten eingeworfen wird.

Der Antrag ist beim GBA. eingegangen, wenn er einem zur Entgegennahme zuständigen (präsentatberechtigten) Beamten vorgelegt ist. Die zum Präsentat befugten Beamten (GBuchrichter, Rechtspfleger, Einlaufsbeamter; s. o. A. 21, 27) stehen gleichberechtigt nebeneinander. Der Antrag ist eingegangen, wenn er in den Besitz des ersten dieser zuständigen Beamten gelangt; dieser ist daher auch zur Anbringung des Eingangsvermerks verpflichtet (s. o. A. 27).

Entscheidend ist der Zeitpunkt der Vorlegung auch dann, wenn der Antrag unvollständig oder mangelhaft ist. Wann die Beilagen oder Ergänzungen eingehen, ist belanglos.

Ist der Antrag von mehreren GBuchämtern zu erledigen (vgl. oben A. 25 unter b), so ist der Zeitpunkt des Eingangs nicht ein einheitlicher; insbes. ist nicht der Eingang beim ersten GBA. für alle maßgebend. Jedes GBA. hat vielmehr den Antrag mit dem Eingangsvermerk zu versehen, der dann für die Eintr. bei diesem GBA. (u. nur bei diesem) maßgebend ist (Henle-Schmitt A. 7d).

Wird ein EintrAntrag nicht schriftlich eingereicht, sondern zur Niederschrift eines GBuchbeamten mündlich gestellt, so gilt, wenn der die Niederschrift aufnehmende Beamte nicht zur Entgegennahme des Antrags (zum Präsentat) befugt ist, die Regel: Der Antrag gilt als eingegangen, sobald er dem ersten zur Entgegennahme zuständigen Beamten vorgelegt wird. Wird der Antrag dagegen zur Niederschrift eines gleichzeitig zu seiner Entgegennahme zuständigen (präsentatberechtigten) Beamten gestellt, so gilt er mit dem Abschluß der Niederschrift als beim GBA. eingegangen (§ 13 Abs. 1 Satz 4 GBO.). Auch in diesem Falle muß der Eingangsvermerk auf dem Antrag angebracht werden. Maßgebender Zeitpunkt ist derjenige des völligen Abschlusses der Niederschrift; zu dieser gehört auch die Unterschrift des aufnehmenden Beamten (§ 19 Abs. 3 AV. v. 25. Febr. 1936). In der Regel schließt diese Unterschrift die Niederschrift ab, so daß der Zeitpunkt der Unterzeichnung durch den Beamten sich regelmäßig mit dem Eingangszeitpunkt deckt. Auf den Zeitpunkt der Unterzeichnung der Niederschrift durch den Antragsteller kommt es nicht an. Diese Grundsätze gelten auch für die Fälle, in denen der Antrag eine Eintragungsgrundlage ersetzt oder mit ihr verbunden ist u. deshalb die Niederschrift in der Form der gerichtl. Beurkundung eines Rechtsgeschäftes aufgenommen werden muß (§ 29 Abs. 2 GBO.).

32 β) Mehrere **gleichzeitig vorgelegte Anträge** sind als gleichzeitig eingegangen zu behandeln u. erhalten den gleichen Eingangsvermerk (§ 19 Abs. 2b Satz 3 AV. v. 25. Febr. 1936). Die gleichzeitige Vorlage von Anträgen kommt insbes. in Frage, wenn mehrere Anträge mit der gleichen Post eingehen oder durch denselben Boten überbracht werden. Gleichgültig ist, in welcher Reihenfolge die Sendungen geöffnet oder gelesen werden. Ein gleichzeitiger Eingang ist aber nicht mehr gegeben, wenn von zwei mit der gleichen Post eingegangenen Anträgen der eine infolge eines Versehens dem zuständigen Beamten später als der andere vorgelegt wird.

33 **c)** Der Eingangsvermerk bedarf schließlich der **Unterschrift** des zuständigen Beamten. Er hat ihn mit dem ausgeschriebenen Namen zu unterzeichnen (§ 19 Abs. 2a Satz 2 AV. v. 25. Febr. 1936).

34 **5. a)** Nachdem das den Antrag oder das Ersuchen enthaltende Schriftstück mit dem Eingangsvermerk versehen ist, ist es unverzüglich an den Registrator der zuständigen GBuch-abteilung abzugeben. Über die weitere Behandlung s. § 20 AV. v. 25. Febr. 1936.

b) Wird ein Schriftstück, das den Eingangsvermerk trägt, herausgegeben (vgl. § 10 mit Anm.), so ist der Eingangsvermerk auf die nach § 10 Abs. 1 Satz 2 zurückbehaltene begl. Abschrift beglaubigt mitzuübertragen (§ 19 Abs. 5 AV. v. 25. Febr. 1936).

35 **6. Berichtigung des Eingangsvermerks.** Ein Versehen des GBuchbeamten bei Anbringung des Eingangsvermerks, insbes. eine unrichtige Zeitangabe, kann berichtigt werden u. zwar auch dann, wenn dadurch die Reihenfolge mehrerer Anträge (§ 17) eine Änderung erleidet; in diesem Falle ist die Berichtigung jedoch nur solange möglich, als die beantragten Eintr. noch nicht vollzogen sind, während sonst der Eingangsvermerk auch noch nach Vollzug der Eintr. richtiggestellt werden darf (Güthe-Triebel[6] A. 26). Über die Änderung der Reihenfolge bereits vorgenommener Eintr. u. die Unzulässigkeit eines Amtswiderspruchs in dieser Richtung s. § 17 A. 14.

D. Die Antragsberechtigung (§ 13 Abs. 2).

36 **1.** Dem EintrAntrag darf nur dann stattgegeben werden, wenn er von einem Antragsberechtigten gestellt ist. § 13 Abs. 2 regelt die Antragsberechtigung im allgemeinen; § 14 erweitert den Kreis der für die Berichtigung des GBuchs Antragsberechtigten; § 15 behandelt das Antragsrecht des Notars.

Eine Erweiterung der Antragsberechtigung gegenüber diesen Vorschriften bestimmte für Aufwertungssachen § 25 GBVerG. v. 18. Juli 1930 (RGBl. I 305). Auf die Eintr. des Ersatzrechtes nach § 4 GBVerG. ist § 25 a. a. O. nicht anwendbar (s. Vorbem. 190 vor § 13), sondern nur auf die Fälle der §§ 1, 15 GBVerG.

37 **2. a)** Die Antragsberechtigung setzt voraus, daß der Antragsteller an der Eintr. beteiligt ist; ein bloßes rechtl. Interesse daran genügt nicht (vgl. OLG. 4, 78). Als Beteiligte betrachtet das Gesetz diejenigen, deren Rechte von der Eintr. betroffen werden (Passivbeteiligte) u. diejenigen, zu deren Gunsten die Eintr. erfolgen soll (Aktivbeteiligte). Die Beteiligung ist in beiden Fällen nicht im wirtschaftl. Sinne zu verstehen, sondern rein vom Standpunkt des abstrakten Rechtsbegriffs aus. Bloß wirtschaftl. Vor- u. Nachteile begründen niemals ein Antragsrecht.

Sehr bestritten ist die Frage, ob auch mittelbare Beteiligung zur Antragsberechtigung genügt oder ob nur die unmittelbar Beteiligten antragsberechtigt sind. Die Meinungsverschiedenheit geht hauptsächlich auf den Widerspruch zwischen den Motiven zur GBO. und der Denkschrift zum 2. Entwurf zurück.

α) Hinsichtl. der Gruppe von der Eintr. Betroffenen ist mit der herrschenden Meinung anzunehmen, daß **nur die unmittelbar Betroffenen** antragsberechtigt sind. Da die Bedeutung des Ausdrucks „Betroffener" im BGB. u. in der GBO. keine einheitliche ist (vgl. z. B. §§ 19,

39, 55), muß bei seiner Auslegung auf die Absichten des Gesetzgebers zurückgegangen werden. Der 1. Entwurf u. die Motive wollten aber nur die unmittelbar Betroffenen in den Kreis der Antragsberechtigten einbezogen wissen; die spätere Änderung der Fassung im 2. Entwurf sollte, wie sich aus der Denkschrift ergibt (s. auch OLG. 9, 329), nur redaktionelle, aber keine sachliche Bedeutung haben. Ein innerer Widerspruch zwischen Motiven u. Denkschrift besteht also nicht. Außerdem wäre die Erstreckung der Antragsbefugnis auch auf nur mittelbar Betroffene nach dem materiellen Recht nicht gerechtfertigt, so daß kein Grund besteht, die Antragsberechtigung der Passivbeteiligten weiter auszudehnen als die der Aktivbeteiligten (ebenso im Ergebnis Güthe-Triebel⁶ A. 42 ff.; Predari A. 12; Henle in DNotZ. 1897, 180; Hesse-Saage-Fischer A. II; Henke-Mönch A. 9A; v. Rozycki-v. Hoewel § 26; OLG. 10, 102; KGJ. 47, 207; BayObLG. in BayNotV. 1933, 174; **a. M.** 2. Aufl.; Henle-Schmitt A. 12; Turnau-F. A. 2; Achilles-St. A. 5; vgl. auch OLG. 4, 187; RJA. 4, 114).

β) Auch von denjenigen, zu deren Gunsten eine Eintr. erfolgt, kommen als Antragsberechtigte nur die **unmittelbar Begünstigten** in Betracht. Denn andernfalls wäre die Vorschrift des § 14, die einen Fall der Antragsberechtigung nur mittelbar Beteiligter besonders hervorhebt, überflüssig;[1]) auch würde die Ausdehnung über die unmittelbar Beteiligten hinaus jede Grenze für die Antragsberechtigung verwischen. Überdies nötigen Wortlaut u. Entstehungsgeschichte nicht zu einer gegenteiligen Auslegung (so die herrsch. Meinung, insbes. Güthe-Triebel⁶ A. 42 ff.; Hesse-Saage-Fischer A. II; Henke-Mönch A. 9A; Brand-Schnitzler § 32; v. Rozycki-v. Hoewel § 26; etwas abweichend Predari A. 12; **a. M.** RJA. 4, 114; 6, 73; Henle-Schmitt A. 13; Turnau-F. A. 2; Achilles-St. A. 5). Nur bei Eintr., die der GBuchberichtigung dienen, steht das Antragsrecht auch mittelbar Begünstigten zu, nämlich denjenigen, denen der Berichtigungsanspruch gem. § 894 BGB. zukommt (KGJ. 31, 346; 34, 316; Staud.-Kober Vorbem. 14 vor § 873; Güthe-Triebel⁶ A. 43).

b) Antragsberechtigt ist sonach **38**

α) jeder, dessen Recht von der Eintr. unmittelbar betroffen wird, also der „Berechtigte" i. S. der §§ 873 Abs. 1, 875 BGB. Es kommen in Betracht beim Eigentumswechsel der bisherige Eigtr., bei Belastung eines Grundstücks u. bei Änderung einer solchen Belastung der Eigtr., bei Abtretung eines Rechts der Zedent, nicht aber der Eigtr. (OLG. 9, 329), bei Löschung eines Rechts der unmittelbar aus dem Recht Berechtigte. Nicht antragsberechtigt sind dagegen als nur mittelbar Betroffene diejenigen, zu deren Gunsten das von der Eintr. unmittelbar berührte Recht belastet ist (vgl. §§ 876, 880 BGB.), also vor allem Pfandgl. u. Nießbraucher. Nicht antragsberechtigt ist auch der Eigtr. bei einer Rangänderung (Staud.-Kober § 880 A. 19; Güthe-Triebel⁶ A. 40; Hesse-Saage-Fischer A. II; **a. M.** BayObLG. 13, 440; OLG. Dresden in JW. 1935, 3577 = HRR. 1935 Nr. 1678; OLG. München in JFG. 15, 362; Brand-Schnitzler § 32 Abs. 1). Bei der Pfändung einer Hyp. sind nur HypGläubiger u. Pfändungsgläubiger unmittelbar betroffen, nicht auch der Grundstückseigtr. (BayObLG. in BayNotV. 1933, 174). Läßt sich nicht entscheiden, wer betroffen oder begünstigt ist (z. B. bei Umwandlung einer Hyp. in eine Grundschuld), so sind beide Teile als betroffen anzusehen. Die Eintr. der Heimstätteneigenschaft kann auch der Eigtr. beantragen (§ 25 RHeimstG.). Eine Ausnahme enthält § 14.

Ist das GBuch unrichtig, fallen also Buchberechtigung u. wirkl. Berechtigung auseinander, so ist als Betroffener im Falle der Rechtsänderung nur der wirkl. Berechtigte antragsberechtigt (OLG. 34, 234; 35, 8). Im Falle der GBuchberichtigung (§ 22) dagegen kann sowohl der Buchberechtigte als auch der wahre Berechtigte betroffen sein (Güthe-Triebel⁶ A. 41).

[1]) Der Hinweis auf § 9 Abs. 1 Satz 2, der gleichfalls als Argument für die herrschende Meinung angeführt wird, ist nicht zutreffend, da es sich in diesem Falle nicht um das Recht handelt, Eintragungen im technischen Sinne zu beantragen, sondern um das Recht, die Eintr. eines Vermerks zu beantragen.

β) Ferner ist antragsberechtigt jeder, zu dessen unmittelbaren Gunsten die Eintr. erfolgen soll, also der „andere Teil" i. S. des § 873 Abs. 1 BGB., z. B. der Erwerber beim Eigentumswechsel, der Gl. bei Neueintragung eines Rechts, der Zessionar bei Abtretung eines Rechts, der Eigtr. bei Aufhebung eines Rechts am Grundstück usw. Im Falle der Unrichtigkeit des GBuchs ist es derjenige, dem der Berichtigungsanspruch (§ 894 BGB.) zusteht. Antragsberechtigt ist auch derjenige, dessen Recht durch eine eingetragene, aber tatsächlich nicht bestehende Vormerkung beeinträchtigt wird (KGJ. 52, 164). Wer nur mittelbar einen Vorteil erlangt, ist nicht antragsberechtigt, z. B. der nachstehende HypGl. bei Löschung einer Hyp. (OLG. 16, 167; **a. M.** RG. 73, 80; KGJ. 47, 208), wohl aber der nachstehende Berechtigte bei Löschung eines ihm vorgehenden nicht bestehenden Rechts im Wege der GBuchberichtigung (RJA. 14, 210). Nicht antragsberechtigt ist weiter ein früherer Eigtr., auch nicht der nichteingetragene Zwischenverkäufer (JFG. 1, 443). Ist ein Testamentsvollstr. ernannt, so kann nur dieser die Eintr. der Erben beantragen (KGJ. 51, 214).

γ) Bei Rechtsänderungen, die sich aus der Umwandlung oder Ablösung von Holznutzungsrechten ergeben, ist die höhere Forstaufsichtsbehörde (Landforstmeister, Regierungsforstamt) antragsberechtigt (§ 23 Abs. 1 der VO. z. Förderung der Nutzholzgewinnung v. 30. Juli 1937, RGBl. I 876).

δ) Damit ist, abgesehen von den Fällen des § 14, der Kreis der Antragsberechtigten erschöpft. Derjenige, dessen Recht durch eine Eintr. weder gewinnt noch verliert, ist auch nicht antragsberechtigt (OLG. 4, 78). So wird weder der HypGläubiger von dem Wechsel in der Person des Eigtr. noch der Eigtr. von einem Wechsel in der Person des HypGl. berührt (OLG. 2, 492; 9, 329; 10, 103).

39 **3. a)** Jeder unmittelbar Betroffene u. jeder unmittelbar Begünstigte ist antragsberechtigt. Sind daher auf der einen oder anderen Seite **mehrere** beteiligt, so ist jeder von ihnen antragsberechtigt (Denkschr.). Daher kann ein Miteigtr. allein die Löschung einer auf einem gemeinschaftl. Grundstück eingetragenen Hyp. beantragen; gem. § 27 Abs. 1 hat er aber noch die Zustimmung der übrigen Miteigtr. in der Form des § 29 vorzulegen (OLG. 1, 292). Ebenso kann unter der gleichen Voraussetzung jeder Miterbe vor der Auseinandersetzung die Umschreibung eines Nachlaßgrundstücks auf die Gesamtheit der Erben beantragen (OLG. 41, 154; Güthe-Triebel[6] A. 46).

40 **b)** Sowohl der gewinnende als auch der verlierende Teil kann den Antrag stellen. Nur der gewinnende Teil ist jedoch antragsberechtigt bei Eintr., die im Zwangswege erfolgen, also auf Gr. eines vollstreckb. Schuldtitels, eines Arrestbefehls, einer einstw. Verfügung oder eines Pfändungsbeschlusses. Bewilligt hier aber der Schuldner noch die Eintr., so ist auch er antragsberechtigt (Güthe-Triebel[6] A. 45 a. E.).

Der Widerspruch eines Antragsberechtigten kann das Antragsrecht eines anderen Berechtigten nicht beseitigen; der Widersprechende ist auf den Prozeßweg zu verweisen (vgl. OLG. 43, 65). Widersprechen sich die Anträge zweier Antragsberechtigter, so ist dem früher eingegangenen Antrag stattzugeben, der zweite zurückzuweisen. Gehen beide gleichzeitig ein, so sind beide als einander widersprechend zurückzuweisen (Güthe-Triebel[6] A. 45).

Nimmt der Betroffene seinen Antrag wirksam zurück, so kann, wenn die EintrBew. bindend geworden ist (s. § 19 A. 23), der Begünstigte den EintrAntrag stellen (BayObLG. 23, 169).

41 **4. a)** Der Nachweis der Antragsberechtigung ist nötigenfalls in der Form des § 29 Abs. 1 Satz 2 zu führen (KG. in JW. 1936, 1543).

b) Die Antragsberechtigung muß nicht nur z. Zt. der Stellung des Antrags, sondern auch im Zeitpunkt der Eintr. gegeben sein (Güthe-Triebel[6] A. 48). Andernfalls ist der Antrag zurückzuweisen. Über das im Wege der einstw. Verfügung ergehende Verbot an den Begünstigten, den EintrAntrag zu stellen, s. § 18 A. 17.

5. Der Antrag kann auch durch einen **Vertreter** gestellt werden. Es macht keinen Unterschied, ob die Vertretungsbefugnis auf dem Gesetze beruht oder in einer durch Rechtsgeschäft erteilten Vollmacht ihren Grund hat. §165 BGB., wonach auch ein beschränkt Geschäftsfähiger Vertreter sein kann, findet Anwendung. Die Vollmacht zur Stellung eines Antrags bedarf der im § 29 vorgeschriebenen Form nur, wenn durch den Antrag eine zu der Eintr. erforderliche Erklärung ersetzt werden soll (§ 30). Die Vollmacht zur Zurücknahme des EintrAntrags bedarf immer der Form des § 29 (Recht 1901 Nr. 2399; vgl. auch OLG. 10, 437). Auch der gesetzl. Vertreter muß bei Stellung eines reinen Antrags seine Vertretungsbefugnis nachweisen (Bestallung, Handelsregisterauszug usw.), soweit nicht seine Vertretungsmacht, wie z. B. beim Vater, unmittelbar auf dem Gesetz beruht (Güthe-Triebel[6] A. 19). 42

6. Der Einfluß des ehelichen Güterrechts auf die Antragsberechtigung. Beim gesetzl. Güterstande ist der Mann in Ansehung des eingebrachten Gutes der Frau nicht deren gesetzl. Vertreter; ebensowenig ist der Mann bei der allgem. Gütergem. gesetzl. Vertreter des Gesamtgutes; denn dieses hat keine selbständige juristische Persönlichkeit. Dennoch wird man dem Manne ein Antragsrecht zuerkennen müssen; denn er ist kraft Gesetzes zur Verwaltung dieser Gütermassen befugt. Aber auch der Frau ist ein Antragsrecht zuzusprechen; denn die Eintr. erfolgt unmittelbar zu ihren Gunsten oder es wird unmittelbar auch ihr Recht betroffen (ebenso Güthe-Triebel[6] A. 46; **a. M.** bez. der allgem. Gütergem. BayObLG. 34, 122). Diese Grundsätze gelten auch für das eingebrachte Gut der Frau u. für das Gesamtgut auch bei der Errungenschafts- und Fahrnisgemeinschaft. 43

E. Über die Bedeutung der **Verletzung** des § 13 sowie die Prüfungspflicht des GBuchrichters s. o. A. 17, 18. 44

F. Anhang.

Löschungen von Amts wegen nach dem GBuchbereinigungsgesetz.

I. Von Amts wegen sind zu löschen:

1. gem. **§ 2 Satz 2, § 6 GBBerG.** die infolge Versäumung der Antragsfrist erloschenen (§§ 1, 2 Satz 1 GBBerG.) aufgewerteten Hypotheken, Grundschulden, Rentenschulden u. Reallasten, soweit sie noch im GBuch u. zwar in Mark (= Papiermark) oder einer anderen nicht mehr geltenden inländischen Währung (Gulden, Taler) eingetragen sind[1]). Der Versäumung der Antragsfrist steht es gleich, wenn der Antrag zwar rechtzeitig gestellt, aber rechtskräftig zurückgewiesen worden ist (KG. in AufwRspr. 6, 441 = DNotV. 1931, 721; ebenda 595; Quassowski ErgBd. § 3 A. 2; Schlegelberger-Harmening GBBerG. § 2 A. 5; Cammerer in LZ. 1930, 1039). Wird der von einem Antragsberechtigten (§ 13 GBO., § 25 GBBerG.) bis zum Ablauf des 31. März 1931 gestellte Antrag von dem Antragsteller nach diesem Zeitpunkt zurückgenommen, so erlischt die rechtserhaltende Wirkung dieses Antrags auch zuungunsten der übrigen Antragsberechtigten; das aufgewertete Recht erlischt also endgültig (KG. in DNotV. 1932, 52 = AufwRspr. 6, 485). 45

Es handelt sich bei der Löschung um eine GBuchberichtigung, da das Erlöschen kraft Gesetzes (§ 2 Satz 1 GBBerG.) eingetreten ist. Eine aufgewertete Gesamthyp. ist an denjenigen Grundstücken erloschen, bez. deren die Frist des § 1 GBBerG. versäumt worden ist, während sie an den anderen Grundstücken bestehen bleibt; § 1181 BGB. ist nicht anwendbar (Schlegelberger-Harmening GBBerG. § 2 A. 2). Auch auf Papiermark lautende Vormerkungen sind erloschen u. zu löschen (JFG. 9, 227). Bei einer Briefhyp. bedarf es nicht der Vorlage des (nach § 8 GBBerG. kraftlos gewordenen) Hyp.-Briefs.

Zu löschen sind außer den gem. § 2 Satz 1 GBBerG. erloschenen auch diejenigen Rechte, die an sich aufwertungsfähig waren, deren Aufwertung aber infolge Versäumung der Anmeldung nach § 16

---

[1]) Auf Gr. des § 2 Satz 1 GBBerG. sind bei Versäumung der Antragsfrist des § 1 a. a. O. nicht nur diejenigen aufgewerteten Rechte erloschen, deren Geldbetrag im GBuch noch in alter Währung bezeichnet ist, sondern auch alle aufgewerteten Rechte, die im GBuch überhaupt nicht mehr eingetragen sind, ferner auch der nichteingetragene Aufwertungsanspruch des früheren Gl. eines abgetretenen Grundstücksrechts (Schlegelberger-Harmening GBBerG. § 2 A. 4; Cammerer in LZ. 1930, 1038; in BayNotV. 1930, 279).

AufwG. verwirkt ist (Cammerer in LZ. 1930, 1040; Mügel GBVerG. § 2 A. 1 a. E.; Bauer in DNotV. 1931, 13). Dies gilt auch dann, wenn, obwohl die Aufwertung ausgeschlossen ist, ein EintrAntrag nach § 1 GBVerG. rechtzeitig gestellt worden ist (**a. M.** Quassowski GBVerG. § 2 A. 2, der in diesem Falle nur die Löschung nach den allgem. Vorschriften zuläßt). Unter § 2 GBVerG. fällt auch ein vor Inkrafttreten der ErbbRVO. als Reallast eingetragener Erbbauzins (KG. in HRR. 1936 Nr. 626). Der Löschung unterliegen auch in alter Währung eingetragene Teilbeträge von Hyp. u. Grundschulden, bez. deren im übr. die Aufwertung eingetragen ist.

46 **a)** Das Erlöschen tritt nur ein bei aufgewerteten Rechten, deren Geldbetrag im GBuch noch in alter Währung bezeichnet ist. Soweit eine Papiermarkhyp. nicht aufgewertet worden ist, ist sie nicht erloschen u. auch nicht von Amts wegen zu löschen. Zu den aufgewerteten Papiermarkrechten gehören nicht (vgl. Mügel GBVerG. § 1 A. 1; Schlegelberger-Harmening AufwG. § 1 A. 4, 8, 9; Cammerer in LZ. 1930, 1038):

α) die nicht vom Währungsverfall betroffenen Hyp. usw., also insbes. die nach der Stabilisierung der Mark (nach dem 19. Nov. 1923) begründeten Hypotheken, ferner diejenigen Hyp., deren verbliebener Goldwert das für die Aufwertung vorgesehene Maß erreicht oder übersteigt (§ 1 Abs. 1 Satz 2 AufwG.), die also in der Zeit nach dem 12. bis zum 19. Nov. 1923 begründet worden sind;

β) diejenigen Hyp., deren Aufwertung durch Sondergesetz geregelt ist (§ 36 Abs. 2 Ziff. 1 GBVerG. mit § 1 Abs. 2 AufwG.); als solches kommen namentlich in Betracht das Ges. ü. d. anderweitige Festsetzung von Geldbezügen aus Altenteilsverträgen v. 18. Aug. 1923 (RGBl. I 815) u. das Anleiheablösungsgesetz v. 16. Juli 1925 (RGBl. I 137);

γ) diejenigen Rechte, deren Aufwertung nach § 63 Abs. 5 AufwG. der landesgesetzl. Regelung überlassen ist (§ 36 Abs. 2 Ziff. 1 GBVerG.);

δ) diejenigen Rechte, die zu ihrer Begründung u. zur Wirksamkeit gegenüber dem öffentl. Glauben des GBuchs nicht der Eintr. bedürfen (§ 36 Abs. 2 Ziff. 2 GBVerG.); vgl. z. B. Art. 114 EG. z. BGB.

47 **b)** Die Löschung ist erst zulässig, wenn das Recht erloschen ist. Dies ist bei Versäumung der Antragsfrist des § 1 GBVerG. mit dem Ablauf des 31. März 1931 der Fall gewesen (vgl. hiezu JFG. 8, 385; 15, 108). Ist dagegen der EintrAntrag rechtzeitig gestellt, aber vom GBA. zurückgewiesen worden, so erlischt das Recht erst, wenn die zurückweisende Verfügung des GBA. in Rechtskraft erwachsen ist (KG. in AufwRspr. 6, 503; Krieger 44; Schlegelberger-Harmening GBVerG. § 2 A. 5). Für die Beschwerde gegen die Verfügung des GBA. gelten in diesem Falle die Sondervorschriften des § 3 Abs. 3 GBVerG.; die Beschwerde u. die weitere Beschwerde sind also befristet.

Kommt eine Aufwertung für den gegenwärtigen u. den früheren Gl. in Betracht (§ 17 AufwG.), so darf die Löschung nur erfolgen, wenn beide die Antragsfrist versäumt haben oder die Anträge beider rechtskräftig zurückgewiesen sind. Hat der nichteingetragene frühere Gl. den Antrag rechtzeitig gestellt, nicht aber der eingetragene gegenwärtige Gl., so ist in bezug auf diesen ein Löschungsvermerk einzutragen; das gleiche gilt für den umgekehrten Fall. Ob eine Aufwertung für den früheren Gl. in Betracht kommt, richtet sich nach dem Datum der Abtretungserklärung. Stammt diese aus der Zeit vor dem 15. Juni 1922, so ist regelmäßig, wenn nicht der Inhalt der Erklärung oder sonstige Tatsachen für das Gegenteil sprechen, davon auszugehen, daß eine Aufwertung für den früheren Gl. nicht in Betracht kommt. Bei Abtretungserklärungen aus späterer Zeit ist mit einer Aufwertung für den früheren Gl. zu rechnen u. dementsprechend, wenn dieser nicht den Antrag nach § 1 GBVerG. gestellt hat, ein Löschungsvermerk einzutragen (Quassowski GBVerG. § 2 A. II 1).

48 **c)** Es muß stets die Löschung des erloschenen Rechtes vorgenommen werden. Eine Umschreibung desselben in das (inzwischen beantragte) Ersatzrecht nach § 4 GBVerG. ist ausgeschlossen (vgl. Vorbem. 196 vor § 13).

49 **d)** Ist das aufgewertete, aber gem. § 2 Satz 1 GBVerG. erloschene Recht mit dem Recht eines Dritten (Pfandrecht, Nießbrauch) belastet, so hindert dies das Erlöschen u. damit die Löschung des Rechts nicht. Die Ausschlußfrist des § 1 GBVerG. gilt nicht für solche Rechte Dritter. Sie werden aber mit dem Erlöschen des belasteten Rechtes unwirksam (Quassowski ErgBd. § 1 Anm.; § 2 A. 1). Ihre Löschung von Amts wegen auf Gr. des § 2 Satz 2 GBVerG. kommt nicht in Betracht. Sie kann dagegen nach §§ 84ff. GBO. erfolgen.

50 **e)** Gegen die Löschung ist Beschwerde nur insoweit zulässig, als nicht die Wiedereintragung des Rechts, sondern die Eintr. eines Amtswiderspruchs begehrt wird (§ 71 Abs. 2 Satz 2 GBO.).

Solange die Löschung nicht erfolgt ist, ist das GBuch unrichtig. Die Beteiligten haben einen Berichtigungsanspruch nach § 894 BGB.

f) Wurde das aufgewertete Recht *irrtümlich gelöscht*, ist es also in Wirklichkeit nicht erloschen, 51
z. B. weil ein rechtzeitig gestellter Antrag vom GBA. übersehen wurde, so ist das GBuch durch die Löschung unrichtig geworden. Inwieweit die Wiedereintragung an der alten Rangstelle erfolgen kann, bestimmt sich nach den für die Geltung des öffentl. Glaubens des GBuchs im Aufwertungsrecht maßgebenden Vorschriften (§§ 20, 21, 22 AufwG.; § 14 AufwNov.; § 19 GBBerG.; vgl. Cammerer in LZ. 1930, 1045; in BayNotV. 1930, 283).

2. gem. **§ 16 GBBerG.** die Eintr., die sich auf eine nach §§ 14, 15 GBBerG. erloschene *Rangbefugnis* (Rangvorbehalt) des Eigtr. (§ 7 AufwG.) beziehen, also insbes. die Befugniseintragung selbst, die Eintr. des Verzichts auf diese u. die Rangvermerke, die sich auf die Befugnis beziehen. Vgl. auch die Anm. zu § 45. 52

3. gem. **§ 21 GBBerG.** die infolge der Vorschriften der §§ 1, 2 GBBerG. gegenstandslos gewordenen *Widersprüche*. In Betracht kommen sowohl die Widersprüche zugunsten des Gl. als auch diejenigen zugunsten des Eigtr. 53

Voraussetzung ihrer Löschung von Amts wegen ist:

α) Der Widerspruch muß *gegenstandslos* geworden sein. Dies ist dann der Fall, wenn das Recht, das durch den Widerspr. gegen die Wirkungen des öffentl. Glaubens des GBuchs geschützt werden soll, dieses Schutzes nicht mehr bedarf, weil der Berichtigungsanspruch erfüllt ist (es ist z. B. die Hyp., gegen deren Löschung der Widerspr. eingetragen ist, inzwischen wieder eingetragen worden; vgl. Schlegelberger-Harmening GBBerG. § 21 A. 2 c), oder wenn das geschützte Recht eines Schutzes durch den Widerspruch nicht mehr fähig ist, weil es endgültig untergegangen ist (z. B. es ist gegen die Löschung einer Papiermarkhyp. ein Widerspr. eingetragen, die Hyp. aber nach § 2 GBBerG. erloschen).

β) Der Widerspr. muß *infolge der Vorschriften der §§ 1, 2 GBBerG.* gegenstandslos geworden sein. Infolge der Vorschrift des § 1 a. a. O. wird ein Widerspr. gegenstandslos, der ein nichteingetragenes aufgewertetes Recht gegen die Nachteile des Nichteingetragenseins schützen sollte (Schlegelberger-Harmening a. a. O. § 2 A. 2 c). Infolge der Vorschrift des § 2 GBBerG. sind gegenstandslos solche Widersprüche, die sich entweder gegen eine Eintr. richten, die auf Gr. des § 2 Satz 1 GBBerG. erloschen u. nach Satz 2 a. a. O. zu löschen ist, oder die ein Recht schützen sollen, das nach § 2 a. a. O. erloschen ist.

γ) Der Widerspr. muß sich beziehen auf ein Recht, d. h. für oder gegen ein Recht eingetragen sein, das Gegenstand der §§ 1, 2 GBBerG. ist. Hierunter fallen nur *aufgewertete* Hypotheken, Grund- und Rentenschulden sowie Reallasten (§ 6 GBBerG.). Darüber, welche Rechte nicht unter diese Bestimmungen fallen, s. o. A. 46.

δ) Das Recht, auf das sich der Widerspr. bezieht, muß, wenn der Widerspr. durch sein Erlöschen gegenstandslos geworden ist, nicht nur erloschen, sondern auch gem. § 2 Satz 2 GBBerG. *gelöscht* sein oder gleichzeitig mit der Löschung des Widerspr. gelöscht werden. Vorher ist die Löschung des Widerspr. nicht zulässig. Dagegen hindert die Möglichkeit, daß an Stelle des gelöschten Rechts nach § 4 GBBerG. die Eintr. eines Ersatzrechts beantragt werden kann, die Löschung nicht. Es sind aber gleichzeitig mit der Eintr. des Ersatzrechts die durch die Löschung des ursprüngl. Rechts gegenstandslos gewordenen u. gelöschten Widersprüche, soweit sie durch die Ersatzeintr. wieder Bedeutung erlangen, von Amts wegen wieder einzutragen (Schlegelberger-Harmening GBBerG. § 21 A. 2 c; **a. M.** Quassowski § 21 A. 2; vgl. Vorbem. 205 vor § 13).

ε) Nicht erforderlich ist, daß der Widerspr. aus der Aufwertungsgesetzgebung hervorgegangen ist (Schlegelberger-Harmening § 21 A. 2 b). Auch andere Widersprüche fallen unter § 21 GBBerG.; ist z. B. gegen eine Hyp. zu 3000 Papiermark ein Widerspr. des Eigtr. mit dem Inhalt eingetragen, daß die Hyp. nur 2000 Papiermark beträgt, so ist der Widerspr. zu löschen, wenn die Hyp. selbst nach § 2 GBBerG. gelöscht wird. Insbes. werden aber von § 21 GBBerG. die auf den Aufwertungsgesetzen beruhenden Widersprüche erfaßt.

II. *Erreicht der Aufwertungsbetrag einen Goldpfennig nicht*, so kann das aufgewertete Recht *von Amts wegen gelöscht* werden (§ 8 DurchfVO. v. 1. Mai 1931, RGBl. I 140); bei Rentenschulden u. Reallasten ist der Aufwertungsbetrag der Jahresleistung maßgebend. Gleichgültig ist, ob das Recht noch in alter Währung oder bereits mit dem Aufwertungsbetrag eingetragen ist (Schlegelberger-Harmening S. 247). Die Löschung *kann* von Amts wegen erfolgen; das GBA. ist also zur Löschung nicht verpflichtet. 54

55 **III. Kosten.** Für sämtliche Löschungen auf Gr. des GBBerG. werden *Gebühren* nicht erhoben (§ 33 GBBerG.). Die *Auslagen* fallen demjenigen zur Last, zu dessen Gunsten die Löschung erfolgt (vgl. § 20 der bayer. JMBek. v. 16. Sept. 1932, JMBl. n. F. IV 60).

§ 14.

Die Berichtigung des Grundbuchs durch Eintragung eines Berechtigten darf auch von demjenigen beantragt werden, welcher auf Grund eines gegen den Berechtigten vollstreckbaren Titels eine Eintragung in das Grundbuch verlangen kann, sofern die Zulässigkeit dieser Eintragung von der vorgängigen Berichtigung des Grundbuchs abhängt.

1 A. Bedeutung u. Zweck der Vorschrift.

§ 14 erweitert zum Zwecke der Erleichterung der Zwangsvollstreckung den Kreis der Antragsberechtigten, indem er ausnahmsweise auch nur *mittelbar* Berechtigten ein Antragsrecht gewährt (vgl. § 13 A. 37). Die Vorschrift steht in engem Zusammenhang mit § 39 Abs. 1, wonach eine Eintr. regelmäßig nur erfolgen darf, wenn derjenige, dessen Recht von ihr betroffen wird, als der Berechtigte eingetragen ist. Soweit daher die Regel des § 39 reicht, bildet die mangelnde Eintr. des Berechtigten ein äußeres Hindernis für jede sein Recht betreffende Eintr. Zur Beseitigung dieses Hindernisses gewährt § 14 demjenigen, welcher auf Gr. eines gegen den Berechtigten vollstreckb. Titels eine Eintr. verlangen kann, deren Zulässigkeit von der vorherigen Eintr. des Berechtigten abhängt, die Befugnis, seinerseits zu beantragen, daß das GBuch durch Eintr. des Berechtigten berichtigt werde; die Vorschrift verbessert so die Stellung des Vollstreckungsgläubigers, der sonst einem böswilligen Schuldner gegenüber gezwungen wäre, dessen Eintr. im Prozeßwege herbeizuführen (Denkschr.; RJA. 1, 162).

Demzufolge gewährt auch § 14 kein volles, sondern nur ein inhaltlich *beschränktes Antragsrecht*: der nach § 14 Antragsberechtigte kann lediglich die Berichtigung des GBuchs durch Eintr. des Berechtigten verlangen.

Wegen der entspr. Anwendung des § 14 auf das EintrErsuchen einer Behörde s. u. A. 22.

B. Die Voraussetzungen des Antragsrechtes.

§ 14 setzt voraus:

2 1. einen **vollstreckbaren Titel.** Ob er nach Reichsrecht oder nach Landesrecht vollstreckbar ist, begründet keinen Unterschied. Aus Schuldtiteln, die nach Landesrecht im Gebiet eines deutschen Landes nach den Vorschriften der ZPO. vollstreckbar sind, kann auch im übrigen Reichsgebiet vollstreckt werden (VO. v. 15. April 1937, RGBl. I 466). Der Titel kann *endgültig oder vorläufig vollstreckbar sein.*

Liegt ein vollstreckb. Titel nicht vor, sondern hat nur der nicht eingetragene Berechtigte dem Antragsteller freiwillig eine EintrBew. erteilt, so ist ein Antragsrecht nach § 14 nicht gegeben (Güthe-Triebel[6] A. 11; Turnau-F. A. A II 4). Hat z. B. A auf einem von ihm ererbten Grundstücke dem B eine Hyp. bestellt u. ihm auch die EintrBew. erteilt, so kann die Hyp. solange nicht eingetragen werden, als das Grundstück nicht auf A umgeschrieben ist (§§ 39, 40). Läßt A das Grundstück nicht umschreiben, so bleibt B nichts übrig, als sich den vollstreckb. Titel dadurch zu verschaffen, daß er A entweder auf Zahlung oder auf Erteilung der EintrBew. verklagt. B kann auch A dahingehend verklagen, daß dieser sich als Berechtigter eintragen läßt (§ 895 BGB.). Auch ein solches Urteil ist gem. §§ 894, 896 ZPO. vollstreckbar (vgl. § 19 A. 47 ff., ferner § 792 ZPO.). Erst wenn B einen vollstreckb. Titel hat, kann er auf Gr. des § 14 die Eintr. des A als Eigtr. beantragen.

Der Vollstreckungstitel muß *zugunsten des Antragstellers* lauten. Ist dieser der

Rechtsnachfolger des in dem Titel bezeichneten Gl., so muß vor der Antragstellung die Vollstreckungsklausel gem. §§ 727 ff. ZPO. auf seinen Namen umgeschrieben werden.

Als vollstreckbare Titel kommen hauptsächlich in Betracht:

a) Reichsgesetzliche Vollstreckungstitel: 3

aa) die rechtskräftigen oder für vorläufig vollstreckbar erklärten Endurteile der Gerichte des Deutschen Reiches u. der Konsulargerichte (§ 704 Abs. 1 ZPO.; § 14 KonsularGG. v. 10. Juli 1897, RGBl. 197; § 19 KonsularGG. v. 7. April 1900, RGBl. 213; §§ 62, 63 ArbeitsGG. v. 10. April 1934, RGBl. I 319); den Endurteilen stehen die unter Vorbehalt nach Maßgabe der §§ 302, 529, 540, 599 ZPO. ergangenen Zwischenurteile (RG. 49, 162), ferner in gewissen Fällen auch andere Zwischenurteile gleich (vgl. RG. 45, 406), ferner die Urteile nicht deutscher Gerichte, wenn die Zulässigkeit der Zwangsvollstr. durch das Vollstreckungsurteil eines deutschen Gerichtes ausgesprochen ist (§ 722 ZPO.). Den Urteilen stehen gleich rechtskräftige Entscheidungen, für die die Zuständigkeit der Aufwertungsstelle vereinbart ist (§ 75 AufwG.), u. rechtskräftige Entscheidungen der Aufwertungsstelle, die die Zahlungspflicht aussprechen (§ 25 Abs. 3 AufwFällG. v. 18. Juli 1930).

Auch die Urteile, durch die der Beklagte zur Bewilligung einer Eintr. verurteilt ist (§ 894 ZPO.), sind vollstreckb. Titel i. S. des § 14 (Turnau-F. A. II 4; Güthe-Triebel[6] A. 17; **a. M.** Achilles-St. A. 5c).

bb) Prozeßvergleiche, d. h. Vergleiche, die nach Erhebung der Klage zwischen den Parteien oder zwischen einer Partei u. einem Dritten zur Beilegung des Rechtsstreits vor einem deutschen Gericht geschlossen sind (§ 794 Abs. 1 Ziff. 1 ZPO.), u. Sühnevergleiche, d. h. Vergleiche, die vor einer Gütestelle der in § 495a Abs. 1 Ziff. 1 ZPO. bezeichneten Art geschlossen oder gem. § 118a ZPO. zu richterlichem Protokoll genommen sind (§ 794 Abs. 1 Ziff. 1 ZPO.); ferner Vergleiche, die vor dem Mieteinigungsamt oder der Beschwerdestelle geschlossen sind (§ 45 MieterschutzG. i. d. Fass. v. 17. Febr. 1928, RGBl. I 25, u. v. 27. April 1933, RGBl. I 235; §§ 17, 27 Verfahrensanordnung v. 19. Sept. 1923, RGBl. I 889, i. d. Fass. v. 27. März 1932, RGBl. I 166, 170; vgl. auch § 7 bayer. AusfVO. v. 28. April 1936, GVBl. 77). Der Vergleich kann auch vor einem Richter der freiw. Gerichtsbarkeit erfolgen, wenn er nur die Erledigung des Rechtsstreits bezweckt (RG. 21, 345); auch der Vergleich in Privatklagesachen gilt als vollstreckbarer Titel, auch wenn die Parteien zu gerichtl. Protokoll erklären, sie hätten sich nach Maßgabe der überreichten Schriftstücke außergerichtlich verglichen. Hieher gehören auch die vor den Aufwertungsstellen geschlossenen Vergleiche (§ 75 AufwG.; § 25 Abs. 2 AufwFällG. v. 18. Juli 1930) u. die vor dem Amtsgericht gem. VO. zur Regelung der Aufwertungsfälligkeiten v. 21. Dez. 1936 (RGBl. I 1121) abgeschlossenen Vergleiche (Art. 10 Abs. 1 a. a. O.).

cc) Entscheidungen deutscher Gerichte, gegen die das Rechtsmittel der Beschwerde stattfindet, ferner Kostenfestsetzungsbeschlüsse (§ 794 Abs. 1 Ziff. 2, 3 ZPO.) u. rechtskräftige Entscheidungen der Aufwertungsstellen u. der Amtsgerichte über die Kosten (§ 75 AufwG.; § 25 Abs. 2 AufwFällG. v. 18. Juli 1930; Art. 10 Abs. 1 der VO. zur Regelung der Aufwertungsfälligkeiten v. 21. Dez. 1936, RGBl. I 1121).

dd) Vollstreckungsbefehle (§ 794 Abs. 1 Ziff. 4 ZPO.).

ee) für vollstreckbar erklärte Schiedssprüche u. schiedsrichterliche Vergleiche, sofern die Entscheidung über die Vollstreckbarkeit rechtskräftig oder für vorläufig vollstreckbar erklärt ist (§§ 794 Abs. 1 Ziff. 4a, 1042 ff. ZPO. i. d. Fass. d. Ges. v. 25. Juli 1930, RGBl. I 361; §§ 97 bis 99 ArbeitsGG. v. 10. April 1934, RGBl. I 319; § 29 der VO. ü. d. Bildung von Schiedsgerichten f. d. landwirtschaftl. Marktregelung v. 26. Febr. 1935, RGBl. I 293).

ff) Vollstreckbare Urkunden, d. h. Urkunden, die von einem deutschen Gericht oder einem deutschen Notar innerhalb der Grenzen seiner Amtsbefugnisse in der vorgeschriebenen Form aufgenommen sind, sofern die Urkunde über einen Anspruch errichtet ist, der die Zahlung einer bestimmten Geldsumme zum Gegenstand hat, u. der Schuldner sich in der Urkunde der sofortigen Zwangsvollstr. unterworfen hat; als ein Anspruch, der die Zahlung einer Geldsumme zum Gegenstande hat, gilt auch der Anspruch aus einer Hyp., Grund- oder Rentenschuld (§ 794 Abs. 1 Ziff. 5 ZPO.). In Preußen sind zur Aufnahme solcher Urkunden die Gerichte u. Notare nebeneinander zuständig (Art. 31 Abs. 1 Satz 1 preuß. FGG.). In Bayern sind ausschließlich die Notare, die Amtsgerichte nur dann zuständig, wenn es sich um ein Alimentenübereinkommen handelt (Art. 15 Abs. 2 bayer. AG. z. GVG.).

gg) Arrestbefehle u. einstweilige Verfügungen (§§ 916 ff., 935, 940 ZPO.).

hh) die Eintragungen in die Konkurstabelle (§ 145 KO.; vgl. Meyer in BayZ. 1905, 38) u. die rechtskräftig bestätigten Zwangsvergleiche im Konkursverfahren (§§ 164, 194, 206 KO.) u. im Vergleichsverfahren (§ 85 VerglO. v. 26. Febr. 1935, RGBl. I 321).

ii) die im Zwangsversteigerungsverfahren ergehenden Zuschlagsbeschlüsse (§§ 132, 133, 118 ZVG.).

kk) die rechtskräftigen Entscheidungen der Anerbengerichte, der Erbhofgerichte u. des Reichserbhofgerichts (§ 50 REhbG.) u. die vor dem AnerbenG. nach § 15 EHVfO. v. 21. Dez. 1936 (RGBl. I 1282) geschlossenen Vergleiche.

ll) die durch rechtskräftigen Beschluß des Nachlaßgerichts (in Bayern des Amtsgerichts oder Notars) bestätigte vorgängige Vereinbarung oder Auseinandersetzung über einen Nachlaß oder das Gesamtgut einer ehel. oder fortges. Gütergem. oder den Ehegewinn (§§ 98, 99 FGG.; Art. 6, 8 bayer. NachlaßG., Art. 24 Abs. 2, Art. 36 bayer. ÜG.).

mm) die rechtskräftigen Entscheidungen der Strafgerichte, in denen der Angeklagte zur Zahlung einer Vermögensstrafe, einer Buße oder der Kosten verurteilt ist (§§ 483, 495 StPO.), ferner die den Verfall einer zwecks Abwendung der Untersuchungshaft geleisteten Sicherheit aussprechenden Entscheidungen (§ 122 Abs. 3 StPO.).

nn) der Auszug aus dem bestätigten Entschuldungsplan oder Zwangsvergleich im Verfahren zur Regelung der landwirtschaftl. Schuldverhältnisse (Art. 34 der 7. DurchfVO. v. 30. April 1935, RGBl. I 572; vgl. hiezu Haberland in AME. Heft 252 S. 147).

oo) die Beschlüsse der Fideikommißsenate der Oberlandesgerichte u. die Entscheidungen des Obersten Fideikommißgerichts u. die vor ihnen oder einem ihrer Mitglieder geschlossenen Vergleiche (§ 19 des Ges. zur Vereinheitlichung der Fideikommißauflösung v. 26. Juni 1935, RGBl. I 785; §§ 21, 28 der DurchfVO. hiezu v. 24. Aug. 1935, RGBl. I 1103).

pp) die gerichtl. Entscheidungen gem. der DurchfVO. zur VO. zur Sicherung der Landbewirtschaftung v. 22. April 1937 (RGBl. I 535) in den in § 40 Ziff. 1 u. 4 a. a. O. aufgeführten Fällen.

qq) die Kostenfestsetzungsbeschlüsse in Patentsachen (RG. 33, 423).

rr) die rechtskräftig bestätigte Dispache (§ 158 Abs. 2 FGG.).

ss) die Steuerbescheide u. die sonstigen eine Verpflichtung zur Entrichtung einer Steuer begründenden Entscheidungen der Finanzämter, Finanzgerichte u. des Reichsfinanzhofs (§§ 325 ff. RAbgO.). Vgl. auch §§ 18, 480 RAbgO., wonach den Reichsfinanzbehörden die Einziehung von staatl., gemeindl. u. sonstigen nicht in die Reichskasse fließenden Abgaben u. Gefällen übertragen werden kann.

tt) der Beschluß über die Festsetzung der Vergütung u. des Auslagenersatzes für die vom Registergericht bestellten Abschlußprüfer (§ 136 Abs. 5 AktienG. v. 30. Jan. 1937, RGBl. I 107).

uu) die Entscheidungen der Innungen u. der Innungsschiedsgerichte, sowie die vor diesen nach Erhebung der Klage geschlossenen Vergleiche (§ 91b GewerbeO.).

vv) die vom KonkursG. für vollstreckbar erklärte Berechnung über die von den Mitgliedern einer eingetragenen Genossenschaft im Konkurs derselben zur Deckung von Fehlbeträgen zu leistenden Beiträge (§§ 105, 109, 113, 114, 129 GenossenschaftsG.) u. die gerichtl. Festsetzung der Vergütung des Revisors gem. § 62 a. a. O. u. gem. § 5 Abs. 2 der VO. v. 7. Juli 1937 (RGBl. I 763).

ww) die Heberollenauszüge der Berufsgenossenschaften u. die vollstreckb. Ausfertigungen der Einforderungen von Beitragsvorschüssen (§§ 28, 754, 754a, 812, 1120, 1176 RVersO.; vgl. RG. 84, 272; OLG. 16, 318; 33, 156; JFG. 9, 292; Schleich in BayZ. 1933, 357).

xx) die eine Geldstrafe aussprechenden Entscheidungen der Ehrengerichte bei den Rechtsanwaltskammern u. des Ehrengerichtshofs der Reichs-Rechtsanwaltskammer sowie deren Kostenfestsetzungsverfügungen (§ 105 RRechtsanwaltsO. i. d. Fass. v. 21. Febr. 1936, RGBl. I 107).

yy) die eine Ordnungsstrafe in Geld aussprechenden Entscheidungen u. die Kostenentscheidungen der Berufsgerichte der Presse (Bezirksgerichte, Pressegerichtshof) (§§ 25 Abs. 1, 40 Abs. 5, 43 Abs. 2 der VerfahrensO. für die Berufsgerichte der Presse v. 18. Jan. 1934, RGBl. I 40).

zz) die eine Ordnungsstrafe in Geld aussprechenden Entscheidungen u. die Kostenentscheidungen der Gerichte der Sozialen Ehrengerichtsbarkeit (Ehrengerichte, Reichsehrengerichtshof) (§ 53 Abs. 2 Ges. zur Ordnung der nationalen Arbeit v. 20. Jan. 1934, RGBl. I 45; § 26 der 3. DurchfVO. v. 28. März 1934, RGBl. I 255).

aaa) die Entscheidungen der Spruchstellen nach §§ 8ff. der 1. DurchfVO. z. AktienG. v. 29. Sept. 1937, RGBl. I 1026 (§ 15 Satz 2 a. a. O.).

bbb) die mit der Bescheinigung der Vollstreckbarkeit versehenen Zahlungsaufforderungen des Präsidenten der Bayer. Notariatskasse wegen rückständiger Abgaben der Notare (§ 84 Nr. III Abs. 6 Satz 2 RNotarO. v. 13. Febr. 1937, RGBl. I 191).

ccc) Vollstreckungsanordnungen der Justizverwaltungsbehörden, insbes. der Gerichtskassen nach der JustizbeitreibungsO. v. 11. März 1937 (RGBl. I 298). An die Stelle des VollstrTitels tritt die interne Feststellung der Vollstreckungsbehörde, daß ein vollstreckbarer Anspruch besteht (vgl. JFG. 14, 324 bez. des Verwaltungszwangsverfahrens).

b) Landesgesetzliche Vollstreckungstitel in Preußen: 4

aa) die Vergleiche vor dem Schiedsmann (§§ 32, 34 SchiedsmannsO. v. 11. Juli 1891 i. d. Fass. v. 3. Dez. 1924, GS. 751).

bb) die Kostenfestsetzungsbeschlüsse in Sachen der freiw. Gerichtsbarkeit u. die Entscheidungen, durch die ein Beteiligter zur Erstattung der ihm zuviel gezahlten Kosten verurteilt wird (Art. 14 preuß. FGG.).

cc) Entscheidungen ü. d. Verpflichtung zur Tragung der Kosten der gerichtl. Verhandlung über die Bestätigung der Dispache (Art. 30 preuß. FGG.).

dd) Entscheidungen u. Anordnungen der Verwaltungsbehörden im Verwaltungszwangsverfahren (§§ 4, 51 VO. v. 15. Nov. 1899, GS. 545). Soweit eine das Vollstreckungsrecht tragende Urkunde nicht in Betracht kommt, steht die interne Feststellung der Vollstreckungsbehörde, daß ein vollstreckbarer Anspruch besteht, einem vollstreckb. Titel gleich (vgl. JFG. 14, 324).

ee) vollstreckbare Urkunden gem. §§ 1, 10 Ges. betr. die Zwangsvollstreckung aus Forderungen landwirtschaftlicher Kreditanstalten v. 3. Aug. 1897 (GS. 388).

ff) vollstreckbare Urkunden des Jugendamtes über die Verpflichtung zur Zahlung von Unterhaltsrenten (§§ 1, 3 Ges. v. 24. Dez. 1926, GS. 369).

gg) Beschlüsse der Kreisausschüsse u. Stadtausschüsse über Unterhaltsgewährung u. Kostenersatz an Fürsorgeverbände (§ 30 AusfVO. z. FürsorgepflichtVO. v. 17. April 1924, GS. 210).

hh) die vor dem Pachteinigungsamt oder vor dem Beschwerdegericht oder vor deren Vorsitzenden abgeschlossenen Vergleiche u. die rechtskräftigen Entscheidungen des Pachteinigungsamtes über die Kosten u. über die Kostenerstattung (§ 57 preuß. PachtschutzO. v. 19. Sept. 1927, GS. 177, mit § 1 Abs. 2 der VO. zur Vereinheitlichung der Zuständigkeit in Pachtschutzsachen v. 22. Okt. 1936, RGBl. I 906); vgl. auch AV. v. 27. Okt. 1936 (DJ. 1631).

5 **c) Landesgesetzliche Vollstreckungstitel in Bayern:**

aa) die Beschlüsse u. Urkunden, insbes. die Ausstandsverzeichnisse der Verwaltungsbehörden, Gemeindeverwaltungen u. Stiftungsverwaltungen sowie der gemeinnützigen Versicherungs- u. Versorgungsanstalten, die nach Beifügung der Vollstreckungsklausel gem. Art. 6 bis 8 bayer. AG. z. ZPO. vollstreckbar sind. Vgl. z. B. bez. der gemeindl. Steuern, Abgaben u. sonstigen Gefälle Art. 15 Abs. 3, 4 bayer. GemeindeabgabenG. i. d. Fass. v. 4. Febr. 1937 (GVBl. 16), bez. der Kirchenumlagen Art. 17 Abs. 1 Satz 2, Abs. 3, Art. 26 bayer. KirchensteuerG. v. 20. Mai 1935 (GVBl. 429) u. Art. 12 Abs. 2 Religionsgesellschaftl. SteuerG. v. 1. Aug. 1923/27. Juni 1927 (GVBl. 351, 223) mit Art. 32 KirchensteuerG., ferner Art. 15 des Ges. ü. d. öffentl. Versicherungswesen v. 7. Dez. 1933 (GVBl. 467).

bb) die Hypothekenurkunden (vgl. BayObLG. in SeuffBl. 70, 482) u. Ewiggeldbriefe bez. der Hyp., welche zu der Zeit bestehen, zu der das GBuch als angelegt anzusehen ist (Art. 127 ff. bayer. AG. z. ZPO.; Art. 166 Abs. 2 bayer. AG. z. BGB.);

cc) die rechtskräftigen Beschlüsse, Vergleiche u. Kostenfestsetzungsbeschlüsse der Pachteinigungsämter (§ 24 Abs. 2 bayer. PachtschutzO. v. 19. Sept. 1925, GVBl. 250).

6 2. Der Titel muß **gegen den Berechtigten vollstreckbar** sein.

a) Unter dem Berechtigten ist der wahre, im GBuch nicht eingetragene Berechtigte zu verstehen, also derjenige, durch dessen Nichteintragung das GBuch unrichtig ist. Daß der Berechtigte sein Recht schon vor dem Zeitpunkt erworben hat, in dem das GBuch als angelegt anzusehen ist, steht der Anwendung des § 14 nicht im Wege (BayObLG. 7, 407). Der Vollstr.-Schuldner u. der als Berechtigter Einzutragende müssen identisch sein. Kommen mehrere Berechtigte in Frage, so muß der Titel gegen sämtliche Berechtigte vollstreckbar sein. Liegt nur gegen einen der Berechtigten ein vollstreckb. Titel vor, so ist das Antragsrecht nach § 14 nicht gegeben, wenn nicht die übrigen Berechtigten ihre Zustimmung erteilt haben (BayObLG. 10, 103; RJA. 10, 69). Aus diesem Grund kann der Gl. eines Miterben auf Gr. eines gegen diesen gerichteten vollstreckb. Titels weder eine Eintr. an den Gegenständen des ungeteilten Nachlasses noch an dem Anteil des Erben verlangen (Recht 1900, 387); vielmehr muß er, wenn er zwecks Eintr. einer Verfügungsbeschränkung (Pfändung des Erbanteils) die Berichtigung des GBuchs durch Eintr. der Erben beantragen will, die Zustimmung der übrigen Erben gem. § 22 Abs. 2 in der Form des § 29 beibringen (vgl. RJA. 10, 69).

7 **b)** Der Vollstreckungsschuldner muß in dem Urteil oder dem sonstigen Vollstreckungstitel bezeichnet sein. Die Vollstreckungsklausel (§ 724 ZPO.) muß vorliegen (Predari A. 3; du Chesne in ZBlFG. 13, 392; **a. M.** Güthe-Triebel[6] A. 24; Hesse-Saage-Fischer A. II 2). Richtet sich die Zwangsvollstr. gegen den Rechtsnachfolger des im Titel Bezeichneten, so muß die Vollstreckungsklausel gem. §§ 727 ff. ZPO. umgeschrieben sein (ebenso Güthe-Triebel[6] A. 15; **a. M.** Hesse-Saage-Fischer a. a. O., nach denen nur die Voraussetzungen für die Umschreibung gegeben sein müssen).

Auch die sonstigen Voraussetzungen der Zwangsvollstr. gegen den nichteingetragenen Berechtigten müssen erfüllt sein, insbes. Zustellung des Vollstreckungstitels (§ 750 ZPO.), Eintritt der Fälligkeit (§ 751 Abs. 1 ZPO.), Sicherheitsleistung (§ 751 Abs. 2 ZPO.), Anzeige an die vorgesetzte Militärbehörde (§ 752 ZPO.) usw. (Predari A. 3; du Chesne in ZBlFG. 13, 392; **a. M.** Güthe-Triebel[6] A. 24 u. Hesse-Saage-Fischer A. II 2 bez. des Zustellungsnachweises). Der Nachweis dieser Voraussetzungen ist in der Form des § 29 Abs. 1 Satz 2 zu führen, da von ihnen die Antragsberechtigung abhängt u. deren Nachweis der genannten Formvorschrift unterliegt (§ 13 A. 41; **a. M.** Hesse-Saage-Fischer a. a. O.).

Gehört das von der Eintr. betroffene Recht zum eingebrachten Gut einer im gesetzl. Güterstand lebenden Ehefrau, wofür die Vermutung spricht, so ist neben dem Titel gegen die Ehefrau auf Leistung die Verurteilung des Mannes zur Duldung der Zwangsvollstr. erforderlich (§§ 739, 794 Abs. 2 ZPO.; Ausnahme: § 741 ZPO.). Gehört das Recht zum Gesamtgut einer ehel. oder fortges. Gütergem., so ist ein gegen den Mann (überlebenden Ehegatten) ergangenes Urteil erforderlich u. genügend (§§ 740, 745 ZPO.; Ausnahme: § 741 ZPO.). Dagegen ist ein solches Urteil nicht gegen die Frau vollstreckbar; daher ist, wenn die Eintr. ein zum Gesamtgut gehöriges, aber noch auf den Namen der Frau allein eingetragenes Grundstück betrifft, noch erforderlich, daß der Gl. gegen die Ehefrau ein Urteil auf Berichtigung des GBuchs oder auf Duldung der Zwangsvollstr. erwirkt (Stein-Jonas § 867 A. III).

3. Der Antragsteller muß auf Gr. des vollstreckb. Titels **eine Eintragung in das GBuch verlangen können.**

a) Welcher Art die Eintr. ist, die verlangt werden kann, ist gleichgültig. Sie kann sich auf Rechte an einem Grundstück oder an einem Grundstücksrecht beziehen; sie kann weiter die Begründung, Änderung oder Aufhebung (Löschung), insbes. auch die Pfändung eines Rechts zum Gegenstand haben. Ebenso ist belanglos, ob eine endgültige Eintr. oder nur eine Vormerkung, ein Widerspruch oder eine Verfügungsbeschränkung in Frage kommt, ferner ob die Eintr. der GBuchberichtigung dienen oder rechtserzeugend wirken soll; denn es wird nicht vorausgesetzt, daß das Recht des Antragstellers bereits besteht[1]). 8

b) Eine Eintr. in das GBuch kann auf Gr. des vollstreckb. Titels vor allem dann verlangt werden, wenn der Schuldner zur Erteilung der EintrBew. (auch einer Löschungsbew.) oder zur Bewilligung der GBuchberichtigung verurteilt ist (§§ 894, 895 ZPO.). Die Unrichtigkeit des GBuchs kann dabei sowohl darin bestehen, daß ein Recht nicht oder nicht richtig eingetragen ist, als auch darin, daß eine Verfügungsbeschränkung (z. B. das Nacherbenrecht) nicht eingetragen ist. Ferner gehören die Fälle hierher, in denen durch eine einstw. Verfügung (§ 936 ZPO.) die Eintr. einer Vormerkung, eines Widerspruchs oder einer Verfügungsbeschränkung angeordnet ist. Eine Eintr. erfolgt auch dann auf Gr. eines vollstreckb. Titels, wenn dieser nur mittelbare Grundlage der Eintr., unmittelbare Grundlage aber ein Pfändungs- u. Überweisungsbeschluß ist (JFG. 14, 329; Güthe-Triebel[6] A. 20; Hesse-Saage-Fischer A. II 3). 9

Eine Eintr. auf Gr. eines Vollstreckungstitels kann auch dann verlangt werden, wenn der Titel eine Geldforderung zum Gegenstand hat; denn es kann hier, soweit Schuldner der Grundstückseigtr. ist, nach § 866 ZPO. die Eintr. einer Zwangshyp. oder nach § 932 ZPO. die Eintr. einer Arresthyp. verlangt werden. Gegen einen HypGl. kann auf Gr. einer vollstreckbaren Geldforderung die Pfändung der Hyp. erwirkt u. deren Eintr. verlangt werden. Wenn eine gegen den Grundstückseigtr. gerichtete vollstreckb. Forderung den Betrag von 300 RM. nicht übersteigt (§ 866 Abs. 3 ZPO.), so wird hiedurch die Anwendung des § 14 nicht ausgeschlossen, da der Gl. zwar nicht zur Eintr. einer Zwangs- oder Arresthyp., aber doch zur Zwangsversteigerung oder -verwaltung (§ 866 Abs. 1 ZPO.) berechtigt ist, auf Gr. deren die Eintr. des Beschlagnahmevermerks (§§ 19 Abs. 1, 146 ZVG.) als Verfügungsbeschränkung erfolgt; daß diese Eintr. der Gl. nicht unmittelbar „beantragen" kann, sondern daß sie auf Ersuchen des VollstreckungsG. erfolgt, schließt das Antragsrecht nach § 14 nicht aus (OLG. 8, 152; RJA. 10, 69; BayObLG. 7, 407; Achilles-St. A. 3a; Güthe-Triebel[6] A. 20; v. Rozycki-v. Hoewel § 27; Henle-Schmitt A. 8; Predari A. 5b; Steiner ZVG. § 17 A. 2). Eine Ausnahme wird nur dann zu machen sein, wenn der Antragsteller ausdrücklich erklärt, er wolle auf Gr. seines Titels eine Zwangs- oder Arresthyp. eintragen lassen; hier ist der Antrag zurückzuweisen. Gibt der Antragsteller keine Erklärung ab, so kann eine solche nicht verlangt werden (Güthe-Triebel[6] A. 21). Gegenüber dem Eigtr. eines Erbhofes kann wegen der Vollstreckungsverbote des § 38 REG. u. des § 38 EHRV. nicht nach § 14 vorgegangen werden. Auch wenn sonstige

[1]) Es darf nur die Eintr., die verlangt werden kann, nicht mit der „Eintr. des Berechtigten" identisch sein. Deshalb kann auf Gr. eines Titels, durch den der Schuldner gem. § 895 BGB. verurteilt ist, sich als Berechtigter eintragen zu lassen, nicht vom Gl. gem. § 14 der Antrag auf Eintr. des Schuldners als Berechtigten gestellt werden. Überdies wird der EintrAntrag des Schuldners durch seine Verurteilung ersetzt (§ 894 ZPO.; Güthe-Triebel[6] A. 16).

Vollstreckungsbeschränkungen (z. B. § 20 RHeimstG.) weder die Eintr. einer Zwangshyp. noch die Zwangsversteigerung u. -verwaltung zulassen, ist der Antrag aus § 14 zurückzuweisen.

Die Anwendung des § 14 wird auch nicht dadurch ausgeschlossen, daß für die Geldforderung, die Gegenstand des Vollstreckungstitels ist, bereits auf dem gleichen Grundstück eine Hyp. eingetragen ist (vgl. RG. 70, 246; OLG. 45, 230); denn auch hier ist der Gl. zur Zwangsversteigerung oder -verwaltung berechtigt (Güthe-Triebel[6] A. 20 Abs. 2).

Dagegen ist der Antrag dann zurückzuweisen, wenn vor der Eintr. über das Vermögen des VollstrSchuldners der Konkurs eröffnet wird, da hiedurch gem. § 14 KO. eine Eintr. in das GBuch im Wege der Zwangsvollstr. oder des Arrestverfahrens unzulässig wird; dies gilt auch dann, wenn der EintrAntrag vor Konkurseröffnung beim GBA. eingegangen ist (Güthe-Triebel A. 21; vgl. Vorbem. vor § 13).

Wird dem GBA. eine gerichtl. Entscheidung vorgelegt, nach der die Zwangsvollstr. einstweilen eingestellt ist (§ 775 Ziff. 2 ZPO.), so darf es dem Antrag nach § 14 nicht mehr stattgeben.

10 c) Es genügt, daß auf Gr. des vollstreckb. Titels eine Eintr. verlangt werden **kann**; daß sie auch wirklich verlangt wird, ist nicht erforderlich (Melchior A. III 8).

11 **4. a)** Weiter wird vorausgesetzt eine **Unrichtigkeit des Grundbuchs** i. S. des § 894 BGB. Diese liegt vor, wenn der Inhalt des GBuchs in Ansehung eines Rechtes an einem Grundstück oder eines Rechtes an einem solchen Rechte mit der wirkl. Rechtslage nicht im Einklange steht. Gleichgültig ist also, ob die Unrichtigkeit sich auf das Eigentum, auf ein Recht an einem Grundstück (Hyp. usw.) oder auf ein Recht an einem Grundstücksrecht (Pfandrecht, Nießbrauch an einer Hyp. usw.) bezieht. Nur die GBuchberichtigung selbst, nicht auch die Eintr. eines Widerspruchs kommt in Frage.

12 **b)** Allein von § 14 wird nicht jede Unrichtigkeit betroffen; er gilt vielmehr nur für solche Unrichtigkeiten, die in der **Nichteintragung des Berechtigten** ihren Grund haben. § 14 findet daher keine Anwendung, wenn das GBuch deshalb unrichtig ist, weil der Inhalt oder der Rang eines Rechtes nicht richtig eingetragen ist, oder wenn die Berichtigung nicht durch Eintr. des Berechtigten, sondern durch Löschung eines nicht oder nicht mehr bestehenden Rechtes oder einer nicht zu Recht bestehenden Verfügungsbeschränkung erfolgen soll (Güthe-Triebel[6] A. 10).

α) Berechtigter i. S. des § 14 ist nur derjenige, dem das Eigentum oder ein sonstiges Recht an einem Grundstück oder ein Recht an einem Grundstücksrecht zusteht, aber nicht auch derjenige, der nur einen schuldrechtl. Anspruch auf Einräumung eines Rechtes hat, wie z. B. der Käufer eines Grundstücks oder der aus dem (keiner Form bedürftigen; s. RG. in JW. 1901, 382) schuldrechtl. Vertrag über die Bestellung eines dingl. Rechts Berechtigte oder der Bauunternehmer, der gem. § 648 BGB. einen Anspruch auf Einräumung einer Sicherungshyp. hat (Turnau-F. A. II 1; Achilles-St. A. 5; Güthe-Triebel[6] A. 4). Auch die Eintr. des Nacherben gem. § 51 stellt eine Eintr. des Berechtigten dar; § 14 findet auch auf sie Anwendung, weil sie Voraussetzung für die Zulässigkeit der Eintr. von Verfügungen über das Nacherbenrecht ist (s. § 51 A. 27; **a. M.** Güthe-Triebel[6] A. 10). Dagegen ist § 14 nicht anwendbar auf die Eintr. des Testamentsvollstreckervermerks (§ 52).

β) Aus welchem Grunde der Berechtigte nicht eingetragen ist, ist gleichgültig.

αα) Es kann entweder ein dingl. Recht außerhalb des GBuchs entstanden sein. Dies ist der Fall bei Bestellung eines Nießbrauchs oder eines Pfandrechts an einer Briefhyp. usw. durch schriftl. Erklärung u. Briefübergabe (§§ 1069, 1080, 1274, 1291 mit 1154 BGB.), ferner wenn für eine Forderung, an der ein Nießbrauch besteht, eine Hyp. bestellt wird u. hiedurch kraft Gesetzes der Nießbrauch sich mit Entstehung der Hyp. auf diese erstreckt (§§ 1069 Abs. 1, 1153 Abs. 2 BGB.); in gleicher Weise ergreift das an einer Forderung bestehende Pfändungspfandrecht ohne weiteres die nach der Pfändung für die Forderung eingetragene Hyp. (JFG. 4, 413). Weiter gehört hieher die Entstehung einer Sicherungshyp. in den Fällen des § 1287 Satz 2 BGB. u. des § 848 Abs. 2 ZPO. sowie die Entstehung eines Nießbrauchs am Grundstück im Falle des § 1075 Abs. 1 BGB.

$\beta\beta$) Es kann ferner ein bestehendes Recht zu Unrecht gelöscht worden sein.

$\gamma\gamma$) Schließlich kann auch der (wirkliche) Berechtigte deshalb nicht eingetragen sein, weil an seiner Stelle ein nicht oder nicht mehr materiell Berechtigter, also ein nur Buchberechtigter eingetragen ist. Hieher gehören insbes. die Fälle, in denen der Erwerb sich außerhalb des GBuchs vollzieht wie bei der Erbfolge, dem Zuschlag in der Zwangsversteigerung, dem Eintritt der allgem. Gütergem., dem Erwerb einer Briefhyp. usw. außerhalb des GBuchs (§ 1154 BGB.), dem auf Gesetz beruhenden Erwerb einer Hyp. durch den Eigtr. (§§ 1143, 1163, 1168, 1170, 1171, 1173, 1175, 1177, 1182 BGB.; §§ 868, 932 Abs. 2 ZPO.), den persönl. Schuldner (§§ 1164, 1174, 426 Abs. 2 BGB.) oder einen Dritten (§§ 268 Abs. 1 Satz 1, 774 Abs. 1 Satz 1, 1150 BGB.) usw.; vgl. auch die bei § 20 angeführten Fälle des Eigentumswechsels außerhalb des GBuchs. Weiter gehören diejenigen Fälle hierher, in denen der als Berechtigter Eingetragene das Recht nicht erworben hat, sei es, daß die zum Erwerbe erforderliche Einigung nicht erfolgt oder wegen Geschäftsunfähigkeit, Scheingeschäfts u. dgl. nichtig ist. Das gleiche gilt, wenn das GBA. eine falsche Person als Erwerber eingetragen hat. Endlich zählen auch die Fälle hierher, in denen der Erwerb durch den als berechtigt Eingetragenen nachträglich wieder hinfällig geworden ist, weil z. B. die auflösende Bedingung oder der auflösende Endtermin eingetreten ist oder weil der Erwerb wegen Irrtums, Zwangs oder arglistiger Täuschung anfechtbar war u. angefochten wurde. Auch der Fall, daß der Berechtigte zwar eingetragen ist, seine Eintr. aber nicht dem § 47 entspricht, fällt unter die Unrichtigkeit i. S. des § 14 (RG. 54, 86). Dagegen wird das GBuch nicht unrichtig, wenn der Erwerb wegen Gläubigerbenachteiligung nach Maßgabe entweder der §§ 29ff. KO. oder des AnfG. angefochten wurde (RG. 58, 107; 91, 369; herrsch. M.; vgl. SeuffBl. 70, 372); in diesem Falle ist eine Wiedereintragung des persönl. Schuldners weder möglich noch zulässig; die Zwangsvollstr. erfolgt gegen den eingetragenen Erwerber auf Gr. des Anfechtungsurteils (RG. 50, 524; 56, 142; 71, 176; BayObLG. 24, 124; Steiner ZVG. § 17 A. 4; Hartmann-Meikel AnfG. S. 236).

5. Endlich wird vorausgesetzt, daß die **Zulässigkeit der Eintragung**, die auf Gr. des voll- 13
streckb. Titels verlangt werden kann, **von der vorgängigen Berichtigung des GBuchs abhängt.** Dies ist nach § 39 Abs. 1 in der Regel der Fall. Das Antragsrecht ist dagegen in allen Fällen ausgeschlossen, in denen diese Eintr. ausnahmsweise auch ohne vorgängige Berichtigung des GBuchs durch Eintr. des Berechtigten erfolgen kann. Diese Ausnahmen sind in den §§ 39 Abs. 2, 40 niedergelegt. Eine weitere Ausnahme ergibt sich aus den §§ 17, 146 ZVG.: die Eintr. des Zwangsversteigerungs- u. des Zwangsverwaltungsvermerks kann ohne vorherige Eintr. des Berechtigten herbeigeführt werden, wenn dieser Erbe des eingetragenen Eigtr. ist.

Auch beim Vorliegen dieser Voraussetzung besteht jedoch kein Antragsrecht im Falle des § 130 ZVG. In der Zwangsversteigerung erwirbt der Ersteher das Eigentum zwar durch den Zuschlag, also ohne Eintr.; doch ist nach § 130 ZVG. das VollstreckungsG. allein berechtigt, das GBA. um die Eintr. des Erstehers als Eigtr. zu ersuchen, u. schließt dadurch das Antragsrecht jedes anderen aus (Steiner ZVG. § 130 A. 1; ZBlFG. 2, 723; Recht 1901, 495). Ebenso ist § 14 nicht anwendbar, wenn bei einer nach §§ 126, 128 ZVG. für einen unbekannten Berechtigten eingetragenen Sicherungshyp. der Berechtigte eingetragen werden soll. Auch diese Eintr. erfolgt nur auf Gr. des Ersuchens des VollstreckungsG. (§§ 135ff. ZVG.; RJA. 15, 83; Güthe-Triebel[6] A. 2).

C. Das Antragsrecht.

1. **Inhalt des Antragsrechts.** Der nach § 14 Antragsberechtigte kann die Berichtigung 14
des GBuchs durch Eintr. des Berechtigten beantragen. Nur die Eintr. des Berechtigten kann beantragt werden. Hatte daher z. B. A ein Grundstück dem B aufgelassen, wurde

aber aus Versehen C als Erwerber eingetragen, so kann lediglich Wiedereintr. des A, aber nicht Eintr. des B verlangt werden. Unter Umständen kann zwecks Eintr. des Berechtigten die Anlegung eines GBuchblattes erforderlich werden.

Der Antrag nach § 14 hat nur die GBuchberichtigung zum Gegenstand. Von ihm ist zu unterscheiden der Antrag, durch den der Gl. auf Gr. seines vollstreckb. Titels eine Eintr. beantragt; die Berechtigung hiezu ergibt sich aus § 13 Abs. 2. Beide Anträge können, aber müssen nicht miteinander verbunden werden.

Auch eine Behörde kann Antragsteller nach § 14 sein. Von diesem Fall ist das Eintr.-Ersuchen einer Behörde nach § 38 zu unterscheiden, bei dem im Gegensatz zum Antrag nach § 14 die ersuchende Behörde keinen Vollstreckungstitel vorzulegen braucht; s. u. A. 22.

15 **2. Die Beibringung der zur GBuchberichtigung erforderlichen Erklärungen u. Nachweise.** Der Antragsteller muß dem GBA. die Eintragungsgrundlagen, insbes. die Unrichtigkeit des GBuchs u. das Recht des Berechtigten in gleicher Weise nachweisen, wie wenn der Berechtigte selbst seine Eintr. beantragen würde; denn § 14 ermächtigt den GBuchrichter nicht, neue Einschreibungen im GBuch ohne Einwilligung der davon Betroffenen dann vorzunehmen, wenn ihm die dazu notwendigen unzweifelhaft beweisenden Belege fehlen (RG. 54, 85). Eine gesetzl. Vermutung (z. B. § 742 BGB.) vermag diesen Nachweis nicht zu ersetzen.

Im einzelnen gilt folgendes:

16 **a)** Im Falle der Berichtigung des GBuchs durch Eintr. eines Eigentümers oder eines Erbbauberechtigten bedarf es der sonst nach § 22 Abs. 2 notwendigen Zustimmung des einzutragenden Berechtigten nicht, da der Fall des § 14 in § 22 Abs. 2 ausdrücklich ausgenommen ist (vgl. auch OLG. 1, 480; 5, 298). Sollen mehrere als Eigtr. eingetragen werden, z. B. Miterben, so muß sich der vollstreckb. Titel gegen sämtliche richten; richtet er sich nur gegen einen derselben, z. B. bei Pfändung eines Erbanteils, so ersetzt der Antrag gem. § 14 nur die Zustimmung dieses einen; die Zustimmung der übrigen Miterben muß freiwillig erteilt werden, andernfalls ist die Eintr. der Pfändung nicht möglich; denn es können nur alle Miterben gleichzeitig eingetragen werden (vgl. Güthe-Triebel[6] A. 15).

17 **b)** Dagegen hat der Antragsteller beizubringen (§ 22) entweder die Berichtigungsbewilligung des Betroffenen (gegebenenfalls auch die Zustimmung Dritter, die vormundschaftsgerichtl. Gen. usw.) oder die den Nachweis der Unrichtigkeit erbringenden Urkunden (Erbschein, Ehevertrag, Urteil, Quittung usw.) in der Form des § 29. S. hierüber die Anm. zu § 22. Kann der Antragsteller diese Urkunden nicht freiwillig erhalten, so stehen ihm zu ihrer Beschaffung folgende Mittel zu Gebote:

α) Gegenüber Behörden, Beamten u. Notaren besteht der Herausgabeanspruch gem. §§ 792, 896 ZPO.; vgl. auch § 85 FGG.; Art. 3 bayer. AG. z. ZPO. Wenn auch die Berichtigung des GBuchs kein Akt der Zwangsvollstr. ist (s. u. A. 21), so erfolgt sie doch zum Zwecke der Ermöglichung der Zwangsvollstr.; deshalb findet § 792 ZPO. auch im Falle des § 14 Anwendung (Güthe-Triebel[6] A. 26).

β) Ob auch Privatpersonen zur Herausgabe der Urkunden verpflichtet sind, ist nach den Vorschriften des bürgerl. Rechtes zu beurteilen (vgl. §§ 810, 811 BGB.). Steht dem Antragsteller selbst ein solcher Anspruch zu, so kann er ihn gerichtlich geltend machen u. im Wege der Zwangsvollstr. die Herausgabe der Urkunden erwirken. Steht der Anspruch dem Schuldner zu, so kann ihn der Gl. sich überweisen lassen. Der Schuldner selbst ist stets zur Herausgabe verpflichtet (Güthe-Triebel[6] A. 27).

γ) Soweit der Antragsteller die erforderl. Urkunden auf die bezeichnete Weise nicht beschaffen will oder kann, z. B. weil solche Urkunden nicht vorhanden sind, kann er Feststellungsklage (§ 256 ZPO.) gegen den eingetragenen Berechtigten dahin erheben, daß nicht dieser, sondern sein Schuldner der wirklich Berechtigte sei (Stein-Jonas § 867 A. III 3; Güthe-Triebel[6] A. 31; Predari A. 5c). Ein solches Feststellungsurteil liefert den Nachweis der Unrichtigkeit des GBuchs i. S. des § 22 Abs. 1. Soll die Größe des Anteils eines Miteigtr. festgestellt werden, so ist die Klage gegen sämtliche Miteigtr. geboten u. zulässig (RG. 54, 85).

δ) Endlich kann der Gl., wenn der vollstreckb. Titel auf eine Geldforderung lautet, die Eintr. des Schuldners als Berechtigten dadurch erreichen, daß er den Anspruch des Schuldners gegen den Buchberechtigten auf Berichtigung des GBuchs pfänden u. sich zur Einziehung überweisen läßt (§ 857 ZPO.). Möglich ist auch, daß der Schuldner den Berichtigungsanspruch an den Gl. abtritt (Güthe-Triebel[6] A. 29). Auf Gr. des überwiesenen oder abgetretenen Berichtigungsanspruchs kann der Gl. den Drittschuldner (Buchberechtigten) auf Einwilligung in die GBuchberichtigung verklagen. Ein solches rechtskräftiges Urteil ersetzt nach § 894 ZPO. die Berichtigungsbew. des Buchberechtigten. In den Fällen, in denen der vollstreckb. Titel des Gl. nicht auf eine Geldforderung lautet, sondern auf Abgabe einer Willenserklärung (EintrBew. usw.), wird von der herrsch. M. (Achilles-St. A. 4; Güthe-Triebel[6] A. 30; Predari A. 5c; v. Rozycki-v. Hoewel § 27) § 886 ZPO. für entspr. anwendbar erklärt; auch hier muß der Gl. den ihm überwiesenen Berichtigungsanspruch gegen den Drittschuldner einklagen.

ε) Bedarf der Antragsteller des Hypothekenbriefs, um ihn gem. §§ 41 Abs. 1 Satz 2, 42 Satz 1 dem GBA. zwecks Eintr. des Berechtigten vorzulegen, so kann er, wenn der Brief sich im Besitze des Schuldners befindet, entweder auf Grund Pfändung der Hyp. gem. §§ 830 Abs. 1 Satz 1, 2 ZPO. oder gem. § 879 Abs. 2 ZPO. den Brief durch den Gerichtsvollzieher dem Schuldner wegnehmen lassen. Befindet sich der HypBrief im Besitze eines Dritten, so muß der Gl. den Vorlegungsanspruch des Schuldners aus § 896 BGB. pfänden u. sich zur Einziehung überweisen lassen u. sodann in der gleichen Weise vorgehen wie gegen den im Besitz des Briefs befindl. Schuldner.

Ist der HypBrief verloren gegangen, so ist an Stelle seiner Vorlage das Ausschlußurteil vorzulegen u. die Erteilung eines neuen Briefs zu beantragen (§ 41 Abs. 2 Satz 1, § 42 Satz 1). Eine Ausfertigung des Ausschlußurteils kann der Antragsteller auf Gr. §§ 792, 896 ZPO. verlangen. Zur Stellung des Antrags nach § 41 Abs. 2 Satz 1 ist er auf Gr. des § 14 berechtigt (Güthe-Triebel[6] A. 37). Ist das Ausschlußurteil noch nicht ergangen, so ist der Gl. berechtigt, gem. §§ 792, 896, 1004 Abs. 2 ZPO. an Stelle des Schuldners den Aufgebotsantrag zu stellen u. das Ausschlußurteil zu erwirken (Güthe-Triebel a. a. O.).

ζ) Für die in § 43 bezeichneten Urkunden (Inhaberschuldverschreibung, Wechsel, indossables Papier) gilt das vorstehend über den HypBrief Gesagte entsprechend.

3. Form des Antrags. Da der Antrag nach § 14 niemals eine zur Eintr. erforderliche Erklärung ersetzen kann (s. o. A. 15), also stets ein reiner Antrag ist, bedarf er in keinem Falle einer besonderen Form (§ 30). Dagegen müssen die Voraussetzungen des Antragsrechtes in der Form des § 29 nachgewiesen werden (s. o. A. 7). 18

4. Der Antrag kann, wie jeder andere Antrag, auch durch einen **Vertreter** gestellt werden. 19
Der Prozeßbevollmächtigte ist auf Gr. der Prozeßvollmacht zum Antrag auf GBuchberichtigung selbst dann nicht legitimiert, wenn von ihm gleichzeitig die Eintr. der Zwangshyp. auf Gr. des Vollstreckungstitels beantragt wird (**a. M.** Henle-Schmitt A. 4; vgl. auch OLG. 8, 211); denn die GBuchberichtigung ist keine durch die Zwangsvollstr. veranlaßte Prozeßhandlung (§ 81 ZPO.). Er bedarf daher einer besonderen Vollmacht; diese ist an keine Form gebunden (§ 30).

5. § 14 stellt nur ein **Antragsrecht** („darf"), nicht eine Antragspflicht auf. Der Gl. kann 20
auch im Wege der Klage u. der Zwangsvollstr. die Eintr. des Berechtigten durchsetzen, u. zwar auch dann, wenn ihm ein Berichtigungsanspruch nach §§ 894ff. BGB. nicht zusteht (OLG. Düsseldorf in JW. 1933, 2779; Güthe-Triebel[6] A. 38). Der Beklagte kann insbes. nicht einwenden, daß der Gl. nach § 14 in der Lage sei, seine Eintr. zu bewirken. Nur dann, wenn der Gl. im Wege der Zwangsvollstr. zur Sicherung einer Geldforderung eine Eintr. vornehmen

lassen will, muß er sich im Wege des § 14 selbst helfen (Turnau-F. A. I 2; **a. M.** Güthe-Triebel a. a. O.).

21 **6.** Die Berichtigung des GBuchs durch Eintr. des Berechtigten ist **kein Akt der Zwangsvollstreckung.** Erfolgt im Anschluß an die Eintr. des Berechtigten die Eintr., die der Antragsteller auf Gr. des vollstreckb. Titels verlangen kann, z. B. die Eintr. einer Zwangshyp., so hat dieser Akt den doppelten Charakter eines Vollstreckungsaktes u. eines Aktes der freiw. Gerichtsbarkeit; jedoch wird hier der GBuchrichter nur als solcher u. nicht als Vollstreckungsrichter tätig, weshalb sich von der Einbringung des EintrAntrags an das Verfahren, insbes. die Zulässigkeit der Beschwerde, nach den Vorschriften der GBO. bestimmt (RG. 48, 243; RJA. 6, 57; Stein-Jonas § 867 A. I; vgl. auch du Chesne in ZBlFG. 13, 392).

22 **7.** Hängt die Erledigung des **Ersuchens einer Behörde** nach § 38 von der vorherigen Berichtigung des GBuchs durch Eintr. des Berechtigten ab, so ist § 14 entspr. anzuwenden (KG. in HRR. 1937 Nr. 1236). Die Vorlage eines vollstreckb. Titels entfällt hier. Die Behörde kann das GBA. um die Eintr. des Berechtigten ersuchen, wenn die dem Ersuchen zugrunde liegende Verfügung gegen den Berechtigten wirksam geworden ist.

D. Verletzung des § 14.

23 Der Berechtigte kann die Beachtung des § 14 durch das GBA. im Wege der Beschwerde erzwingen; s. auch A. 21. Erfolgt die Berichtigung des GBuchs auf Antrag eines nach § 14 angeblich Antragsberechtigten, obwohl die Voraussetzungen hiefür nicht vorlagen, so ist dies ohne materielle Bedeutung. Vgl. § 13 A. 18.

§ 15.

Ist die zu einer Eintragung erforderliche Erklärung von einem Notar beurkundet oder beglaubigt, so gilt dieser als ermächtigt, im Namen eines Antragsberechtigten die Eintragung zu beantragen.

1 A. Bedeutung u. Zweck der Vorschrift.

§ 15 ersetzt den für die rechtsgeschäftl. Antragsvollmacht sonst erforderlichen Nachweis ihres Bestehens (s. § 13 A. 42; § 30 A. 8) durch eine *gesetzliche Ermächtigung.* Unter gewissen Voraussetzungen gilt der Notar als zur Stellung des EintrAntrags bevollmächtigt. Die Bestimmung dient der Erleichterung des GBuchverkehrs u. findet ihre Begründung darin, daß der Notar zu den Beteiligten durch die Beurkundung ihrer Erklärungen in ein näheres Verhältnis tritt u. daß von ihm angenommen werden darf, er werde sich nicht ohne Auftrag in die Verhältnisse anderer einmischen (vgl. OLG. 3, 304; KGJ. 44, 170). Eine Erweiterung des Kreises der Antragsberechtigten, wie § 14, stellt § 15 nicht dar.

Zu § 15 im allg. vgl. auch Bourier in BayNotZ. 1912, 230.

2 B. Die Voraussetzungen des Antragsrechts nach § 15.

1. Die Anwendung des § 15 ist auf **Notare** beschränkt; er gilt daher nicht im Falle gerichtl. Beurkundung für die beurkundende Gerichtsperson, ferner nicht für Rechtsanwälte usw. Das Antragsrecht steht auch dem *Notarverweser* u. dem *Notarvertreter* (§§ 30ff., 40 RNotarO.; §§ 1ff., 12 VO. v. 26. Juni 1937, RGBl. I 663) während der Dauer seiner Amtstätigkeit zu. Ist das Amt des Notars erloschen (§ 36 RNotarO.), so ist § 15 auf ihn nicht mehr anwendbar (RG. 93, 71)[1]). Dagegen berührt die vorläufige Amtsenthebung sein Antragsrecht

---

[1]) In diesem Fall erlischt die Antragsbefugnis auch hinsichtl. der von dem Notar noch während seiner Amtsdauer aufgenommenen Urkunden (OLG. 2, 244); dagegen ist insoweit nunmehr der Amtsnachfolger antragsberechtigt.

nicht. Wenn auch ein vorläufig seines Amtes enthobener Notar den Antrag nicht stellen soll, ist dieser trotzdem wie auch seine übrigen Amtshandlungen wirksam (vgl. § 43 Abs. 2 RNotarO.). § 15 ist nicht anwendbar auf ausländische Notare, denen eine Beurkundungs- oder Beglaubigungsbefugnis zusteht, auch nicht, wenn ihre Urkunden dem § 29 genügen (Güthe-Triebel⁶ A. 3; Predari A. 1; Hesse-Saage-Fischer A. II; du Chesne in JW. 1912, 998; **a. M.** 2. Aufl.; Henle-Schmitt A. 3; Turnau-F. A. II 1; Henle im Recht 1909, 385).

2. Der Notar muß **die zu einer Eintragung erforderliche Erklärung beurkundet oder beglaubigt** haben. 3

a) Unter den zu einer Eintr. erforderlichen Erklärungen sind sämtl. Erklärungen zu verstehen, die unter § 29 fallen, also insbes. die Eintragungsbewilligung (§ 19), die Berichtigungsbewilligung (§ 22 Abs. 1), die Auflassungserklärung (§ 20), die nach § 876 BGB. erforderlichen Zustimmungserklärungen, die nach §§ 22 Abs. 2, 27 erforderliche Zustimmung des Eigtr., eine Abtretungs- oder Verpfändungserklärung (§ 26), die Erklärung der Unterwerfung unter die sofortige Zwangsvollstr. (§§ 794 Ziff. 5, 800 ZPO.) u. a. Auch Erklärungen, die nur mittelbar sich auf eine Eintr. beziehen, z. B. Vollmachten, Genehmigungen, kommen in Betracht (**a. M.** Güthe-Triebel⁶ A. 9; Henke-Mönch A. 3b; Hesse-Saage-Fischer A. II). Dagegen rechtfertigt die Beurkundung oder Beglaubigung des reinen Eintragungsantrags allein nicht die Anwendung des § 15 (OLG. 14, 136; Güthe-Triebel⁶ A. 8; Hesse-Saage-Fischer A. II); hier ist der Notar bei Vorlegung des Antrags an das GBA. nur Bote (vgl. u. A. 4).

Ferner findet § 15 keine Anwendung, wenn der Notar nicht eine zur Eintr. erforderliche Erklärung, sondern lediglich das ihr zugrunde liegende schuldrechtl. Rechtsgeschäft, z. B. den Kaufvertrag, beurkundet hat (Achilles-St. A. 2 a; Güthe-Triebel⁶ A. 7; Henle-Schmitt A. 2). Ist jedoch in der Urkunde zugleich eine Eintr., z. B. bez. des gestundeten Kaufpreises bewilligt, so kann der Notar diese beantragen.

In den Fällen der §§ 36, 37 bildet das Zeugnis des NachlaßG. die Grundlage der Eintr.; daher ist der Notar, welcher die Erklärungen beurkundet hat, auf Gr. deren vom NachlaßG. das Zeugnis erteilt wurde, nicht gem. § 15 antragsberechtigt.

β) Sind zu einer Eintr. mehrere Erklärungen erforderlich, so wird nicht vorausgesetzt, daß der Notar alle diese Erklärungen beurkundet hat. Es genügt, daß er eine von ihnen beurkundet oder beglaubigt hat. Infolgedessen besteht, wenn mehrere Notare je eine der für dieselbe Eintr. erforderl. Erklärungen beurkundet oder beglaubigt haben, ein selbständiges Antragsrecht eines jeden der mehreren Notare für diese Eintr. (Turnau-F. A. II 1; Güthe-Triebel⁶ A. 10).

C. Das Antragsrecht des Notars.

I. Beim Vorhandensein dieser Voraussetzungen gilt der Notar als ermächtigt, im Namen eines Antragsberechtigten die Eintr. zu beantragen.

a) Der Notar **gilt** als ermächtigt. § 15 enthält eine gesetzl. Vermutung (KGJ. 22, 295; 4
44, 170). Für diese Vermutung ist kein Raum, wenn die Beteiligten dem Notar die Ermächtigung entziehen, sei es daß sie sein Antragsrecht von Anfang an ausschließen oder die Ermächtigung nachträglich widerrufen. Die gesetzl. Vermutung greift nicht Platz, wenn der durch den Notar Vertretene vor Stellung des Antrags stirbt oder geschäftsunfähig wird (Güthe-Triebel⁶ A. 14; Henke-Mönch A. 1 B). Für die Vermutung ist ferner kein Raum, wenn der Notar die Unterschrift eines Vertreters beglaubigt hat, dessen Vertretungsbefugnis zwar zur Zeit der Abgabe der Erklärung, aber nicht mehr zur Zeit der Beglaubigung bestand (OLG. 2, 390). Das GBA. hat die ausdrückl. oder stillschweigende Ausschließung u. den Widerruf des Antragsrechts des Notars zu beachten.

Wenn auch der Notar die Bevollmächtigung zur Antragstellung nicht nachzuweisen braucht, sondern sich auf die Vermutung des § 15 berufen kann, so muß er doch den Nachweis führen, daß die Voraussetzungen des § 15 vorliegen, u. zwar durch Vorlage der von ihm beurkundeten oder beglaubigten Erklärungen; dagegen genügt seine amtl. Versicherung, daß er die Erklärungen aufgenommen oder beglaubigt habe, nicht (RJA. 1, 201; vgl. auch Recht 1901 Nr. 73).

Sind in den vom Notar beurkundeten oder beglaubigten Erklärungen die erforderlichen Anträge von den Beteiligten bereits gestellt, so bedarf es einer nochmaligen Antragstellung durch den Notar nicht. Wenn der Notar solche Urkunden dem GBA. „zur weiteren Veranlassung" oder „zum Vollzuge" vorlegt, so ist dies genügend, um das GBA. zur weiteren Tätigkeit zu veranlassen; der Notar ist in diesem Falle bloßer Bote (BayObLG. 5, 136; 7, 185; 9, 209; 11, 335; 12, 339; OLG. 1, 226; 2, 154; 5, 198; 10, 92; 14, 136; Turnau-F. A. II 1; **a. M.** Ricks in DNotV. 1914, 218; 1929, 404); dagegen liegt in dem Ausdruck „mit dem Ersuchen um Eintr." ein selbständiger Antrag des Notars, ebenso in der Überreichung der Urkunden „mit der Bitte, den in ihnen gestellten Anträgen stattzugeben" (RG. in DNotV. 1933, 372). Der Notar ist aber nicht gehindert, auch seinerseits entweder im Namen desjenigen, der den Antrag gestellt hat, den Antrag zu wiederholen oder im Namen eines anderen Antragsberechtigten ebenfalls die Eintr. zu beantragen (OLG. 14, 136; RJA. 10, 228; KGJ. 44, 170; BayObLG. 31, 442; Predari A. 11; Güthe-Triebel[6] A. 8; **a. M.** OLG. 10, 92; Henle-Schmitt A. 8). Daß der Notar eine solche Wiederholung des Antrags beabsichtigt hat, ist insbes. dann anzunehmen, wenn er auf Beanstandungen des GBA. Ausführungen macht u. hiebei den Antrag mittelbar oder unmittelbar stellt oder wiederholt (BayObLG. 31, 442). An Stelle der erwähnten, nicht eindeutigen Ausdrücke wird der Notar bei Vorlage seiner Urkunden an das GBA. besser einen Wortlaut wählen, der klar erkennen läßt, ob er einen eigenen Antrag stellt u. in wessen Namen dies geschieht (vgl. unten A. 6). Das GBA. muß jedenfalls sorgfältig prüfen, ob der Notar einen EintrAntrag stellt oder ob er nur eine botenmäßige Handlung vornimmt (RG. in JW. 1929, 741 = DNotV. 1929, 365).

Legt der Notar eine Urkunde nicht lediglich zum Vollzug vor, sondern stellt er einen eigenen Antrag, so ist der GBuchrichter nicht verpflichtet, die Urkunde daraufhin zu prüfen, ob in ihr noch weitere, vom Notar nicht wiederholte Anträge der Beteiligten enthalten sind (RG. in DNotV. 1929, 424 = JW. 1929, 740; vgl. auch unten A. 10).

5 b) Der Notar gilt als **ermächtigt**, die Eintr. zu beantragen; eine Verpflichtung des Notars zur Antragstellung besteht daher an sich nicht (OLG. 25, 371); insbes. besteht keine Amtspflicht, von der Ermächtigung des § 15 Gebrauch zu machen (RG. in JW. 1937, 2121). Wohl aber kann sich aus der Verpflichtung des Notars, die von ihm aufgenommenen (oder beglaubigten) Urkunden vorbehaltlich eines anderweitigen Verlangens der Beteiligten dem GBA. vorzulegen (§ 42 der Dienstordnung für Notare v. 5. Juni 1937, DJ. 874), die Pflicht ergeben, etwa noch notwendige EintrAnträge zu stellen. Vgl. auch RG. 93, 68 u. Grunau in DNotZ. 1937, 464.

Eine Kostentragungspflicht ergibt sich aus der Antragstellung nach § 15 für den Notar nicht (vgl. Vorbem. 222 vor § 13).

6 c) **Im Namen eines Antragsberechtigten** muß der Notar den Antrag stellen. § 15 gibt dem Notar kein eigenes Antragsrecht (OLG. 10, 444); doch ist nicht erforderlich, daß der Notar ausdrücklich bemerkt, er stelle den Antrag nicht im eigenen Namen (OLG. 6, 207; **a. M.** Turnau-F. A. II 2). Der Notar darf nur für diejenigen Personen tätig werden, denen in § 13 Abs. 2 ein Antragsrecht eingeräumt ist. Für andere Personen, insbes. nur mittelbar Beteiligte (s. § 13 A. 37) kann er den EintrAntrag nicht stellen.

Der Notar ist nicht nur berechtigt, im Namen des Antragsberechtigten, dessen Erklärung er beurkundet oder beglaubigt hat, sondern im Namen jedes Antragsberechtigten („eines Antragsberechtigten") die Eintr. zu beantragen, mag auch dessen Erklärung von einem anderen Notar beurkundet sein oder mag er überhaupt keine Erklärung abgegeben haben (OLG. 2, 224; 5, 199; BayObLG. in BayZ. 1934, 334; Turnau-F. A. II 1; Güthe-Triebel[6] A. 12; Henle-

Schmitt A. 6). So kann z. B. der Notar, der die EintrBew. des Eigtr. bez. einer Hyp. beurkundet hat, den EintrAntrag auch namens des HypGl. stellen. Ist bei der Erklärung für einen Antragsberechtigten ein Bevollmächtigter oder ein gesetzl. Vertreter aufgetreten, so gilt der Notar als vom Antragsberechtigten selbst u. nicht nur von seinem Vertreter ermächtigt (Schiedermair in LZ. 1919, 142).

Nicht erforderlich, aber zweckmäßig ist es, daß der Notar ausdrücklich erklärt, in wessen Namen er den Antrag stellt (OLG. 2, 224; 6, 196; 7, 333; RJA. 10, 228; **a. M.** Turnau-F. A. II 2; Güthe-Triebel[6] A. 17; Schiffer in GruchotsBeitr. 46, 359). Fehlt im Antrag diese Angabe, so muß, da der Notar als ermächtigt gilt, für jeden Antragsberechtigten den Antrag zu stellen, grundsätzlich davon ausgegangen werden, daß der Antrag im Namen aller Antragsberechtigten gestellt ist, sofern nicht z. B. daraus, daß ein einzelner Beteiligter seinen Beitritt sich ausdrücklich vorbehält, ein anderes sich ergibt (KG. in DNotV. 1929, 365; RG. in DNotV. 1932, 408; OLG. 7, 52; RJA. 10, 228; KGJ. 25, 278; BayObLG. in JFG. 9, 199; Martinius in GruchotsBeitr. 44, 391; Hesse-Saage-Fischer A. III 1; aus prakt. Gründen zustimmend Güthe-Triebel[6] A. 17; vgl. RG. 110, 361).

II. Inhalt des Antragsrechts.

1. § 15 ermächtigt den Notar lediglich eine Eintr. zu **beantragen.** Zur Eintr. erforderliche Erklärungen selbst (z. B. eine Eintr.- oder Löschungsbew., eine Zustimmungserklärung) darf er nicht abgeben. Er kann also stets nur reine Anträge (vgl. § 30 A. 3) stellen (vgl. OLG. 2, 224). Doch ist der Notar zur Entgegennahme der behördl. Gen. nach der Grundstückverkehrsbekanntmachung (vgl. § 20 Anhang) ermächtigt (RG. 110, 361). Über seine Ermächtigung zur Entgegennahme der vormundschaftsger. Gen. u. zu deren Mitteilung an den Vertragsgegner s. § 19 A. 88. 7

2. Der Notar kann auf Gr. des § 15 nur die **Eintragung** beantragen, d. h. diejenige Eintr., zu der die von ihm beurkundete oder beglaubigte Erklärung erforderlich ist. Seine Ermächtigung hat keinen anderen Umfang als das Antragsrecht der nach § 13 Abs. 2 Antragsberechtigten (vgl. BayObLG. 13, 440). Deshalb kann er nicht einen Antrag namens eines Unbeteiligten oder eines nur mittelbar Begünstigten oder Betroffenen stellen (s. o. A. 6). Er kann aber z. B., wenn der Eigtr., nachdem seine auf Eintr. einer Hyp. gerichtete EintrBew. bereits wirksam geworden ist (s. § 19 A. 23), seinen Antrag zurücknimmt, den Antrag nunmehr namens des Gl. stellen, weil er für jeden Antragsberechtigten tätig sein kann. Zur Stellung des Antrags auf Aushändigung des HypBriefs (§ 60 Abs. 2) ist der Notar nicht ermächtigt (KGJ. 30, 272). Er ist auch nicht berechtigt, Eintr. zur Vorbereitung der eigentl. Eintr. zu beantragen, z. B. die Berichtigung des GBuchs durch Beseitigung einer anderen Eintr., die der beantragten Eintr. entgegensteht, zu betreiben (OLG. 8, 211; Güthe-Triebel[6] A. 16; Hesse-Saage-Fischer A. III 2; **a. M.** Predari A. 5). S. auch unten A. 12. 8

3. Auch der Antrag des Notars muß **mit der EintrBew. übereinstimmen** (vgl. § 13 A. 13; OLG. 2, 154; 5, 199). 9

a) Der Notar kann nichts beantragen, was mit der EintrBew. oder den ihr gleichstehenden Erklärungen sachlich in Widerspruch steht, z. B. die Eintr. einer unverzinsl. Hyp. an Stelle der bewilligten verzinslichen oder die Eintr. der Berechtigten nach Bruchteilen anstatt des bewilligten Gesamteigentums oder die Eintr. einer Brief- statt einer BuchHyp. (OLG. 5, 292; 7, 189; 9, 455; 17, 170; 24, 338; KGJ. 22, 294; Henle-Schmitt A. 8; Güthe-Triebel[6] A. 15; vgl. auch BayObLG. in BayZ. 1910, 20). Hat der Notar die Auflassungserklärung beurkundet, so ist er nicht berechtigt, die Eintr. einer Vormerkung zur Sicherung des Eigentumsübertragungsanspruchs des Käufers zu beantragen (BayObLG. 31, 243). Weicht der Notar in seinem Antrag von einem bereits von den Beteiligten gestellten Antrag ab, so ist der Antrag des Notars zurückzuweisen u. der der Beteiligten zu erledigen (RG. 60, 395).

10 b) Grundsätzlich darf der Notar durch seinen Antrag auch nicht die Erklärungen der Beteiligten einschränken. Dagegen ist er berechtigt, wenn mehrere Bewilligungen in einer Urkunde vorliegen, bloß die Vornahme einzelner Eintr. zu beantragen; so kann er z. B., wenn er die Auflassung u. die Bestellung einer Kaufpreishyp. beurkundet hat, beantragen, daß nur der Eigentumsübergang eingetragen wird (OLG. 8, 302; Ricks 318). Freilich stehen hier regelmäßig die beiden Eintr. in dem Abhängigkeitsverhältnis des § 16 Abs. 2 (vgl. § 16 A. 7 ff.); doch muß angenommen werden, daß der Notar nicht ohne Grund u. nicht gegen den Willen der Beteiligten einen abweichenden Antrag stellt. Die Stellung nur eines Antrags in einem solchen Fall ist auch zulässig, wenn die Beteiligten selbst schon die Anträge gestellt haben (OLG. 18, 199; KG. in JW. 1937, 477 = DNotZ. 1937, 52; **a. M.** RG. in Gruchots-Beitr. 61, 473 = WarnRspr. 1916 Nr. 279). Der Notar kann solche Erklärungen auch nachträglich abgeben (KGJ. 35, 197).

11 c) Ebensowenig kann der Notar eine Ergänzung einer unvollständigen Erklärung der Beteiligten vornehmen, z. B. die Zustimmung des Eigtr. nach § 22 Abs. 2 oder eine sonstige Zustimmung erklären, die Angabe des Anteilsverhältnisses (§ 47) oder die erforderliche Bezeichnung des Grundstücks (§ 28) nachholen (OLG. 2, 225) oder die Bestimmung des Ranges (§ 45 Abs. 3) selbständig vornehmen (RJA. 3, 246; OLG. 7, 334; 25, 372). Auch ist nicht statthaft, daß der Notar eine abweichende Bestimmung über die Aushändigung des HypBriefs (§ 60 Abs. 2) trifft, auch dann nicht, wenn die Beteiligten selbst nichts bestimmt haben (RG. in HRR. 1932 Nr. 267; KGJ. 30, 272). Von der Ergänzung eines Antrags ist dessen Erläuterung zu unterscheiden; hiezu ist der Notar kraft § 15 befugt, z. B. zu der Klarstellung, daß eine für eine Firma bewilligte Eintr. für deren Alleininhaber erfolgen soll, wenn gleichzeitig ein Handelsregisterauszug zum Nachweis der Identität vorgelegt wird (KG. in HRR. 1930 Nr. 737).

Nur insoweit ist dem Notar die Beifügung einer Erklärung gestattet, als sie lediglich eine Ergänzung des Antrags als solchen darstellt (Güthe-Triebel[6] A. 15); er kann z. B. die Vornahme einer Eintr. gem. § 16 Abs. 2 von dem Vollzug einer anderen abhängig machen (BayObLG. 10, 329; **a. M.** Bourier in BayNotZ. 1912, 233). Auch im übr. ist § 15 nicht eng auszulegen, sondern der Notar insoweit als zur Antragstellung u. -ergänzung ermächtigt anzusehen, als die Erledigung eines einheitl. Geschäfts in Frage steht (KG. in JW. 1936, 3262 = DNotZ. 1936, 976).

12 d) Zur Beseitigung von Eintragungshindernissen ist der Notar nur insoweit berechtigt, als dazu nicht eine Erklärung der Beteiligten oder ein Antrag auf Eintr. oder Löschung eines anderen Rechts erforderlich ist, wenn also z. B. eine amtl. Feststellung des Notars oder die Einreichung einer Urkunde (Handelsregisterauszug, Erbschein usw.) genügt (OLG. 8, 211; Güthe-Triebel[6] A. 15, 16 Abs. 2; s. auch oben A. 8); andernfalls bedarf er hiezu besonderer Vollmacht. Die Löschung einer inhaltlich unzulässigen Eintr. kann der Notar ohne weiteres beantragen, da die Löschung ohnehin von Amts wegen (§ 53) erfolgen müßte (BayObLG. 21, 296).

13 **III. Zurücknahme des Antrags durch den Notar.** Die Ermächtigung des Notars zur Antragstellung enthält auch die Ermächtigung, den von ihm gestellten Antrag zurückzunehmen. Dieser schon bisher von Rechtsprechung u. Schrifttum (OLG. 10, 92; Predari A. 6; Güthe-Triebel[6] § 13 A. 36; Dennler in BayNotZ. 1906, 164) aufgestellte Grundsatz hat nunmehr in § 26 Abs. 3 RNotarO. seinen gesetzl. Ausdruck gefunden. Die Rücknahmeerklärung ist wirksam, wenn sie mit der Unterschrift u. dem Amtssiegel des Notars versehen ist; eine Beglaubigung der Unterschrift ist nicht erforderlich (§ 26 Abs. 3 Satz 2 a. a. O.); vgl. auch § 31 A. 8. Es handelt sich hiebei um eine gesetzl. Ermächtigung; eine Bevollmächtigung durch die Beteiligten ist also nicht notwendig. Dagegen kann der Notar einen von einem Antragsberechtigten gestellten Antrag ohne besondere Vollmacht, die der Form des § 29 Abs. 1 Satz 1 bedarf

(§ 31), selbst dann nicht zurücknehmen, wenn er selbst ihn wiederholt hat (Güthe-Triebel[6] A. 20; Ricks 318; vgl. Karger in DNotV. 1929, 218). Über die Form der Zurücknahme s. § 31 A. 8.

Umgekehrt kann aber der Vertretene selbst den vom Notar nach § 15 gestellten Antrag formgerecht (§ 31) zurücknehmen; hat der Notar in seinem Antrag eine bestimmte Person als Vertretenen nicht bezeichnet, so kann der Antrag nur von allen Antragsberechtigten zusammen zurückgenommen werden.

IV. Benachrichtigung des Notars; Rückgabe der eingereichten Urkunden. Daraus, daß die vermutete Vollmacht des Notars sich nicht auf die reine Antragstellung beschränkt, sondern sich auf den ganzen durch die Erledigung des Antrags veranlaßten Verkehr mit dem GBA. erstreckt, ergeben sich noch folgende Rechte des Notars: 14

a) Die erfolgte Eintr. ist gem. § 55 dem Notar als Antragsteller bekanntzumachen. Ebenso hat die durch Zwischenverfügung erfolgende Fristsetzung (§ 18 Abs. 1) dem Notar gegenüber zu geschehen (OLG. 21, 1; Güthe-Triebel[6] A. 21; Achilles-St. § 55 A. 1a; **a. M.** Josef in BayNotZ. 1915, 246). Dies gilt auch für die Einforderung eines Kostenvorschusses nach § 7 KostenO. (s. o. Vorbem. 226 vor § 13); vgl. hiezu auch Recke in DFG. 1937, 94 am Ende. 15

Der Notar, der einen Antrag nach § 15 gestellt hat, ist auch dann von der Eintr. zu benachrichtigen, wenn der Antragsberechtigte selbst gleichfalls den Antrag gestellt hat (KGJ. 38, 200), nicht aber, wenn der Notar nur den Antrag der Beteiligten dem GBA. vorgelegt hat (OLG. 14, 136; Güthe-Triebel a. a. O.); doch genügt auch in diesem Falle die Benachrichtigung des Notars, da anzunehmen ist, daß die Beteiligten, wenn sie ihm die Erledigung des ganzen Geschäfts u. namentlich die Vorlage der Urkunde an das GBA. überlassen, ihn auch zur Entgegennahme der Bekanntmachung des GBA. ermächtigen wollen (vgl. § 565 Abs. 2 bish. bayer. DA.). Soweit der Notar Antragsteller i. S. des § 15 ist, ist eine Benachrichtigung der Beteiligten selbst unwirksam (OLG. 21, 1; Güthe-Triebel a. a. O.; Henke-Mönch A. 6 A).

b) Die vom Notar dem GBA. eingereichten HypBriefe u. sonstigen Urkunden sind jedenfalls dann, wenn er selbst den Antrag gestellt hat, an ihn zurückzugeben (KGJ. 38, 196; 44, 170; Brand-Schnitzler § 34; vgl. auch Ricks 318). Aber auch dann, wenn der Notar den Antrag der Beteiligten ohne eigene Antragstellung dem GBA. lediglich vorgelegt hat (s. o. A. 4), hat die Zurückgabe an ihn zu erfolgen. Es gilt auch hier der Grundsatz, daß die eingereichten HypBriefe u. Urkunden mangels anderweitiger Bestimmung demjenigen wieder auszuhändigen sind, der sie vorgelegt hat (ebenso RG. in BayZ. 1931, 107; KG. in HRR. 1937 Nr. 111 = JW. 1937, 114). Etwas anderes gilt für die neu erteilten Hyp.-Briefe usw.; für deren Aushändigung ist § 60 maßgebend. Werden die vom Notar eingereichten Urkunden von einer anderen Person zurückgefordert, so muß sich das GBA. bei nicht ganz zweifelsfreier Sachlage mit dem Notar darüber ins Benehmen setzen, für wen die Urkunden eingereicht sind (RG. in DNotV. 1932, 408). 16

D. Das Beschwerderecht des Notars.

Gegen die Zurückweisung seines Antrags steht dem Notar das Beschwerderecht zu; auch dieses Recht kann er nicht im eigenen Namen, sondern nur im Namen eines Antragsberechtigten ausüben (OLG. 10, 444; BayObLG. 13, 440; 21, 296; 31, 442; Güthe-Triebel[6] A. 22). Voraussetzung ist stets, daß der Notar einen eigenen Antrag auf Gr. § 15 gestellt hat. Eine Vollmacht braucht er nicht vorzulegen. Der Antragsberechtigte, für den Beschwerde eingelegt wird, braucht nicht derjenige zu sein, für den der Notar den Antrag gestellt hat (BayObLG. 34, 121). Der Notar braucht den Antragsberechtigten, für den er die Beschwerde einlegt, nicht zu benennen (**a. M.** Güthe-Triebel[6] A. 22; Henle-Schmitt § 71 A. 4d). Erhebt er die Beschwerde nicht ausdrücklich für einen einzelnen Antragsberechtigten, so gilt sie als namens aller Antragsberechtigten erhoben. 17

Das Beschwerderecht steht dem Notar auch zu, wenn er lediglich die Anträge der Beteiligten wiederholt hat, nicht aber dann, wenn er ohne einen eigenen Antrag zu stellen, die die Anträge der Beteiligten enthaltenden Erklärungen dem GBA. nur „zur weiteren Veranlassung" oder „zum Vollzug" vorgelegt, also nur als Bote (s. o. A. 4) gehandelt hat (Bay. ObLG. 11, 335, 626; 12, 339; OLG. 7, 332; 14, 136; JFG. 9, 199). In diesem Fall kann er nur auf Gr. besonderer Vollmacht Beschwerde einlegen. Der Vorlage einer Vollmachtsurkunde bedarf es regelmäßig nicht, weil bei der Amtsstellung des Notars anzunehmen ist, daß er nicht unbefugt Beschwerde einlegt (vgl. KGJ. 33, 65). Doch ist das GBA. nicht gehindert, eine Vollmachtsurkunde zu verlangen (RJA. 7, 138).

Zur weiteren Beschwerde namens eines Antragsberechtigten ist der Notar auf Gr. des § 15 gleichfalls berechtigt, ohne daß er einer Vollmacht bedarf (vgl. RG. 125, 349). Auch hier ist Voraussetzung, daß er einen eigenen Antrag gestellt hat. Wird die Beschwerde durch Einreichung einer Beschwerdeschrift eingelegt, so bedarf es der Zuziehung eines Rechtsanwalts nicht (§ 80 Abs. 1 Satz 3 GBO.). Näheres s. § 80 A. 5.

Im eigenen Namen ist der Notar dann beschwerdeberechtigt, wenn ein ihm selbst zustehendes Recht verletzt ist, z. B. das ihm nach § 43 Abs. 2 GBVerf. zukommende Recht auf Einsicht des GBuchs (vgl. § 12 A. 45).

§ 16.

Einem Eintragungsantrage, dessen Erledigung an einen Vorbehalt geknüpft wird, soll nicht stattgegeben werden.

Werden mehrere Eintragungen beantragt, so kann von dem Antragsteller bestimmt werden, daß die eine Eintragung nicht ohne die andere erfolgen soll.

1 ### A. Zweck u. Bedeutung der Vorschrift.

Abs. 1 erklärt EintrAnträge, die an einen Vorbehalt geknüpft sind, für unstatthaft u. nicht vollziehbar u. verfolgt damit den Zweck, dem GBA. die Prüfung der Eintragungsgrundlagen zu erleichtern; das GBA. soll nicht mit der Prüfung belastet sein, ob die Umstände eingetreten sind, von denen der Antragsteller die Erledigung seines Antrags abhängig gemacht hat (vgl. Güthe-Triebel[6] A. 1, 2).

Diese Gründe treffen auf den durch Abs. 2 für zulässig erklärten Vorbehalt des gleichzeitigen Vollzugs einer anderen Eintr. nicht zu, da diese Voraussetzung vom GBA. ohne weiteres u. innerhalb des Rahmens seiner Amtstätigkeit festgestellt werden kann. Die Zulässigkeit der Zusammenfassung mehrerer Anträge entspricht auch den Bedürfnissen des Verkehrs; sie erleichtert namentlich die Erfüllung Zug um Zug.

B. Die Regelvorschrift des Abs. 1.

2 1. § 16 Abs. 1 bezieht sich auf **Eintragungsanträge** i. S. des § 13 (s. § 13 A. 2, 3; Güthe-Triebel[6] A. 4, 6; Predari A. 3). Die Anschauung, darunter seien nur solche Anträge zu verstehen, welche die EintrBew. ersetzen, es ziele in erster Linie auf die Bew. ab, setzt sich nicht nur mit dem Wortlaut u. der Terminologie der GBO., sondern auch mit dem Sinn der Vorschrift in Widerspruch; denn nur EintrAnträge, nicht aber EintrBewilligungen, werden „erledigt"; abgesehen hiervon können Eintr. auch ohne EintrBew. erfolgen. Richtig ist aber, daß auch die Bewilligung vorbehaltlos sein muß (s. § 19 A. 16; über Beschränkung des einzutragenden Rechts selbst durch Bedingung u. Befristung s. ebendort u. unten A. 5).

Zur „Erledigung" des EintrAntrags i. S. des § 16 Abs. 1 gehören auch diejenigen Rechtsakte, die mit der Eintr. notwendigerweise verbunden sind, z. B. Erteilung u. Aushändigung d es HypBriefs. Auch sie dürfen bei Meidung der Zurückweisung des EintrAntrags nicht von ei nem Vorbehalt abhängig gemacht werden (Güthe-Triebel[6] A. 4; Predari A. 1).

Auch auf Ersuchen von Behörden (§ 38) findet § 16 Anwendung.

3 **2.** Die Erledigung eines Antrags ist an einen **Vorbehalt** geknüpft, wenn der Antrag nicht schlechthin, sondern nur unter gewissen Voraussetzungen oder Bedingungen wirksam sein soll.[1]) Auch Befristungen gehören hieher (**a. M.** OLG. 12, 189; s. aber unten A. 5). Unzulässig sind ferner alle Zusätze, die es zweifelhaft machen, ob die beantragte Eintr. überhaupt gewollt ist. Ein unzulässiger Vorbehalt ist z. B. in einem Antrag zu erblicken, eine Hyp. erst nach Auszahlung des Kapitals einzutragen, oder in dem Antrag, eine Hyp. nur unter der Bedingung zu löschen, daß das Grundstück binnen bestimmter Frist nicht neu belastet wird. Bedingt u. daher unzulässig ist der Antrag, ein Recht an einer bestimmten (z. Zt. nicht offenen) Stelle (s. aber unten A. 4) oder nach einem bestimmten Betrag einzutragen; zulässig ist aber der Antrag auf Eintr. an nächstfolgender (nächstoffener, bereitester) Rangstelle (BayObLG. 9, 164; 12, 372; OLG. 8, 200). Unstatthaft ist es auch, daß der Eigtr. beim Antrag auf Löschung einer Hyp. sich vorbehält, statt der Löschung die Abtretung oder die Umschreibung der Hyp. auf sich selbst zu beantragen (Güthe-Triebel[6] A. 3). Einen unzulässigen Vorbehalt enthält weiter der Antrag, den HypBrief dem Gl. erst nach Löschung aller vorgehenden Posten auszuhändigen (ZBlFG. 1, 222), ferner der Antrag, daß die Eintr. einer Auflassung nur erfolgen soll, wenn die zugleich beantragte lastenfreie Abschreibung eines Grundstücks erfolgen kann (Recht 1903, 361). Unzulässig ist auch ein sog. Eventualantrag, d. h. ein Antrag, der nur dann als gestellt gelten soll, wenn einem anderen (primär gestellten) Antrag nicht stattgegeben wird. Wird (unzulässigerweise) ein Eventualantrag durch Eintr. vollzogen, so ist hiedurch auch der in erster Linie gestellte Antrag erledigt; auf ihn kann nicht mehr zurückgegriffen werden (BayObLG. 11, 399; 15, 371, 377).

Nicht unzulässig ist es, den EintrAntrag von Rechtsbedingungen abhängig zu machen, d. h. von solchen Voraussetzungen, deren Vorhandensein vom GBA. ohnehin von Amts wegen zu prüfen ist (OLG. 26, 185), z. B. davon, daß der betroffene Berechtigte eingetragen ist (§ 39) oder daß eine zur Eintr. erforderliche Erklärung (Zustimmung, Genehmigung) eines Dritten oder einer Behörde vorliegt oder daß das, was zur Eintr. beantragt ist, eintragungsfähig ist. Deshalb muß auch die Klausel „soweit eintragungsfähig" oder „soweit angängig" für zulässig betrachtet werden; sie macht regelmäßig den Antrag noch nicht zu einem unbestimmten (vgl. OLG. 43, 11; JFG. 1, 461; Güthe-Triebel[6] A. 3). Unschädlich ist auch der Vorbehalt, den Antrag jederzeit zurückzunehmen (Güthe-Triebel a. a. O.), wie überhaupt alle Zusätze, die etwas Selbstverständliches aussprechen, z. B. Bestellung einer Hyp. mit dem Vorbehalt, daß sie jederzeit abgetreten werden darf, oder unter der Bedingung, daß ein HypBrief ausgestellt wird. Kein EintrHindernis bildet es auch, wenn eine Belastung derart bedingt bestellt ist, daß sie nur für den Fall des Erwerbs des zu belastenden Gegenstands durch den Bestellenden erfolgt (vgl. BayObLG. 30, 343 u. unten A. 4).

4 **3. a)** Mit einem Vorbehalt verknüpfte Anträge soll das GBA. **nicht vollziehen.** Sie sind abzulehnen; auch ist Zwischenverfügung (§ 18) zulässig (Güthe-Triebel[6] A. 8; Henke-Mönch A. 4; **a. M.** KGJ. 37, 212; Hesse-Saage-Fischer A. I 3). In eine sachliche Prüfung des Antrags selbst braucht das GBA. nicht einzutreten, da der Antrag unstatthaft ist; doch ist es zweckmäßig, sowohl bei Ablehnung als auch insbes. bei Erlassung einer Zwischenverfügung sämtliche Hinderungsgründe bekanntzugeben.

---

[1]) Nach du Chesne (ZBlFG. 3, 568) ist der unzulässige Vorbehalt des § 16 Abs. 1 die einem Eintragungsbegehren hinzugefügte einschränkende Erklärung, daß die Wirkung des Antrags abhängig sein soll von einem Umstand, der erst künftig eintreten soll oder zu dessen Feststellung das GBA. eine prüfende Tätigkeit, die über die persönliche Kenntnisnahme des Richters von gerichtskundigen Umständen hinausgeht, entfalten soll.

Die Anwendung des § 16 Abs. 1 darf jedoch nicht übertrieben werden; seine strenge Anwendung wird oft, insbes. gegenüber geschäftsunkundigen u. ungeschickten Antragstellern nach freiem Ermessen des GBuchrichters zu mildern sein (vgl. Turnau-F. A. I 2; Güthe-Triebel[6] A. 3; Predari A. 1; **a. M.** Hesse-Saage-Fischer A. I 2). Dies gilt namentlich dann, wenn der GBuchrichter ohne besondere Schwierigkeiten feststellen kann, daß der gemachte Vorbehalt sich erledigt hat. Wenn daher z. B. die Eintr. einer Hyp. an einer bestimmten Rangstelle beantragt ist oder wenn der Eigtr. für die Schuld eines Dritten die Eintr. einer Hyp. unter der Bedingung beantragt, daß der Dritte als Eigtr. eines bestimmten, im gleichen GBuchamtsbezirk gelegenen Grundstücks eingetragen ist, so kann der GBuchrichter durch Einsicht des GBuchs von dem Vorhandensein der Voraussetzung sich überzeugen u. wird, wenn die Voraussetzung gegeben ist, dem Antrag stattgeben, der dann als vorbehaltlos zu betrachten ist (BayObLG. 12, 372). Ist der Antrag auf Eintr. einer Hyp. davon abhängig gemacht, daß der Gl. im Handelsregister eingetragen ist, so kann die Gegenstandslosigkeit des Vorbehalts gleichfalls vom GBuchrichter mit Sicherheit festgestellt u. dann der Antrag als unbedingt behandelt werden. Auch die sonstige Beifügung eines Anfangszeitpunktes, der bei Erledigung des Antrags bereits der Vergangenheit angehört, ist unschädlich. Dagegen ist es nicht zulässig, die Entscheidung über einen Antrag, der nach dem Willen des Antragstellers erst nach Ablauf einer bestimmten Frist verbeschieden werden soll, bis zum Ablauf der Frist auszusetzen (s. § 18 A. 8, 10).

5 **b)** Selbstverständlich ist die Ablehnung eines Antrags unzulässig, wenn das Gesetz den Vorbehalt zuläßt, so z. B. den Rangvorbehalt (§ 881 BGB.), oder wenn es sich um die Eintr. bedingter Rechte oder einer Hyp. für eine bedingte oder betagte Forderung handelt (Turnau-F. A. I 2; Güthe-Triebel[6] A. 5). Hier bezieht sich der Vorbehalt nicht auf die Vornahme der Eintr., sondern auf das einzutragende Recht, also den Inhalt der Eintr.; vgl. auch § 19 A. 16. Unschädlich ist auch ein Vorbehalt, der die weitergehenden Rechte aus einer späteren Gesetzgebung wahren soll, wenn der EintrAntrag unabhängig davon gestellt sein soll (KG. in JW. 1926, 2385).

6 **4.** Die Vorschrift des § 16 Abs. 1 ist lediglich eine **Ordnungsvorschrift.** Eine auf Gr. eines mit einem Vorbehalt verknüpften Antrags erfolgende Eintr. ist daher zwar ordnungswidrig, aber wirksam, es müßte denn sein, daß der Vorbehalt zugleich auch eine materiell unzulässige Beschränkung des einzutragenden Rechtes selbst (s. z. B. § 925 Abs. 2 BGB.; § 1 Abs. 4, § 11 Abs. 1 Satz 2 ErbbauRVO.) enthält (Güthe-Triebel[6] A. 8). Aus einer Verletzung des § 16 Abs. 1 kann sich aber eine Schadensersatzpflicht des Reichsfiskus wegen Amtspflichtverletzung durch den GBuchrichter ergeben.

C. Die Ausnahmevorschrift des Abs. 2.

7 Eine Ausnahme von § 16 Abs. 1 enthält die Vorschrift des Abs. 2. Über ihren Zweck s. o. A. 1.

1. Die **Voraussetzungen** des Abs. 2 sind:

8 **a)** daß **mehrere Eintragungen** beantragt werden. Gleichgültig ist, ob die mehreren Eintr. von derselben oder von verschiedenen Personen beantragt werden, ob sie eines oder mehrere GBuchblätter betreffen (wenn nur die verschiedenen Blätter bei dem nämlichen GBA. geführt werden, s. u.), ob sie in einem oder in mehreren Anträgen beantragt werden u. ob die Anträge gleichzeitig oder nacheinander gestellt sind (Turnau-F. A. II 1; Güthe-Triebel[6] A. 11—13). Selbstverständlich darf in letzterem Falle der früher gestellte Antrag noch nicht erledigt sein. Ferner müssen, wenn der Vorbehalt nach Abs. 2 erklärt wird, bereits beide Anträge dem GBA. vorliegen; unzulässig ist es also, die Erledigung eines Antrags von dem gleichzeitigen Vollzug eines erst später einzureichenden Antrags abhängig zu machen

(Predari A. 5). Gleichgültig ist auch, ob die Eintr. der Rechtsänderung oder der GBuchberichtigung dienen.

Ein innerer Zusammenhang zwischen den einzelnen Eintr. wird nicht gefordert (BayObLG. in SeuffA. 57, 379; Güthe-Triebel[6] A. 10).

α) Von mehreren Eintr. kann nicht gesprochen werden, wenn die einzelnen Bestimmungen der EintrBew. lediglich die nähere Ausgestaltung des einzutragenden Rechtes bezwecken, so z. B. bei einer Hyp. die Bestimmungen über Nebenleistungen, Verzinsung u. Rückzahlung; hier liegt nur ein Antrag vor, der nur einheitlich erledigt werden kann (OLG. 5, 292; 10, 418, 435; KGJ. 39, 257; Predari A. 4; Güthe-Triebel[6] A. 10; Hesse-Saage-Fischer A. II 1; **a. M.** Ricks 106). Bestritten ist, ob ein solcher untrennbarer Zusammenhang auch für die Erklärung des Eigtr. gilt, daß die Zwangsvollstr. aus der Urkunde gegen den jeweiligen Eigtr. des Grundstücks zulässig sein soll (§ 800 ZPO.). Die dingl. Unterwerfungsklausel ist aber als selbständige Eintr. zu betrachten, so daß die Hyp. auch ohne sie eingetragen werden kann u. § 16 Abs. 2 anwendbar ist (BayObLG. 2, 576; OLG. 10, 86; **a. M.** OLG. 10, 418; Güthe-Triebel[6] A. 10; Predari A. 4; v. Rozycki-v. Hoewel § 33; vgl. auch OLG. 3, 81; 13, 197). In allen Fällen aber, in denen ein unlösbarer Zusammenhang gegeben ist, ist, wenn eine Bestimmung sich als nicht eintragungsfähig erweist oder wenn der Antrag auf die Eintr. bloß einzelner Bestimmungen beschränkt ist, der ganze Antrag zurückzuweisen (OLG. 5, 292; 10, 418) oder, soweit nicht eintragungsfähige Bestimmungen vorliegen, durch Zwischenverfügung Gelegenheit zur Einschränkung des EintrAntrags zu geben (Güthe-Triebel[6] A. 10). Ein Antrag, der auf die Eintr. der eintragungsfähigen Bestimmungen beschränkt ist, ist zulässig (DJZ. 1905, 298; s. o. A. 3 a. E.). In dem Zusatz „soweit eintragungsfähig" oder „soweit zulässig" (s. o. A. 3) liegt regelmäßig das Einverständnis des Antragstellers mit einer solchen teilweisen Erledigung (vgl. JFG. 1, 463).

β) Vorausgesetzt wird in Abs. 2, daß die Anträge bei demselben GBA. gestellt werden (BayObLG. 10, 329; KGJ. 44, 201; Turnau-F. A. II 1 a. E.; Güthe-Triebel[6] A. 13; **a. M.** Predari A. 7). Der Vorbehalt des § 16 Abs. 2 ist also unwirksam, soweit er Grundstücke betrifft, für die der EintrAntrag von verschiedenen GBuchämtern zu erledigen ist. Es darf auch, wenn die Anträge bei verschiedenen GBuchämtern zu stellen sind, aus dem Zusammenhang, in dem sie vermöge des zugrunde liegenden Rechtsverhältnisses stehen, nicht die Bestimmung entnommen werden, daß die eine Eintr. nicht ohne die andere erfolgen soll. Die Bestimmung über die Reihenfolge, in der die Eintr. bei den verschiedenen GBuchämtern vorgenommen werden sollen, kann auch nachträglich erfolgen; sie bedarf nicht der im § 29 bestimmten Form u. kann von dem Notar getroffen werden, der die EintrBew. beurkundet hat (s. o. § 15 A. 11).

b) Die Bestimmung des Antragstellers, daß die eine Eintr. nicht ohne die andere erfolgen soll. 9

α) Der Vorbehalt muß von dem **Antragsteller** erklärt werden; von Amts wegen darf das GBA. zwei voneinander unabhängige Anträge nicht miteinander in Verbindung bringen.

Sind die mehreren Anträge von verschiedenen Personen gestellt, so ist jede bez. ihres Antrags zu der Bestimmung berechtigt; der eine Antragsteller kann die Bestimmung des anderen nicht durch eine gegenteilige Erklärung beseitigen, auch wenn er hinsichtl. beider Anträge antragsberechtigt ist (Güthe-Triebel[6] A. 15). Der die Eintr. Bewilligende ist nur dann zur Bestimmung gem. § 16 Abs. 2 befugt, wenn er den Antrag selbst gestellt hat; seine Antragsberechtigung allein genügt nicht (Güthe-Triebel a. a. O.). Hievon zu unterscheiden ist die Hinzufügung des Vorbehalts zur EintrBew. selbst; über deren Zulässigkeit auf Gr. entspr. Anwendung des § 16 Abs. 2 s. § 19 A. 16.

Die Bestimmung kann auch nachträglich erfolgen (jedoch nur so lange als der eine Antrag nicht erledigt ist), u. zwar gem. § 15 auch durch den Notar, der die EintrBew. beurkundet hat (BayObLG. 10, 329; s. o. § 15 A. 11). Die Bestimmung kann auch noch in der Beschwerdeinstanz getroffen werden.

Der Widerruf der Bestimmung ist zulässig, solange die Anträge nicht erledigt sind. Er bedarf, wenn mehrere Antragsteller vorhanden sind, der Zustimmung sämtlicher. Wg. des Widerrufsrechts des Notars s. o. § 15 A. 10. Die Zurücknahme der Bestimmung bedarf, sofern nicht zugleich einer der EintrAnträge selbst zurückgenommen wird (§ 31), keiner besonderen Form.

10 β) Eine bestimmte **Form** ist für den Vorbehalt nicht vorgeschrieben, auch nicht, wenn er nachträglich getroffen wird. Er braucht nicht einmal ausdrücklich ausgesprochen zu werden; es genügt, daß er sich aus den Umständen ergibt; es braucht auch keine ausdrückl. Parteiabrede über die einheitl. Erledigung vorzuliegen (BayObLG. 18, 286; 24, 160; KGJ. 35, 195; Henle-Schmitt A. 7; Güthe-Triebel[6] A. 16; Dennler in BayNotZ. 1906, 93).

Wann der Vorbehalt sich aus den Umständen ergibt, ist Sache der Auslegung (OLG. 1, 203; 2, 226, 490; 8, 100). Allein aus der Gleichzeitigkeit der Anträge oder aus der Zusammenfassung der Anträge oder der Eintragungsbewilligungen in einer Urkunde darf die Bestimmung nicht gefolgert werden (KGJ. 35, 196; Güthe-Triebel a. a. O.)[1]. Die Anträge müssen vielmehr in so engem wirtschaftl. oder rechtl. Zusammenhang stehen, daß ihr gemeinsamer Vollzug als von den Parteien gewollt angesehen werden muß (BayObLG. 24, 160). Ein stillschweigender Vorbehalt wird z. B. anzunehmen sein, wenn mit der Eintr. des Eigentumswechsels[2]) gleichzeitig Eintr. zugunsten des Veräußerers, z. B. einer Kaufpreishyp. (BayObLG. 24, 160; OLG. 2, 490; 8, 302; Ricks 330)[3]) oder eines Nießbrauchs (JFG. 1, 335), beantragt werden, oder wenn die Eintr. der Auflassung zweier Grundstücke auf Grund eines Tauschvertrags beantragt wird. Wenn freilich die Eintr. des Eigentumsübergangs u. einer Kaufpreishyp. bewilligt, aber lediglich die Eintr. des Eigentumsübergangs beantragt wird, so wird hierdurch die Annahme eines stillschweigenden Vorbehalts ausgeschlossen (OLG. 8, 302; vgl. aber auch OLG. 7, 189). Ebenso ist der Antrag auf Eintr. einer Gesamthyp. nicht als unteilbar aufzufassen; wenn daher der Eintr. der Hyp. an einem der Grundstücke ein Hindernis im Wege steht, so kann das GBA. diese Eintr. ablehnen, dagegen die Hyp. an den übrigen Grundstücken eintragen (Schroeder 3, 61). Dagegen stehen wieder in innerem Zusammenhang die Eintr. der Auflassung u. die Löschung von Hyp., zu deren Wegfertigung der Verkäufer im Kaufvertrag sich verpflichtet hat; dies gilt auch dann, wenn der Löschungsantrag später als die Auflassung vorgelegt wird. Der Antrag auf lastenfreie Umschreibung eines Teilgrundstücks auf einen anderen Eigtr. enthält neben dem Antrag auf Eintr. des Eigentumswechsels auch den Antrag auf teilweise Löschung der Lasten durch Nichtmitübertragung (§ 46 Abs. 2); beide Anträge müssen als voneinander abhängig i. S. des § 16 Abs. 2 betrachtet werden; deshalb kann das GBA. den Umschreibungsantrag nur gleichzeitig mit dem Löschungsantrag erledigen (JFG. 3, 418). Nur einheitlich erledigt werden können die Anträge des Eigtr. auf Abtretung u. Umwandlung einer ihm als EigtrGrundschuld zugefallenen Hyp. in eine neue Hyp (KGJ. 39, 246; 41, 239). Kein Abhängigkeitsverhältnis liegt jedoch vor, wenn die Umwandlung vom Gl. beantragt wird (KGJ. 41, 239).

---

[1]) Doch muß, wenn die Erledigung nur eines von mehreren in einer Urkunde gestellten EintrAnträgen beantragt wird, das GBA. prüfen, ob nicht ein anderer Antragsteller die gleichzeitige Erledigung der Anträge vorbehalten hat (KG. in JW. 1937, 2121).

[2]) Die Abhängigmachung des Vollzugs der Auflassung von einer anderen Eintr. widerspricht nicht dem § 925 Abs. 2 BGB. (KGJ. 44, 191; JFG. 1, 335; RGRK. § 925 A. 14).

[3]) Auch die Eintr. der Auflassung bez. eines Teils des verkauften Grundbesitzes ist unzulässig, wenn für den ganzen Grundbesitz ein Kaufpreis festgesetzt u. hiefür Hyp. am Gesamtgrundbesitz bestellt ist (BayObLG. 18, 286); vgl. auch JFG. 1, 442, wonach in diesem Falle die Kaufpreishyp. an dem aufgelassenen Teil einzutragen ist, wenn der Verkäufer den Käufer zur Auflassung des Grundbesitzes auch in Teilen an sich selbst oder Dritte bevollmächtigt hat.

γ) Es können entweder zwei (oder mehr) Eintr. voneinander abhängig gemacht werden 11
oder nur die eine (a) von der anderen (b). Im ersteren Falle dürfen beide Eintr. nur gleichzeitig erfolgen (s. u. A. 12); im zweiten Falle kann die Eintr. b vorgenommen werden, auch wenn der Antrag a noch nicht oder nicht durch Eintr. erledigt ist, nicht aber umgekehrt. Sind die beiden Anträge zu verschiedenen Zeiten gestellt, so dürfen sie bei gegenseitiger Abhängigkeit gleichfalls nur zusammen vollzogen werden, jedoch müssen die §§ 17, 45 beachtet werden (s. § 17 A. 9); das gleiche gilt mit Rücksicht auf § 17, wenn die früher beantragte Eintr. von der später beantragten abhängig gemacht ist. Ist das Abhängigkeitsverhältnis jedoch umgekehrt, so braucht der zweite Antrag nicht gleichzeitig mit dem ersten vollzogen zu werden (vgl. Güthe-Triebel[6] § 17 A. 25).

2. Wenn mehrere Eintr. unter dem Vorbehalt des § 16 Abs. 2 beantragt sind, so muß 12
das GBA. sie gleichzeitig prüfen u. beanstanden (RG. in WarnRspr. 1913 Nr. 14). Die i. S. des § 16 Abs. 2 verbundenen Anträge sind als eine verfahrensrechtliche Einheit zu betrachten. Deshalb dürfen, wenn einer Eintr. ein **Hindernis** entgegensteht, auch die übrigen Eintr. solange nicht vorgenommen werden, bis das Hindernis beseitigt ist. Deshalb sind weiter, wenn nur ein Antrag unbegründet ist, sämtliche Anträge zurückzuweisen u. zwar die an sich begründeten unter Bezugnahme auf § 16 Abs. 2 (Güthe-Triebel[6] A. 8). Bestimmt das GBA. dem Antragsteller zur Hebung des Hindernisses eine Frist (§ 18 Abs. 1), so findet § 18 Abs. 2 nicht nur auf die Eintr. Anwendung, bez. deren das Hindernis vorliegt, sondern auch auf die übrigen unter dem Vorbehalte des § 16 Abs. 2 beantragten Eintr. (Henle-Schmitt A. 8). Mit Rücksicht auf die verfahrensrechtl. Verbindung der Anträge ist es statthaft, daß das GBA. die nach § 16 Abs. 2 zu behandelnden Anträge, wenn einer von ihnen nicht vollziehbar ist, durch Zwischenverfügung dahin verbescheidet, daß den übrigen Anträgen bei Rücknahme oder Abänderung des unzulässigen Antrags stattgegeben würde (JFG. 1, 439). In dieser Weise müssen aber sämtl. verbundenen Anträge behandelt werden, nicht bloß der eine mangelhafte, da sonst der durch den Vorbehalt nach Abs. 2 begründete Zusammenhang unzulässigerweise gelöst wird. Deshalb ist eine solche Zwischenverfügung nicht mehr zulässig, wenn unrichtigerweise den vollziehbaren Anträgen stattgegeben worden ist (JFG. 13, 111).

Ist ein Vorbehalt nach § 16 Abs. 2 weder ausdrücklich noch stillschweigend getroffen, so ist bei Unzulässigkeit der einen Eintr. die andere vorzunehmen, auch wenn die beiden Anträge in einer Urkunde enthalten sind (KGJ. 35, 195).

3. Die Vorschrift des § 16 Abs. 2 ist ebenfalls eine **Ordnungsvorschrift.** Wird entgegen 13
der getroffenen Bestimmung ein Antrag unter Zurückweisung des anderen vollzogen, so ist die Eintr. trotzdem wirksam u. macht das GBuch nicht unrichtig (KGJ. 44, 202; Güthe-Triebel[6] A. 18). Die Eintr. kann auch nicht mit Beschwerde angefochten werden (§ 71 Abs. 2; OLG. 2, 490). Dagegen ist Beschwerde zulässig, wenn der GBuchrichter die Anträge zurückweist.

§ 17.

Werden mehrere Eintragungen beantragt, durch die dasselbe Recht betroffen wird, so darf die später beantragte Eintragung nicht vor der Erledigung des früher gestellten Antrags erfolgen.

A. Bedeutung u. Zweck der Vorschrift.

§ 17 bestimmt die Reihenfolge der Erledigung mehrerer Anträge, die sich auf dasselbe 1
Recht beziehen.

Die Vorschrift ist vor allem von Bedeutung für das Rangverhältnis der im GBuch eingetragenen Rechte. Dieses bestimmt sich regelmäßig nach der Eintragung, d. h. nach der räumlichen oder zeitlichen Aufeinanderfolge im GBuch (§ 879 Abs. 1, 3 BGB.; vgl. § 45

A. 2), nicht etwa nach der zeitlichen Reihenfolge der EintrAnträge. Letztere muß aber nach dem Grundsatz: prior tempore potior jure für die materiell richtige Rangordnung maßgebend sein. Um diese mit der (schließlich maßgebenden) gbuchmäßigen Rangfolge in Einklang zu bringen, stellt die GBO. in § 45 den allgem. Grundsatz auf, daß für die Rangbestimmung, die der GBuchrichter durch die Vornahme der Eintr. trifft, die zeitliche Aufeinanderfolge der Anträge (also jeweils der Zeitpunkt des Eingangs beim GBA.) entscheidend sein soll. Für den Fall, daß die mehreren Anträge dasselbe Recht betreffen, ergänzt nun § 17 diese Regel dahin, daß in diesem Falle der GBuchrichter sich nicht nur bei der Eintr. selbst, sondern auch bei der Erledigung der verschiedenen Anträge nach ihrer zeitlichen Reihenfolge richten muß; dies ist besonders dann von Bedeutung, wenn dem Vollzug des früher gestellten Antrags ein Hindernis entgegensteht. § 17 verfolgt also in erster Linie den Zweck, die richtige Eintr. des Rangverhältnisses durch das GBA. zu sichern.

Ferner ist die Vorschrift des § 17 deshalb erforderlich, weil die Zulässigkeit oder Wirksamkeit der später beantragten Eintr. u. damit die Entscheidung über den sie betreffenden Antrag von der Entscheidung über den früheren Antrag abhängen kann (Denkschr.); letztere Entscheidung kann u. U. die Begründung des späteren Antrags aufheben oder zu seiner Begründung beitragen (vgl. die Beispiele unten A. 11).

B. Die Vorschrift des § 17.

I. Voraussetzungen. § 17 setzt voraus:

2 1. daß **mehrere Eintragungen beantragt werden.** Es kommt nur auf den Antrag an, nicht auf die EintrBew. oder die sie ersetzende Urkunde (Vollstreckungstitel) usw.; der Zeitpunkt der Ausstellung derselben u. ihres Einganges beim GBA. ist gleichgültig (Schroeder 3, 61; RJA. 4, 259). Auch für Ersuchen von Behörden (§ 38) gilt § 17, nicht aber für Eintr. von Amts wegen. Unerheblich ist, ob die Anträge von demselben oder von verschiedenen Antragstellern herrühren.

Mehrere Anträge müssen vorliegen; dies ist nicht der Fall, wenn durch einen Antrag mehrere Eintr. begehrt werden. Diese sind gleichzeitig zu erledigen, wobei u. U. § 16 Abs. 2 Platz greift (Güthe-Triebel[6] A. 5; vgl. auch unten A. 4).

3 2. daß durch die beantragten Eintr. **dasselbe Recht betroffen** wird. Dies ist z. B. der Fall, wenn die Anträge auf Eintr. verschiedener Hyp. an demselben Grundstück gerichtet sind oder wenn der erste Antrag den Eigentumswechsel zum Gegenstand hat u. der spätere die Eintr. einer Zwangshyp. auf Gr. eines Vollstreckungstitels gegen den bisherigen Eigtr. Darüber, wann ein Recht betroffen wird, s. § 13 A. 37; § 19 A. 70. Doch ist für manche Fälle der Begriff des Betroffenseins hier ein engerer als in § 13; bei Anwendung des § 17 scheiden diejenigen Fälle aus, in denen zwar durch die mehreren Eintr. dasselbe Recht betroffen wird, aber weder eine Rangbeziehung zwischen beiden besteht noch die Zulässigkeit der einen durch die andere bedingt ist; so wird z. B. sowohl von der Inhaltsänderung einer bereits bestehenden Hyp. als auch von der Eintr. einer neuen Hyp. das Eigentum i. S. des § 13 betroffen; § 17 ist aber auf diesen Fall nicht anwendbar (Güthe-Triebel[6] A. 12, 13; vgl. auch Henle-Schmitt A. 2). Gleichgültig ist, ob die Eintr. auf demselben GBuchblatt oder, wie z. B. bei den eine Gesamthyp. betreffenden Eintr., auf verschiedenen GBuchblättern erfolgen sollen. Eintr., die sich auf verschiedene Teile eines Rechts beziehen, betreffen nicht mehr dasselbe Recht (Turnau-F. A. 4; Güthe-Triebel[6] A. 11).

Werden von den mehreren Eintr. verschiedene Rechte betroffen, so ist § 17 nicht anwendbar; die Anträge können in beliebiger Reihenfolge erledigt werden (Turnau-F. A. 4; Henle-Schmitt A. 2). Ist z. B. die Löschung einer Hyp. u. die Eintr. einer Hyp. an demselben Grundstücke beantragt, so kann ohne Rücksicht auf die Reihenfolge, in der die Anträge gestellt wurden, entweder zuerst die Löschung oder zuerst die Hyp. eingetragen werden.

3. daß die Anträge **nicht gleichzeitig** gestellt werden[1]). Über den Zeitpunkt der Stellung eines Antrags entscheidet der Eingangsvermerk (s. § 13 A. 19ff.). Selbstverständlich darf der eine Antrag in dem Zeitpunkte, in dem der andere Antrag gestellt wird, noch nicht erledigt sein (vgl. u. A. 8). Ist ein unbegründeter Antrag, dessen Mangel nicht mit rückwirkender Kraft geheilt werden kann (z. B. der die Eintr. der Pfändung einer Briefhyp. beantragende Gl. ist noch nicht im Besitze des Briefs), fälschlich nicht sofort zurückgewiesen worden und wird der Mangel nachträglich behoben, so ist die Eintr. erst im Zeitpunkt der Beseitigung des Abweisungsgrundes als beantragt i. S. des § 17 anzusehen (JFG. 14, 444). 4

Sind die Anträge gleichzeitig gestellt, so ist zu unterscheiden, ob bestimmt ist, daß die eine Eintr. nicht ohne die andere erfolgen soll (§ 16 Abs. 2) oder ob ein solcher Vorbehalt nicht gemacht ist. Besteht kein Vorbehalt u. widersprechen die Eintr. einander nicht, z. B. wenn der Eigtr. eines Grundstücks die Eintr. zweier neu bestellter Hyp. beantragt, so ist es gleichgültig, welche Eintr. zuerst erfolgt; in der Regel wird zu vermerken sein, daß die Eintr. gleichen Rang haben (§ 45). Sind beide Anträge oder einer derselben unbegründet, so ist der unbegründete Antrag abzuweisen oder es ist nach § 18 zu verfahren, während der begründete Antrag durch Eintr. zu erledigen ist. Sind aber die Anträge an sich begründet, schließen jedoch die auf Gr. der Anträge vorzunehmenden Eintragungen einander gegenseitig aus, so z. B. wenn in dem einen Antrag die Löschung einer Hyp. u. in dem zweiten Antrag deren Umschreibung begehrt wird, so sind nach richtiger Ansicht beide Anträge abzuweisen (Güthe-Triebel[6] Vorbem. 103 vor § 13; Predari § 13 A. 8; Achilles-St. A. 2 b; Henke-Mönch A. 2Ab; **a. M.** Staud.-Kober § 879 A. 7 d, wonach beide Eintr. zu gleichem Recht erfolgen müssen). Jedoch wird der GBuchrichter zweckmäßigerweise vor Abweisung dem Antragsteller eine Frist zur Aufklärung des Widerspruchs setzen (vgl. Fränkel in BayNotZ. 1913, 283). Gehen gleichzeitig mit dem Antrag auf Eintr. der Auflassung u. einer Kaufpreishyp. andere EintrAnträge des Erwerbers ein, so ist mangels besonderer Bestimmung nach § 16 Abs. 2 die Kaufpreishyp. im Range vor den anderen Rechten einzutragen (BayObLG. in BayNotV. 1932, 158; Ricks 330; vgl. JFG. 4, 339).

II. Die **später beantragte Eintragung darf nicht erfolgen,** bevor der frühere Antrag **erledigt** ist (Ausnahmen s. u. A. 13). Damit ist gewährleistet, daß die Eintr., der materiell das bessere, weil ältere Recht zukommt, auch in der formellen Rangfolge des GBuchs den besseren Rang erhält (s. o. A. 1). Um die Beachtung der Vorschrift sicherzustellen, bestimmt § 20 Abs. 1 der AV. v. 25. Febr. 1936 (DJ. 350), daß jeder EintrAntrag u. jedes EintrErsuchen, sobald es den Eingangsvermerk erhalten hat, unverzüglich vor Eintritt in die sachl. Bearbeitung an den Registrator der zuständigen GBuchabteilung abzugeben ist, der sodann feststellt, ob noch andere dasselbe Grundstück betreffende Anträge oder Ersuchen eingegangen sind u. hierauf alle Anträge u. Ersuchen mit den Grundakten dem für die Erledigung zuständigen Beamten (GBuchrichter, Rechtspfleger, Urkundsbeamter der Geschäftsstelle) vorlegt. Wg. der Behandlung von EintrAnträgen u. -Ersuchen, die sich auf mehrere im Bezirk des GBA. gelegene Grundstücke beziehen, s. § 20 Abs. 2 der genannten AV. 5

1. Maßgebend ist bei beiden Eintr. der Zeitpunkt des **Antrags;** dagegen ist gleichgültig, wann die Eintr. bewilligt oder der vollstreckbare Titel, auf Gr. dessen die Eintr. begehrt wird, ergangen ist (s. o. A. 2). 6

2. Die Vorschrift des § 17 kommt nur dann zur Anwendung, wenn der später gestellte Antrag **durch Eintragung** erledigt werden will. Keine Erledigung des später gestellten Antrags durch Eintr. ist die Eintr. einer Vormerkung oder eines Widerspruchs gem. § 18 Abs. 2 zur 7

---

[1]) Es muß sich natürlich um verschiedene Anträge an das GBA. handeln. Deshalb ist § 17 nicht anwendbar, wenn an demselben Tage beim Amtsgericht ein Antrag auf Eintr. einer Zwangshyp. u. ein Antrag auf Anordnung des Konkurs- oder Vergleichsverfahrens eingegangen sind (BayObLG. 25, 204).

Sicherung des späteren Antrags, wenn eine dritte auf dasselbe Recht bezügliche Eintr. beantragt wird u. sowohl bez. des ersten als auch bez. des zweiten Antrags Zwischenverfügung ergangen ist (Güthe-Triebel[6] A. 20).

Ist der Antrag dagegen unbegründet, so kann er sofort zurückgewiesen werden, falls nicht ein Vorbehalt nach § 16 Abs. 2 vorliegt; ebenso können Zwischenverfügungen nach § 18 sofort erlassen werden. Dies gilt aber nur dann, wenn der spätere Antrag ohne Rücksicht auf den früheren Antrag an sich unbegründet ist oder wenn seiner Erledigung Hindernisse im Wege stehen, z. B. wenn er von einem nicht Antragsberechtigten gestellt ist oder wenn noch Urkunden beizubringen sind. Wenn er aber durch die Erledigung des früheren Antrags erst seine Begründung erhält oder wenn er an sich begründet ist, seine Begründetheit ihm jedoch durch die Erledigung des früheren Antrags entzogen wird, so findet § 17 Anwendung; es muß also mit der Erledigung des zweiten Antrags bis zur Erledigung des ersten Antrags zugewartet werden (JFG. 2, 450; Turnau-F. A. 5; Güthe-Triebel[6] A. 22, 23). Über den Fall, daß der frühere Antrag erst durch die später beantragte Eintr. seine Begründung erhält, s. unten A. 13.

8 **3.** Vor Vollzug der später beantragten Eintr. muß der frühere Antrag **erledigt** sein. Auf welche Weise die Erledigung erfolgt, ist gleichgültig (vgl. OLG. 43, 177). Im Sinne des § 17 gilt der Antrag als erledigt, wenn auf Gr. desselben die Eintr. erfolgt (nicht bloß die Eintr.-Verfügung erlassen) ist oder wenn der Antrag zurückgenommen oder zurückgewiesen wird oder endlich, wenn dem Antragsteller eine Frist gesetzt und gem. § 18 Abs. 2 zugunsten des Antrags eine Vormerkung oder ein Widerspruch eingetragen ist (§ 18 Abs. 2 Satz 1 Halbs. 2); der ergebnislose Ablauf der Frist allein genügt jedoch nicht (RG. 60, 396; Henle-Schmitt A. 5; Güthe-Triebel[6] A. 17, 18). Wird gegen die Zurückweisung des früher gestellten Antrags Beschwerde eingelegt, so ist er für das GBA. gleichwohl erledigt; es darf u. muß daher die später beantragte Eintr. vollziehen, ohne erst die Entscheidung des Beschwerdegerichts abwarten zu müssen (vgl. OLG. 4, 496); es steht aber nichts im Wege, daß der GBuchrichter gem. § 75 der Beschwerde abhilft, solange nicht die später beantragte Eintr. vollzogen ist. Ebenso ist § 17 wieder anzuwenden, wenn das Beschwerdegericht das GBA. anweist, dem ersten Antrag stattzugeben (§ 76), oder die zurückweisende Verfügung des GBA. aufgehoben wird, solange die später beantragte Eintr. nicht vollzogen ist. Eine Ausnahme bildet aber stets der Fall, daß die Beschwerde auf neue Tatsachen u. Beweismittel gestützt wird (§ 74). Dann gilt die Beschwerde als neuer Antrag; der ursprüngl. Antrag ist endgültig erledigt (Güthe-Triebel[6] A. 17; vgl. unten § 74 A. 5).

9 **4.** § 17 schreibt nur vor, daß dem späteren Antrag **nicht vor** Erledigung des früheren Antrags durch Eintr. stattgegeben werden darf. Ist der erste Antrag vollzugsreif, so kann die durch den zweiten Antrag begehrte Eintr. gleichzeitig mit der zuerst beantragten, d. h. in unmittelbarem Anschluß an diese vorgenommen werden; nur müssen die Eintr. die der Zeitfolge der Anträge entsprechende Reihenfolge erhalten (§ 45 Abs. 1, 2). Dies gilt auch dann, wenn der frühere Antrag durch Eintr. einer Vormerkung oder eines Widerspruchs nach § 18 Abs. 2 seine Erledigung findet; nur wenn der spätere Antrag auf Löschung desjenigen Rechts gerichtet ist, zu dessen Schutz die Vormerkung (der Widerspruch) dient, muß die Löschung unterbleiben, bis der frühere Antrag endgültig erledigt ist (Güthe-Triebel[6] A. 24; Hesse-Saage-Fischer A. II 2 d).

Über den Einfluß des Vorbehalts nach § 16 Abs. 2 auf die Erledigung von nicht gleichzeitigen Anträgen s. § 16 A. 11.

III. Bei **Erledigung des späteren Antrags** sind folgende Möglichkeiten gegeben:

10 **a) Die Anträge stehen in keinem Zusammenhange**; z. B. der Eigtr. A beantragt die Eintr. einer Hyp. für B u. später die Eintr. einer Hyp. für C. Hier hat, wenn beiden Anträgen stattgegeben wird, die Vorschrift des § 17 im Hinblick auf § 45 zur Folge, daß die Hyp. des C Rang nach der des B erhält.

b) Die Anträge stehen in einem Abhängigkeitsverhältnis zueinander; dann kann je nach der Art der Erledigung des früheren Antrags der spätere Antrag seine Begründung erhalten oder verlieren: 11

α) Dem früheren Antrag wird stattgegeben u. dadurch wird auch der spätere Antrag begründet; z. B. A überträgt seine Hyp. auf B u. dieser auf C. Wird B eingetragen, so kann gem. § 39 auch C eingetragen werden.

β) Der frühere Antrag wird zurückgewiesen u. dadurch auch dem späteren Antrag die Begründung entzogen. Wird im vorigen Beispiel die Eintr. des B abgelehnt, so muß im Hinblick auf § 39 auch die Eintr. des C abgelehnt werden.

γ) Dem früheren Antrag wird stattgegeben u. dadurch dem späteren Antrag die Begründung entzogen; z. B. A tritt seine Hyp. an B u. an C ab, sowohl B als C beantragen die Umschreibung. Wird dem Antrag des B stattgegeben, so wird der an sich begründete Antrag des C unbegründet u. ist abzuweisen.

δ) Der frühere Antrag wird abgelehnt u. dadurch bleibt der spätere Antrag begründet. Wird im vorigen Beispiel der Antrag des B abgelehnt, so kann die Umschreibung auf C erfolgen.

IV. Abweichende Bestimmung. Fraglich ist, ob bei Einreichung des späteren Antrags bestimmt werden kann, daß dieser vor dem früher gestellten Antrag durch Eintr. erledigt werden soll. Die Frage dürfte nur dann zu bejahen sein, wenn der zweite Antrag von dem früheren Antragsteller unter Beobachtung der Formvorschriften des § 29 gestellt wird, da es dann so anzusehen ist, als ob der frühere Antrag zurückgenommen u. nach Eingang des zweiten Antrags neu gestellt wäre (Güthe-Triebel[6] A. 26; Henke-Mönch A. 4a). 12

C. Ausnahmen von § 17.

a) Die Vorschrift des § 17 kann nicht angewendet werden, wenn der früher gestellte Antrag erst durch die später beantragte Eintr. seine Begründung erhält, wenn also z. B. der erste Antrag die Eintr. einer Hyp. an einem auf X übergegangenen, aber noch auf den Namen des Y eingetragenen Grundstück zum Gegenstand hat, während der spätere Antrag die Umschreibung des Grundstücks von Y auf X betrifft. Hier treffen die Zwecke des § 17 (s. o. A. 1) nicht zu; deshalb darf u. muß der spätere Antrag vor dem früheren erledigt werden (JFG. 7, 335; Turnau-F. A. 2; Güthe-Triebel[6] A. 26; Henle-Schmitt A. 2 Abs. 3; Predari A. 6). Entsprechend ist ein Antrag auf Eintr. einer Zwangshyp. gegen den noch nicht eingetragenen Erwerber des Grundstücks zu behandeln (JFG. 2, 448). 13

Steht in einem solchen Falle die später beantragte Eintr. mit anderen Anträgen in einem Abhängigkeitsverhältnis nach § 16 Abs. 2, so sind sämtl. später beantragten Eintr. vor der früher beantragten Eintr. vorzunehmen. So ist z. B. der Antrag des Sequesters auf Eintr. des Schuldners als Eigtr. (§ 848 ZPO.) zusammen mit dem Antrag auf Eintr. der Sicherungshyp. nach § 848 ZPO. vor dem früher gestellten Antrag auf Eintr. des dritten Erwerbers, an den der Schuldner das Grundstück weiter aufgelassen hat, zu erledigen (JFG. 7, 335).

b) Eine weitere Ausnahme enthält **§ 130 Abs. 3 ZVG.** Hiernach darf, wenn der Ersteher, bevor er als Eigtr. eingetragen worden ist, die Eintr. eines Rechts an dem ersteigerten Grundstücke bewilligt, die Eintr. dieses Rechtes nicht vor der Erledigung des Ersuchens des Vollstreckungsrichters um Berichtigung des GBuchs (§ 130 Abs. 1 ZVG.) erfolgen. Die Eintr. erhalten daher den Rang hinter den nach §§ 128, 130 Abs. 1 ZVG. einzutragenden Sicherungshyp., wogegen es im übr. für die Reihenfolge der vom Ersteher beantragten Eintr. bei den Vorschriften der §§ 17, 18 verbleibt (BayObLG. 4, 608; Güthe-Triebel[6] § 38 A. 15; Steiner ZVG. § 130 A. 8). Da die Aufgabe eines mit dem Eigentum am ersteigerten Grundstück verbundenen subjektiv-dingl. Rechts eine Verfügung über das Grundstück darstellt, darf in entspr. Anwendung des § 130 Abs. 3 ZVG. die Löschung eines solchen Rechts auf Gr. Bewilligung des Erstehers gleichfalls erst nach Erledigung des Ersuchens nach § 130 Abs. 1 ZVG. erfolgen.

Die Gl. von Sicherungshyp. nach § 128 ZVG. müssen der Löschung zustimmen (KG. in HRR. 1933 Nr. 192).

Derartige vor dem Ersuchen des VollstreckungsG. beim GBA. eingehende EintrAnträge des Erstehers dürfen aber nicht zurückgewiesen werden, sondern müssen, mit dem Eingangsvermerk versehen, zurückbehalten u. im unmittelbaren Anschluß an die GBuchberichtigung erledigt werden (RG. 62, 144; BayObLG. 18, 260 gegen 4, 608; RJA. 6, 268; Recht 1905, 66, 67; JFG. 10, 199); das gleiche gilt von Anträgen Dritter, die auf zwangsweise Eintr. (Zwangs- u. Arresthyp., Verfügungsbeschränkungen) gegen den Ersteher gerichtet sind (BayObLG. 18, 260; Kretzschmar in ZBlFG. 7, 648). Auch Zwischenverfügung darf im Falle des § 130 Abs. 3 ZVG. nicht erlassen werden (s. § 18 A. 23).

Die Nichtbeachtung des § 130 Abs. 3 ZVG. hat weder die Unwirksamkeit der Eintr. noch Unrichtigkeit des GBuchs zur Folge; die Herstellung des richtigen Rangverhältnisses ist Sache der Beteiligten (OLG. 27, 220; JFG. 10, 199; Predari A. 3b; Güthe-Triebel[6] § 38 A. 15; Steiner ZVG. § 130 A. 8; vgl. unten A. 14).

D. Verletzung des § 17.

14 a) § 17 enthält lediglich eine Ordnungsvorschrift (RG. 123, 19). Werden deshalb Eintr. nicht nach der zeitl. Reihenfolge der Anträge bewirkt, so ist die Eintr. gleichwohl gültig; insbes. bestimmt sich der Rang der einzelnen Rechte nach der Reihenfolge, in der sie tatsächlich eingetragen sind (§ 879 BGB.), nicht nach den Zeitpunkten, in welchen die Anträge beim GBA. eingegangen sind. Dies gilt selbst dann, wenn derjenige, dessen Recht zu Unrecht an früherer Stelle eingetragen wurde, davon Kenntnis hatte, daß vor seinem Antrag ein anderer Antrag eingelaufen war. Das GBuch wird also durch die Verletzung des § 17 nicht unrichtig (RG. 57, 277; 60, 392; 113, 407; BayObLG. 16, 126; 32, 385; OLG. 36, 148; 45, 86; Güthe-Triebel[6] A. 28; § 13 A. 13; Staud.-Kober § 879 A. 8; RGRK. § 879 A. 4; Planck § 879 A. 5; vgl. JW. 1928, 498). Eine Abänderung der unrichtigen Rangfolge durch das GBA. ist nur solange zulässig, als die falschen Eintr. noch nicht nach außen kundgegeben sind (RG. 57, 284). Nach diesem Zeitpunkt ist auch für das Verfahren nach § 53 kein Raum (BayObLG. 16, 126; OLG. 38, 9; KGJ. 34, 291). Ebensowenig kann im Weg der Beschwerde Abhilfe geschaffen werden (§ 71 Abs. 2). Die Herstellung des richtigen Rangverhältnisses kann nur durch die Beteiligten im Wege der vertragl. Rangänderung (§ 880 BGB.) erfolgen. Der durch die ordnungswidrige Eintr. Benachteiligte hat gegen den Begünstigten keinen Berichtigungsanspruch (§ 894 BGB.), regelmäßig auch keinen Schadensersatz- oder Bereicherungsanspruch (RG. 57, 277; Staud.-Kober a. a. O.; RGRK. § 879 A. 4; Güthe-Triebel[6] § 13 A. 13; Henle-Schmitt A. 5 Abs. 2; vgl. auch RG. 69, 245; 73, 173); es bleibt ihm nur der Schadensersatzanspruch gegen den Reichsfiskus wegen Amtspflichtverletzung des GBuchbeamten (RG. 57, 277; BayObLG. 32, 385; OLG. 6, 261; Henle-Schmitt A. 3; Güthe-Triebel[6] A. 28; Achilles-St. A. 5; Staud.-Kober a. a. O.; vgl. RG. in HRR. 1936 Nr. 257).

Dies gilt jedoch nicht, soweit es sich um ein außerhalb des GBuchs entstandenes Recht handelt; wird dieses nicht mit dem ihm gebührenden Rang eingetragen, so ist das GBuch unrichtig (OLG. 15, 11; RGRK. § 879 A. 3; Güthe-Triebel[6] § 45 A. 4; Predari § 46 A. 4; Planck § 879 A. 7e; nun auch Staud.-Kober § 879 A. 16 im Gegensatz zu den früheren Auflagen). Für den Rang eines solchen Rechts ist der Zeitpunkt seiner Entstehung maßgebend u. zwar auch im Verhältnis zu eingetragenen Rechten. Es verliert seinen (materiell) richtigen Rang nicht schon durch die unrichtige Eintr., sondern erst durch den öffentl. Glauben des GBuchs bei gutgläubigem Erwerb.

b) Wird infolge einer vorschriftswidrigen früheren Vornahme der später beantragten Eintr. die früher beantragte Eintr. unzulässig, so macht deren dennoch erfolgende Vornahme das GBuch unrichtig, jedoch nicht wegen Verletzung des § 17, sondern aus allgem. Gründen, meist wegen fehlender Verfügungsbefugnis, z. B. wenn der erste Antrag eine Hypothekbewilligung des Eigtr., der zweite die Auflassung von diesem an einen Dritten betrifft. In diesen Fällen ist gegen die zweite Eintr. ein Amtswiderspruch nach § 53 einzutragen.

Vorbemerkungen zu § 18.

Prüfungsrecht und Prüfungspflicht des Grundbuchrichters gegenüber Eintragungsanträgen.

Inhaltsübersicht.

Ausländisches Recht 40.
Auslegung von Willenserklärungen 37.
behördliche Genehmigungen 41ff.
Beistand 29.
Bevollmächtigter 5ff.
devisenrechtliche Genehmigung 50ff.
Einigung 35.
Eintragungsfähigkeit 1.
Erwerbsbeschränkungen 94.
Familienrat 31.
Gegenvormund 30.
Gemeinden 67ff.
Gemeindeverbände 74.
Genehmigung
 von Behörden 41ff.
 devisenrechtl. Gen. 50ff.
 staatsaufsichtl. Gen. 66ff.
 des Vormundschaftsgerichts 12ff.
Geschäftsfähigkeit 4.
gesetzlicher Vertreter 10ff.
Grundgeschäft 34.
Grundlagen der Prüfung 38.
Identität 3.
Innungen 90.
Kirchengemeinden 77ff.
Kirchenverbände 77.
Mutter, Vertretungsmacht 24ff.
Pfleger 28.
Pfründevermögen 85.
Prüfungspflicht 36.
Selbstkontrahieren 8.
Sozialversicherung 89.
Sperrgrundstück 58.
Sperrguthaben 57.
Stiftungen 87ff.
Vater, Vertretungsmacht 24ff.
Verfügungsbefugnis 1.
Verschuldungsgrenze 91ff.
Versicherungsträger 89.
Vertretungsmacht 5ff.
Vollmacht 5ff.
Vormund 13ff.
vormundschaftsgerichtliche Genehmigung 12ff.
Wasser- u. Bodenverbände 90a.

A. 1. Der GBuchrichter hat den EintrAntrag auf seine Gesetzmäßigkeit u. Vollständigkeit 1
zu prüfen, insbes. darauf, ob alle vom Gesetz u. den Ausführungsvorschriften für die Eintr. aufgestellten Voraussetzungen gegeben sind. Er muß also die von dem formalen GBuchrecht geforderten Eintragungsgrundlagen prüfen (BayObLG. 11, 573). Die Prüfung hat sich entspr. dem Grundsatze des formellen Konsensprinzips, das für den GBuchverkehr maßgebend ist (s. § 19 A. 5), auf die Voraussetzungen der Eintragung zu beschränken u. erstreckt sich nicht auf die Voraussetzungen des materiellen Rechtserwerbs; darum, ob die beantragte Eintr. auch die Rechtsänderung herbeiführt, hat sich der GBuchrichter grundsätzlich nicht zu kümmern. Dabei ist zu beachten, daß die Vorschriften über die Eintragungsvoraussetzungen nicht ausschließlich in der GBO., sondern auch oft in anderen Gesetzen enthalten sind; vgl. z. B. §§ 885, 899 BGB. (Voraussetzungen der Eintr. einer Vormerkung oder eines Widerspruchs) oder § 866 Abs. 3 ZPO. (Voraussetzungen der Eintr. einer Zwangshyp.).

Zu den Voraussetzungen der Eintr. gehören insbes.

a) die Eintragungsfähigkeit des einzutragenden Rechtes. Soferne u. soweit der GBuchrichter bei Prüfung der ihm vorgelegten Urkunden zu der begründeten Annahme kommt, daß die Eintr. eines unzulässigen Rechtes von ihm verlangt wird, obliegt ihm die Nachprüfung (BayObLG. 20, 139: Nachprüfung, ob nicht das zur Eintr. beantragte Erbbaurecht in Wirklichkeit eine unzulässige dingl. Erbpacht darstellt). Im übr. s. über die Eintragungsfähigkeit Vorbem. 9ff. vor § 13.

b) die Verfügungsbefugnis desjenigen, der die Eintr. bewilligt, also über ein im GBuch eingetragenes Recht verfügt. Im einzelnen s. § 19 A. 84ff.; über Beschränkungen der Verfügungsbefugnis s. Vorbem. 65ff. vor § 13. Hängt das Verfügungsrecht des Bewilligenden von der rechtl. Natur des zugrunde liegenden schuldrechtl. Rechtsgeschäftes ab, z. B. davon, ob ein entgeltl. Rechtsgeschäft oder eine Schenkung vorliegt (vgl. §§ 1446, 1641, 1804, 2113 Abs. 2, 2205 BGB.), so obliegt dem GBA. auch die Prüfung dieses Geschäftes. Im einzelnen vgl. wg. des Vormundes (Vaters) unten A. 11; wg. des Vorerben Vorbem. 85 vor § 13; wg. des Ehemanns die Anm. zu § 33; wg. des Testamentsvollstreckers die Anm. zu § 35. S. auch unten A. 34.

Bei Prüfung der Verfügungsberechtigung ist die Vermutung des § 891 BGB. auch für den GBuchrichter maßgebend[1]). § 891 BGB. gilt auch für das Erbhofrecht (JFG. 14, 386). Die Anwendbarkeit dieser Bestimmung setzt allerdings voraus, daß derjenige, zu dessen Gunsten die Vermutung besteht, bei Vornahme der Eintr. noch im GBuch als Berechtigter eingetragen ist (KG. in DNotV. 1929, 243). Von der Vermutung des § 891 BGB. darf der GBuchrichter nur dann abweichen, wenn die Eintr. zweifelsfrei unrichtig ist, wenn er also die Unrichtigkeit aus den Erklärungen der Beteiligten u. dem bereits vorliegenden Akten- u. Urkundenmaterial mit voller Sicherheit entnehmen kann; bloße Vermutungen u. Möglichkeiten genügen nicht (BayObLG. 23, 71; 31, 83; KGJ. 35, 303; 40, 296; 43, 240; JFG. 7, 420; 14, 386; Güthe-Triebel[6] § 19 A. 37).

c) ein EintrAntrag oder ein Ersuchen einer hiezu befugten Behörde (§§ 13 Abs. 1, 38); es ist auch zu prüfen, ob der EintrAntrag von dem Antragsberechtigten (§§ 13 Abs. 2, 14, 15) gestellt ist u. ob die Behörde zu dem Ersuchen zuständig ist.

d) eine Eintragungs- (Berichtigungs-) Bewilligung oder eine sie ersetzende Urkunde (s. hierüber § 19 A. 30 ff.) oder ein sie ersetzender Nachweis der Unrichtigkeit des GBuchs (s. § 22). Die Urkunden u. Nachweise sind daraufhin zu prüfen, ob sie nach Form u. Inhalt den gesetzl. Vorschriften (§§ 28 ff.) entsprechen.

e) etwa erforderliche Zustimmungs- oder Genehmigungserklärungen, sei es daß sie nach materiellem oder formellem Recht erforderlich sind, wie die vormundschaftsgerichtl. Genehmigung, die Einwilligung des Ehemannes, die Zustimmung des Nacherben, die Zustimmung nach §§ 876, 877, 880, 1119, 1152, 1178, 1180, 1186 BGB., §§ 9, 21, 22 Abs. 2, 27 GBO., ferner die anerbengerichtl. Genehmigung, die Genehmigung nach der Grundstückverkehrsbekanntmachung u. sonstige behördl. Genehmigungen; hierüber im einzelnen s. u. A. 41 ff. Auch die Prüfung, ob die erforderliche staatsaufsichtl. Genehmigung bei Verfügungen über Stiftungsvermögen usw. vorliegt, obliegt dem GBA. (BayObLG. 21, 414; 29, 332). Ferner sind etwa im GBuch eingetragene Verschuldungsgrenzen zu beachten; vgl. unten A. 91 ff.

f) das Eingetragensein des Betroffenen (§§ 39, 40);

g) bei Briefrechten die Vorlage des Briefes (§§ 41, 42), ferner die Vorlage der in § 43 bezeichneten Urkunden;

h) die in den §§ 28, 47 vorgeschriebenen Angaben.

2 **2.** Über das Prüfungsrecht des GBuchrichters gegenüber dem Ersuchen einer Behörde um Eintr. s. § 38 A. 9.

3 **B.** Außer diesen eigentl. Eintragungsvoraussetzungen hat der GBuchrichter noch zu prüfen:

I. die **Identität der Beteiligten** (vgl. Meikel in ZBlFG. 7, 457). Nimmt der GBuchbeamte die EintrBew. oder eine sonstige zu einer Eintr. erforderliche Erklärung zu Protokoll, so hat er sich, wenn ihm die Person des Erklärenden nicht bekannt ist, Gewißheit über deren Persönlichkeit zu verschaffen (§ 29 Abs. 2 GBO. mit § 176 Abs. 3 FGG.); im einzelnen s. d.

[1]) Die Bestimmungen der §§ 892, 893 BGB. sind im GBuchverkehr nicht anwendbar. Die Entscheidung über den guten oder schlechten Glauben des Erwerbers ist nicht Sache des GBuchrichters (BayObLG. 26, 82; Güthe-Triebel[6] § 19 A. 37; vgl. auch RJA. 11, 62; 15, 227).

FSC
www.fsc.org
MIX
Papier | Fördert
gute Waldnutzung
FSC® C083411

Kolibri 360 GmbH
Ferdinand-Jühlke-Straße 7
99095 Erfurt, Deutschland
produktsicherheit@kolibri360.de